사도행전 강의

사도행전 강의

지은이 | 양진일
초판 발행 | 2024.12.26

등록번호 | 제 2022-000023호
펴낸이 | 이현걸
펴낸곳 | 미션앤컬처

주소 | 서울시 동작구 여의대방로 22길 121
전화 | 02-877-5613 / 010-3539-3613
팩스 | 02-877-5613
E-mail | missionlhg@naver.com

표지 디자인 | 이시우
내지 디자인 | 정영수
인쇄 | (주)한솔에이팩스

책 값은 뒤표지에 있습니다.
ISBN 979-11-988636-2-1

사도행전 강의

미션
컬처

　오랜 세월, 하나님의 말씀인 성경은 누군가 읽어주면 듣는 책이었습니다. 개인이 성경을 소장하거나 읽는다는 것은 상상하기도 벅찬 꿈같은 이야기였습니다. 중세 시대 로마 가톨릭도 성경을 독점했습니다. 성경을 독점한다는 것은 하나님을 독점하는 것이고 하나님의 뜻을 독점하는 것입니다. 자기 생각, 자기 이념, 자기 취향을 하나님의 뜻으로 포장하여 선포한다 하더라도 대다수의 교인들은 신부를 통해 선포된 그 말씀이 성경에 쓰여 있는 하나님의 뜻이라고 생각하며 수용할 수밖에 없었습니다.

　종교 개혁가들은 로마 가톨릭의 타락과 부패의 근원에 신부의 성경 독점이 자리하고 있다고 생각했습니다. 그래서 성경을 모든 사람들이 읽을 수 있는 언어로 번역하여 신자들로 하여금 직접 하나님의 말씀과 대면하도록 했습니다. 이때 말씀을 자기의 눈으로 읽고 말씀을 배우는 일에 자기 의지를 발동하는 이들이 개신교인이 되었습니다. 개신교의 가장 중요한 정체성은 말씀 사랑에 있습니다. 종교개혁 5백 년이 지난 오늘날, 말씀 사랑의 종교인 개신교의 정체성은 더욱 강화되고 있을까요? 안타깝게도 말씀 사랑의 종교인 개신교의 정체성은 더욱 약화되어 가고 있습니다. 수백 년 전 신앙인들에게는 꿈같던 일들을 현실에서 누리고 있음에도 불구하고 우리에게 허락되어진

이 은총을 온전히 향유하는 일에 너무나 게으르다는 것을 스스로 인정할 수밖에 없습니다.

그러나 언제나 시대의 대세를 거스르며 본질을 찾고자 하는 소수의 무리들이 있습니다. 인생의 여정에서 그들을 만난 것은 제 인생 최고의 은총입니다. 하나님의 뜻을 아는 일에 존재를 다하는 그들과의 만남을 통하여 저 역시 말씀과 동행하는 일에 기쁨을 누릴 수 있었으며 말씀이 주는 그 달콤함에 심취하는 행복을 누릴 수 있었습니다. 그 행복의 파편 중 하나가 이번에 출간하게 되는 「사도행전 강의」입니다. 8주간 매주 2시간씩 사도행전에 대해 나누었던 이야기들이 이곳에 고스란히 담겨 있습니다. 이 책은 '말씀과함께' 성경 공부 가운데 사도행전의 내용을 그대로 풀어 정리한 것입니다. 강의의 현장성을 위하여 구어체를 그대로 살렸습니다. 이 책을 통해 사도행전의 핵심적인 내용들과 친숙해 지시면서 사도행전을 통해 우리에게 전해지는 하나님의 말씀과 반가운 조우를 누리실 수 있기를 소망합니다.

순회 말씀 사역자로 살아가고 있는 요즘, 한국 교회가 무너지는 듯 보이는 상황 속에서도 남은 자의 정체성을 가지고 살아가는 무수한 신앙인들을 만나게 됩니다. 그들과의 만남은 언제나 저를 깨어 있게 만들고 하나님 앞에서 저를 돌아보게 만듭니다. 다양한 현장에서 말씀을 사모하는 이들과 귀한 만남을 이어갈 수 있기를 바랍니다. '말씀과함께' 길벗들에게 감사드립니다. 하나님의 임재와 부재가 혼재된 삶의 여정에서 '말씀과함께'하는 기쁨이 여러분 모두에게 가득하시기를 바랍니다.

2024년 12월 26일
양진일 목사

목 차

사도행전 1강

말씀과함께 | 사도행전강의

사도행전 개론 1

누가는 데오빌로에게 두 편의 글을 보냅니다. 하나는 누가복음이고, 다른 하나는 사도행전입니다. 누가복음과 사도행전은 열왕기상하나 역대상하처럼 상하권으로 나뉘어 있는 책이라고 생각하시면 됩니다. 원래는 한 권이었는데 분량이 너무 많다보니 두 권으로 나뉜 것입니다. 따라서 누가복음과 사도행전은 한 편의 글로 읽는 것이 유익합니다. 신학자들은 누가복음과 사도행전을 누가행전으로 부르기도 합니다. 누가행전은 데오빌로에게 누가가 보낸 글입니다. 수신자인 데오빌로를 누구로 볼 것인가에 대해서는 두 가지 주장이 있습니다. 하나는 데오빌로라는 이름을 가진 개인으로 보기도 하고, 다른하나는 데오빌로에서 '데오'는 신 또는 하나님, '빌로'는 '사랑한다'는 뜻으로 '하나님을 사랑하는 사람, 하나님을 사랑하는 자들'로 해석하면 데오빌로를 하나님을 사랑하는 개인이나 신앙공동체로 볼 수도 있습니다.

누가가 먼저 보낸 글이 누가복음입니다. 누가복음은 예수 그리스도의 탄생부터 하늘로 승천하신 때까지 예수께서 행하시고 가르치신 내용들이 기록되어 있습니다. 복음서는 네 권으로 마태, 마가, 누가복음을 공관복음이라 하고 요한복음은 따로 분류합니다. 공관복음인 마태, 마가, 누가복음은 예수님의 인성을 강조하고, 요한복음은 예수님의 신성을 강조합니다. 예수께서 우리와 똑같은 인간임을 강조하는 공관복음에는 예수의 탄생 이야기가 마태복음에도 나오고 누가복음에도 나옵니다. 먼저 보낸 누가복음에서는 예수의 탄생부터 승천하실 때까지 이야기를 기록하고 나중에 보낸 사도행전에서는 예수께서 승천하신 이후 오순절 성령 강림 사건으로 인해 교회가 탄생하고 교회가 땅 끝까지 예수 증인으로 복음을 전하는 사역을 기록하고 있습니다.

사도행전은 예수의 제자들이 예수의 진정한 계승자임을 말씀합니다. 예수께서 이 땅에 오셔서 행하신 사역이 무엇입니까? 사람들을 하나님 나라의 백성으로 초대하신 것입니다. 흑암의 권세 가운데 있던 사람들에게 하나님 나라를 전파하신 것입니다. 예수께서 승천하신 다음에 예수의 일을 누가 계승했습니까? 제자들이 계승했습니다. 흑암의 권세 가운데 있던 사람들에게 하나님 나라를 소개하고 하나님 나라 백성으로 그들을 초대하는 일을 제자들이 감당했습니다. 그런 의미에서 사도행전은 제자들이 예수의 진정한 계승자임을 드러내고 있습니다. 이것을 바울은 에베소서 1장 23절에서 '교회는 그리스도의 몸'이라고 했습니다. 교회가 예수 그리스도의 몸이라는 것이 어떤 의미일까요? 예수께서 2024년 대한민국에 계신다면 그분이 선포하실 말씀을 누가 대신 선포해야 합니까? 교회가 선포해야 합니다. 이 땅 가운데 예수께서 계신다면 그분이 행하시고자 하는 사역을 누가 대신 행해야 합니까? 교회가 행해야 합니다. 이것이 교회가 그리스도의 몸이라는 말의 의미입니다. 예수께서 승천하신 후에 행하셨던 공생애 사역을 누가 이 땅에서 이어 받았습니까? 제자들입니다. 그것을 잘 보여주는 본문이 사도행전입니다. 그런 의미에서 사도행전은 제자들이야말로 예수의 진정한 계승자임을 강조하고 있습니다.

사도행전은 책의 분량으로 보면 신약 성경의 14%, 누가복음을 포함하면 신약 성경의 28%를 차지합니다. 신약 성경 27권 가운데 장으로는 가장 긴 성경이 마태복음과 사도행전입니다. 마태복음과 사도행전은 28장까지 있습니다. 그런데 분량으로 보면 가장 긴 성경이 누가복음입니다. 누가복음은 장으로는 24장이지만 한 장이 80절인 본문도 있습니다. 그래서 누가복음이 장으로는 세 번째이지만 분량으로는 가장 많은 성경 본문입니다. 누가복음 다음으로 분량이 많은 성경이 사도행전입니다. 그래서 누가복음과 사도행전을 합치면 신약 성경의 28% 정도를 차지합니다. 이처럼 누가가 쓴 두 권의 성경이 신약에서 가장 많은 비중을 차지하고 있습니다.

사도행전은 '온 천하에 복음을 전하라'는 주님의 명령이 실현되어지는 이야기이고 선교의 결과로 인해 세워진 교회를 향한 양육의 목적으로 쓴 편지가 서신서입니다. 사도행전은 어떻게 이방 땅에 교회가 세워지게 되었는가를 우리에게 알려줍니다. 마태복음 28장 19~20절을 보면 예수께서 승천하시기 전에 이 땅에 남아 있던 제자들에게 세 가지 사명을 맡기시는 이야기가 나옵니다. 예수께서 승천하시면서 제자들에게 "너희는 가서 모든 족속으로 제자를 삼고 아버지와 아들과 성령의 이름으로 세례를 주고 내가 너희에게 분부한 모든 것을 가르쳐 지키게 하라"는 세 가지 사명을 주셨습니다. 첫째는 복음 전도, 둘째는 세례 집례, 셋째는 말씀 교육입니다. 이것을 예수께서 누구에게 말씀하셨습니까? '너희에게'입니다. 여기서 너희가 누구입니까? 바로 예수의 제자들입니다. 예수께서 승천하시면서 당신이 공생애 사역을 하시면서 행하셨던 일들을 제자들로 하여금 계승하도록 하신 것입니다.

그렇다면 오늘날에는 여기에 나와 있는 '너희'의 계승자가 누구일까요? 이 문제와 관련해서는 두 가지 주장이 있습니다. 예수 그리스도의 제자의 계승자가 누구인가에 대해 안수 받은 목회자들이라는 주장과 하나님을 믿는 모든 신자들이라는 주장이 있습니다. 예수께서 승천하시면서 이 땅에 남은 제자들에게 세 가지 사명을 맡기셨습니다. 제자의 계승자가 누구인가에 따라서 그 세 가지 일을 감당해야 될 사람들이 결정되는 것입니다. 여러분들은 제자의 계승자가 누구라고 생각하십니까? 안수 받은 목회자들입니까? 아니면 하나님을 믿는 모든 신자들입니까? 만약 모든 신자들이라면 복음 전도도 신자들이 할 수 있는 것입니다. 세례 집례도 신자들이 할 수 있고 말씀 교육도 신자들이 할 수 있는 것입니다. 하지만 한국 교회에서는 복음을 전하는 일은 모든 신자들에게 허용하지만 세례를 집례하거나 말씀을 교육하는 일은 목사들의 고유 역할과 기능으로 제한하고 있습니다. 이것이 한국 교회에서의 일반적인 모습입니다. 복음 전도는 모든 신자들에게 주어진 권한으로 인정하지만 세례 집례와 말씀 교육은 안수 받은 목회자들의 고유 권한과 기능으로 구분합니다. 제가 생각할 때 이러한 주장은 일관성이 없습니다. 만약 제자의 계승자를 안수 받은 목회자들로 한정한다면 일반 성도들에게 복음을 전하라고 하면 안 되는 것 아닙니까? 제자의 진정한 계승자가 모든 신자들이라고 한다면 일반 신자들에게도 세례를 줄 수 있도록 허용해야 하는 것 아닙니까? 그런데 교회에서 복음을 전하라는 사명은 모든 신자들에게 허락하고 세례를 집례하거나 말씀을 교육하는 것은 안수 받은 목회자들의 고유 역할로 구분하는데 이는 너무나 모순적인 태도입니다.

여러분은 어떻게 생각하십니까? 복음 전도는 모든 신자들이 할 수 있는 것입니까? 저는 아니라고 생각합니다. 복음 전도는 예수가 누구이며 내가 무엇을 믿고 있는가를 명확하게 알고 있는 사람만 할 수 있는 것입니다. 그런 의미에서 교회에서 예수 믿은 지 한두 달도 안 된 사람들에게 세상에 나가서 복음을 전하라고 하는 것은 굉장히 위험하고 무책임한 행동입니다. 왜냐하면 전도라고 하는 것은 내가 기억하고 암기하는 매뉴얼을 그대로 말하는 단순한 내용 전달이 아니기 때문입니다. 내가 무엇인가를 말하게 되면 내 이야기를 듣는 사람이 질문할 수도 있고 반박할 수도 있습니다. 예컨대 도를 전한다고 할 때 내가 전하고자 하는 도의 핵심이 무엇인지를 정확하게 알지 못하면 무엇을 전할 수 있겠습니까? 전도는 나름대로 자기 신앙의 뿌리도 있고 내가 믿고 있는 기독교 신앙이나 성경의 내용에 대한 이해를 갖춘 사람들이 해야 하는 것입니다. 자신도 무엇을 믿고 있는지를 제대로 알지 못하는 사람이 전도하게 되면 "우리 목사님 너무 잘 생겼어"와 같이 이상한 내용만 전할 가능성이 높아지는 것입니다.

한국 교회에서 청년들이 많이 모이는 교회의 현실이 어떤지를 한 번 생각해 보십시오. 청년들이 말씀으로 충만하고 순종으로 충만해서 수천 명씩 모여 있는 것일까요? 우리가 생각할 때 청년들이 가장 정의에 민감하고 윤리와 도덕에 민감할 것 같지 않습니까? 목회자들의 일탈과 탈선에 대해 가장 분노를 표출할 것 같지 않습니까? 그런데 그렇지 않습니다. OOO교회에서 갱신 운동을 하면서 많은 교인들이 나왔을 때 청년들이 얼마나 동참했습니까? 귀신론으로 유명했던 OO교회도 장년 교인들이 담임목사를 반대하면서 개혁 운동을 전개할 때 청년들이 얼마나 힘을 모았습니까? 대부분의 청년들은 기존 체제에 그대로 남았습니다. 그 이유가 무엇입니까? 앞에서 언급한 OO교회는 아들이 청년부를 담당하면서 청년부를 문화 활동의 전당으로 전락시켰고 여기에 대부분의 청년들이 넘어갔습니다. 말씀으로 깨어있지 못한 청년들은 청년부의 문화와 활동이 더 좋은 것입니다. 우리가 생각할 때 교회를 다니는 청년들이 정의롭지 못한 문제와 윤리 도덕적인 탈선에 가장 민감할 것 같은데 실상은 그렇지 않습니다. 청년들이 자신들의 친구를 전도할 때 기독교 신앙으로 전도합니까? 아닙니다. 우리 교회에 예쁜 자매들이 많다고 전도합니다. 이것이 한국 교회 청년부의 현실입니다. 그런 의미에서 원리적으로는 모든 하나님의 백성들이 도를 전하는 자가 되어야 하지만 사실은 복음을 전한다는 것은 아무나 할 수 있는 일이 아님을 기억해야 합니다.

2000년 봄 성균관대학교 부근에서 강의를 마치고 집으로 돌아가는 길에 어떤 분이 저에게 다가와 "도를 아십니까"하고 말을 걸었습니다. 제가 전공자는 아니지만 그래도 동양 철학을 조금 공부한 사람으로 장난기로 그분에게 질문을 던졌습니다. 그랬더니 그분이 "아니 이런 내용을 어디서 배우셨습니까?"하고 깜짝 놀라시더라고요. 소위 길에서 도를 전하는 분들을 보면 매뉴얼을 달달 외워서 전하기 때문에 매뉴얼과 조금 다른 이야기를 하면 크게 당황합니다. 마치 크리스천들이 전도 폭발 내용을 달달 외워서 터미널에서 전도하는 것과 비슷합니다. 그러면 올바른 전도가 불가능합니다. 전도라고 하는 것은 일방적인 것이 아닙니다. 내가 복음의 도를 전하게 되면 나에게 전도를 받는 사람이 내가 하는 말에 반박할 수도 있고 질문할 수도 있는 것 아닙니까? 그러면 그 사람이 제기하는 반박과 질문에 보다 상세하게 기독교 신앙에 대해서 소개하는 것이 전도입니다. 자기가 믿고 있는 것이 무엇인가에 대해 그 내용을 명확하게 체화한 사람들이 복음을 전할 수 있는 것입니다. 그 사람이 받아들이든 받아들이지 않든 우리는 전도를 통해 그 사람에게 기독교 신앙을 제대로 접할 수 있는 기회를 제공하는 것입니다. 그렇지 않고 "우리 교회 엄청 크다, 우리 목사님 정말 잘 생겼다"라는 내용으로 전도하는 것은 아주 위험합니다. 왜 위험하냐면 그렇게 전도 받고 교회에 온 사람들은 기존의 인식이 잘 바뀌지 않습니다. 이것이 진짜 무서운 것입니다. 예전에 교회에서 이런 말을 많이 했습니다. "사람들을 교회로 데리고만 오면 교회에서 알아서 교육하겠다." 과연 지금 한국 교회가 교회 안에 들어온 사람들에게 무엇을 체계적으로 교육하고 있는지를 한번 살펴보십시오.

우리나라 선교 초기에 외국 선교사들이 이 땅에 들어와서 전도하는 것이 쉽지 않았습니다. 일단 조정에서 허락해주지 않았고 선교사들도 조선인들과의 의사소통이 원활하지 못했습니다. 거기다가 당시 조선인들이 외국인들을 만난 적이 없었기 때문에 선교사들이 가까이 다가오면 서양 귀신이 온다고 도망쳤습니다. 그래서 선교사들이 전도한다는 것이 쉽지 않았습니다. 이런 상황에서 캐나다에서 온 맥켄지 선교사의 자살 사건이 일어났습니다. 맥켄지 선교사는 조선인들처럼 먹고 자고 입는 토착적 선교를 했습니다. 그런데 캐나다에서 20년 넘게 살다가 위생 시설도 제대로 구비되지 않은 조선 땅에서 조선인처럼 생활하다가 풍토병에 걸리게 되었고 결국 권총으로 자살했습니다. 이 사건이 해외 선교부에 엄청난 충격을 주었습니다. 그래서 조선에 파송된 선교사들에게 해외 선교부에서 절대 조선인들처럼 먹고 자고 입는 토착적 선교를 하지 말 것을 지시하게 됩니다. 이때부터 선교사들은 먹을 것도 수입하고 집을 지을 때도 자재를 수입해서 서양식으로 언덕 위에 이층 양옥집을 지었습니다. 그런데 생각지도 않았는데 이층 양옥집이 동네 명물이 되어 전도의 주요 매개체가 되었습니다.

　　우리나라 사람들이 무엇이 많습니까? 호기심이 많습니다. 그래서 궁금한 것은 도저히 참지를 못합니다. 혼자 있을 때는 용기도 없고 소심하지만 네다섯 명이 그룹을 형성하면 없던 용기도 막 생깁니다. 이런 한국인들의 심리를 선교사들이 잘 활용한 것이 소위 오픈하우스 전도입니다. 당시 조선인들이 목격한 집은 초가집과 기와집이 전부였습니다. 그런데 동네 언덕에 이층 양옥집이 들어서게 되었을 때 동네 사람들이 그 안에 무엇이 있는지 얼마나 궁금했겠습니까? 그래서 5일장이 열릴 때 선교사들은 사람들을 고용해서 "몇 월 며칠 몇 시부터 몇 시까지 이층 양옥집에 놀러오라"고 오픈하우스 전도를 했습니다. 그러면 당일에 동네 사람들이 무리를 지어서 선교사 댁을 방문합니다. 그러면 집을 방문한 사람들에게 선교사님이 소파에 앉으라고 권하는데 조선 사람들이 언제 소파를 구경이나 했겠습니까? 전축에서 서양 음악이 흘러나오고 잠시 후에 선교사님 부인이 쿠키를 구워 가지고 와서 드시라고 권합니다. 이 모든 현실이 그 집을 처음 방문한 사람들에게는 너무나 별천지처럼 느껴집니다. 그때 선교사님이 딱 한마디 합니다. "예수 믿으면 이렇게 살 수 있습니다." 이 한마디를 듣고 나면 그다음 주일에 온 동네 사람들이 교회로 몰려옵니다.

어떤 선교사님은 "교회 오면 구원 받습니다"라는 문장을 외워서 동네를 다니면서 전도했습니다. 그러면 다음 주일에 엄청나게 많은 사람들이 교회로 몰려옵니다. 그런데 예배를 마쳤는데도 집으로 가지 않고 그 자리에 앉아 있습니다. 그래서 왜 집에 가지 않느냐고 물었더니 뭐라고 대답하는지 아십니까? "교회 오면 구원을 준다고 하셨잖아요?" 당시 구원은 적은 돈이 아니었습니다. 이런 사람들을 '쌀 신자'라고 했습니다. '쌀 신자'는 교회를 오긴 오는데 예수 믿을 마음은 없고 하나님에 대해 알고자 하는 마음도 없고 오직 쌀이라도 조금 얻을까 싶어 교회에 오는 사람들을 일컫는 표현입니다. 교인 수는 많이 늘었지만 이런 사람들을 온전한 교인이라고 할 수 있는가 하는 반성에서 이 사람들에게 기독교 신앙이 무엇인지를 제대로 가르쳐야겠다는 마음으로 기획한 것이 무엇입니까? 말씀사경회입니다. 그 말씀

사경회 가운데 잘 알려진 것이 평양대부흥운동입니다. 처음에 어떤 계기로 교회에 왔느냐가 그 사람의 신앙을 형성합니다. 비록 쌀 신자와 같은 마음으로 교회에 왔다 하더라도 교회 안에서 제대로 말씀을 배우면 바뀌지 않을까 생각하기 쉬운데 처음에 어떤 마음으로 교회에 왔느냐가 오랜 세월 그 사람의 신앙의 토대를 형성합니다. 그래서 어떻게 전도하는가 하는 것이 너무 중요합니다. 자신이 무엇을 믿고 있는지, 자신이 믿고 있는 하나님이 어떤 분이신지, 그분이 성경이라는 계시의 책을 통해서 우리에게 무엇을 말씀하시는지에 대해 제대로 된 이해를 가진 사람만이 온전한 복음을 전할 수 있는 것입니다.

둘째 사명인 세례 집례는 안수 받은 목사만 줄 수 있습니까? 아니면 일반 성도들도 세례를 줄 수 있습니까? 사도행전 10장을 보면 베드로가 고넬료의 집에 갔을 때 고넬료 집안사람들에게 성령이 임하는 것을 보고 "누가 이들에게 세례 주는 것을 금하겠는가"라고 했습니다. 그런데 재미있는 것은 베드로가 직접 세례를 주지 않고 베드로와 함께 갔던 여섯 형제에게 세례를 주라고 명합니다. 고린도 교회는 네 개의 당파로 나뉘어져 갈등 상황에 있었습니다. 바울파, 아볼로파, 게바파, 예수파입니다. 그러면 당파는 무엇 때문에 생긴 것일까요? 세례 집례자 때문에 생긴 것입니다. 바울에게 세례를 받은 사람들은 바울을 자신들의 영적 아버지라고 주장합니다. 그러면서 자신들끼리 하나의 그룹을 형성합니다. 누구한테 세례를 받았느냐에 따라 교인들 사이에 그룹이 형성되고 상호관계가 물과 기름처럼 분열되게 되면서 분쟁의 원인이 된 것입니다. 안타깝지만 사람들은 끊임없이 끼리끼리 당파를 만들려고 합니다. 세례를 누구한테 받았느냐에 따라 영적인 아버지가 달라지고 같은 사람에게 세례를 받은 자들끼리 그룹을 만들어 상호 갈등하는 일들이 벌어진 것입니다.

그래서 이런 당파 문제를 해결하기 위해서 초대 교회는 새로운 신자에게 사도가 세례를 주지 않고 가장 최근에 세례 받고 교회 공동체의 식구가 된 사람이 새롭게 교회 공동체의 식구가 되는 사람에게 세례를 베풀었습니다. 안수 받은 목사만이 세례를 베풀어야 한다는 것은 성경적으로나 교회사적으로 정답이라고 말할 수 없는 것입니다. 또한 말씀을 가르치는 것도 목사들만 할 수 있는 것이 아닙니다. 평신도들 중에도 나름대로 신학 공부를 열심히 하고 개인적으로 말씀을 열심히 연구해서 말씀에 대한 이해가 깊은 분들이 있습니다. 그분들 중에 또 가르침의 은사가 있는 분들이 있습니다. 목사가 아니라 하더라도 준비된 평신도라면 가르침의 사역을 하는 것이 잘못된 것이 아닙니다. 함석헌이 그렇게 하지 않았습니까? 그는 죽을 때까지 YMCA에서 성경을 강의했습니다. 김교신도 학교 교사였는데 헬라어도 공부하고 영어도 공부하고 성경 연구도 많이 했습니다. 꼭 안수 받은 목사가 아니더라도 말씀에 대한 이해가 있고 가르침의 은사가 있다면 누구라도 말씀을 가르칠 수 있도록 해야 합니다.

마태복음 28장 19~20절에 '너희'를 누구로 보느냐에 따라서 제자들의 계승자가 누구인가에 대한 해석이 달라질 수 있습니다. 예수께서 제자들에게 맡기신 세 가지 사명 가운데 한국 교회는 첫째 복음 전도는 모든 신앙인들에게 해당 된다고 보고, 둘째 세례 집례와 셋째 말씀 가르침의 사역은 목회자들의 고유 역할과 기능인 것처럼 구분해서 생각합니다. 만약 제자들의 계승자가 안수 받은 목회자들이라면 일반 성도들한테 전도하라는 부담을 주지 말아야 하는 것 아닙니까? 그렇지 않고 전도가 하나님의 백성 누구에게나 주어진 사명이라고 한다면 세례 집례와 말씀 가르침의 사역도 목회자들만의 고유 권한이라고 생각하는 것에 대해서 재고해야 되지 않을까요? 가톨릭과 개신교의 가장 중요한 차이가 무엇입니까? 만인 사제입니다. 그런데 한국 교회에서 만인 사제가 잘 구현되고 있습니까? 안타까운 현실은 한국 교회가 점점 가톨릭화 되어가고 있다는 것입니다.

한국 교회의 현장을 보면 설교는 목사만 할 수 있다고 생각하고 축도도 목사만 할 수 있다고 생각합니다. 이것이 맞다면 중보기도도 목사만 할 수 있는 것 아닙니까? 원래 축도라는 것이 무엇입니까? 이 사람에게 하나님의 복이 임하기를 구하는 기도입니다. 목사가 복을 주는 것이 아닙니다. 축도를 목사만 할 수 있다면 누군가를 위한 중보기도도 목사만 할 수 있는 것 아닙니까? 교회 공동체에서 말씀을 선포하는 은사가 있는 사람은 반드시 목사가 아니더라도 설교할 수 있는 것 아닙니까? 그런데 한국 교회는 목회자 중심적인 마인드가 너무나 강합니다. 만인 사제라는 원리는 주장으로만 남아 있을 뿐입니다. 실제적으로 옛날에 신부들이 앉아 있었던 자리에 오늘날 목사들이 앉아 있는 것 아닙니까? 시간이 지날수록 개신교가 자신의 정체성을 상실하고 점점 가톨릭화 되고 있다는 생각이 듭니다. 한국 교회가 개신교와 가톨릭 가운데 자신의 노선을 명확하게 해야 한다고 봅니다.

사도행전은 신약에서 유일한 역사서입니다. 초기 그리스도교 역사를 연구하는데 있어서 가장 중요한 자료입니다. 우리가 읽고 있는 신약 27권의 배치는 70인경의 장르 배치 순서를 그대로 따르고 있습니다. 원래 구약은 히브리어로 기록되어 있는데 다른 나라 언어로 최초로 번역된 성경이 70인경입니다. 70인경은 히브리어를 헬라어로 번역했습니다. 그런데 70인경으로 성경을 번역하면서 두 가지 수정이 가해졌습니다. 첫째는 창세기, 출애굽기와 같은 책의 제목이 붙여진 것이고, 둘째는 성경 배치 순서를 새롭게 한 것입니다. 유대인들은 성경을 배치할 때 가장 중요한 것을 앞부분에 배치했습니다. 율법서, 예언서, 성문서 이렇게 세 개의 장르 순서로 배치를 했습니다. 그런데 70인경으로 성경을 번역하면서 창조부터 주전 400년경 말라기까지 시간 순서로 재배치하면서 장르를 네 개로 나누었습니다. 창세기부터 신명기는 율법서, 여호수아부터 에스더는 역사서, 욥기부터 아가는 시가서, 이사야부터 말라기는 예언서로 나누었습니다. 이방 지역에 있던 대부분의 초대 교인들은 히브리어로 쓰인 구약 성경을 읽지 못했고 헬라어로 쓰인 70인경을 읽었습니다.

397년 신약 성경 27권을 정경으로 확정하고 본문의 배치 순서를 정할 때 70인경의 장르 배치 순서를 그대로 따랐습니다. 원래 쓰인 순서대로 하면 바울 서신이 복음서보다 빠릅니다. 사도 바울은 주후 64년 경에 순교했다고 봅니다. 그렇다면 바울이 쓴 바울 서신은 아무리 늦어도 64년 이전에 쓰인 것입니다. 가장 먼저 쓴 복음서가 마가복음인데 70년경입니다. 마태복음과 누가복음은 80년경, 요한복음은 90년경에 쓰인 것으로 봅니다. 복음서 가운데 제일 먼저 쓴 마가복음도 바울 서신보다 늦게 쓰인 것입니다. 마태복음부터 요한계시록까지 신약의 배치 순서는 기록된 순서가 아닙니다. 그렇다면 왜 이런 순서로 배치되었을까요? 70인경의 장르 배치 순서를 그대로 따랐기 때문입니다. 구약 성경 제일 앞부분에 율법서가 있습니다. 율법서에는 어떤 내용이 있습니까? 출애굽이라는 구원 사건이 있고 하나님의 말씀을 모아놓은 토라가 있습니다. 이것이 율법서입니다. 그래서 신약의 첫 부분은 예수 그리스도의 구원 사건과 예수의 말씀을 모아놓은 복음서를 배치했습니다. 율법서가 제일 앞에 있는 것처럼 복음서를 제일 앞에 배치한 것입니다. 율법서 다음에는 여호수아부터 에스더까지의 역사서입니다. 그래서 신약에서도 복음서 다음에 신약 유일의 역사서인 사도행전을 배치한 것입니다. 구약에서 역사서 다음에 욥기부터 아가까지의 시가서가 나옵니다. 이 시가서에 대응하는 것이 서신서입니다. 21권의 바울 서신, 공동서신, 요한서신 등의 서신서를 배치한 것입니다. 그리고 구약의 제일 마지막에는 이사야부터 말라기까지의 예언서가 배치되어 있습니다. 이 예언서에 대응하는 것이 묵시록인 요한계시록입니다. 이처럼 신약 27권의 배치 순서는 70인경의 배치 순서를 그대로 따른 것입니다.

　신학자들은 사도행전을 순수한 역사서가 아니라 저자인 누가의 신학이 고스란히 들어가 있는 문학서라고 주장하기도 합니다. 이렇게 주장하는 이유가 무엇일까요? 사도행전의 3/1 가량이 설교 또는 연설문이기 때문입니다. 한번 생각해 보십시오. 베드로나 스데반이 설교할 때 이것을 누가가 녹음했다가 사도행전을 쓸 때 그대로 녹취한 것인가요? 아닙니다. 누가가 사도들의 설교를 들었던 증인들의 이야기를 듣고 자료를 수집한 후에 사도행전을 기술한 것입니다. 사도들의 설교의 주된 내용은 예수 그리스도의 부활 사건과 십자가의 죽음입니다. 사도행전에는 베드로의 설교, 스데반의 설교, 바울의 설교 등이 나옵니다. 그런데 누가가 이들이 설교할 때 그들의 말을 녹음했다가 몇 십 년 후에 그것을 풀어서 그대로 기록한 것이 아닙니다. 그 사람들의 설교를 들었던 여러 증인들의 이야기를 듣고 나서 누가가 이러한 자료를 수집하여 기록한 것입니다. 학자들은 누가가 이런 내용들을 기록할 때 자신이 믿고 있는 예수 그리스도에 대한 신앙이 여기에 포함되어 기록한 것이 아닐까 생각합니다. 사도들의 설교 안에 누가의 신학이 고스란히 투사되어 있다고 보는 것입니다. 그래서 사도행전은 역사서가 아니라 누가의 신학 책이라고 주장합니다. 초기 그리스도교 역사를 연구하는데 있어 사도행전을 대체할 만한 문서는 없습니다. 사도행전이 역사서다, 신학서다, 문학서다 이런 논쟁은 계속되고 있지만 최근 연구자들은 사도행전이 어떤 종류의 책이든 그것이 나름대로의 역사적인 가치를 가지고 있다는 점에서는 합의에 이르렀습니다. 사도행전이 역사서냐, 누가의 신학을 담고 있는 신학서냐 아니면 무엇인가를 말하기 위해 창작된 문학서냐에 대해서 신학자들은 여전히 논쟁 중에 있지만 그럼에도 사도행전만큼 초기 그리스도교 역사를 알려주는 책은 없는 것입니다.

기록 연대

어떤 문서를 파악하는 데 있어서 가장 중요한 것이 누가 언제 왜 작성했는가를 아는 것입니다. 누가 사도행전을 썼습니까? 누가가 썼습니다. 그런데 사도행전의 저술 시기와 관련해서는 세 가지 견해가 있습니다. 첫째는 주후 60년대 쓰인 것으로 보는 것입니다. 사도행전 마지막에 보면 바울이 로마에 들어가서 2년 동안 자기를 찾아오는 사람들에게 하나님 나라 복음을 담대하게 전파했다고 끝맺고 있습니다. 바울이 순교한 때를 64년으로 보는데 사도행전에는 바울이 로마에서 순교를 당했다는 기록이 없습니다. 누가가 만약 바울의 순교 사실을 알았다고 한다면 그것을 쓰지 않았을까요? 그런데 바울이 로마에 입성한 것으로 끝내는 것을 보면 누가는 바울이 순교를 당하기 전에 사도행전을 쓴 것이 아닐까 생각합니다. 순교에 대한 기록이 없는 것을 볼 때 사도행전은 64년 이전의 문서라고 보는 것이 첫 번째 입장입니다. 이 주장이 오랜 세월 정설로 인정받아 왔는데 최근에는 지지를 덜 받고 있습니다. 그 이유는 누가가 바울의 순교 사실을 알았다고 해서 그것을 꼭 써야 할 이유는 없다고 보기 때문입니다. 왜냐하면 사도행전이 바울의 전기나 평전이 아니기 때문입니다. 누가가 바울의 순교 사실을 알고 있다고 해서 바울의 순교 사실을 꼭 기록해야 하는 것은 아닌 것입니다. 누가는 사도행전에서 무엇을 강조하고 싶었을까요? 제국의 중심부인 로마에 바울이 입성해서 자기를 찾아오는 사람들에게 담대하게 하나님 나라 복음을 전파했다는 것 아닐까요? 사도행전 1장 8절의 말씀이 온전히 성취되었다는 것을 말하려는 것이 누가의 의도였습니다. 사도행전의 기록 목적이 바울의 전기를 쓰는 것이 아니었기에 누가는 바울의 순교 사실을 알았다고 해서 그것을 꼭 기록해야 할 이유는 없는 것입니다. 그러므로 바울의 순교 기록이 없다고 해서 바울 순교 이전에 사도행전이 기록되었을 것이라고 보는 것은 단순한 이해라고 할 수 있습니다.

둘째는 2세기 중후반에 쓰였다고 보는 것입니다. 사도행전에는 핵심적인 인물이 세 사람 등장합니다. 베드로, 야고보, 바울입니다. 베드로와 야고보는 예루살렘 교회를 대표하는 사람들이고, 바울은 이방 교회를 대표하는 사람입니다. 하나님의 백성이 할례를 꼭 받아야 하는가, 음식 정결법을 꼭 지켜야 하는가의 문제로 인해 오랜 시간 예루살렘 교회와 이방 교회 사이에 갈등이 있었습니다. 이런 상황에서 2세기 중후반에 누군가가 사도행전을 기록했다고 보는 것입니다. 만약 누군가가 2세기 중후반에 사도행전을 썼다면 자연스럽게 사도행전의 저자를 누가로 보기는 어렵습니다. 2세기 중후반의 누군가가 유대 그리스도교를 대표하는 예루살렘 교회와 이방 지역에 있는 이방 교회 사이에 화해를 이루기 위해서 사도행전을 썼다고 보는 것입니다. 베드로도 야고보도 바울도 하나님이 사용하신 하나님의 도구임을 강조하면서 유대 교회와 이방 교회 사이에 화해를 촉구하기 위해 쓰인 문서가 사도행전이라고 보는 것이 두 번째 입장입니다. 사도행전이 2세기 중후반에 기록된 것으로 본다면 최소한 누가는 저자가 될 수 없습니다.

바울이 쓴 편지 가운데 목회서신이 있습니다. 디모데전후서와 디도서입니다. 보수적인 신학자들은 목회서신의 저자를 바울로 봅니다. 하지만 진보적인 신학자들은 목회서신을 바울이 쓰지 않았고 기록된 시기도 2세기 초중반으로 봅니다. 그렇게 보는 이유는 두 가지인데, 하나는 교회 지도자들을 뽑는 상황 자체가 2세기 초중반을 배경으로 하고 있다고 봅니다. 바울이 목회했던 고린도 교회나 에베소 교회는 30여명 정도의 교인들이 가정에서 모였던 교회들입니다. 디모데전후서와 디도서를 보면 교회 지도자들을 뽑는 이야기들이 많이 나옵니다. 그래서 이것을 목회서신이라고 합니다. 목회를 어떻게 해야 되는가, 교회 지도자들은 어떤 기준으로 뽑아야 하는가에 대한 바울의 조언을 기록한 것이 목회서신입니다. 그런데 신학자들이 어떤 문제 제기를 하냐면 바울이 실제 사역했을 당시에는 교회 지도자를 뽑아야 할 정도로 교회가 크지 않았다는 것입니다. 장로를 뽑고 감독을 뽑고 지도자를 뽑을 만큼 교회 규모나 교인들이 많지 않았다는 것입니다. 예를 들면 어느 교회가 2~30명 모이는 상황에서 장로나 감독을 뽑아야 할 이유가 있었을까요? 그 정도 규모의 교인들이 있다면 목회자 한 사람이 목회를 주관하는 것이 어렵지 않았을 것입니다. 그런데 교회 지도자들을 선출해야 할 필요성이 대두된 시기가 있었습니다. 언제였을까요? 2세기에 교인들이 늘어나기 시작하면서 목회를 함께 책임질 장로들을 뽑아야 할 필요성이 대두되었다고 봅니다. 그때서야 교회의 여러 직분자들을 뽑는 상황을 맞이했지 바울이 사역을 했을 때는 장로나 감독 같은 직분이 존재하지 않았고 이런 사람들을 뽑을 필요성도 없었다고 보는 것입니다. 목회서신인 디모데전후서와 디도서의 내용은 실제 1세기에는 필요하지 않았고 2세기에나 필요한 이야기였다는 것입니다. 굳이 자신의 시대에 필요하지 않은 이야기를 바울이 썼다고 보기는 어렵다는 것이 첫째 이유입니다.

다른 하나는 언어와 관련이 있는데 이는 전문적으로 성경 원어를 연구하는 사람이 아니라면 이해하기 어려운 부분입니다. 성서학자들은 목회서신에 나오는 단어들이 2세기에 만들어진 신조어들이 많다고 주장합니다. 이런 내용들은 한글 번역 성경을 읽는 성도들은 알기 어렵습니다. 그런데 원어를 연구하는 학자들은 이 텍스트가 언제 쓰인 것인가를 연구할 때 가장 중요하게 보는 것이 그 텍스트 안에 쓰인 단어들입니다. 예를 들면 2500년경 우리나라 어딘가에서 문서가 발견되었는데 그 내용이 세종대왕과 집현전 학자들의 한글 창제와 관련된 내용이라고 가정해 보십시오. 어느 날 집현전 학자들이 만들어 온 한글 초안을 보고 세종대왕이 '대박'이라고 외쳤다는 말이 있다면 학자들은 '대박'이라는 단어에 주목할 것입니다. 그 텍스트의 내용만을 보게 되면 한글을 만드는 과정의 이야기니까 15세기 문서라고 생각하기 쉽지만 '대박'이라는 단어가 21세기에 만들어진 신조어임을 알게 되면 이 문서는 아무리 빨라도 21세기 이전에는 쓰일 수 없다는 결론에 이르게 됩니다. 원어를 연구하는 학자들은 디모데전후서나 디도서를 볼 때 그 본문에 2세기에 만들어진 단어들이 많이 사용되고 있는데 이것을 어떻게 바울이 쓸 수 있겠는가 하고 질문합니다. 결론적으로 2세기에 교회의 필요에 의해서 이 본문을 썼는데, 이름도 없는 사람이 그것을 쓰게 되면 누가 그 텍스트의 권위를 존중해 주겠습니까? 이러한 문제를 해결하기 위해 믿음의 아버지였던 바울이 믿음의 아들이었던 디모데와 디도에게 보내는 형태로 글을 썼다고 이해하는 것입니다. 이와 마찬가지로 사도행전의 저술 시기를 2세기 중후반으로 보게 되면 누가가 저자가 될 수 없고 누군가가 누가의 이름으로 사도행전을 썼다고 봐야 합니다.

셋째는 가장 많은 분들의 지지를 받는 입장입니다. 마가복음이 70

년대에 쓰였다면 마가복음을 참조했던 누가복음은 그 이후에 기록된 것으로 볼 수 있습니다. 누가복음은 80년경에 쓴 것으로 봅니다. 누가복음과 그 속편인 사도행전을 예루살렘 멸망 이후 상당한 시간이 흐른 뒤에 그리스도교가 로마 사회에 적응하면서 쓴 문서로 보는 것이 세 번째 입장입니다. 사도행전과 누가복음은 하나로 연결된 문서입니다. 사도행전이 누가복음의 속편이고 누가복음과 하나로 연결된 문서이니까 사도행전이 누가복음보다 앞서기는 어렵습니다. 그래서 누가복음이 80년경에 쓰였다고 본다면 사도행전은 80년대 중후반 또는 90년경에 쓴 문서로 볼 수 있습니다. 이것이 가장 많이 받아들여지고 있는 입장입니다.

누가가 사도행전을 통해 보여주려고 한 복음의 진보는 하나님의 주권과 인간의 순종이 협력하여 이루어 가는 역사입니다. 이것이 굉장히 중요합니다. 하나님의 주권과 인간의 순종이 협력합니다. 여기서 기억해야 할 것 가운데 하나가 하나님은 전능하시지만 당신의 백성들이 참여할 공간을 항상 비워두신다는 것입니다. 하나님이 전능하시다고 해서 우리는 가만히 있고 하나님이 알아서 모든 것을 다 행하시는 것이 아닙니다. 하나님은 전능하시지만 그의 백성이 된 우리가 참여하고 동참할 수 있는 여백을 항상 남겨 두십니다. 예를 들면 하나님께서 이스라엘 백성들에게 여리고 성을 주시겠다고 약속하셨을 때 이스라엘 백성들이 가만히 있어도 여리고 성이 주어지는 것입니까? 여리고 성을 주시겠다는 하나님의 약속은 어떻게 성취됩니까? 하나님의 구원 방식을 믿었던 자들의 순종을 통해서 하나님의 약속은 성취되는 것입니다. 하나님이 명하신 바대로 6일 동안 성을 한 바퀴씩 돌고 7일째는 일곱 바퀴를 도는 것입니다. 그리고 하나님이 사인을 주시기 전까지는 침묵하고 있다가 사인을 주실 때 큰 함성을 지르는 자들의 순종을 통해서 하나님은 여리고 성을 무너뜨리셨습니다. 그런 후에 이스라엘 백성들이 용기 있게 여리고 성에 들어가서 그 성을 빼앗아야 합니다. 이것이 여리고 성을 이스라엘에게 주시고자 하시는 하나님의 계획입니다. 이 하나님의 방식을 믿고 순종한 자들을 통해서 여리고 성을 주시겠다고 하시는 하나님의 약속은 현실이 됩니다. 이처럼 우리 하나님은 전능하시지만 그의 백성 된 자들이 참여할 수 있는 공간을 비워두시고 우리와 동역하기를 원하십니다. 성도가 기도라는 수단을 통해서 자신이 감당해야 할 몫을 하나님께 떠넘기는 것은 올바른 자세가 아닙니다. 하나님이 행하시는 일을 기대하고 소망할 뿐만 아니라 우리가 감당해야 할 일에 대해서 최선을 다하는 것이 중요합니다. 하나님을 믿는 사람들은 기도할 뿐만 아니라 자신이 감당해야 할 행함에 최선을 다해야 합니다. 그것이 진정으로 믿는 신자들의 모습이라고 할 수 있습니다.

사도들과 초기 그리스도인들의 순례 여정은 세상이 설정해 놓은 경계선을 뛰어넘는 각고의 과정이었습니다. 사도행전이 기록될 당시 사회는 유대인과 이방인 사이에 엄청난 장벽이 있었고, 남자와 여자 사이에도 엄청난 장벽이 있었고, 주인과 종 사이에도 도저히 넘기 어려운 장벽이 있었습니다. 하지만 참된 복음이 전파되는 곳마다 어떤 일이 일어났습니까? 세상이 만들어 놓은 모든 장벽들이 무너졌습니다. 누가복음 10장의 마르다와 마리아 이야기를 기억해 보십시오. 당시 유대 사회에서 여자들은 랍비를 통해 말씀을 배울 수 없었습니다.

여자들은 집안에서 아버지나 남편을 통해서 간접적으로만 말씀을 접할 수 있었습니다. 랍비의 가르침을 직접 듣는다는 것은 상상할 수도 없는 일이었습니다. 그런데 예수님은 여인들도 하나님의 말씀을 들을 수 있다고 하시면서 여인들을 가로 막았던 그 담을 허무셨습니다. 그래서 복음이 전파되는 곳마다 세상이 만들어 놓은 모든 경계선들이 허물어졌습니다. 바울은 에베소서 2장 14~16절에서 예수께서 세상에 막힌 담을 허무셨다고 했습니다.

> 그는 우리의 화평이신지라 둘로 하나를 만드사 … 원수 된 것을 십자가로 소멸하시고.

복음과 상황의 만남

사도행전은 성경인 동시에 첫 교회사라고 할 수 있습니다. 그리스도교가 다른 문화에 이식되는 상황에서 항상 문제가 되는 것이 보편과 특수의 만남입니다. 이것을 다른 말로 하면 복음과 상황의 만남이라고 할 수 있습니다. 전 세계 어디를 가든지 우리가 선포해야 될 복음의 내용은 똑같습니다. "하나님은 창조주이시다, 하나님은 세계 역사를 주관하고 섭리하신다, 예수는 우리의 구원자이다." 전 세계 어디를 가든지 우리가 만나는 사람들에게 선포해야 될 복음의 내용은 똑같습니다. 하지만 복음을 받아들이는 땅, 그 땅이 처해 있는 상황과 문화는 너무나 다양합니다. 예를 들면 어떤 곳에서는 복음이 쉽게 연착륙할 수도 있고, 어떤 땅에서는 복음이 들어가자마자 그 땅과 엄청나게 충돌이 일어날 수도 있는 것입니다. 우리나라 상황은 어떠했습니까? 구한말 이 땅에 그리스도교 복음이 들어왔을 때 조선 사회는 성리학이라는 이데올로기가 지배하는 신분제와 가부장제 사회였습니다. 이 두 제도의 공통점은 인간은 평등하지 않다는 것입니다. 그런데 복음은 무엇을 말합니까? 모든 사람에게 하나님의 형상이 있다, 모든 사람은 존귀하다고 말합니다. 이 복음이 양반과 천민을 구별하고 남자와 여자를 구별했던 조선 사회와 얼마나 큰 충돌을 했겠습니까? 이것 때문에 가톨릭 교인들은 100년 동안 최소 8천명에서 최대 2만 명 이상 순교를 당하는 안타까운 일이 발생했습니다. 우리나라 그리스도교 역사를 보면 1884년을 개신교의 시작으로 봅니다. 그 해에 알렌 선교사가 조선 땅에 처음으로 들어왔습니다. 그리고 그보다 정확히 100년 앞선 1784년을 가톨릭의 시작으로 봅니다. 이승훈이 중국에서 영세를 받은 것입니다. 1784년부터 1884년까지 100년 동안 가톨릭 신앙을 가졌다는 이유로 많은 신자들이 순교의 제물이 되었습니다.

그렇다면 조선 조정은 왜 가톨릭 신자들을 죽였을까요? 가톨릭 교인들이 왕보다 천주의 명령을 더 중요하게 생각했기 때문입니다. 또한 모든 사람들은 평등하다고 말하며 신분제나 가부장제의 근간을 뒤흔들어 놓았기 때문입니다. 가톨릭 신자들이 많아질수록 조선 사회를 떠받들던 근간이 위협받을 수밖에 없었습니다. 기득권자들의 눈에 가톨릭 신앙은 사회의 안정을 뒤흔드는 적대 세력으로 비친 것입니다. 가톨릭 신앙을 가진 자들이 많아질수록 성리학이 지배하던 조선 사회는 위협을 느낄 수밖에 없었습니다. 그래서 가톨릭이 조선 사회를 더 크게 흔들기 전에 가톨릭 교인들을 죽여 미리 위협을 제거하고자 한 것입니다. 물론 이때 죽임 당한 모든 사람들을 온전한 가톨릭 교인이라고 보기는 어렵습니다. 당시에는 가족 가운데 한 사람이 가톨릭 신앙을 가진 것이 드러나면 가족 모두를 처형했습니다. 그리고 어떤 사람이 가톨릭 신앙인이라고 누군가가 고소하면 고발당한 사람과 그 가족들을 죽이고 죽임 당한 사람이 소유하던 재산을 고소한 사람에게 주기도 했습니다. 그래서 평소 동네에서 마음에 들지 않았던 사람들을 고소하여 억울하게 죽임당한 사람들도 많이 있었습니다.

복음과 상황이 만날 때 어떤 지역에서는 복음을 쉽게 수용하는 곳도 있었지만 반대로 어떤 지역에서는 복음과 상황이 충돌하는 곳도 있었습니다. 우리가 전파하는 복음의 내용은 전 세계 어디에나 동일하지만 사람들이 살아내고 있는 문화와 환경과 역사적인 맥락은 너무도 달랐습니다. 이후에 다시 살펴보겠지만 바울 선교의 중요한 원칙이 유대인에게는 유대인처럼, 이방인에게는 이방인처럼이었습니다. 이것이 바울의 선교 전략이었습니다. 그런데 예루살렘 교회는 입장이 달랐습니다. 유대인들이 오랜 세월 동안 지켜왔던 신앙의 모습을 하나님 나라 백성 됨의 표준으로 이해했습니다. 그리고 유대인들이 오랜 세월 동안 하나님을 믿어왔던 방식을 고수하고 그것을 그대로 이방 지역에 이식하는 것을 전도로 보았습니다. 하지만 바울은 이것을 단호하게 반대했습니다. 바울은 예수에 대한 믿음만을 전파해야지 유대인들이 하나님을 믿어왔던 그들의 신앙 문화를 이방 땅에 그대로 이식하는 것은 이방인을 유대인으로 만드는 것으로 보았습니다. 이방인은 그들이 살아왔던 문화 안에서 아름다운 신앙을 꽃피워야 하는데 왜 유대인의 신앙 문화를 이방인에게 강요하느냐면서 바울은 이것을 단호하게 반대했습니다. 바울은 이방 그리스도인들에게 예수에 대한 분명한 믿음을 가질 것을 말하면서 할례를 받지 않아도 되고 음식 정결법을 지키지 않아도 된다는 입장을 견지했습니다. 여기에 대해 예루살렘 교회는 바울을 율법 폐기론자라고 비판하였습니다. 이로 인해 초대 교회는 너무나 오랜 세월 동안 내부 갈등을 겪었습니다.

선교 역사를 보면 제국주의 선교라는 것이 있습니다. 제국주의 선교는 복음의 내용만을 전하는 것이 아니라 자기들이 오랜 세월 동안 살아왔던 그리스도교 문화를 그대로 전수하고자 하는 것입니다. 제국주의 선교를 하는 분들은 아시아나 아프리카에 가서 그 민족이 오랫동안 형성했던 문화를 모두 미신화시켜 버리고 우상 숭배 문화라고 규정합니다. 하나님을 제대로 믿으려면 조상들이 오랜 세월 동안 유지해 왔던 문화는 버리고 서구인들이 오랜 세월 동안 하나님을 믿어왔던 방식들을 그대로 수용하는 것이 신앙인답다고 가르칩니다. 예를 들면 한국 교회에서 찬양할 때 장구나 꽹과리나 징을 치면 교인들은 무당 굿하느냐고 반감을 드러냅니다. 하나님을 찬양할 때는 풍금이나 오르간이나 피아노를 사용해야 한다고 생각합니다. 요즘은 대중화되었지만 한 때는 기타나 드럼을 치는 것도 금기시한 적이 있었습니다. 또한 목사가 강대상에 올라갈 때는 양복을 입어야지 한복을 입고 올라가면 박수무당이라고 말합니다. 이게 무슨 말입니까? 우리 민족이 오랜 세월 지켜오고 살아왔던 문화를 미신화시키거나 우상 숭배의 잔재로 규정한 것입니다. 하나님의 백성이 되기 위해서는 오랜 세월 서구의 그리스도인들이 살아왔던 그 문화를 그대로 이식하는 것을 매우 중요하게 생각했습니다. 그래서 예배당을 건축할 때도 서구 교회의 건축 양식을 그대로 따라했습니다. 우리의 전통을 살려 한옥으로 예배당을 지으면 교회가 법당이냐는 비판을 받았습니다. 사실 온전히 전파되고 수용해야 할 것은 복음의 내용이고 복음의 내용이 각각의 문화 안에서 아름답게 꽃을 피워야 하는데 오랜 세월 하나님을 믿어 왔던 서구 문화를 그대로 모방하는 것을 복음의 수용이라고 생각한 것입니다.

유대 그리스도인들과 이방 그리스도인들이 갈등했던 부분이 이러한 문화의 장벽이었습니다. 유대 그리스도인들은 이방 그리스도인들을 향해 "너희가 예수만 믿어서 되는 것이 아니고 정말 하나님을 제대로 믿으려면 할례도 받아야 하고 음식 정결법도 지켜야 한다"고 주장했습니다. 이것을 단호하게 막아 선 인물이 바울입니다. 바울은 "하나님께서 이방인을 이방인의 모습 그대로 부르셨는데 너희는 왜 이방인을 유대인화 시키려고 하느냐"며 문제 제기를 합니다. 이방인은 이방인의 문화 안에서 아름다운 신앙의 꽃을 피워야 하는데 왜 유대인들이 지켜왔던 것을 이방인에게도 강요하느냐 하면서 반대한 것입니다. 바울의 이런 모습에 대해 예루살렘 교회는 바울을 율법 폐기론자라고 공격합니다. 예루살렘 교회 입장에서는 하나님께서 당신의 백성에게 할례를 받으라고 하고 음식 정결법을 지키라고 했는데 바울이 이것을 거부하고 있으니 하나님의 말씀을 거부하는 자로 보였을 것입니다. 이로 인해 바울은 예루살렘 교회로부터 오랜 시간 사도로 인정받지 못했습니다.

이런 문제는 1세기에만 존재하는 것이 아닙니다. 그리스도교 2천
년 역사 동안 우리가 복음을 전한다고 할 때 항상 따라다니는 문제가
바로 이것입니다. 한국에서 파송된 선교사들은 전 세계 어디를 가든
지 새벽기도를 하려고 합니다. 자신에게 익숙한 신앙의 모습을 그대
로 전하고자 하는 것입니다. 그런데 외국 사람들에게 새벽기도는 어
려울 수 있습니다. 새벽기도는 한국인들에게 맞는 종교적 행위라고
할 수 있습니다. 우리들이 조심해야 할 것은 우리에게 익숙한 것을
그대로 전하는 것이 선교가 아니라는 것입니다. 우리가 온전히 선포
해야 할 것은 복음의 내용입니다. 그 복음이 아름답게 발현되어야 할
그리스도교 문화는 민족마다 다를 수 있음을 인정해야 합니다. 그런
데 제국주의 선교는 한 민족의 신앙 문화를 정답으로 생각하고 그것
을 그대로 다른 곳에 이식시키고자 합니다. 그래서 많은 경우 그리스
도교 문화가 획일화되는 측면이 있습니다. 초대 교회에서 그러한 모
습을 끝까지 막으려고 했던 인물이 바울이었음을 기억하셨으면 좋겠
습니다.

사도행전 개론 2

주제와 구조

사도행전은 천하를 어지럽게 했던 성령 받은 사도들의 선교 여행기라고 할 수 있습니다. 사도행전 17장 6절을 보시면 초대 교회를 박해했던 사람들이 교회를 향해 "천하를 어지럽게 하는 사람들"이라고 말합니다. 신분제나 가부장제와 같은 전통적인 체제를 옹호하는 사람들은 그리스도교 신앙이 말하는 '모든 사람은 평등하다'는 주장이 천하를 어지럽게 하는 행동으로 보였을 것입니다. 사도행전은 천하를 어지럽게 했던 성령 받은 사도들의 선교 여행기입니다. 사도행전의 전체적인 구조는 사도행전 1장 8절의 말씀이 어떻게 성취되고 있는가를 보여주는데 있습니다. "성령이 너희에게 임하시면 너희가 권능을 받고"는 사도행전 2장에, "예루살렘과 온 유대"는 3~7장에, "사마리아"는 8장에 나옵니다. 그리고 "땅 끝까지 이르러 내 증인이 되리라"는 28장에서 성취됩니다. 바울 당시 사람들에게 땅 끝은 로마였습니다. 누가가 바울의 순교 이야기를 알고 있더라도 바울이 어떻게 죽게 되었는가가 사도행전의 기록 목적이 아니었습니다. 다시 말씀드리지만 사도행전은 1장 8절 말씀이 어떻게 성취되고 있는가를 보여주는 것이 주요 관심사입니다. 사도행전 28장에서 마침내 바울이 로마에 입성하여 그곳에서도 담대하게 하나님 나라의 복음을 전파했다는 것을 알려주면서 사도행전은 마무리되고 있습니다. 사도행전은 크게 1장부터 12장 그리고 13장부터 28장까지 두 부분으로 나눌 수 있는데, 전반부는 예루살렘에서 안디옥까지, 후반부는 안디옥에서 로마까지로 구분됩니다. 전반부에서 중요한 인물이 베드로이고, 후반부에서 중요한 인물이 바울입니다. 사도행전의 앞부분은 열두 사도를 중심으로 한 예루살렘 사역을, 뒷부분은 이방인을 위한 바울의 1~3차 전도 여행을 기록하고 있습니다.

초대 교회 당시 어떤 텍스트가 나와서 이것이 하나님의 영감을 받은 정경으로 인정받으려면 두 가지가 중요했는데, 하나는 사도성이고, 다른 하나는 얼마나 많은 교회로부터 하나님의 말씀으로 인정받고 있는가 하는 것입니다. 그런데 누가는 예수께서 선택한 사도도 아니고 예수를 직접 따랐던 제자도 아니고 더욱이 이방인이었습니다. 그런데 어떻게 누가가 쓴 누가복음과 사도행전이 정경이 될 수 있었을까요? 초대 교회 당시 복음서라는 이름의 책들이 약 40권 정도 있었다고 합니다. 마리아 복음, 베드로 복음, 빌립보 복음, 유다 복음, 도마 복음 등 수많은 복음서들이 있었습니다. 행전도 사도행전, 베드로 행전, 마리아 행전 등 여러 행전들이 있었습니다. 그런데 많고 많은 복음서 가운데 마태, 마가, 누가, 요한복음의 네 권과 여러 행전들 가운데 사도행전만 정경이 되었습니다. 그러면 신앙공동체에서 어떤 문서가 나왔는데 이것이 정말 하나님의 영감 받은 하나님의 계시의 책인가 아닌가를 판단할 때 가장 중요하게 본 것이 무엇일까요? 바로 누가 썼는가 하는 것입니다. 사도가 쓴 것이라면 보다 큰 권위를 부여받았고 사도가 쓴 것이 아니라면 권위를 부여받지 못했습니다. 정경 확정에 있어서 가장 중요한 요소는 누가 썼는가 하는 것입니다. 두 번째는 얼마나 많은 교회로부터 하나님의 말씀으로 인정받고 있는가, 즉 보편적인 승인을 받고 있는가 하는 것입니다.

마가복음을 쓴 마가나 누가복음을 쓴 누가는 예수의 열두 제자에 포함되지 않았는데 어떻게 그들이 쓴 복음서가 정경이 되었을까요? 마가복음은 마가가 썼지만 베드로가 말한 것을 마가가 기록했다고 봅니다. 베드로는 예루살렘 교회에서 밀려나 로마로 가게 되는데 로마에서 복음을 전할 때 마가가 베드로의 통역으로 동역하게 됩니다. 베드로전서 5장 13절에 베드로는 마가를 '믿음의 아들'로 불렀습니다. 마가복음은 베드로가 말한 것을 마가가 받아쓴 것입니다. 실제 쓰기는 마가가 썼지만 베드로로부터 들은 내용을 마가가 기술한 것이기에 처음부터 베드로 복음으로 권위를 인정받은 것입니다. 누가는 바울의 동역자로서 권위를 인정받았습니다. 누가는 바울로부터 들었던 내용들과 기타 자료들을 수집하고 면밀하게 검토한 후에 누가복음을 썼다고 봅니다. 바울의 권위에 대한 존중 때문에 바울의 동역자였던 누가가 쓴 복음서나 행전을 초대 교회가 인정해 준 것입니다.

로마서는 "하나님으로부터 사도로 부름 받은 나 바울은"이라고 시작합니다. 그러면 사람들은 이 편지를 바울이 쓰고 있다고 생각하기 쉽습니다. 그런데 편지를 마무리하는 16장 22절에 "이 편지를 대신 쓰고 있는 나 더디오"라고 기록하고 있습니다. 로마서 저자를 바울이라고 생각했는데 실제로 로마서를 쓴 사람은 더디오입니다. 이것을 공동 발신자라고 합니다. 고린도전서 1장 1절은 "하나님의 뜻을 따라 그리스도 예수의 사도로 부르심을 받은 바울과 형제 소스데네는" 이렇게 되어 있습니다. 고린도전서의 공동 발신자는 바울과 소스데네입니다. 바울의 편지를 자세히 보면 대부분 공동 발신자가 있습니다. 이 공동 발신자가 누구일까요? 바울이 말한 것을 실제로 쓴 사람으로 봅니다. 고린도전서 역시 바울이 쓴 것이 아니라 소스데네가 쓴 것입니다. 그런데 고린도전서의 저자를 바울로 생각하는 이유가 무엇입니까? 소스데네가 임의로 쓴 것이 아니라 바울이 말한 것을 그대로 기술하였기 때문에 실제로 이 편지를 바울이 쓴 것이라고 받아들이는 것입니다.

바울의 편지를 보면 바울이 직접 쓸 때는 "내가 친히 이렇게 큰 글씨로"라는 표현을 사용합니다. 그렇지 않을 때는 바울은 주로 말을 하고 바울의 말을 대신 받아 적는 사람이 있습니다. 이때 대신 받아 적는 사람을 공동 발신자로 봅니다. 바울의 편지 대부분은 1장 앞부분에 공동 발신자가 나오는데 로마서는 공동 발신자가 마지막에 나옵니다. 누가복음과 사도행전의 경우에는 저자인 누가가 열두 사도는 아니었지만 바울의 동역자로서 권위를 인정받아 정경으로 확정된 것입니다. 사도행전 16장 10절을 보시면 "바울이 그 환상을 보았을 때 우리가 곧 마게도냐로 떠나기를 힘쓰니"라고 할 때 '우리'라는 표현이 나옵니다. 여기서 우리에 누가 포함될까요? 먼저 사도행전의 저자인 누가가 포함되고 바울도 포함되고 바울의 동역자인 실라도 포함됩니다. '우리'라는 표현을 통해 이때부터 누가가 바울의 전도 여행에 동참했다고 보기도 합니다. 이후에도 계속 사도행전에는 '우리'라는 표현이 나옵니다. 이때부터 동참했던 누가가 바울이 순교할 때까지 바울과 동역했다고 보는 것입니다. 바울의 동역자였던 누가가 쓴 복음서와 역사서에 대해 초대 교회가 사도성의 권위를 부여한 이유는 누가는 사도는 아니었지만 바울의 동역자였기 때문에 바울의 권위가 누가에게도 투영된 것으로 이해할 수 있습니다.

기록 목적

사도행전은 전체 분량의 약 3분의 1 가량이 설교와 연설문입니다. 누가는 이 설교와 연설문을 통해 자신이 말하고자 하는 바의 핵심적인 메시지를 전달하고 있습니다. 설교의 핵심적인 메시지는 예수 그리스도의 죽음과 부활에 대한 논증입니다. 사도행전을 왜 기록했을까요? 저술 목적에 대해서는 두 가지 주장이 있는데, 하나는 교회 내적인 이유 때문에 썼다고 보는 것이고, 다른 하나는 교회 외적인 이유 때문에 썼다고 보는 것입니다. 저는 이 두 가지 요소가 함께 있다고 봅니다. 사도행전을 저술한 목적은 첫째로 예루살렘 공동체와 바울의 조화로운 관계를 강조하고 바울의 순교 이후 유대인들로부터 받은 수많은 오해를 불식시키고 그의 이방인 선교의 정당성을 부여하기 위한 목적으로 썼다고 보는 것입니다. 유대 그리스도인들은 이방 그리스도인들과 할례나 음식 정결법에 대한 이해가 많이 달랐습니다. 이것 때문에 예루살렘 교회는 오랜 기간 바울이 개척했던 이방인 교회를 하대했습니다. 이런 상황에서 예루살렘 교회나 이방인 교회가 하나님 안에서 한 백성이고 하나님은 그들이 살아왔던 삶의 문화 속에서 다양한 모습으로 그들을 부르셨음을 강조함으로써 교회 내 갈등과 대립을 화해시키려는 목적으로 사도행전을 기록했다는 것이 첫 번째 입장입니다.

둘째로 사도행전에 그리스도교 공동체에 대한 재판 기록이 많이 나옵니다. 여기서 유대교에 의해서 내려진 재판은 그 과정이나 기소 내용이 매우 불법적이라는 것, 그리고 재판을 이끌었던 사울이 그리스도교로 개종함을 통해 사실상 그 재판이 잘못되었음을 증거하고 있다는 것, 그리고 로마 정부에 의해 내려진 재판들은 거의 대부분 무죄 판단을 받고 있다는 것을 강조함으로써 당시 박해 받던 초대 교회가 로마 정부가 이해하는 것처럼 박멸해야 될 사교가 아니라 참된 진리의 종교임을 증거하기 위한 호교적 또는 변증적 목적으로 기록했다고 보는 것입니다. 사도행전에 보면 재판 이야기가 많이 나옵니다. 특히 로마를 대표하는 천부장 또는 베스도 총독 같은 사람들은 "바울에게서 죄를 찾지 못했다"는 표현을 자주 사용합니다. 심지어 "로마 황제에게 상소하지 않았다면 바울을 그냥 풀어줬을 텐데"라는 표현도 나옵니다. 로마 황제에게 상소한 것 때문에 어쩔 수 없이 로마로 보낸다는 것입니다. 로마의 권력을 대표하는 사람들이 그리스도교 전도자인 바울에 대해서 계속 무죄 선언을 합니다. 이렇게 무죄 선언을 기록하는 이유가 무엇이겠습니까? 그리스도교 공동체가 로마의 눈으로 바라볼 때도 그렇게 위험하고 불법적인 공동체가 아니라는 것입니다.

그리스도교가 로마로부터 대대적으로 박해를 받았을 때는 도미티안 황제가 다스리던 81년 이후입니다. 사도행전은 그때 기록되었습니다. 사도행전에서 그리스도교 지도자들이 로마로부터 많은 재판을 받았지만 한 번도 유죄 판결을 받은 적이 없습니다. 이러한 사실을 기록하는 이유와 목적이 무엇이겠습니까? 그리스도교가 로마 정부가 생각하는 것처럼 그렇게 위험한 사교가 아니라는 것입니다. 로마 입장에서는 초대 교회와 열심당이 유사해 보이는 측면이 있습니다. 열심당이 새로운 멤버들을 모집할 때 뭐라고 했습니까? "십자가를 지자"고 했습니다. 그런데 초대 교회도 "누구든지 예수를 따르려거든 자기 십자가를 지라"고 주장합니다. 이것 때문에 로마 입장에서는 초대 교회가 열심당의 한 분파인가 오해했을 수도 있습니다. 예수께서 말씀하신 "자기 십자가를 지라"는 말은 '목숨 걸고'라는 뜻입니다. 복음서 기자들은 열심당과 교회를 오해하고 있는 이방 사람들에게 끊임없이 무엇을 이야기합니까? "칼을 쓰는 자는 칼로 망한다. 내 칼을 도로 칼집에 꽂아 넣어라"와 같은 표현들을 통해 열심당과 교회가 동일 집단이 아님을 강조했습니다. 교회는 무력 항쟁을 선동하는 곳이 아니라 이 땅에 평화를 선포하는 공동체임을 계속 강조했습니다. 사도행전은 이러한 시대적 배경에서 교회 내적인 갈등을 화해시키려고 하는 목적이 하나 있고 또한 교회 밖에서 교회를 박멸하려고 하는 권력자들을 향해 교회가 그렇게 위험한 사교 집단이 아니라는 것을 변증하고자 하는 목적도 있었던 것입니다.

한국 교회사에도 이와 비슷한 사건이 있는데, 정하상이 쓴 「상재상서」라는 글이 그것입니다. 「목민심서」를 썼던 정약용 집안이 천주교인이었는데 정하상도 그 집안사람 가운데 한 사람입니다. 1839년 이교의 가르침을 박멸하고자 풍양 조씨 세력을 중심으로 사학토치령이 반포되어 신부와 신도들이 죽임 당하던 기해박해 와중에 정하상은 재상에게 올리는 글이라는 「상재상서」를 조정에 올립니다. 「상재상서」는 최초의 호교문이라고 할 수 있는데 자신들이 믿는 서학의 진리를 일깨움으로써 조정이 스스로 박해를 거두어 주기를 바라는 마음을 담고 있습니다. 우리나라 가톨릭 역사를 보면 초기 신앙인들 가운데 실학자들이 많았습니다. 이들은 조선 사회가 부국강병한 나라로 바뀌기를 원하면서 서학을 공부하다가 가톨릭 신앙을 받아들이게 되었습니다. 이들이 가톨릭을 처음 받아들일 때는 종교로 받아들인 것이 아니라 학문으로 받아들였습니다. 어떻게 유럽 사회는 부강한가, 어떻게 유럽 사회는 힘이 있는가? 이런 관심을 가지고 유럽 문명을 받아들이고자 공부한 것입니다. 그런데 유럽의 문명을 공부하다 보니까 자연스럽게 유럽 사람들의 세계관의 밑바탕에 그리스도교 신앙이 깔려 있다는 것을 발견하고 그것을 수용하게 된 것입니다. 처음에는 학문적인 관심으로 접근했다가 서양 사람들의 세계관과 가치관을 접하게 되었고 그들이 가진 세계관의 밑바탕에 깔려 있는 가톨릭 신앙까지 수용하게 된 것입니다. 초기 신자들이 서학을 공부할 때 2주 또는 한 달씩 수련회를 개최했습니다. 그런데 수련회를 했던 장소가 어디인가 하면 사찰이었습니다. 이러한 사실로 미루어보면 그들은 단지 서양의 뛰어난 문명을 수용하고자 하는 마음으로 공부를 시작하였고 공부의 과정에서 두 부류로 나뉘게 된 것입니다. 하나는 서학을 공부하면서 가톨릭 신앙까지 수용해야 한다고 생각한 그룹과 다른 한 그룹은 여기서 멈춰야 한다며 떨어져 나간 그룹입니다. 그런데 정약용 집안은 종교까지 받아들인 것입니다. 그리고 천주교 박해 과정에서 정약용 집안의 정하상이 「상재상서」를 쓴 것입니다. 이 책의 주 내용은 "천주를 믿는다고 해서 왕에게 순종하지 않는 것은 아니다. 우리들은 그렇게 위험하지 않다. 우리는 천주를 믿으면서도 왕에게 순종한다"는 것이었습니다. 사도행전을 쓴 목적도 대내적으로는 교회 안에 있는 갈등을 완화시키려는 목적과 대외적으로는 로마의 박해가 본격화되었던 시기에 그리스도교라는 신앙공동체가 그렇게 위험한 종교 집단이 아니라는 것을 변증하고자 하는 목적이 있었습니다.

사도행전은 누가 읽으라고 쓴 것일까요? 수신자로 데오빌로가 등장하는데 데오빌로는 개인으로 볼 수도 있고, 하나님을 사랑하는 자들의 모임인 신앙공동체로도 볼 수도 있습니다. 신학자들은 사도행전의 수신자를 유대 그리스도인이었을 것이라고 봅니다. 왜냐하면 사도행전을 살펴보면 성부 하나님에 대한 강조가 많이 나옵니다. 이방에 복음이 전파되는 과정에서 이 모든 것들이 성부 하나님의 섭리임을 주장합니다. 그래서 유대 그리스도인들로 하여금 이방인을 당신의 백성 삼으시는 그분이 구약의 하나님임을 깨닫도록 하는 것입니다. 이방에 복음이 확장되어지는 것이 하나님의 뜻임을 받아들이도록 만들면서 우리가 하나님 안에서 유대인과 이방인이 한 형제 되었음을 수용하도록 만드는 것이 사도행전의 중요한 목적입니다.

바울의 생애

바울의 생애에 관해 증언하는 신약 성경의 하나가 바울이 직접 쓴 편지이고, 다른 하나가 사도행전입니다. 그런데 이 두 증언이 서로 일치하지 않는 부분이 많이 있습니다. 신학자들은 바울의 생애에 대해 정확하게 단정하지 못합니다. 다만 바울이 64년경에 죽었다는 것에 대해서는 대부분 동의합니다. 바울이 언제 태어나서 언제 다메섹 회심 사건을 경험했는지에 대해서는 정확하게 말하기가 어렵습니다. 바울에 대해 알 수 있는 내용이 사도행전과 바울의 편지에 나오는데 그 내용이 서로 일치하지 않고 때로는 상반된 이야기까지 등장합니다. 그래서 정확한 정보를 얻는 것이 쉽지 않습니다.

갈라디아서 2장에 한 사건이 소개됩니다. 안디옥에서 베드로와 바울 그리고 이방 그리스도인들이 같이 밥을 먹고 있는데 야고보가 파송한 예루살렘 교회 교인들이 지금 안디옥 교회로 오고 있다는 소식이 들렸습니다. 그 소식을 듣자마자 베드로가 너무 두려워하며 밥을 먹다 말고 그 자리에서 벌떡 일어납니다. 베드로가 야고보를 무서워한 나머지 이방인과 식사 교제를 하지 않은 것처럼 행동한 것입니다. 그때 바울이 베드로를 향해 "식사하다 말고 지금 뭐하는 거예요"하고 큰소리를 내며 사람들 앞에서 면박을 줍니다. 이 내용이 갈라디아서 2장에 나옵니다. 여기서 질문 하나 하겠습니다. 베드로와 바울 가운데 누가 더 연장자였을까요? 흔히 베드로가 연장자일 거라고 생각합니다. 오래된 설교집을 보면 바울이 베드로를 훈계한 것이 아무리 옳은 말이라고 하더라도 나이 어린 사람이 나이 많은 사람의 잘못을 공개적으로 지적하거나 비판하는 것은 옳지 않다는 식의 설명이 많았습니다. 이런 해석은 베드로가 바울보다 연장자일 것이라는 전제에서 나온 것입니다. 심지어 베드로가 예수님보다도 나이가 더 많았을 것이라고 생각하는 분들이 많습니다. 그러나 복음서를 보시면 예수님이 제자들보다 나이가 더 많았습니다.

그런데 베드로가 예수님보다 나이가 더 많았을 것이라고 생각하는 것은 두 가지 이유 때문입니다. 첫째로 미디어를 통해 우리가 본 것은 예수는 청년이고 베드로나 다른 제자들은 중년의 모습이기 때문입니다. 그래서 제자들이 예수님보다 나이가 더 많다는 생각을 하게 됩니다. 베드로도 나이 든 중년으로 이해합니다. 그런데 마태복음 17장 27절을 보시면 예수와 열 두 제자 가운데 성전세를 내야 될 사람은 예수와 베드로밖에 없었습니다. 성전세는 20세 이상 유대 남성이 내는 것입니다. 당시 남자들의 결혼 연령이 10대 후반이라고 봅니다. 베드로는 장모가 계셨다는 표현이 나옵니다. 그 당시 여성들의 평균 결혼 연령은 초경을 한 이후인 12세부터 14세 사이였습니다. 가브리엘 천사가 마리아에게 왔을 때 마리아는 12살 정도였을 것으로 봅니다. 제자들의 나이는 결혼한 베드로가 20대 초반이고 나머지 제자들은 10대 후반으로 추정됩니다. 그 가운데서도 예수님이 가장 사랑했던 제자인 요한이 막내였는데 15세 정도로 봅니다. 예수님이 30세 즈음이라고 한다면 요한과 예수님은 아버지와 아들 뻘 정도가 되는 것입니다. 예수님은 제자들보다 나이가 훨씬 많았습니다. 그런데도 사람들은 미디어의 영향으로 베드로를 나이 든 중년으로 이해하고 예수님은 청년으로 이해합니다.

둘째로 사도행전 7장 58절 때문입니다.

성 밖으로 내치고 돌로 칠새 증인들이 옷을 벗어 사울이라고 하는 청년의 발 앞에 두니라.

사울이라고 하는 사람의 발 앞에 두었다는 것은 스데반을 죽였던 재판을 바울이 주관했음을 의미합니다. 보통 투석형으로 사람을 죽일 때 사람들은 돌을 들기 전에 겉옷을 벗어 그 재판을 주관했던 사람의 발 앞에 둡니다. 그러니까 스데반을 죽였을 때 이 재판을 주관했던 사람이 누구였습니까? 바울입니다. 그런데 여기서 바울을 청년이라고 말합니다. 이것 때문에 바울은 나이가 어리다고 생각하고 베드로는 나이가 많다고 생각합니다. 그런데 여기 청년으로 번역된 헬라어는 '네아니오스'인데 '네아니오스'는 24~40세 사이의 남성을 지칭하는 표현입니다. 당시 24세는 오늘날 50세 정도 됩니다. 당시 남성들은 10대 후반에 결혼했고 20세가 넘으면 성전세를 바쳤습니다. 성전세는 한 집안의 가장이 바치는 것으로 오늘날 주민세와 같은 것입니다. 당시 유대 남성들의 평균 수명을 40세 정도로 봅니다. 한글 성경은 '네아니오스'가 24~40세 사이를 가리키는 표현이다 보니 청년으로 번역했는데 이는 너무 현대적인 맥락에서 번역한 것입니다. 그 당시에는 청년이라고 할 수 없는 나이입니다. 그런데 여기 '네아니오스'라는 단어가 쓰인 것을 보면 바울은 최소한 24~40세 사이로 장년에 가까운 나이임을 알 수 있습니다. 예수님께서 30세일 때 바울은 25세, 베드로는 22세 정도로 봅니다. 바울이 베드로보다 연장자일 것이라고 보는 것입니다. 하지만 이것도 정확하지는 않습니다. 바울이 언제 태어났는지 알 수 없기 때문입니다. 다만 여기에 나오는 '네아니오스'가 24~40세 사이인 것이 분명하니까 바울의 나이가 꽤 되었다는 것을 알 수 있습니다. 또한 바울이 독신이었을 것이라고 생각하는데 학자들은 바울이 처가로부터 강제 이혼을 당했다고 봅니다. 이것은 뒤에 다시 설명하겠습니다. 바울이 베드로보다는 좀 더 연장자가 아니었을까 생각은 하지만 확실한 것은 바울의 생애와 관련된 정확한 연대표를 만들 수는 없다는 것입니다.

사도행전과 바울 서신에서 바울의 생애에 대해 기록하고 있지만 일치하지 않는 부분들이 많습니다. 이에 대해서는 크게 세 가지 견해가 있습니다. 첫째는 그래도 역사서인 사도행전이 좀 더 객관적이지 않느냐는 것입니다. 서신서는 바울이 쓴 것이기 때문에 주관적일 가능성이 높고 역사서는 제 삼자가 쓴 것이니까 좀 더 믿을 만하지 않느냐는 것입니다. 사도행전과 서신서 사이에 충돌이 일어날 때 사도행전에 더 큰 권위를 부여하는 것이 첫 번째 입장입니다. 둘째는 그래도 건너서 들은 것하고 자신이 직접 쓴 것 중에 직접 쓴 것이 더 권위가 있지 않을까 하는 것입니다. 바울 서신과 사도행전의 내용이 다를 경우 바울 서신에 더 큰 권위를 부여하는 것입니다. 셋째는 바울이 직접 쓴 것을 주요 텍스트로 삼지만 그렇다고 사도행전도 무시해서는 안 된다는 것입니다. 이처럼 사도행전과 바울 서신에 나오는 바울의 생애와 관련된 이야기에서 일치하지 않는 부분과 관련하여 우리가 어디에 더 권위를 둘 것인가에 대해서는 크게 세 가지 견해가 있습니다. 제가 볼 때 두 이야기를 함께 경청하는 것 외에 다른 방법이 없습니다.

초대 교회의 갈등

사도행전을 보면 예루살렘에 대한 강조가 많이 나옵니다. 사도행전의 수신자가 누구였습니까? 유대 그리스도인입니다. 우리는 지금 삼위일체 하나님에 대한 이해가 너무나도 당연하지만 유대인들은 오랜 세월 동안 성부 하나님만 믿어온 사람들입니다. 그들이 오순절 성령 하나님을 경험했지만 여전히 성령 하나님은 낯선 존재였습니다. 그런데 이방인에게 복음이 전파되는 과정에서 이방 그리스도인들이 가장 많이 경험한 하나님이 누구십니까? 성령 하나님입니다. 성자 하나님은 이미 승천하신 이후입니다. 만약 이방 그리스도인들을 대상으로 사도행전이 기록된 것이라면 성부, 성자, 성령 가운데 성령에 대한 강조가 제일 많았을 것입니다. 그런데 사도행전을 보면 성령 하나님을 보내신 분이 성부라고 말합니다. 이렇게 사도행전이 성부 하나님에 대해 강조하는 것을 보면 유대인들을 배려한 것이라고 볼 수 있습니다. 유대 그리스도인들에게 "당신들이 오랫동안 믿어왔던 하나님이 이방인도 당신의 백성 삼으셨다"고 말하는 것이 사도행전입니다. 유대 그리스도인들을 배려하는 것 가운데 하나가 예루살렘에 대한 강조가 끊임없이 나온다는 것입니다. 만약 이방 그리스도인들을 대상으로 했다면 굳이 이렇게까지 예루살렘에 대한 강조를 많이 할 필요가 없습니다. 그런데 사도행전에는 끊임없이 예루살렘에 대한 강조를 많이 합니다. 예루살렘 교회는 유대 그리스도인들에게 어머니 교회 같은 곳입니다. 사도행전이 유대 그리스도인들을 대상으로 쓰였다고 볼 수밖에 없는 이유는 성부 하나님에 대한 강조와 예루살렘에 대한 강조 때문입니다.

초대 교회가 직면했던 신학적인 대립은 크게 두 가지입니다. 하나는 대외적으로 종말론적인 메시아 이해의 차이로부터 발생한 예수 그리스도의 메시아 되심을 부정하는 유대인들과의 갈등과 마찰입니다. 일반 유대인들은 아직 메시아가 오지 않았다는 입장이고, 초대 교회는 메시아가 왔다는 입장을 가지고 있었습니다. 초대 교회는 고난 받는 메시아를 경험한 다음에 구약을 다시 읽었을 때 구약에 이미 고난 받는 메시아에 대한 예언이 많이 있다는 것을 발견하게 되었습니다. 승리하는 메시아, 정치 군사적인 메시아를 기대했던 유대인들은 어떻게 메시아가 이 땅에 와서 십자가에 달려 죽을 수 있느냐고 반문하면서 초대 교회 성경 해석을 받아들이지 않았습니다. 대표적인 성경 해석의 차이가 이사야 53장입니다. 여기에 보면 고난 받는 어린 양에 대한 이야기가 나옵니다. 이 말씀을 유대인들은 이스라엘 공동체 전체의 죄를 짊어지고 바벨론에 포로로 끌려갔던 사람들에 대한 이야기로 이해했습니다. 거기에 반해 초대 교회는 이 말씀을 메시아에 대한 예언으로 보았습니다. 이처럼 동일한 성경을 읽으면서도 유대교와 초대 교회는 성경을 바라보는 시각의 차이, 메시아에 대한 이해의 차이로 인해 계속 대립하게 되었습니다.

다른 하나는 대내적으로 예수를 메시아라고 공동의 고백은 하는데 유대 그리스도인들과 이방 그리스도인들은 하나님의 백성으로 우리가 무엇을 어디까지 지켜야 하는지에 대한 차이로 인해 갈등하게 됩니다. 대부분 제의법 준수에 대한 문제였습니다. 실제 교회 공동체 안에서 갈등이 벌어질 때 이런 이슈로 갈등이 많이 발생했습니다. 핵심 이슈는 '하나님의 백성 됨의 본질이 어디까지인가'였습니다. 이방 그리스도인들은 하나님 백성 됨의 핵심을 '예수를 구원자로 믿음'으로 보았습니다. 그런데 유대 그리스도인들은 예수를 구원자로 믿을 뿐만 아니라 진실로 하나님의 백성이 되려면 하나님께서 토라에서 명하신 모든 제의법을 준수해야 한다고 보았습니다. 그 제의법 안에 무엇이 포함됩니까? 할례법, 음식 정결법, 제사법이 포함됩니다. 어디까지를 하나님 백성 됨의 본질로 볼 것인가 하는 문제에 있어서 유대 그리스도인들과 이방 그리스도인들이 갈라서게 된 것입니다. 교회 주보나 예배당 벽면에 이런 문구가 붙여져 있습니다. '본질적인 것에는 일치를 비본질적인 것에는 다양성을.' 제가 볼 때 이건 말장난에 불과합니다. 사실 표현 자체만으로는 너무 멋진 말입니다. 그런데 왜 말장난인가 하면 공동체 안에서 무엇을 본질로 볼 것인가에 대한 합의가 되어 있지 않기 때문입니다. 본질적인 것이 합의가 안 된 상황에서 우리가 본질에 대해서는 한 마음 한 뜻이 되고 그 외의 것에 대해서는 서로의 생각도 존중해 주고 서로의 삶도 인정해 주고 다양성을 존중해 주자는 말이 무슨 의미가 있겠습니까? 결국은 이것 때문에 싸우게 됩니다. 이 사람과 저 사람 사이에 본질적인 것에 대한 이해가 달라서 갈등이 생기는 것입니다.

우리가 하나님께 예배를 드리는 상황을 상상해 보십시오. 교회에서 예배를 드린다고 했을 때 예배의 본질이 무엇입니까? 본질을 무엇으로 볼 것인가에 따라서 태도가 달라집니다. 중고등부 학생들이 예배 시간에 모자를 많이 쓰고 있다고 합니다. 그런데 나이 드신 교사들은 이런 행동이 용납이 안 될 수 있습니다. 그래서 모자를 쓰고 있는 학생들에게 모자를 벗으라고 말하는데 학생들은 안 벗겠다고 합니다. 교사는 예배 시간에 모자를 쓰고 예배를 드리는 것은 있을 수 없다는 입장이고 학생들은 예배드리는 것과 모자를 쓰는 것이 무슨 상관이 있느냐는 입장입니다. 직장인들이 출근할 때 커피를 테이크 아웃해서 가는 것이 하나의 문화입니다. 주일에 한 집사님이 커피를 테이크 아웃해서 예배당에 들어가려고 하는데 안내하는 권사님께서 커피를 들고 예배당에 못 들어간다고 제지를 하면서 실랑이가 벌어졌습니다. 집사님은 예배드리는 것과 커피를 들고 들어가는 것이 무슨 상관이냐고 했고 권사님은 예배 시간에 음료를 가지고 들어가서 마시면 안 된다고 한 것입니다. 그러자 집사님은 "그럼 목사님은 예배 시간에 왜 물을 마시느냐"고 하면서 싸웠다고 합니다.

여러분은 예배 시간에 커피를 들고 들어가는 문제에 대해 어떻게 생각하십니까? 여기에도 의견이 분분할 수 있습니다. 그럼 커피 말고 생수는 가능합니까? 여기에도 합의가 안 되고 있습니다. 이처럼 '본질적인 것에는 일치를 비본질적인 것에는 관용과 다양성'이라는 말은 그 자체로 너무나 감동적인 문구이지만 실상 대부분의 교회에서 어디까지를 본질로 볼 것인가에 대해서는 합의가 이루어져 있지 않습니다. 교회 안에서 문제가 발생할 때 이런 문제로 인해 갈등이 증폭되는 경우들이 많습니다. 결국 유대 그리스도인들과 이방 그리스도인들이 갈등했던 부분이 이것입니다. 바울이 볼 때는 하나님의 백성 됨의 본질은 예수 그리스도를 믿음이었습니다. 이것 외에 다른 것들은 본질이 아닙니다. 그런데 유대 그리스도인들은 할례 받는 것과 음식 정결법과 같은 제의법을 준수하는 것도 신앙인들이 행해야 할 본질로 보았습니다. 한국 교회에서도 신앙의 본질과 관련된 논의가 선행되어야 합니다. 논의는 없이 '본질적인 것에 일치를 비본질적인 것에 다양성을'이라는 말만 하고 있는데 현실에서는 전혀 적용이 되지 않고 있습니다. 아무런 논의도 하지 않고 있다가 막상 어떤 사건이 발생하면 그동안 자신과 같은 생각인 줄 알았던 사람들이 다른 입장을 취하는 것을 보고 마음이 상하는 경우들이 많이 있습니다.

예배 시간에 음료를 마실 수 있는가에 대해서 이야기를 나누었는데 찬양을 부르다 보면 목이 말라 물을 꼭 마셔야 하는 분들도 있을 수 있습니다. 사람들이 모두 다 나와 같지 않을 수 있습니다. 그래서 다른 사람이 나와 다를 수 있다는 관용의 자세가 필요합니다. 본인은 예배드리는 한 시간 동안 물을 마시지 않아도 상관없지만 어떤 분은 물을 마셔야 하는 분이 있을 수 있습니다. 20~30년 전만 해도 예배 시간에 예배당 안에 성경 찬송을 제외하고는 그 어떤 것도 들고 들어가는 것이 허용되지 않았습니다. 그런데 지금은 물을 마시기도 하고 사탕이나 초콜릿을 먹기도 하는 다양한 상황이 있을 수 있음을 이해하는 자세가 필요합니다. 하지만 예외도 있습니다. 예를 들면 노출이 심한 옷은 피하는 것이 좋습니다. 혼자서 예배하는 것이라면 상관없겠지만 함께 예배드리는 상황에서는 서로에 대한 배려가 필요합니다. 더우면 에어컨 가까운 자리에 앉는 것이 좋습니다. 핵심은 어디까지를 본질로 볼 것인가에 대한 문제입니다. 이제는 이러한 논의를 해야 할 시기가 되었다고 봅니다. 서로 논의하다 보면 서로가 어느 정도 수긍할 만한 합의점을 찾을 수 있지 않을까요?

말씀을 공부할 때 꼭 필요한 자세가 전 이해를 성찰하는 것입니다.

나도 모르는 사이에 다양한 이슈와 관련된 생각들이 우리의 사고 안에 들어와 있습니다. 이것이 어떻게 나에게 들어오게 되었는지 자신도 모르는 경우가 많습니다. 다양한 경로를 통해 우리 안에 다양한 사고가 들어와 있습니다. 브루노라는 심리학자가 카드 실험을 했습니다. 카드를 보면 하트가 무슨 색깔입니까? 빨간 색입니다. 스페이드는 검은 색입니다. 브루노는 사람들을 한 공간에 모아 놓고 스크린에다가 카드를 하나씩 비추어 주었습니다. 그런데 하트 하나를 검게 칠하고 스페이드 하나를 빨갛게 칠했습니다. 그리고 여러 개의 카드를 보여준 후에 검게 칠한 하트 3을 보여줍니다. 그리고 사람들에게 방금 전에 본 것이 무엇인지에 대해 질문합니다. 그러면 사람들은 "하트 3이요"라고 대답합니다. 다시 부르너가 묻습니다. "하트 색깔이 무엇이었나요?" 그러면 모두가 "빨간색이요"라고 대답합니다. 참 아이러니합니다. 모든 사람들이 본 카드는 분명히 검은색 하트 3이었는데 사람들은 자기들이 빨간색 하트 3을 봤다고 생각합니다. 왜 그렇습니까? 하트 그러면 빨간색이라는 전 이해가 뿌리 깊게 박혀 있기 때문입니다. 이런 전 이해를 극복하는 것이 참으로 어렵습니다.

고사성어에 '백문불여일견'이라는 말이 있습니다. '백번 듣는 것보다 한 번 보는 것이 낫다'는 말입니다. 하지만 사람들은 본대로 믿는 것이 아니고 자신이 알고 있는 것만큼을 보는 것입니다. 그래서 각자가 가지고 있는 전 이해를 성찰하는 것이 중요합니다. 내가 정말 제대로 된 이해를 하고 있는 것인가를 되새기며 살펴봐야 합니다. 그렇지 않으면 내가 믿고 싶은 대로 계속 믿게 됩니다. 신앙에서도 이런 일들은 반복됩니다. 성경을 읽기 전에 하나님에 대한 앎을 종결짓는 경우들이 얼마나 많이 있습니까? 많은 신앙인들이 자신들은 하나님에 대해 필요한 모든 앎을 다 가지고 있다고 생각합니다. 그래서 성경을 공부하자고 하면 '아니 무엇을 또 배워야 하는데'라는 반응을 보입니다. 그러나 평생 교회를 다녔는데도 불구하고 하나님께서 미쉬파트와 체데크를 원하신다는 것을 모릅니다. 하나님에 대해 알고 있다는 말은 대부분 예배 열심히 드리고 교회 가서 봉사 활동을 열심히 하는 것 정도로 이해합니다. 그러면서도 자신은 하나님이 원하시는 바가 무엇인지를 다 알고 있는 것처럼 스스로 배움을 종결짓는 경우들이 많이 있습니다. 처음 된 자가 나중 되는 이유가 바로 여기에 있습니다. 자신의 사고 틀 안에 하나님을 가두어 버리고 새로운 생각을 거부하기 때문에 어떠한 성장과 성숙도 경험할 수 없는 것입니다. 그래서 매순간 겸손한 마음으로 우리들이 하나님에 대해서 희미하게 알고 있음을 인정해야 합니다. 하나님이 우리들을 부르시는 순간까지 끊임없이 하나님을 알아가고자 하는 자세를 겸비해야 합니다. 요한복음 17장 3절을 보면 영생을 어떻게 정의하고 있습니까? "유일하신 참 하나님과 그가 보내신 자 예수 그리스도를 아는 것"이라고 말씀합니다. 헤브라이즘에서 안다는 것은 관계 맺는 것을 말합니다. 우리들이 하나님에 대해 여전히 많은 것을 모르고 있다는 것을 인정해야 합니다. 그리고 끊임없이 하나님을 알고자 하는 간절한 마음을 품어야 합니다. 무엇보다 하나님을 지적으로 아는 것을 뛰어 넘어 관계적으로 하나님과 신실하게 동행하는 삶으로 나아가야 합니다. 이것이 성경을 공부하는 가장 중요한 목적이기도 합니다.

2강

사도행전 2강

말씀과함께 | 사도행전강의

1장 | 복음의 증인

사도행전은 누가복음과 하나로 연결된 책입니다. 그래서 누가행전이라고 부릅니다. 구약에서 사무엘상하, 열왕기상하, 역대상하는 원래 한 권이었는데 분량이 많기 때문에 상하권으로 나누었습니다. 누가행전도 그렇다고 이해하시면 됩니다. 누가복음과 사도행전은 원래 한 권의 책이었는데 분량이 너무 많아서 누가복음과 사도행전으로 나누었습니다. 누가복음과 사도행전이 한 권의 책이라는 것을 알 수 있는 세 가지 근거가 있습니다. 첫째는 두 책의 저자가 누가로 동일하다는 것, 둘째는 두 책의 수신인이 데오빌로로 동일하다는 것, 셋째는 누가복음의 마지막 이야기가 사도행전 도입부에 반복되어 나온다는 것입니다. 오래 된 영화를 보면 긴 영화는 상하로 되어 있습니다. 상을 보고 하를 볼 때 하 도입부에 상의 이야기가 나온 다음 하의 이야기가 전개됩니다. 누가복음 끝부분의 이야기가 사도행전 앞부분에 나오는데 누가는 이를 통해 독자들로 하여금 누가복음과 사도행전을 한 편의 이야기로 읽으라고 말해주고 있는 것입니다. 누가복음과 사도행전은 하나의 이야기이지만 분량이 너무 많아 누가복음과 사도행전 이렇게 두 권의 책으로 나누었다고 이해하시면 됩니다. 1장 1절을 보시면 사도행전의 수신인으로 데오빌로가 나옵니다.

데오빌로여 내가 먼저 쓴 글에는 무릇 예수께서 행하시며 가르치시기를 시작하심부터.

수신인 데오빌로에 대해서는 두 가지 주장이 있습니다. 하나는 데오빌로라는 이름을 가지고 있는 한 개인으로 보는 것이고, 다른 하나는 데오빌로라는 이름을 나누면 '데오'는 하나님 또는 신이라는 뜻이고, '빌로'는 필리아 즉 사랑이라는 뜻입니다. 즉 '하나님을 사랑하는 자, 하나님을 사랑하는 자들'이라는 뜻이 됩니다. 따라서 데오빌로를 개인의 이름이 아닌 하나님을 사랑하는 신앙공동체를 가리키는 것으로 이해하기도 합니다. 누가복음과 사도행전은 데오빌로라는 개인 또는 하나님을 사랑하는 신앙공동체에게 보낸 글입니다. 당시 사람들이 쓰는 편지의 평균 분량은 빌레몬서 정도였습니다. 빌레몬서는 한 장짜리 본문으로 매우 짧다는 느낌이 듭니다. 그런데 당시 사람들이 누군가에게 편지를 쓸 때 빌레몬서 정도가 평균 분량이라고 합니다. 그렇다면 로마서, 고린도전후서, 누가복음, 사도행전은 당시 기준으로 보면 엄청난 분량임을 알 수 있습니다. 이 정도 분량의 문서를 쓰기 위해서는 많은 정성이 들어가고 무엇보다 경제력이 뒷받침 되어야 합니다. 오늘날에는 글을 쓴다고 할 때 컴퓨터로 타이핑을 하고 출력을 하기 때문에 많은 돈이 들어가지 않습니다. 그러나 누가가 본문을 기록하던 시대는 그렇지 않았습니다. 그 당시 글을 쓴다고 할 때 오늘날 종이와 같은 재료가 양피지나 파피루스인데 이것의 가격이 만만치 않았습니다. 그리고 잉크도 고가였습니다. 무엇보다 글을 쓰기 위해서는 문자를 알고 있어야 합니다. 당시 인구의 5~10%만 글을 알던 시대였습니다. 사회 경제적인 위치나 신분이 어느 정도 보장되지 않으면 글을 쓰는 것도 쉽지 않은 시대였고 누가행전 정도 분량의 글을 쓰려면 시간적으로나 금전적으로도 쉽지 않았던 시대임을 기억해야 합니다.

누가가 데오빌로를 위해 장문의 누가복음과 사도행전을 썼다는 것이 너무나 중요합니다. 누가가 이렇게 긴 글을 보낼 수 있었던 이유 중 하나는 데오빌로가 온전한 신앙을 가지기를 바라는 간절한 마음과 사랑이 누가에게 있었기 때문입니다. 하지만 사랑만 있다고 해서 되는 것은 아닙니다. 1장 2절을 보시면 사도행전이 쓰일 수 있었던 가장 중요한 이유는 누가가 한 존재를 설득시킬 수 있을 만큼 신앙적인 깊이를 가지고 있었기 때문입니다.

그가 택하신 사도들에게 성령으로 명하시고 승천하신 날까지의 일을 기록하였노라.

우리가 하나님의 복음을 전한다고 할 때 전도자에게 가장 중요한 조건이 무엇일까요? 내가 무엇을 믿고 있는지에 대해서 명확하게 알고 있어야 합니다. 그리고 내가 믿고 있는 것에 대해서 스스로가 인생을 걸어야 합니다. 그럴 때만 내가 말하는 전도라는 것이 다른 사람들을 감동시키는 설득력이 있습니다. 나도 내가 무엇을 믿고 있는지 잘 모르고 믿기는 믿지만 머리로만 믿고 삶으로 살아내지 못한다고 할 때 누가 그런 전도를 받아들일 수 있겠습니까? 누가가 사도행전과 누가복음을 쓸 수 있었던 이유는 데오빌로라는 개인 또는 신앙 공동체가 온전한 신앙을 가지기를 바라는 사랑의 마음이 있었을 뿐만 아니라 그들에게 제대로 된 신앙을 설명해 낼 수 있을 만큼 누가 자신이 그리스도교 신앙의 본질에 대해서 분명한 이해를 가지고 있었기 때문입니다. 자기 스스로가 그 신앙에 자기 인생을 걸었기 때문에 이런 글들이 나올 수 있었던 것입니다.

1장 3절을 보시면 예수께서는 부활하신 후에 40일 동안 제자들과 지상에서 마지막 시간을 보내게 됩니다.

그가 고난 받으신 후에 또한 그들에게 확실한 많은 증거로 친히 살아 계심을 나타내사 사십 일 동안 그들에게 보이시며 하나님 나라의 일을 말씀하시니라.

예수께서 40일 동안 제자들과 함께하며 하신 말씀이 무엇입니까? 하나님 나라의 일입니다. 여기서 시간 순서로 정리해 보겠습니다. 예수 그리스도의 십자가 죽음과 부활 이후에 예수께서 제자들과 40일을 함께 보내시고 하늘로 승천하셨습니다. 그리고 오순절에 성령을 보내셨습니다. 예수께서 승천하시고 나서 성령 강림까지는 약 10일 정도의 시간적 간격이 있음을 알 수 있습니다. 그런데 예수께서 부활하시고 나서 이 땅에서 40일 동안 제자들과 마지막 시간을 보내실 때 제자들에게 집중적인 훈련을 시키셨습니다. 그 집중적인 훈련의 주제가 무엇입니까? 하나님 나라입니다. 예수께서 이 땅에 오셔서 행하셨던 공생애의 핵심이 무엇입니까? 예수께서는 공생애를 시작하시면서 하나님 나라가 임함을 선포했고 사람들을 하나님 나라 백성으로 초대하셨습니다. 예수님의 사역과 하나님 나라는 결코 분리시킬 수 없는 밀접한 관계에 있음을 주목해야 합니다.

예수께서 이 땅에 오셔서 선포하신 말씀의 핵심이 무엇입니까? 하나님의 나라가 임했다는 것입니다. 이것을 사람들에게 선포하신 것이고 만나는 사람마다 그들을 하나님 나라 백성으로 초대하셨습니다. 그리고 승천하시기 전에 제자들과 마지막 40일이라는 시간을 지상에서 보내실 때도 집중적으로 하나님 나라에 대해 말씀하셨습니다. 오늘날 그리스도의 몸 된 교회들이 가장 강력하게 선포해야 할 핵심적인 메시지가 하나님 나라입니다. 그런데 안타까운 현실은 한국 교회가 하나님 나라에 대해 너무나 관심이 없다는 것입니다. 한국 교회는 교회 성장에 대한 관심 속에서 전도와 헌신은 강조하지만 예수께서 선포하신 가장 중요한 메시지인 하나님 나라에 대한 이야기는 거의 하지 않습니다. 뜻이 하늘에서 이루어진 것처럼 이 땅 곳곳에서 어떻게 하나님의 뜻을 이루어 낼 수 있을까에 대해 고민하지 않습니다. 과연 교회에서 하나님 나라 메시지를 제대로 듣고 있는지를 묻는다면 그렇지 못하다는 답을 할 수밖에 없습니다. 한국 교회에서 하나님 나라에 대한 진지한 고민과 실천적 대안들을 깊이 있게 논의하는 장이 펼쳐지기를 소망합니다.

오늘날 한국 교회는 교회 성장에 대한 관심이 하나님 나라에 대한 사모함보다 더욱 강력합니다. 사실 목회자들에게 두려움이 있는 것 같습니다. 어떤 두려움일까요? 시간 날 때마다 교인들이 교회에 와서 교회를 위해 충성하고 헌신하고 봉사하기를 바라는 마음이 있습니다. 그래야 교회가 성장하기 때문입니다. 그런데 하나님 나라를 강조하면 이 땅의 정치, 경제, 사회, 문화, 사법, 언론, 가정, 교육, 생태 등 정말 다양한 분야에서 하나님의 뜻이 이루어질 수 있도록 우리가 순종하고 분투해야 하기 때문에 하나님 나라를 강조하게 되면 교인들이 교회에 모이는 것이 아니라 다양한 영역으로 진출해야 합니다. 자신들이 살고 있는 지역에서 하나님이 원하시는 미쉬파트와 체데크를 이뤄내기 위해 애써야 합니다. 이처럼 하나님 나라를 강조하게 되면 교회로 모이는 구심력이 아니라 교회 밖으로 나가는 원심력이 발동합니다. 목회자들은 이것을 두려워합니다. 교인들이 항상 교회를 중심으로 모여 있어야 교회도 성장하고 목회자도 안심이 되는데 교인들이 세상으로 나가서 하나님 나라 운동을 하고 하나님 나라 백성으로 살기 위해 고군분투하면 교회의 구심력이 약해져서 교회 성장이 약화되고 그 결과 교회가 문을 닫게 되는 것은 아닌가 하는 두려움이 있는 것입니다.

한국 교회는 교회 성장에 대한 관심은 많지만 하나님 나라에 대한 관심은 그다지 많지 않습니다. 안타까운 것은 교회 안에서도 하나님 나라를 제대로 누리지 못하는 경우가 많습니다. 한국 교회가 교회 성장에만 관심이 많다 보니 초신자에게 초점이 맞춰져 있습니다. 한국 교회가 운영되는 방식을 보면 예수 믿은 지 얼마 안 된 사람들에게 제일 좋은 구조라는 것을 알 수 있습니다. 신앙의 연수가 어느 정도 되는 분들에게는 교회가 행하는 대부분의 일들이 매년마다 반복된다는 느낌이 있습니다. 교회는 다람쥐 쳇바퀴 도는 것처럼 똑같은 프로그램을 매년 반복하고 있습니다. 그래서 신앙생활을 오래하신 분일수록 자신들의 신앙이 성장하지 않고 정체되어 있다는 느낌을 받습니다. 심한 경우에는 시간이 지날수록 진보하는 것이 아니라 퇴보한다는 느낌을 받기도 합니다. 반면 초신자들은 교회에서 하는 모든 프로그램들이 너무 좋습니다. 그만큼 한국 교회가 초신자들에게 눈높이가 맞춰져 있습니다. 신앙생활을 오래 하신 분들은 초신자들을 위한 구조가 잘 돌아갈 수 있도록 교회 안에서 이런저런 일들을 감당하는 일꾼으로 사역하고 있는 것이 현주소입니다.

그러면 무엇이 문제입니까? 교회 안에서 다양한 사역을 하는 것은 그만큼 많은 에너지를 소모하게 되어 있습니다. 그런데 에너지 소모가 힘들지 않고 기쁨이 되려면 소모하는 것 이상으로 반드시 충전이 되어야 합니다. 문제는 신앙생활을 오래 하신 분들이 충전 받는 경우가 많지 않다는 것입니다. 충전 받는 곳은 없고 그저 하나님만 바라보며 인내하면서 꾸역꾸역 일만 하는 경우가 대부분입니다. 이제부터는 교회에서 하는 교육의 질적 수준이 달라져야 합니다. 무슨 기초반, 중급반, 고급반으로 여러 단계의 교육 과정들은 있는데 실제로 고급반에서 다루는 내용을 보면 수준이 너무 낮습니다. 적어도 고급반 커리큘럼이라면 성경 본문에 대한 심화 공부, 세계 교회사나 한국 교회사에 대한 역사 공부가 있어야 하지 않겠습니까? 더 나아가 교인들이 살고 있는 이 땅에 대한 기본적인 공부도 필요합니다. 자본주의가 무엇인지, 신자유주의가 무엇인지, 포스트모던이 무엇인지에 대한 기본적인 공부를 통해 그것이 오늘 우리 신앙에 어떤 영향을 미치고 있는지도 공부해야 합니다. 그리고 가장 중요한 것은 오늘 이 시대 한국 사회에서 하나님의 백성으로 어떻게 살아가야 할 것인지에 대한 구체적인 고민들, 구체적인 실천 방안들을 모색해야 합니다. 그런데 오늘 교회 안에서 이루어지고 있는 교육의 내용을 보면 여전히 단순한 질문에 단순한 답 달기 정도의 수준에 머물러 있습니다. 그 초보적인 수준을 벗어나고자 하는 어떤 노력이나 시도조차 하지 않습니다. 지금의 교육 수준에서 목회자나 교인들 모두가 안주하고자 하는 모습이 있습니다. 교회 안에서도 하나님 나라를 온전히 누리지 못하고 그저 열심히 교회를 다니면서 헌신 봉사하는 경우들이 많은데 이제는 구체적인 변화가 필요하다고 생각합니다. 한국 교회가 신앙의 연수에 걸맞은 단계별 교육도 만들어내고 무엇보다 우리의 가정과 교회 공동체와 우리가 발 딛고 살아가는 지역 사회에서 하나님이 원하시는 하나님 나라를 어떻게 세워나갈 수 있을까에 대한 근본적인 고민들을 하면서 구체적인 실천 방안들을 모색하고 살아내야 합니다.

1장 4절을 보시면 예수께서 승천하시기 전 제자들에게 성령을 받기 전 예루살렘을 떠나지 말라고 명령합니다.

사도와 함께 모이사 그들에게 분부하여 이르시되 예루살렘을 떠나지 말고 내게서 들은 바 아버지께서 약속하신 것을 기다리라.

제자들이 언젠가는 예루살렘을 떠나겠지만 잘 떠나기 위해서는 기다리는 시간이 필요합니다. 만약 제자들이 지금 떠나면 무엇을 할 수 있겠습니까? 약속하신 성령을 받고 성령 충만한 자가 되어 다양한 지역으로 떠나야 하지 않겠습니까. 제자들이 잘 떠나기 위해서는 성령을 기다려야 합니다. 이것이 '선 섭취 후 사역'입니다. 에스겔을 이스라엘 예언자로 사용하기 전에 하나님께서 에스겔에게 말씀의 두루마리를 먼저 먹이십니다. 이것이 너무나 중요합니다. 한국 교회가 극복해야 할 과제 가운데 하나가 사역 강박증입니다. 한국 교회는 일이 너무 많습니다. 열심 있는 사람들은 거의 1인 4역, 1인 5역을 합니다. 교회 안에서 일을 하지 않는 교인들은 언제나 하지 않고 일하는 교인들만 많은 일들을 감당합니다. 사역의 양극화 현상이 일어나고 있습니다. 저는 여러 일을 감당할 능력이 되거나 자신이 사용한 에너지 이상을 충전 받을 수 있다면 여러 일을 감당하는 것도 가능하다고 봅니다. 그러나 현실은 그 일을 함으로 인해 가장 중요한 본질을 놓치고 있는 것은 아닌가 하는 것입니다. 교회는 일을 하러 가는 곳이 아닙니다. 우리가 주일마다 교회를 가는 중요한 이유가 무엇입니까? 하나님을 예배하고 믿음의 지체들과 교제하기 위해서입니다. 그런데 많은 분들이 일을 하기 위해 교회에 갑니다.

얼마 전 부산에 있는 한 교회 주일예배에 참석한 적이 있었습니다. 주일예배가 한 편의 연극처럼 잘 짜여 진 큐시트대로 진행되었습니다. 교인들이 강단에 올라가는 순서들이 많았는데 순서마다 정해진 시간에 맞춰져 일사불란하게 움직였습니다. 대표기도를 하고 있을 때 여러 사람들이 조용조용 강단 위에 올라와서 다음 순서를 기다리고 있었습니다. 이 모든 순서들을 부목사님들이 역할을 나누어 진행하고 있었습니다. 담임목사님이 설교할 때도 성경 구절을 언급하면 스크린에 그 말씀이 곧바로 올라왔습니다. 예배를 위해 리허설을 정말 많이 했다는 느낌이 들었습니다. 예배 시간 내내 군더더기 없는 연극 한 편을 보는 느낌이었습니다. 그러나 정작 그 멋진 예배 시간에 예배에 집중하지 못하는 분들이 제 눈에 보였습니다. 행사 진행에 집중하는 부목사님들과 음향실에 있는 담당자들이 진심으로 예배에 집중할 수 있었을까요? 그들은 연극 무대에서 자신들이 담당해야 할 일을 잘 소화해내는 것에 역점을 두었을 것입니다. 한 편의 공연 같은 예배를 위해 예배 시간에 예배에 집중할 수 없는 사람들이 너무나 많습니다. 이런 예배를 하나님께서 과연 기뻐하실까 생각하게 됩니다.

저는 주일 예배 시간에 동영상을 촬영하는 것도 반대합니다. 예배 시간에 동영상을 촬영하는 분들은 예배에 집중하기가 어렵습니다. 어떤 경우에도 우리가 하나님께 예배드릴 때는 모든 사람들이 예배에 집중할 수 있도록 해야 합니다. 예배 외에 이런 일 저런 일에 너무 많은 에너지를 사용하는 것은 옳지 않습니다. 식당 봉사도 마찬가지입니다. 식당 봉사하는 분들은 예배에 집중하지 못하고 음식에 집중하게 되어 있습니다. 교회는 일하러 가는 곳이 아닙니다. 하나님을 예배하고 성도들과 아름다운 교제를 나누기 위해 가는 것입니다. 교회는 일상에서 하나님의 사람으로 힘 있게 살아갈 수 있도록 자신을 충전하는 곳이 되어야 합니다. 교회 공동체 안에서 선 섭취를 먼저 해야 합니다. 내가 말씀으로 먼저 충만해지면 자연스럽게 순종의 실천이 뒤따릅니다. 선 섭취가 되면 자연스럽게 후 사역이 되는 것입니다. 자신도 충만하지 않는데 끊임없이 에너지를 쓰는 것은 아주 위험합니다. 그래서 반드시 선 섭취 후 사역을 해야 합니다. 예수께서 제자들에게 "성령이 임할 때까지는 기다리라"고 하신 이유가 여기에 있습니다. 성령 충만한 자가 되어 복음을 전할 때 그 복음에 힘이 있습니다. 선 섭취 후 사역의 순서가 너무나 중요합니다.

예수께서 승천하시기 전 제자들이 이런 질문을 했습니다. 1장 6절입니다.

그들이 모였을 때에 예수께 여쭈어 이르되 주께서 이스라엘 나라를 회복하심이 이 때이니까 하니.

예수께서 선포한 나라와 제자들이 기대한 나라 사이에는 분명한 차이가 있었습니다. 예수께서는 하나님 나라를 선포하셨는데 제자들은 민족적 또는 정치적 이스라엘의 해방과 독립을 기대했습니다. 구약을 보면 이스라엘은 앗수르, 바벨론, 페르시아, 헬라, 로마라는 5대 제국에 의해 700년 이상을 식민 지배를 받았습니다. 식민 지배 기간이 100년이 되고 200년이 되었을 때 이스라엘 백성들의 간절한 소망이 무엇이었겠습니까? 해방과 독립입니다. 그런데 아무리 생각해봐도 이스라엘의 군사력으로 스스로 독립을 쟁취할 수 있는 가능성은 없었습니다. 이런 상황에서 이스라엘은 점점 무엇을 기대하기 시작했을까요? 하나님께서 메시아만 보내주시면 이스라엘은 해방과 독립을 맞이하고 메시아가 천하만국을 다스리는 황제가 되어 이스라엘을 세계만방 위에 우뚝 세워주실 것을 기대했습니다. 이스라엘이 기대한 메시아는 제2의 다윗과 같은 정치 군사적 메시아였습니다. 예수께서 승천하시기 전에도 여전히 제자들은 정치 군사적인 메시아를 기대하고 민족적인 이스라엘의 회복을 갈망하고 기다리고 있었습니다. 그러나 예수는 그런 제자들의 인간적인 바람과 소망을 저버리고 오직 하나님 나라만을 말씀하셨습니다.

이스라엘은 원래 만민을 위한 선민으로 부름 받았는데 배타적 선민사상에 빠져버렸습니다. 배타적 선민사상은 하나님을 독점하려는 것입니다. 하나님께서는 이스라엘이 거룩한 백성이 됨으로 인해 세계 만민을 하나님 앞으로 견인해 오기를 기대하셨습니다. 그러나 이스라엘은 자신들에게는 하나님의 은혜와 복이 임하고 다른 민족에게는 하나님의 심판과 저주가 임하기를 기대했습니다. 하나님을 오직 이스라엘만의 하나님으로 만들고자 한 것입니다. 이것을 배타적 선민사상이라고 합니다. 이런 사상 위에서 이스라엘은 유대인과 이방인을 철저하게 구별하고 차별했습니다. 이러한 차별 의식이 공동체 안에 오게 되면 유대 땅에 살고 있는 유대인들은 1등 국민이고, 갈릴리에 살고 있는 갈릴리 사람들은 2등 국민이고, 사마리아 땅에 살고 있는 사마리아 사람들은 3등 국민 내지는 이방인 취급을 한 것입니다. 이스라엘 사람들은 유대인과 이방인을 철저하게 구별했고 이스라엘 땅 안에서도 유대인과 갈릴리 사람들과 사마리아 사람들을 구별했습니다. 더욱이 같은 이스라엘 사람이라고 하더라도 남자와 여자를 구별했습니다. 자신과 다른 존재들을 품기보다는 차별의 질서를 긍정하고 강화시키는 데만 관심을 가졌던 사람들이 바리새인이었습니다. 이것이 유대인들 전체의 모습이라고 보시면 됩니다. 바리새인들은 자신들처럼 살지 못하는 자들을 죄인 취급하면서 죄인인 그들을 어떻게 도울 수 있을까 보다는 죄인들과의 비교 속에서 상대적 우월감에 빠져 있었습니다. 누가복음을 보시면 바리새인과 세리가 성전에 올라가서 기도하는 말씀이 나옵니다. 세리는 하나님 앞에서 차마 고개를 들지 못하고 "하나님 저는 죄인입니다. 저를 불쌍히 여겨 주십시오"라고 기도했습니다. 반면 바리새인은 자신이 저 세리와 다름을 강조했습니다. 자신이 세리와 다른 삶을 살아가고 있음을 자랑한 것입니다.

여기서 꼭 기억해야 할 것은 우리들이 하나님 앞에서 상대 평가를 받지 않는다는 것입니다. 기독교 신앙은 절대 평가입니다. 이것을 잘 보여주는 이야기가 달란트 비유입니다. 달란트 비유를 보시면 주인이 종들에게 다섯 달란트, 두 달란트, 한 달란트를 줍니다. 만약 다섯 달란트 받은 사람이 세 달란트를 남기게 되면 그 종은 주인에게 칭찬을 받겠습니까, 책망을 받겠습니까? 책망을 받습니다. 왜 우리가 신앙인들 사이에 상대 평가를 하는 것이 의미가 없고 틀린 것인지를 생각해 보십시오. 어떤 사람이 하나님께 백 달란트를 받았는데 인생의 여정 가운데서 삼십 달란트 정도의 몫을 남겼다고 가정해 보십시오. 그러면 이 사람은 하나님으로부터 착하고 충성된 종이라는 칭찬을 받겠습니까 아니면 악하고 게으른 종이라는 책망을 받겠습니까? 당연히 책망을 받습니다. 그런데 어떤 사람은 하나님께 열 달란트를 받았습니다. 인생의 여정 속에서 최선을 다한 결과 열 달란트를 남겼습니다. 이 사람은 하나님께 어떤 평가를 받겠습니까? 칭찬을 받습니다. 우리가 볼 때는 삼십 달란트 남긴 사람이 열 달란트 남긴 사람보다 더 대단하다고 생각하고 당연히 하나님께도 칭찬받을 것이라고 생각할지 모릅니다. 우리가 생각할 때는 이 사람이 저 사람보다 훨씬 더 나아 보이는 것입니다. 그런데 우리는 무엇을 알지 못합니까? 이 사람이 하나님께로부터 몇 달란트를 받았는지를 모릅니다. 우리는 단지 그 사람이 남긴 몫만 주목할 뿐입니다. 하나님으로부터 몇 달란트를 받았는지를 전혀 모르기 때문에 우리의 판단이 틀릴 가능성이 높습니다. 누군가에 대하여 우리가 내리는 평가하고 나중에 하나님의 평가가 다를 수밖에 없는 이유가 바로 여기에 있습니다.

여러분들은 한국 교회의 목회자들이 하나님께 칭찬받을 것이 무엇이라고 생각하십니까? 한국 교회에서는 이런 저런 이유로 목회자를 존경하고 추앙합니다. 그런데 목회자들이 하나님을 위해서 수고하고 애쓴다고 하지만 사실은 많은 보상을 받고 있지 않습니까? 일반 성도들과 직분자들은 자신의 시간을 드리고 물질을 드리고 온갖 헌신을 다하지만 무슨 보상을 받습니까? 그런데 목회자들은 이 땅에서 자신이 수고하고 헌신한 것 이상으로 보상도 받고 존경도 받습니다. 나중에 하나님께 받을 만한 칭찬이 무엇이 남아 있겠습니까? 우리가 생각할 때 목회자들이 하나님께 칭찬도 가장 많이 받을 것이라고 생각할지 모르겠지만 사실은 이미 보상을 다 받은 것입니다. 장차 하나님께 받을 만한 칭찬은 거의 없다고 봐야 합니다.

이 사람과 저 사람을 평가할 때 우리는 이 사람이 더 대단해 보일지 모르지만 각자가 하나님께 받은 달란트의 몫이 다르고 우리는 그 달란트의 몫을 알지 못하기 때문에 하나님의 평가가 어떻게 될지는 알 수 없는 것입니다. 그래서 신앙 안에서 서로를 비교하고 그 비교 속에서 "내가 저 사람보다는 낫지"라고 생각하는 것은 어리석은 일입니다. 그런 잘못을 저질렀던 사람들이 바로 이스라엘 백성들입니다. 자신들이 하나님께 받은 은혜의 몫만큼을 남기고 있는가 하는 자기 성찰을 해야 하는데 이스라엘은 이방인과 자신들을 비교하면서 "우리는 거룩한 백성이야"라는 착각에 빠져 있었던 것입니다. 유대인들은 갈릴리 사람들과 사마리아 사람들과의 비교 속에서 자기들이 더 하나님의 백성답다는 착각에 빠져 있었습니다. 유대인 남자들은 여자들과의 비교 속에서 우월의식에 빠져 있었습니다. 우리가 하나님께 무엇인가를 받은 것은 은혜이고 받은 만큼의 몫을 남겨야 하는 것은 우리의 책임입니다. 그런데 우리는 하나님께 은혜받기는 사모하면서도 "내가 하나님의 은혜 받은 자답게 살아가고 있는가"라는 성찰의 부분에서는 취약점들이 많습니다. 신앙은 하나님의 절대 평가를 받는 것임을 기억해야 합니다. 이것을 누가 판단할 수 있겠습니까? 이것은 자기 성찰을 해야 되는 것입니다. 내가 하나님께 어느 정도의 은혜를 받은 사람인지, 내가 받은 달란트는 얼마인지, 내가 받은 달란트의 몫만큼 남기고 있는지, 이것을 스스로 질문하면서 받은 은혜와 달란트만큼의 몫을 남길 수 있어야 합니다.

1장 8절을 보겠습니다.

오직 성령이 너희에게 임하시면 너희가 권능을 받고 예루살렘과 온 유대와 사마리아와 땅 끝까지 이르러 내 증인이 되리라 하시니라.

사도행전은 1장 8절의 말씀이 어떻게 성취되고 있는지를 우리에게 보여줍니다. 당시 이스라엘 사람들이 생각했던 땅 끝은 로마였습니다. 사도행전 28장에서 바울의 로마 입성 이야기로 끝맺는 이유가 여기에 있습니다. "땅 끝까지 이르러 내 증인이 되리라." 당시 유대인들이 생각했던 땅 끝, 제국의 중심이었던 로마에 바울이 입성해서 2년 동안 자신을 찾아오는 사람들에게 하나님 나라의 복음을 담대하게 선포했습니다. 사도행전 1장 8절의 말씀이 온전히 성취되었음을 알려 주는 것입니다. 이것이 사도행전을 저술한 목적입니다. "성령이 너희에게 임하시면"이라는 말씀은 "내 증인이 되리라"라는 말씀으로 연결됩니다. 성령이 우리에게 임하시면 내가 원하는 바대로 살지 않고 예수 증인으로 살게 된다는 것입니다. 이것이 성령 충만한 사람들의 모습입니다. 우리는 성령 충만, 성령에 대한 사모함이 있는데 하나님께서 우리에게 성령을 부어주시는 가장 중요한 목적은 예수 증인이 되라는데 있습니다. 이 목적을 위해 성령을 부어주시는 것입니다. 우리는 한 존재의 삶을 통해 그분이 성령 충만한 사람인지 아닌지를 금방 알 수 있습니다. 어떤 사람이 성령 충만한 사람입니까? 그의 삶과 언행과 사람을 대하는 태도와 물질을 소비하는 것을 보면 성령 충만한 사람인지 아닌지를 알 수 있습니다. 예수처럼 살기 위해서 노력하고 발버둥 치는 사람들을 보면 정말 이 사람이 성령 충만한 사람이라는 것을 금방 알 수 있는 것입니다.

얼마 전 부산을 다녀왔습니다. 보통은 교회나 단체에서 강의나 설교 요청으로 지방을 다녀오는데 이번에는 5~60대 남성 교인 여섯 분이 저를 초대했습니다. 토요일 저녁부터 일요일 저녁 식사까지 1박 2

일 동안 자신들과 시간을 함께 해달라고 해서 다녀오게 되었습니다. 이분들 중에 한 분이 말씀사경회에서 만났던 분입니다. 그분이 저를 초대했고 다른 분들은 한 달에 한번 독서모임을 하는 회원들로 같은 교회를 섬기는 교인들이었습니다. 여섯 분의 직업을 보니 의사, 교수, 사업가, 학원장 등 우리 사회에서 나름 성공한 분들이셨는데 자신들이 예수 믿는 사람으로 어떻게 살아가고 있는지에 대해 나누는데 말씀을 듣는 내내 제 마음이 뜨거워졌습니다. 성도의 교제 안에서 누리는 기쁨이었습니다. 정말 하나님을 제대로 믿으려고 애쓰는 분들을 만나게 되면 대화만 해도 큰 기쁨이 있습니다. 정말 진실하게 정직하게 거룩하게 살아가기 위해서 발버둥치는 분들의 이야기를 듣다 보면 성경을 읽는 것과 같은 큰 감동을 받습니다. 그날 밤 저를 초대해 주신 의사 선생님 댁에서 하룻밤을 묵게 되었습니다.

짧은 기간이었지만 의사들을 대상으로 목회했던 경험이 있어서 한국 사회에서 의사들이 어떻게 살고 있는지에 대한 이해를 조금은 하고 있습니다. 그런데 이분은 외과 의사로 오래 봉직했음에도 불구하고 오래된 아파트에서 너무도 평범하게 살아가는 모습이 참으로 신선하게 다가왔습니다. 승용차도 너무 평범했는데 차를 타고 이동하면서 킬로수를 보니까 20만이 넘었습니다. 그래서 제가 물었습니다. "동료 의사들을 보면 조금 부러운 마음이 드시지는 않으세요." 그러자 "저는 하나님을 믿잖아요." 이 한마디에 정말 큰 감동을 받았습니다. 이분들이 저를 초대하면서 티타임이나 갖자고 하셨는데 정말 강의나 설교 없이 티타임만 하고 돌아왔습니다. 티타임을 하면서 제가 큰 감동을 받았습니다. 이분들이 같은 교회를 다니는데 정말 그 교회 담임목사님이 부러웠습니다. 지금 그 교회는 교인들이 계속 늘어나서 2천 명이 조금 넘는다고 합니다. 제가 만난 여섯 분 가운데 두 분이 그 교회 장로님이셨습니다. 이분들이 저를 초대한 이유는 자신들이 섬기는 교회의 10년, 20년 후를 내다보며 대안을 찾기 위해서였습니다. 이번에 알게 된 사실인데 부산은 인구가 가장 많을 때 340만 정도 되었는데 지금은 320만 아래로 떨어져서 곧 인천에 추월당할 거라고 합니다. 그리고 65세 이상 노인 인구가 이미 초고령화 사회로 진입했다고 합니다. 그래서 이분들이 무엇을 고민하고 계신가하면 지금은 교인들이 계속 늘어나고 있지만 3~40대 허리 라인이 없음을 발견하게 된 것입니다. 지금은 교인들이 계속 늘어나니까 교회 전체가 성장의 기운에 도취해 있는데 10년, 20년 후를 생각하면 정말 교회가 지속 가능한가를 고민하며 대책을 강구하고 있는 것입니다. 목회자가 시킨 것도 아닌데 자발적으로 그렇게 하고 있다는 것이 그저 놀라울 따름이었습니다.

주일에 이분들이 섬기는 교회에서 함께 예배를 드렸습니다. 앞에서 말씀드린 것처럼 예배가 한 편의 연극처럼 물 흐르듯 진행되었는데 예배가 끝나고 깜짝 놀란 것이 있습니다. 예배가 끝난 후에 옆 사람과 인사하는 교인들이 거의 없다는 것입니다. 그 이유가 무엇이겠습니까? 예배에 참석한 성도들끼리 너무 낯선 것입니다. 이런 모습도 이분들에게는 큰 고민거리였습니다. 이것이 과연 올바른 교회의 모습인가요? 그리스도 안에서 한 가족된 것이 교회인데 서로 인사도 하지 않고 낯선 상황에서 교인들만 계속 늘어나는 것이 무슨 의미가 있는지를 이분들은 고민하고 계셨습니다. 이분들은 교회의 본질을 생각하다 보니까 이것을 과연 교회라고 할 수 있는가, 교회를 작은 규모로 분립해야 하는 것 아닌가 이런 고민을 하면서 교회에 기획안을 내려고 준비하고 계셨습니다. 기획안을 작성하는 과정에서 자문을 구하고 싶은 마음으로 저를 초대한 것입니다. 성령 충만한 그분들과 함께 시간을 보내면서 제가 더 성령 충만해져서 돌아오게 되었습니다. 하나님 앞에서 올곧게 살아가고자 하는 사람들을 만나게 되면 너무 큰 삶의 환희와 행복을 경험하게 됩니다.

저는 한국 교회에 희망이 있다고 봅니다. 전국을 다니면서 성도들을 만나다 보면 세속의 가치와 문화에 지배받지 않고 자기 이기심과 욕망을 뛰어 넘어 신앙 하나 붙잡고 성령의 사람으로 살아가기 위해 애쓰는 분들이 참 많음을 목격하게 됩니다. 그런 분들과의 만남이 하나님께서 저에게 주시는 은혜 같다는 생각이 듭니다. 우리가 성령 충만하게 되면 예수 증인이 되는 것입니다. 성령 충만하여 예수의 증인들인 작은 예수로 살아가게 되면 일어나는 중요한 변화 가운데 하나가 세상이 만든 온갖 담들을 허무는 자들로 살아가게 된다는 것입니다. 유대인과 이방인의 담, 주인과 종의 담, 남자와 여자의 담, 이런 담들을 허무는 자들로 살아가게 됩니다. 여러분은 예수님을 제대로 드러내고 있습니까? 전도할 때 "예수님은 정말 좋은 분이예요. 예수님 믿으세요"라는 분들이 있습니다. 신앙인들에게 예수님은 너무나 좋은 분입니다. 그런데 무엇이 좋은 것입니까? 예수님의 피와 죽음이 좋은 것입니다. 어떻게 보면 심보가 아주 고약합니다. 교인들이 "예수님 사랑해요"라고 하는데 왜 예수를 사랑하는 것입니까? 예수님 때문에 내가 살게 되어 그런 것입니다. 그런데 예수님이 우리에게 무엇을 요청하십니까? "나를 따르라"고 요청하셨습니다. 예수라는 존재는 단순히 우리가 믿어야 할 대상이 아니라 따라야 할 대상입니다. 그런데 예수님의 삶이나 그분의 말씀에 대해서 우리가 너무도 관심이 없습니다. 이것이 사도신경의 가장 중요한 문제이기도 합니다.

오랜 시간 교회는 예배 시간에 사도신경을 고백하는 것과 관련해서 논쟁이 있어 왔습니다. 예배 시간에 사도신경을 고백하지 않는 교회는 이단이라고 하면서 한동안 침례교를 이단시하기도 했습니다. 침례교는 사도신경을 고백하지 않습니다. 장로교회는 대부분 예배 시간에 사도신경을 고백합니다. 여전히 한국 교회의 많은 신자들은 예배 시간에 사도신경을 고백하면 정통이고 사도신경을 고백하지 않으면 이단이라는 생각을 가지고 있습니다. 그런데 사도신경은 로마교회의 신앙 고백문입니다. 단 한 번도 초대 교회가 모여서 "우리 모두 사도신경을 고백합시다"라고 결의한 적이 없습니다. 모든 교회가 합의를 본 신경은 사도신경이 아니라 니케아 신경입니다. 그렇다고 사도신경이 의미가 없다는 말은 아닙니다. 그런데 이것을 고백하느냐 고백하지 않느냐에 따라 정통과 이단으로 구분하는 것은 너무나 지나친 판단입니다. 사도신경을 보면 신앙인들이 무엇을 믿고 있는가에 대한 알짬들이 다 모여 있는데 조금 아쉬운 부분이 있습니다. 바로 예수의 삶에 대한 고백이 없다는 것입니다. 사도신경은 예수 탄생에서 바로 죽음으로 넘어갑니다. "동정녀 마리아에게 나시고." 그 다음에 무슨 고백이 나옵니까? "본디오 빌라도에게 고난을 받았다"는 것입니다. 무엇이 빠져 있습니까? 도대체 그분이 어떻게 사셨고 무엇을 선포하셨기에 본디오 빌라도에게 고난을 받으셨는지에 대한 삶의 내용이 있어야 하는데 그 내용이 없습니다. 우리는 사실 예수의 삶에 대해 관심이 없습니다. 그분이 태어나신 것과 우리를 위해 돌아가신 것만을 주목합니다. 그리스도인들이 예수께서 탄생하신 성탄절을 좋아하는 이유가 무엇인지 아십니까? 예수께서 나를 위해서 이 땅에 오셨기 때문입니다. 자기를 위해서 무엇인가를 해주셨기 때문에 좋아하는 것입니다. 이렇게 보면 그리스도인들은 너무나 이기적입니다. 예수께서 지신 십자가와 부활을 기념하는 이유가 무엇입니까? 그분이 나를 대신하여 죽었다가 살아 나셨기 때문입니다. 그분이 나를 위해서 해주신 그 일로 인해 우리는 그 날을 기념하는 것입니다. 이것이 얼마나 이기적입니까? 하나님을 위해 내가 어떻게 살겠다는 마음은 전혀 없이 나를 위해 그분이 해주신 일만을 주목하고 있습니다. 그래서 복음을 믿는 신앙인들 중에 여전히 자기 밖에 모르는 이기적인 교인들이 많은지도 모르겠습니다. 예수의 죽으심에 진정 감사할 수 있는 분들만 진짜 대속 신앙을 갖게 되는 것입니다. 진짜 대속 신앙을 갖게 되면 갈라디아서 2장 20절의 고백이 자신의 고백이 됩니다.

내가 그리스도와 함께 십자가에 못 박혔나니 그런즉 이제는 내가 사는 것이 아니요 오직 내 안에 그리스도께서 사시는 것이라 이제 내가 육체 가운데 사는 것은 나를 사랑하사 나를 위하여 자기 자신을 버리신 하나님의 아들을 믿는 믿음 안에서 사는 것이라.

예수께서 나를 위해 대신 돌아가셨기에 내가 살게 되었습니다. 그러면 이제 나는 어떻게 살아야 합니까? 내 마음대로 살 수 있습니까?

아닙니다. 이제는 내가 사는 것이 아니라 나를 위해 돌아가신 그분이 원하시는 삶을 살아가야 하는 것입니다. 이것이 진짜 대속 신앙입니다. 여기서 중요한 것은 "예수께서 나의 죄를 해결하기 위해 나를 대신 해서 돌아가셨다, 그래서 나는 살게 되었다, 할렐루야 아멘 감사합니다"로 끝나면 안 된다는 것입니다. 내가 원래 죽었어야 했는데 예수께서 나를 대신하여 돌아가셨고 나는 살게 되었습니다. 그렇다면 예수 대신 살아남은 자로 내가 어떻게 살아야 할 것인가를 고민해야 합니다. 예수께서 살아내셨던 그리고 그분이 원하시는 삶을 내가 이제는 살아내야 하는 것입니다. 이것이 예수께서 나를 위해 돌아가셨다는 것을 믿고 고백하는 자의 삶입니다. 그런데 우리의 고백을 보면 예수의 대속의 죽음에만 관심이 있고 그분 때문에 내가 살게 되었다는 것에만 관심이 많지만 그분을 대신하여 어떻게 살아야 하는지에 대한 관심은 부재합니다. 예수께서 이 땅에 오셔서 무엇을 선포하셨는지, 어떤 삶을 사셨는지, 우리가 어떻게 살아가기를 원하시는지에 대한 관심이 너무 부재합니다. 안타깝게도 사도신경에도 이러한 예수의 삶에 대한 기술이 빠져 있습니다. "동정녀 마리아에게 나시고 하나님 나라를 선포하시며 하나님 나라로 사람들을 초대하셨고 세상에 막힌 담을 허무시다가 본디오 빌라도에게 고난을 받으시고"라는 그분의 삶에 대한 기술이 있었다면 예수의 제자로서 우리가 어떻게 살아야 될 것인지에 대한 보다 깊은 고민과 결단을 하지 않았을까 하는 아쉬움이 남습니다.

1장 15절을 보겠습니다.

모인 무리의 수가 약 백이십 명이나 되더라 그 때에 베드로가 그 형제들 가운데 일어서서 이르되.

마가의 다락방에 모인 수가 120명 정도 되었다고 말씀합니다. 여기 120명을 분해하면 12 곱하기 10입니다. 12는 이스라엘 열두 지파를 가리키는 것이고, 10은 공동체를 구성하기 위한 최소 단위입니다. 이스라엘 사람들은 한 공동체의 건강을 유지할 때 하나님 나라에 대한 참된 신앙을 가진 사람들의 최소 숫자를 10명으로 봤습니다. 창세기에 하나님께서 소돔과 고모라를 심판하려고 할 때 아브라함이 중보기도를 합니다. 아브라함의 중보기도는 의인 50명에서 시작해서 몇 명에서 끝났습니까? 의인 10명에서 끝났습니다. 왜 의인 10명에서 끝났을까요? 유대인들은 한 사회를 건강하게 만드는데 최소 숫자를 10명으로 봤습니다. 유대인들은 어느 지방이든 회당을 지으려고 할 때 조건이 20세 이상 남성 10명이 있어야 회당을 지을 수 있습니다. 유대인들에게 10명이라는 숫자는 한 공동체 또는 한 사회를 건강하게 할 수 있는 최소 단위였습니다. 그러니까 120명이라고 하는 것은 열두 지파 그리고 한 지파에서 10명씩 총 120명이 되는 것입니다. 이는 새로운 이스라엘을 건설할 수 있는 숫자가 모여 있었다는 것을 의미하는 것입니다. 그런데 여기서 중요한 차이가 있습니다. 유대인들이 120명이라고 할 때는 남성만 120명입니다. 그러나 초대 교회는 남성과 여성의 구별 없이 120명입니다. 초대 교회가 유대교와 갈라서게 된 중요한 이유 가운데 하나가 여성에 대한 이해의 차이였습니다. 초대 교회는 여성을 남성과 동등한 존재로 간주했습니다. 마가의 다락방에 모인 120명이라는 숫자는 새로운 이스라엘을 건설할 수 있는 완전한 사람들이 모여 있었다는 의미가 있습니다.

"그 때에 베드로가 그 형제들 가운데 일어서서 가로되." 1장부터 두드러진 역할을 한 인물이 베드로입니다. 예수께서 승천하신 이후 제자 공동체는 구심점이 사라졌습니다. 어떻게 보면 아버지 없는 고아처럼 버려지게 된 것인데 그때 예수의 빈자리를 너무도 잘 메운 사람이 베드로입니다. 한국 교회는 베드로에 대해 부정적인 표현을 많이 사용합니다. "무식한 어부 베드로, 낫 놓고 기역 자도 모르는 베드로." 이런 표현 때문에 베드로는 한국 교회에 대해 감정이 좋지 않습니다. 초기 목회자들 가운데 자신과 베드로를 동일시한 목회자들이 많이 있었습니다. 한국 교회 초기 목회자들 가운데 상당수가 천민 출신이었습니다. 신학을 공부하면서 한글을 깨우친 분들도 많았습니다. 조선 사회에서는 천민으로 인간적인 설움과 모멸감을 많이 당했는데 이분들이 그리스도교 신앙을 받아들이고 하나님의 부름을 받고 목회자가 되었을 때 얼마나 하나님의 은혜에 대한 감격으로 하루하루를 살았겠습니까? 이분들이 성경에 나와 있는 인물과 자신을 비교하려고 할 때 바울은 범접하기 어려웠습니다. 바울은 태어날 때부터 엄친아였고 학벌도 좋다 보니 바울과 자신을 비교하는 것은 무리가 되었습니다. 이때 목회자들이 성경에 나와 있는 인물 중 누구와 비교를 많이 했느냐면 베드로입니다. "무식한 어부 베드로를 예수께서 선택하셔서 제자 삼아 주시고 그에게 성령을 부어주셔서 초대 교회에서 놀라운 일을 행하게 하셨다"고 하면서 자신도 베드로와 같은 사람이었는데 하나님의 은혜로 이렇게 놀라운 사역을 행하고 있음을 간증했습니다. 이때부터 무식한 어부 베드로라는 표현이 베드로를 설명하는 하나의 정석처럼 되었습니다. 하지만 이런 표현을 사용하는 것 자체가 인간에 대한 예의가 아님을 기억해야 합니다. 너무나 특정 직업을 폄훼하는 것 아닙니까? 그런데 이런 이야기를 자연스럽게 할 수 있었던 이유는 우리가 어촌에 있는 교회가 아니었기 때문입니다. 우리가 있는 곳이 어촌이라면 이런 식의 표현을 사용할 수 있었겠습니까? 어부를 만날 일이 없는 도시에서 그런 이야기를 너무 자연스럽게 사용한 것인데 특정한 직업에 대해 '무식한'이라는 표현을 쓰는 것 자체가 옳지도 않은 일이고 인간적인 예의도 아닌 일임을 기억하면서 이제부터는 이런 표현을 사용하지 않도록 조심해야 합니다.

다수의 학자들은 베드로에 대해 정통 바리새인이었을 가능성이 높다고 봅니다. 그렇게 보는 근거는 크게 세 가지입니다. 첫째는 사도행전을 보면 베드로는 성경 박사입니다. 어떤 사건이 일어날 때마다 사람들은 이것이 무슨 일인지 몰라 우왕좌왕합니다. 그때마다 베드로는 하나님의 말씀을 인용하면서 이 사건에 대해 설명합니다. 사도행전 2장을 보면 오순절 성령 강림 이후 초대 교인들이 방언을 하자 술에 취했다고 조롱합니다. 이때 베드로가 술에 취한 것이 아니라고 하면서 요엘 2장을 인용합니다. 또 1장에서는 가룟 유다의 배신에 대해 시편을 인용했고, 유다의 빈자리를 보충해야 한다고 할 때도 시편의 말씀을 인용합니다. 베드로는 어떤 상황이나 사건이 일어날 때마다 구약을 자유자재로 인용하고 설명합니다. 이 정도가 되려면 베드로가 성경을 얼마나 많이 읽었겠습니까? 당시 이스라엘 공동체에서 이 정도로 성경을 읽을 수 있는 사람들은 크게 세 부류의 사람입니다. 율법학자, 바리새인, 서기관입니다. 성경을 많이 읽었다는 것은 글을 알았다는 것 아닙니까? 당시 문맹률이 높아서 100명 가운데 5명에서 10명 정도가 글을 읽고 쓸 수 있었습니다. 성경에 대해 척척 박사라면 얼마나 성경을 많이 읽었단 말입니까? 이 정도로 성경을 읽었다면 베드로는 글을 알았다고 봐야 합니다. 한국 교회는 베드로 전후서를 베드로가 썼다고 믿습니다. 베드로전후서의 원본은 헬라어입니다. 베드로가 헬라어로 베드로전후서를 쓸 만큼 학식 있는 사람이라는 것을 알 수 있습니다. 베드로의 동생 안드레는 헬라 유학파였습니다. 안드레라는 이름이 헬라식 이름입니다.

둘째는 사도행전 10장을 보시면 고넬료 집안사람들의 초대를 받기 전 베드로는 환상을 보게 됩니다. 하늘에서 음식 보자기가 내려오는데 예수께서는 잡아먹으라고 하고 베드로는 못 먹겠다고 합니다. 레위기 11장에 나오는 부정한 짐승들이었기에 베드로는 잡아먹기를 거절한 것입니다. 그런데도 예수께서 계속 잡아먹으라고 하니까 베드로는 자신이 어렸을 때부터 이런 부정한 짐승들을 먹지 않았다고 말합니다. 다시 말해 음식 정결법을 철저하게 준수했다는 것입니다. 당시 이스라엘 공동체에서 음식 정결법을 철저하게 준수한 사람들이 누구였습니까? 바리새인들입니다. 바리새라는 이름 자체가 구별되었다는 말입니다. 보통 사람들과 구별되어 철저하게 정결하고 거룩한 삶을 살아가고자 애썼던 사람들입니다. 베드로는 "나는 어렸을 때부터 부정한 것들을 먹지 않았다, 철저하게 정결법을 준수했다"고 말하는데 이를 통해 베드로가 바리새인이었을 가능성이 높다고 보는 것입니다.

셋째는 베드로가 어부라는 사실입니다. 당시 사두개인들은 친 로마적인 노선에 서 있었고 바리새인들은 반 로마적 노선에 서 있었습니다. 사두개인들은 로마 제국과 손잡고 이 땅의 권력과 부귀영화를 누리는데 관심이 많았고 바리새인들은 로마가 이스라엘을 통치하는 것에 대해 매우 부정적인 입장이었습니다. 이때 바리새인 가운데 로마를 싫어했던 사람들, 로마 제국과 상종하고 싶지 않았던 사람들은 자급자족의 삶을 선택하게 되었습니다. 농사를 짓게 되면 원하지 않아도 로마 제국과 만나야 합니다. 농사를 짓게 되면 최소 일 년에 한 번은 로마 제국에서 토지세도 거두어 가고 수확세도 거두어 갑니다. 사업을 해도 이런 저런 세금을 거두어 갑니다. 이런 상황에서 로마 제국과 상종하고 싶지 않았던 사람들은 조금 가난하게 살더라도 자급자족을 통해서 생계를 꾸려나가는 길을 모색할 수밖에 없습니다. 그들이 선택했던 대표적인 직업이 어부였습니다. 그래서 제자들 중에 어부가 많았습니다. 베드로, 안드레, 야고보, 요한이 어부였습니다. 그들도 어부라는 직업을 통해 반 로마적 노선을 선택했을 가능성이 높다고 봐야 합니다. 이상의 세 가지를 근거로 베드로는 학식 있는 바리새인이 아니었을까 생각할 수 있습니다. 베드로는 성경에 대해 너무 해박했습니다. 성경에 해박했다는 것은 성경을 많이 읽었다는 것이고 성경을 읽었다는 것은 글을 알았다는 것입니다. 이 정도로 성경을 많이 읽었던 사람은 율법학자, 바리새인, 서기관 중 하나입니다. 또한 사도행전 10장의 정결법을 철저하게 준수한 사람입니다. 마지막으로 어부라는 직업을 통해 베드로는 당시 반 로마적 입장을 견지했던 바리새인이 아니었을까 추측할 수 있습니다. 특히 신학자들이 주목하는 것이 사도행전 앞부분입니다. 베드로는 중요한 상황마다 성경 말씀으로 그 사건을 해석하고 무엇을 해야 하는지에 대한 지침을 제시했습니다. 예수께서 승천하신 이후 고아처럼 남겨진 제자들이 우왕좌왕할 수 있는 상황에서 베드로가 중심을 잡고 말씀으로 그들을 이끄는 중요한 리더의 역할을 감당하고 있음을 1장에서 보게됩니다.

가룟 유다의 빈자리를 채울 때 맛디아가 새로운 제자로 선출되었습니다. 맛디아를 선택할 때 제비뽑기를 했습니다. 그래서 교회에서 일꾼을 세울 때 제비뽑기가 가장 성경적이라고 말씀하는 분들이 계십니다. 성경에 어떤 내용이 한 번 기록되어 있으면 그것을 문자 그대로 해석하는 것이 성경적이라고 생각하는 것입니다. 하지만 이런 생각은 단순하고 위험한 생각일 수도 있습니다. 그때 거기에서는 그러한 방법이 가장 올바를 수 있지만 지금 여기에서는 좀 다른 판단과 평가가 필요할 수도 있습니다. 그 가운데 하나가 제비뽑기입니다. 사울이 초대 이스라엘 왕으로 세움 받았을 때 제비를 뽑았습니다. 요나에도 이 재앙이 누구로부터 임했는가를 알고자 할 때 제비뽑기를 했습니다. 우리나라 개신교 최대 교단이 예장합동입니다. 예장합동에서 부총회장을 선출할 때 제비뽑기로 뽑았습니다. 특히 목사 부총회장으로 선택되면 다음해 자동으로 총회장이 됩니다. 그러니 부총회장 선거가 총회장 선거라고 생각하시면 됩니다. 그러면 왜 제비뽑기를 했을까요? 총회장 선거 때마다 당선되기 위해서 후보자들이 천문학적인 돈을 썼습니다. 10억을 쓰면 떨어지고 20억을 쓰면 당선된다는 말이 있을 정도로 오랜 기간 금권선거를 했습니다. 그런데 10억이건 20억이건 이게 다 교회 돈 아닙니까? 그런데 어떤 목사도 총회장

선거에 나가기 전 공동의회에서 이런 걸 물어보지 않습니다. "여러분, 제가 이번에 부총회장 선거에 나가려고 하는데 20억을 써야 합니다. 교회 돈 20억을 쓰려고 하는데 동의해 주시겠습니까?" 이렇게 말하는 목사들이 있을까요?

매년 총회 선거 기간이 다가오면 "누가 얼마를 썼다"는 이야기가 들려옵니다. 그래서 몇 년 전부터 "이제는 이렇게 하지 말자"고 그 대안으로 나온 것이 제비뽑기입니다. 제비뽑기로 부총회장을 뽑으면 최소한 금권선거는 끝나지 않을까 기대했는데 제비를 뽑는 후보들을 압축하는 데도 많은 돈이 들어갑니다. 문제를 해결하는 것이 이렇게 어려운 것입니다. 최근에는 후보를 3~4명으로 압축한 후 제비를 뽑아 후보 2명을 놓고 투표를 진행합니다. 저는 제비뽑기는 결과에 대한 순응이 가능할 때, 즉 어떤 후보가 선출되어도 좋을 때 행할 수 있는 투표 방식이라고 생각합니다. 누가 되어도 참 좋다고 한다면 이때는 굳이 투표하지 말고 제비뽑기를 해도 좋겠다는 생각이 있습니다. 교회에서 임직 선거로 상처 입고 교회를 떠나는 분들이 있지 않습니까? 인간적으로 상처를 받지 않을 수가 없습니다. 예를 들면 안수집사가 10명이 있는데 그 가운데 3명을 장로로 선출한다고 하면 결과적으로 장로로 선출되지 않은 분들이 어떤 마음이 들겠습니까? "나를 평소에 이렇게 밖에 생각하지 않았나?" 이런 생각이 들지 않겠습니까? 그래서 우스갯소리로 교회에서 장로가 되고 싶으면 세 개 가운데 하나는 해야 한다는 말이 있습니다. 주차 봉사를 하든지, 성가대를 하든지, 청년부 부장을 하든지 하라는 것입니다. 왜냐하면 교회 규모가 커지면 서로 얼굴도 모르는데 누구를 찍겠습니까? 결국 얼굴을 아는 사람들을 찍을 확률이 높다는 것입니다. 그래서 자기 얼굴을 알릴 수 있는 자리에 서라는 것입니다. 만약 10명의 안수집사 가운데 누가 장로가 되어도 우리 교회를 위해서 잘 섬길 수 있는 분이라면 이때는 굳이 투표하지 말고 제비를 뽑아도 좋을 것 같습니다. 그러면 제비뽑기에서 떨어졌다고 해서 상처 받을 사람은 없을 것 같습니다. 임직 선거를 하고 나면 항상 후유증이 있습니다. 그럼에도 투표를 한다는 것은 하나님께서 우리에게 주신 일반 은총인 이성을 가지고 판단하는 것이기에 이것도 하나님의 역사라고 보아야 합니다. 하나님이 우리에게 주신 이성을 가지고 정말 심사숙고하여 누가 가장 적임자일지에 대해 표를 행사하는 것이기에 투표를 무조건 인간적인 방법이라고 폄하할 이유는 없습니다. 하나님이 주신 일반 은총 안에서 이루어지는 일이기에 이것도 하나님의 방법이라고 생각합니다.

2장 | 성령의 은사

오순절 날 성령이 임하자 제자들이 방언을 하게 됩니다. 성령이 역사한 그 날에 많고 많은 은사 가운데 방언의 은사를 주신 이유가 무엇일까요? 방언의 은사를 주신 가장 큰 이유는 마지막 지상명령과 연관이 있습니다. 예수께서 승천하시면서 이 땅에 남아 있던 제자들에게 "모든 민족으로 제자 삼아라, 하나님의 복음을 전하라"는 사명을 주셨습니다. 그런데 제자들은 대부분 갈릴리 사람들이었습니다. 갈릴리 사람들이 모든 민족으로 제자를 삼으려면 가장 큰 난관이 언어 소통의 문제였습니다. 예수께서 주신 지상 명령을 제대로 감당하려면 제자들이 외국어를 능수능란하게 사용하는 것이 전제되어야 합니다. 제자들은 지상 명령을 완수하기 위해 무엇을 해야 합니까? 외국어 학원에 등록해서 3년 정도는 열심히 공부해야 합니다. 그리고 어느 정도 의사소통이 가능할 때 전 세계로 흩어져서 복음을 전해야 합니다. 그런데 이 문제를 한 번에 해결해 준 것이 방언입니다. 오순절에 초대 교인들이 행한 방언은 한 지역에서 구체적으로 사용되던 언어입니다. 성령이 임하게 되었을 때 왜 많고 많은 은사 가운데 방언의 선물을 제자들이 받게 되었는가는 방언이 예수님의 마지막 지상명령과 연관이 있기 때문임을 기억하셔야 합니다.

제자들이 방언을 한 장소가 어디일까요? 대부분 마가의 다락방이라고 생각합니다. 그런데 마가의 다락방이라고 하면 두 가지 문제가 있습니다. 첫째는 120명이 모여 있을 만한 다락방이 그 당시 있었을까 하는 것입니다. 이스라엘 여행을 가면 가이드가 여기가 마가의 다락방이라고 사람들을 데려갑니다. 한국 교인들은 그곳에 들어가면 "이곳에 120명이 앉을 수 있나?"를 먼저 살핍니다. 사실 120명을 수용하려면 정말 큰 다락방이어야 합니다. 다락방 주인은 엄청난 대부호였을 것입니다. 그런데 성경에 나오는 숫자는 물리적으로만 이해하면 안 됩니다. 120은 12 곱하기 10입니다. 새로운 이스라엘을 건설할 수 있는 사람들이 모여 있었다는 것이 중요합니다. 정말 120명이라는 물리적인 숫자가 모여 있었다는 것을 말하는 것이 아닙니다. 성경에 보면 40, 70, 120은 모두 완전수입니다. 완전수는 일차적으로 의미가 중요합니다. 그것을 물리적인 숫자로만 이해하면 안 됩니다. 그래서 120명이 마가의 다락방에 모여 있었다고 하면 두 가지 해석이 가능합니다. 실제로 사람들의 수를 세어보니 120명이 모여 있었다는 것도 가능하고, 다른 하나는 열두 지파 곱하기 10명씩 해서 새로운 이스라엘을 건설할 수 있는 사람들이 그곳에 모여 있었다는 의미로도 해석이 가능합니다. 물리적인 숫자로 120명이라고 하면 이렇게 많은 사람들이 들어갈 만한 큰 다락방이 있었을까 하는 질문이 생길 수 있습니다.

둘째는 오순절 성령 강림 사건이 마가의 다락방에서 일어난 것이라면 어떻게 마가의 다락방에서 이 사람들이 방언을 하고 있는 것을 다양한 지역에서 온 사람들이 목격할 수 있었을까 하는 것입니다. 다양한 지역에서 온 사람들은 초대 교인들이 자신들이 살고 있는 지역언어를 말하는 것을 보고 깜짝 놀랐습니다. 마가의 다락방이라고 하는 특정한 집안의 공간은 외부와 단절되어 있는 공간 아닙니까? 그런데 어떻게 초대 교회 그리스도인들이 방언을 하는 것을 디아스포라 유대인이나 경건한 이방인들이 보고 "저 사람들이 우리 언어를 하고 있네"라며 놀라움을 표할 수 있었을까요? 이것이 중요한 질문입니다. 그래서 학자들은 2장에서 성령 강림을 받았던 장소를 마가의 다락방으로 보지 않고 성전 안에 어느 한 공간으로 봅니다. 왜냐하면 초대 교인들은 성전에 모이기를 힘썼기 때문입니다. 그런데 대부분의 신앙인들은 초대 교인들이 예수님께서 승천하신 후에 계속해서 마가의 다락방에만 모여 있었을 것이라고 생각합니다. 그렇다면 초대 교인들이 방언을 말했을 때 어떻게 다양한 지역으로부터 온 사람들이 마가의 다락방에서 하는 방언을 듣고 놀라게 되었는가 하는 질문에 답하기가 어렵습니다. 다양한 지역에서 온 사람들이 마가의 다락방에 함께 모여 있었던 것이 아니라면 이런 일은 불가능한 것 아닙니까? 조금만 생각하면 마가의 다락방에서 오순절 성령 강림 사건을 경험했다는 것은 받아들이기 어려운 것입니다.

사도행전 2장은 초대 교인들이 모여 있었던 장소가 어디인지 말하고 있지 않습니다. 그냥 "한 곳에 모여 있었다"고 기록하고 있습니다. 모여서 기도했다는 말도 나오지 않습니다. 그것은 사도행전 1장에 나오는 말입니다. 사도행전 1장에는 초대 교인들이 마가의 다락방에 모여서 기도했다고 말하고, 2장에는 단지 한 곳에 그냥 모여 있었다고 말합니다. 무슨 기도하는 가운데 성령을 받은 것이 아닙니다. 한 곳에 모여 있을 때 성령이 불의 혀처럼 각자에게 임하여 방언을 하게 된 것입니다. 여기서 방언이라고 하는 것은 특정 지역에서 실제 사용하고 있는 지방 언어를 말합니다. 경건한 이방인들이나 디아스포라 유대인들이 다양한 지역으로부터 예루살렘에 왔는데 이 사람들은 갈릴리 사람들이 자기들의 지역에서 사용하는 언어를 구사하는 것을 보고 깜짝 놀랐습니다. 외국어를 배워 본 적이 없는 사람들이 갑자기 다양한 지역의 언어를 구사하고 있으니 얼마나 놀랐겠습니까?

그렇다면 성령을 받아 방언을 한 사람들은 각 지역의 언어로 무엇을 말하였을까요? 추측건대 예수 그리스도의 십자가의 의미와 부활을 말하고 하나님 나라의 복음으로 사람들을 초대했을 것입니다. 이런 내용을 이방에서 온 사람들이 듣게 된 것입니다. 이런 일이 실제적으로 가능하려면 방언이 일어났던 현장은 오픈된 공간이어야만 합니다. 그래서 학자들은 초대 교인들이 방언을 했던 현장을 성전 안에 있는 어떤 공간으로 이해합니다. 왜냐하면 이때가 오순절 기간이기 때문입니다. 이스라엘의 3대 절기인 무교절, 오순절, 초막절에는 전 세계 다양한 지역으로부터 디아스포라 유대인들과 경건한 이방인들이 예루살렘 성전을 찾아왔습니다. 초대 교인들은 성전에 모이기를 힘썼습니다. 따라서 오순절에 성전에 모였던 자들이 이 놀라운 사건을 경험하게 된 것입니다. 2장 6~7절입니다.

이 소리가 나매 큰 무리가 모여 각각 자기의 방언으로 제자들이 말하는 것을 듣고 소동하여 다 놀라 신기하게 여겨 이르되 보라 이 말하는 사람들이 다 갈릴리 사람이 아니냐.

여기서 제자들이 했던 방언은 각 지역의 언어였습니다. 7~8절을 보겠습니다.

다 놀라 신기하게 여겨 이르되 보라 이 말하는 사람들이 갈릴리 사람이 아니냐 우리가 우리 각 사람이 난 곳 방언으로 듣게 되는 것이 어찌 됨이냐.

그리고 9~11절을 보면 다양한 지역이 소개됩니다.

우리는 바대인과 메대인과 엘람인과 또 메소보다미아, 유대와 갑바도기아, 본도와 아시아, 브루기아와 밤빌리아, 애굽과 및 구레네에 가까운 리비야 여러 지방에 사는 사람들과 로마로부터 온 나그네 곧 유대인과 유대교에 들어온 사람들과 그레데인과 아라비아인들이라.

얼마나 다양한 지역으로부터 사람들이 왔는지 알 수 있습니다. 이렇게 다양한 지역의 사람들이 초대 교인들이 방언을 하는 것을 목격했습니다. 이것이 가능하려면 제자들이 방언을 했던 현장은 마가의 다락방처럼 외부와 단절되어 있는 특정한 공간보다는 열린 공간이어야 합니다. 이렇게 많은 사람들이 함께할 수 있는 열린 공간이 어디일까요? 예루살렘 성전일 거라고 보는 것입니다. 초대 교회는 성전에 모이기를 힘썼으니까 초대 교인들이 성전에 있을 때 방언을 받아서 세계 각지에서 온 사람들이 자신들의 언어로 예수 그리스도의 십자가와 부활 사건의 의미를 듣게 된 것이 아닐까 생각하는 것입니다.

　일반적으로 신앙인들은 사도행전 1장과 2장을 연관시켜 생각합니다. 그렇게 보게 되면 마가의 다락방에서 방언을 받았다고 생각하기 쉽습니다. 그러면 어떻게 다양한 지역에서 온 사람들이 초대 교인들이 방언하는 것을 듣게 되었을까요? 어떻게 그들 사이에 대화가 가능했을까요? 다양한 지역에서 온 사람들이 마가의 집에 들어오지 않는 이상 이런 소통은 사실상 불가능합니다. 사도행전 2장 어디에도 초대 교인들이 마가의 다락방에 모여 있었다거나 기도하던 중에 방언을 받게 되었다는 표현이 없는데도 사람들이 그렇게 생각하는 이유는 1장과 관련해서 이해하기 때문입니다. 오순절 성령 강림의 현장은 마가의 다락방일 수도 있고 아니면 성전과 같은 오픈된 공간일 수도 있습니다. 여러 정황으로 볼 때 성전이 아닐까 하는 입장이 좀 더 우세합니다.

　사도행전 2장에 나와 있는 방언은 한 지역의 언어입니다. 오늘날로 말하면 일본어, 중국어 같은 외국어입니다. 국내로 들어오게 되면 전라도 사투리, 경상도 사투리 같이 한 지방에서 사용되는 언어입니다.

그런데 이런 방언과 다른 방언이 고린도전서 14장에 나옵니다. 고린도전서 14장은 방언과 예언에 대한 말씀입니다. 1절을 보겠습니다.

사랑을 추구하며 신령한 것들을 사모하되 특별히 예언을 하려고 하라.

예언서를 공부할 때 말씀드렸지만 일반 사회에서 말하는 예언은 미래에 일어날 일을 미리 말하는 것입니다. 그러나 성경이 말하는 예언은 하나님이 맡겨 주신 말씀을 있는 그대로 선포하는 것입니다. 특히 "예언을 하려고 하라"고 할 때 여기서 말하는 예언은 말씀을 선포하는 것입니다. 미래에 일어날 일을 미리 말하는 그런 예언이 아니라 하나님께서 맡겨주신 말씀을 있는 그대로 선포하는 것입니다. 4절을 보겠습니다.

방언을 말하는 자는 자기의 덕을 세우고 예언하는 자는 교회의 덕을 세우나니.

이게 무슨 말입니까? 알아들을 수 없는 의성어로의 방언은 은사가 아니라는 말입니다. 은사는 내가 발휘하지만 내가 유익을 누리는 것이 아닙니다. 은사라는 것은 내가 그것을 행하지만 공동체나 지체들을 유익하게 하는 것입니다. 그것이 은사입니다. 은사는 은사를 행하는 자를 유익하게 하는 것이 아닙니다. 누군가가 은사를 행하게 되면 그와 함께하는 사람들, 그가 속한 공동체가 유익을 누리는 것입니다. 4절에서 뭐라고 말씀합니까? 방언을 말하는 사람은 자기의 덕을 세운다고 합니다. 자기에게 유익하다는 것입니다. 바꾸어 말하면 이것은 은사가 아니라는 것입니다. 그런데 예언은 그렇지 않습니다. 하나님의 말씀을 누군가에게 제대로 알려주는 것은 그 존재로 하여금 하나님 앞에 온전히 살아갈 수 있도록 돕는 것입니다. 그래서 누군가를 돕기에 은사인 것이고 교회 공동체에도 덕을 세우게 되는 것입니다. 고린도전서 14장에서 말하는 방언은 사도행전 2장에서 말하는 방언과 다릅니다. 사도행전 2장의 방언은 특정한 한 지역의 언어를 말하는 것입니다. 방언을 말함을 통해서 사람들로 하여금 하나님의 섭리, 예수 그리스도에 대한 제대로 된 이해를 갖도록 만드는 것입니다. 그 결과 사람들을 하나님 나라 백성으로 초대하는 것입니다. 그래서 이 방언은 사람들을 유익하게 하는 은사로서의 방언입니다. 그러나 고린도전서 14장의 방언은 기도 시간에 하게 되는 알아들을 수 없는 의성어로써 방언입니다. 오늘날 교회에서 경험하고 있는 대부분의 방언이 바로 이것입니다. 교회에서 통성으로 기도할 때 어떤 분이 방언으로 기도하게 되면 그 옆에 계신 분이 유익할까요? 그렇지 않습니다. 유익은커녕 '왜 나는 방언을 못하지'하며 질투의 마음이 생길 수도 있습니다. 또 방언으로 기도하는 사람들이 큰소리로 기도함으로써 기도가 방해를 받는 경우도 있는데 이러한 방언은 은사가 아닌 것입니다.

11절을 보겠습니다.

그러므로 내가 그 소리의 뜻을 알지 못하면 내가 말하는 자에게 외국인(야만)이 되고 말하는 자도 내게 외국인이 되리니.

소리의 뜻을 알지 못하는 가운데 방언을 하게 되면 서로에게 야만스러운 행동이라는 것입니다. 결론의 말씀이 19절입니다.

그러나 교회에서 내가 남을 가르치기 위하여 깨달은 마음으로 다섯 마디 말을 하는 것이 일만 마디 방언으로 말하는 것보다 나으니라.

이것이 바로 예언입니다. 깨달은 마음으로 남을 가르치기 위해 다섯 마디 말을 하는 것이 일만 마디 방언으로 말하는 것보다 낫습니다. 그런데 한국 교회는 정반대입니다. 너무나 많은 교인들이 다섯 마디 방언하는 것을 깨달은 마음으로 일만 마디 말씀을 가르치는 것보다 더 중요하게 생각합니다. 한국 교회는 말씀에 대한 온전한 깨달음보다는 신비로운 현상에 대한 집착이 심한 편입니다. 그래서 19절 말씀과 반대의 실천을 하고 있습니다. 바울은 알아들을 수 없는 의성어인 방언에 대한 이야기를 마무리하면서 28절에 "만일 통역하는 자가 없으면 교회에서는 잠잠하라"고 권면합니다. 이 말씀이 1970년대까지는 한국 교회에서 어느 정도 지켜졌습니다. 그런데 순복음교회가 급성장하면서 상황이 바뀌기 시작했습니다. 순복음교회는 이런 주장을 합니다. "우리가 진정 하나님의 구원을 받으려면 물세례만 받아서는 안 되고 성령 세례도 받아야 된다." 그런데 물세례를 받는 것은 무수한 증인이 있지 않습니까? 그러면 성령 세례를 받는다는 것은 어떻게 확인할 수 있을까요? 순복음교회는 성령 세례 받은 증거를 방언이라고 말했습니다. 당시 일반 교회는 방언하는 것에 대해 부정적인 입장이었습니다. 목회자들도 교회에서 방언하는 것에 대해

금기시했습니다. 그런데 순복음교회는 "물세례만 가지고는 구원받지 못한다, 성령 세례를 받아야 구원받는다, 성령 세례를 받은 표징이 방언이다"고 주장했기 때문에 방언을 하는 사람들이 순복음교회로 몰려가자 1980년대부터 일반 교회에서도 방언으로 기도하는 것을 허용하기 시작했습니다.

개인적으로 한 지방의 언어로서의 방언은 의미가 있다고 봅니다. 그러나 알아들을 수 없는 의성어로의 방언은 위험한 부분이 많다고 생각합니다. 실제로 고린도 교회에서도 그런 문제가 발생했습니다. 오늘날도 어떤 분이 방언으로 기도하면 그것을 듣는 사람들은 '신령하다, 신비롭다'라는 반응을 보이기 쉽습니다. 그런데 그가 방언을 통해 무슨 내용을 주장하고 있는지 우리는 모르지 않습니까? 2000년대 초 목동의 한 교회에서 있었던 일입니다. 교회에서 방언으로 기도하는 권사님과 집사님이 계셨는데 어느 날 기도하는 자리에서 두 분이 방언으로 기도하다가 갑자기 권사님이 집사님의 등짝을 세게 때린 것입니다. 교인들이 깜짝 놀라서 권사님께 "왜 그러시느냐"고 물었더니 방언으로 기도하던 집사님이 계속 "사탄은 우리의 왕이다, 사탄은 우리의 왕이다"라며 기도하고 있다는 것입니다. 저는 이런 일이 충분히 가능하다고 봅니다. 우리가 알아들을 수 없는 의성어로 계속해서 말하면 사람들은 그 자체를 성령의 역사인 것처럼 착각하기 쉽습니다. 그러나 내가 무슨 말을 하고 있는지도 모른다면 그런 기도를 계속 반복하는 것에 대해서는 심사숙고해야 합니다. 가급적 통변이 가능한 주변의 도움을 받아야 합니다. 물론 통변에 대한 이야기도 많습니다. 통변의 은사가 있다는 사람들에게 동일한 방언을 녹음하여 들려주었는데 서로 다른 해석을 하게 되는 경우 무엇이 옳은 통변인지를 어떻게 판단할 수 있겠습니까? 이처럼 신비로운 현상에 대해서는 일단 경계하는 것이 필요합니다. 제가 볼 때 가장 좋은 기도는 내가 하나님께 무엇을 구하였는지, 어떤 결단을 하였는지를 알 수 있는 기도가 좋다고 봅니다. 우리가 알아들을 수 있는 언어로 기도하는 것이 제일 좋은 기도입니다.

일반적으로 기도라는 것은 두 가지 내용을 포함하고 있습니다. 하나는 내가 하나님께 무엇인가를 구하는 간구이고, 다른 하나는 하나님 앞에 이렇게 살아가겠다는 다짐과 결단입니다. 그러면 한번 생각해 보십시오. 우리말로 기도하게 되면 내가 하나님께 무엇을 간구했는지를 알 수 있습니다. 우리말로 기도하면 내가 하나님 앞에서 어떤 다짐과 결단을 했는지를 알 수 있습니다. 그러면 내가 간구한 것이 정말 응답되어졌는지 그렇지 않은지의 여부도 내가 판단할 수 있습니다. 그리고 내가 무엇을 다짐하고 결단했는지를 알게 되면 기도가 끝난 후에도 그렇게 살아가려고 더욱 노력하게 됩니다. 그런데 자신이 알지도 이해하지도 못하는 방언으로 기도하게 되면 내가 하나님께 무엇을 구하였는지, 무엇을 다짐했는지를 알지 못합니다. 기도는 하나님과의 대화라고 정의하는데 방언으로 기도한 후에 누군가가 "기도를 통해 하나님과 무슨 대화를 나눴어요"라고 물어본다면 어떻게 대답하시겠습니까? 대화의 내용은 하나도 알지 못하고 단순히 뜨겁게 기도했다는 느낌만 남게 될 것입니다. 무엇인가 뜨겁게 하나님을 만난 것 같은 느낌은 있는데 무슨 대화를 나누었는지는 모르는 것입니다. 이런 대화가 과연 어떤 의미가 있을까요?

저는 10살 때 한얼산기도원에서 기도 중에 방언을 받았습니다. 그리고 오랜 기간 방언 기도를 했습니다. 방언으로 기도하면 유익이 오랜 시간 기도할 수 있다는 것입니다. 한 30분 정도 기도했다고 생각하고 눈을 뜨면 3시간이 훌쩍 지나갔습니다. 우리말로 기도할 때는 30분 기도하는 것이 쉽지 않습니다. 그런데 방언은 오래 기도할 수 있다는 장점이 있습니다. 그런데 사실 이러한 사고도 물량주의적 생각입니다. 예수님은 기도할 때 중언부언하지 말라고 하셨습니다. 그런데 한국 교회는 기도를 얼마나 오랫동안 하는가를 가지고 서로 신앙의 계급을 매기는 경향이 있습니다. 한국 교회에서 누가 더 정말 신앙인답게 분투하며 살아가고 있는가에 대한 관심은 별로 없습니다. 하루에 기도 몇 시간 하는지, 성경을 몇 시간 읽는지를 가지고 신앙인들 사이에 경쟁하고 우월의식을 가지는 경우들이 많습니다. 이런 자세는 올바른 신앙의 자세라고 말하기가 어렵습니다. 기도를 하나님과의 대화라고 할 때 내가 무엇을 기도했는지 알지 못하는 방언 기도는 사실 위험할 수 있음을 아셔야 합니다.

다른 하나는 방언의 문제로 자신이 방언은 하지만 통변을 못하는 분들은 통변의 은사를 가졌다는 사람들에게 대부분 종속되어 있습니다. 그런데 통변하는 사람들의 해석이 옳다는 것을 어떻게 입증할 수 있습니까? 그래서 실험을 해보았습니다. 한 사람이 방언으로 기도한 것을 녹음해서 소위 통변의 은사가 있다는 세 분에게 이것을 해석해 달라고 했는데 세 분 모두 다른 해석을 했습니다. 그렇다면 이 세 분의 해석 가운데 누가 옳은지를 어떻게 판단할 수 있겠습니까? 순OO교회 조OO 목사님이 교회에서 설교하실 때 자신이 방언으로 말하고 그것을 풀어서 설명한 동영상이 있습니다. 그 동영상을 보고 음성학자들이 분석을 했습니다. 그런데 방언으로 말하는 것이 대부분 동일한 음성을 반복했다는 것을 밝혀냈습니다. 그런데 목사님의 해석은 전혀 달랐습니다. 자세히 분석하면 음성은 똑같은데 해석은 너무 달랐던 것입니다. 방언은 짧게 하는데 해석은 긴 경우도 많았습니다. 결론적으로 방언에 대해 무엇이 진짜 맞는 것인지 알 수 없다는 것입니다. 사람들이 신비로운 경험에 대해 사모하는 마음을 가지는 것은 충분히 이해할 수 있습니다. 그러나 그것이 지나쳐서 방언이 우리말로 기도하는 것보다 더 위에 있는 것처럼 생각하고 우월의식을 가지는 것에 대해서는 동의할 수 없습니다. 심지어 방언을 천상의 언어라고 말하는 것도 지나친 비약이고 성경적 근거가 없는 주장입니다. 고린도전서 14장에서 바울은 알아들을 수 없는 의성어로서의 방언에 대해 책망하고 있습니다. 그럼에도 불구하고 한국 교회에서는 방언을 하는 교인들의 우월의식이 있습니다. 이제는 이러한 자세는 지양되어야 합니다. 하나님께서 주신 은사가 누군가를 돕는 것이 본질이라고 했을 때 방언을 하는 것이 어떤 유익과 도움을 주고 있는지에 대한 근본적인 질문을 하는 것이 중요합니다.

은사와 관련해서 교회에서 논쟁하는 두 가지 입장이 있는데, 하나는 은사 지속론이고, 다른 하나는 은사 중지론입니다. 은사 지속론은 성경에 기록된 은사들이 오늘날에도 여전히 지속되고 있다는 입장이고, 은사 중지론은 그 반대 입장입니다. 성경에 보면 이런 저런 놀라운 이적들과 은사들이 많이 기록되어 있는데 하나님의 계시의 말씀이 완결된 이후부터는 그런 은사들은 더 이상 지속되지 않는다, 하나님의 모든 계시가 우리에게 알려진 이후부터 그런 은사들은 중지되었다는 입장이 은사 중지론입니다. 개인적인 견해로 은사 중지론은 좀 위험하다고 생각합니다. 신학자들 중에는 은사 중지론자들이 많습니다. 아우구스티누스도 은사 중지론자입니다. 교인들이 볼 때 은사 중지론의 입장을 이해하기 어렵습니다. 기도원을 가보면 귀신도 쫓아내고 병도 치유하며 여전히 다양한 은사가 일어나고 있지 않습니까? 그런데 신학자들 중에는 이 두 가지 입장이 아주 팽배합니다. 저는 은사 중지론을 주장하는 것은 좀 오만하다는 생각을 합니다. 왜 그런가 하면 내가 귀신을 쫓아낸다고 하더라도 이것이 내 능력으로 쫓아내는 것은 아니지 않습니까? 모든 은사는 성령께서 주시는 선물입니다. 은사는 성령께서 우리에게 주시는 것이고 나는 은사를 발휘하는 도구일 뿐입니다. 우리가 은사의 소유주는 아닙니다. 성령이 우리를 사용하시면 우리가 은사를 발휘하는 것이고 성령이 우리에게 그런 은사를 주시지 않으면 우리가 아무리 은사를 행하기를 원한다고 하더라도 그런 은사를 발휘할 수가 없는 것입니다. 그런데 은사가 중지 되었다는 말은 성령께서 더 이상 역사를 행하지 않는다는 말인데 이것을 우리가 결정할 수 있는 것입니까? 우리가 성령 위에 군림하지 않고서야 이런 결정을 어떻게 할 수 있겠습니까? 성령 위에 있어서 "이제 성령은 절대 그런 역할을 하지 않아, 이제 성령은 절대로 그런 은사를 주지 않아"라고 할 때 은사 중지론이 성립되는 것입니다. 그런데 성령이 우리 위에 계신 분 아닙니까? 예를 들어 오랜 세월 동안 그런 은사가 발휘되는 것을 우리가 목격하지 못했다고 하더라도 어느 날 성령께서 누군가를 통해 그런 은사를 사용할 수 있는 것 아닙니까? 성령께서 그런 은사를 다시 행하고자 하신다면 그 은사는 지속되고 있다고 봐야 하는 것 아닙니까? 성령의 역사는 우리가 예상하지 못하는 그 순간에 여전히 일어날 수 있는 것입니다. 그런 의미에서 성령께서 더 이상 그런 은사를 주시지 않는다는 은사 중지론의 입장은 우리가 성령 위에서 판단하는 오만한 발언이라고 생각합니다.

지금은 우리가 잘 보지 못한다고 하더라도 여전히 초대 교회에서 경험했던 사도행전 2장의 방언을 성령께서는 누군가에게 주실 수 있는 것입니다. 성령께서는 더 이상 그런 은사를 주시지 않는다는 말이 성립되려면 결국 우리가 성령 위에서 성령의 역사를 좌지우지할 때만 이런 주장이 가능한 것입니다. 그러나 우리가 성령을 사용하는 것이 아니라 성령께서 우리를 사용하시는 것이라는 사실을 인정한다면 사도행전 2장의 방언의 역사가 오늘날에도 여전히 어딘가에서 강력하게 일어날 수 있는 것입니다. 어떤 선교사님이 선교지에 들어가서 복음을 전하려고 하는데 의사소통이 안 되니까 간절한 마음으로 기도했는데 갑자기 그들의 말이 들리기 시작했다는 간증을 들은 적이 있습니다. 이런 놀라운 기적들이 사도행전 2장에 나오는 방언의 은사 아니겠습니까? 우리가 잘 보지 못하고 듣지 못한다고 해서 이제는 그런 은사는 중지되었다고 말할 수는 없습니다. 여전히 성령님은 살아계시고 바람처럼 자유롭게 역사하시는 분입니다. 그 성령의 역사 앞에서 누구든 도구로 사용될 수 있습니다. 성령의 은사가 중지되었다는 말은 우리가 섣불리 주장할 수 없는 말입니다. 언제든지 성경에 기록된 성령의 역사는 우리의 일상에서 재현될 수 있습니다.

방언이 중요한 이유 가운데 하나가 창세기 11장과 연관됩니다. 창세기 11장을 보면 바벨탑 사건이 나옵니다. 오늘날 중요한 화두 가운데 하나가 소통입니다. 하지만 성경은 소통을 항상 긍정적으로만 보지는 않습니다. 소통도 어떤 소통이냐가 중요합니다. 소통의 결과로 만들어진 열매가 무엇이냐가 중요합니다. 창세기 11장을 보면 당시 사람들이 소통이 너무 잘 되었습니다. 홍수 심판 이후에 하나님께서는 사람들에게 땅에 흩어져 충만하라고 명령하셨는데 악한 인간들은 하나님을 믿지 아니하고 "우리는 절대로 흩어지지 말자, 우리는 하나님과 맞서 싸우자"고 마음을 모았습니다. 그리고 시날 땅에 하나님과 맞서 싸우는 거대한 바벨탑을 세웠습니다. 바벨탑은 하나님을 대적하는 자들의 소통의 결과 만들어진 죄악의 열매였습니다. 너무 소통이 잘된 결과 그들은 선한 열매가 아닌 하나님과 맞서 싸우고자 하는 악한 열매를 맺었습니다. 이때 하나님께서 그들을 심판하셨는데 그것이 바로 사람들의 언어를 혼잡하게 만든 것입니다. 언어의 혼잡함을 통해서 상호소통을 막으셨습니다. 더 이상 죄악의 열매를 맺지 못하도록 하신 것입니다. 그로 인해 사람과 사람이 만나지만 언어가 다르다 보니 서로의 말을 이해하지 못하게 되었습니다. 말이 통하지 않으니 잘 안 만나게 되고 서로 안 만나다 보니까 상대방에 대해 오해가 쌓이면서 결국에는 사이가 멀어지게 된 것입니다. 이런 문제를 방언을 통해 해결해 주신 것입니다. 거룩한 소통을 통해 화목하게 하고 관계를 다시 회복시켜주신 것입니다. 언어가 달랐던 사람들이 방언의 은사를 통하여 서로의 이야기를 듣게 되고 소통하게 되었습니다. 이처럼 방언에는 창세기 11장의 바벨탑 사건을 해결하고 회복시키는 그런 영적인 의미를 담고 있습니다.

성령 충만한 공동체

성령의 역사가 오순절에 임했습니다. 성령의 역사가 임하게 되면 개인과 공동체에 어떤 변화가 일어날까요? 우리는 성령의 역사가 개인에게 임하는 경험들을 많이 합니다. 예를 들면 어떤 사람이 성령의 역사 가운데 방언을 한다거나 귀신을 내어 쫓는다거나 병을 치유한다거나 예언하는 모습을 보게 됩니다. 성령의 임재 가운데 개인에게 임하는 현상들을 자주 목격하게 됩니다. 그런데 안타깝게도 사도행전 2장이 보여주는 것처럼 성령이 공동체에 임했을 때 공동체가 성령 충만한 공동체로 어떤 변화를 경험하는지에 대해서는 우리가 경험하거나 목격하는 일이 그리 많지 않습니다. 성령의 역사를 개인적으로는 신비로운 현상을 통해서 많이 경험하는데 성령의 역사가 공동체를 하나 되게 만든다거나 성령의 역사를 받았던 사람들이 인간적인 이기심과 탐욕을 극복하고 신앙 안에서 한 가족 됨을 누린다거나 성령이 공동체에 역사해서 공동체가 성령 충만한 변화를 경험했다는 이야기는 잘 들어보지 못했습니다. 성령이 우리에게 임하게 되면 개개인들이 모인 교회 안에서 어떤 일이 일어나야 할까요? 성령이 개개인에게 임하고 성령이 임한 개개인이 교회 공동체를 이루게 되면 최소한 교회 공동체 안에서 공동체적인 하나 됨이 일어나야 합니다. 출신 지역이나 출신 학교나 장애 여부나 남성과 여성이라는 성의 구별이나 노년과 청년이라는 세대의 어떤 담도 교회 공동체 안에서 더 이상 어떤 힘도 발휘할 수 없이 무너져야 합니다. 세상이 만들어 놓은 온갖 담들이 예수 그리스도 안에서 무너지고 그리스도 안에서 한 가족 됨을 누리는 것이 성령 충만한 공동체의 모습입니다. 사도행전 2장 후반부에 나오는 내용처럼 자기 물질을 욕심내지 않고 기꺼이 지체들을 위해 내어주는 그런 일들을 행할 수 있게 되는 것입니다.

제가 앞에서 말씀드렸던 의사 선생님이 이런 말씀을 하셨습니다. 젊은 시절 대천덕 신부의 강의를 들은 적이 있는데 그 강의를 듣고 결심하게 되었다고 합니다. 무엇을 결심했냐면 평생 땀 흘리지 않는 수입은 얻지 않겠다고요. 투기를 하지 않기로 결심하신 것입니다. 이분이 지금 50대 후반이신데 그때의 결심을 지금까지 지켜내고 있습니다. 제가 볼 때 끊임없이 성령과 동행하고자 하는 아름다운 마음을 가진 분입니다. 성경을 통해서 하나님께서는 우리가 땀 흘려 일하고 내가 벌어들인 것을 나만 위해서가 아니라 이웃을 위해서도 아름답게 사용하기를 원하신다는 것을 젊은 날 깨달은 후에 땀 흘려 일하지 않고 벌어들이는 것을 하지 않겠다고 마음먹고 지금까지 그 마음을 지켜오고 계십니다. 이것은 성령 충만한 사람만이 할 수 있는 결단입니다. 이런 성령 충만한 사람들이 모여서 교회를 세운다고 하면 거기에 세상의 담이 힘을 발휘할 수 있겠습니까? 인간의 이기심과 욕망이 거기서 힘을 발휘할 수 있겠습니까?

성령이 개개인에게 역사할 때 경험하게 되는 신비로운 경험들은 우리 주위에서 여전히 경험할 수 있습니다. 그러나 성령의 임재 가운데 있는 개인들이 모여서 교회 공동체를 일구고 있는데 우리는 왜 성령 충만한 공동체를 잘 보지 못하는 것일까요? 어떻게 성령 충만한 사람들이 예배를 마치고 서로 인사도 하지 않는 불통의 공동체를 만들 수 있습니까? 초대 교회가 어떻게 물질을 유무상통하는 공동체를 만들 수 있었습니까? 공산당처럼 무력에 의해 한 것이 아닙니다. 각 개인이 성령의 충만함 가운데 사로잡히게 되면 나에게 주어진 모든 물질이 하나님으로부터 나에게 주어진 선물이라는 사실을 깨닫게 됩니다. 소위 청지기 의식을 갖게 됩니다. 나에게 주어진 모든 것이 나의 것이 아니고 내가 이것의 주인이 아님을 깨닫게 됩니다. 이 모든 것의 주인은 하나님이고 하나님께서 이 물질을 나에게 잠시 맡긴 것임을 인정하게 됩니다. 그러면 이 물질을 어디에 사용해야 되겠습니까? 하나님이 원하시는 대로 사용해야 되는 것입니다. 이것을 자각하며 그렇게 살아가게 되는 것입니다. 이것이 바로 성령 충만한 사람들의 모습입니다.

옛날에는 교회에서 청지기에 대한 강조를 많이 했는데 어느 때부터 청지기에 대한 이야기를 하지 않습니다. 나에게 있는 모든 것이 내 것이 아니고 하나님이 나에게 맡겨주신 것이라고 생각한다면 어떻게 탐욕을 부릴 수 있겠습니까? 길어야 100년 사는 인생인데 하나님 앞에 무엇을 가지고 가야 하겠습니까? 힘없고 연약하고 가난한 자들을 돌보았던 순종적인 삶, 정말 의미 있는 일들에 사용했던 것들만 하나님 앞에 가져갈 수 있습니다. 성령 충만한 교회 공동체 안에 거하게 되면 누가 시켜서가 아니라 우리가 그리스도 안에서 한 가족이라는 것을 깨닫게 되고 자신의 것을 기꺼이 다른 사람을 위해 사용하는 것을 아깝게 생각하지 않게 됩니다.

저는 자녀가 세 명 있는데 자녀들에게 가끔 용돈을 주고 싶습니다.

그런데 자녀들이 용돈을 달라고 하지 않습니다. 용돈을 줄까 하고 물어보면 지금은 괜찮다고 돈이 필요할 때 말하겠다고 합니다. 한 번도 용돈을 달라고 하지 않으니 때로는 아빠로서 서운한 마음이 들 때도 있습니다. 예수 그리스도 안에서 한 가족 된 지체들에게 무엇을 쓸 때 아까운 마음이 들지 않고 도리어 기쁨이 넘칩니다. 할 수만 있다면 더 주고 싶습니다. 그 이유가 무엇일까요? 가족이 되었기 때문입니다. 예수로 인해 한 가족이 되었고 성령 안에서 더욱 단단한 관계가 되었기 때문입니다. 그래서 가족 된 지체들을 위해 무엇을 사용하는 것이 전혀 아깝지 않습니다. 그런데 내가 전혀 모르는 사람이 와서 지갑을 열고 "돈 좀 가져 갈게요" 하면 허락하지 않을 것입니다. 왜 그렇게 합니까? 그 사람과는 인격적인 관계 맺음이 없기 때문입니다.

성령을 받아 변화된 초대 교회는 이제 '나와 너'라는 관계를 넘어 '우리'라는 새로운 가족 공동체를 형성하게 되었습니다. 그래서 나의 것임에도 불구하고 기꺼이 나의 것을 우리의 것으로 내어놓았습니다. 필요한 사람들이 그것을 소비하는 것이 하나도 아깝지 않게 된 것입니다. 성령이 교회 안에 충만하게 임하게 되면 이러한 모습이 당연합니다. 그런데 오늘날 한국 교회의 모습을 보면 성령으로 충만한 것이 아니라 세상적인 욕망으로 충만하고 외형적 성장에 대한 욕심으로 충만하고 자본의 가치로 충만합니다. 복음과 어울리지 않는 엉뚱한 것들로 충만해서 교회의 참다운 모습을 많이 잃어버렸습니다. 충만하지 말아야 할 것들이 교회 안에 너무 많이 들어와 교회를 타락시키고 있습니다. 그래서 성령의 역사가 이 시대에 더욱 간절히 필요함을 느끼게 됩니다. 성령께서 개개인에게 임하는 것도 중요하지만 성령 충만한 개인들이 모여 성령 충만한 공동체를 창조해내는 것이 너무나 중요합니다. 이 땅의 교회가 그리스도 안에서 한 가족 됨을 풍성하게 누리는 성령 충만한 공동체가 되어야 합니다. 한국 교회는 종교 현상적으로 성령 충만한 개인의 모습은 풍성하게 존재합니다. 그러나 성령 충만한 가운데 공동체 안에 막힌 관계의 담들이 허물어지고 더욱 온전한 가족 됨을 누리고 있다는 이야기는 많이 들려오지 않습니다. 성령 충만한 공동체의 모습은 여전히 많이 부족합니다. 성령 충만한 공동체의 이야기들이 더욱 풍성하게 들려오면 좋겠습니다.

안타깝게도 사도행전 2장의 물질을 유무상통하는 초대 교회는 오래가지 못했습니다. 물질을 유무상통하는 초대 교회는 시간이 지날수록 재화의 부족으로 인해 공동체 내의 구제 문제로 히브리파와 헬라파 사람들이 갈등하는 사건이 벌어지기도 했습니다. 그렇다면 왜 초대 교회의 아름다운 모습이 오래가지 못했을까요? 크게 두 가지 이유 때문입니다. 첫째는 초대 교회 구성원들 대부분이 임박한 종말론을 믿었습니다. 주님이 곧 오신다고 믿었습니다. 우리가 생각하는 '곧'이라는 시간과 예수님께서 말씀하신 '곧'이라는 시간의 의미가 다를 수 있다는 것을 생각하지 못했습니다. 그들은 임박한 종말론을 믿었기 때문에 세상적인 것들에 욕심내지 않고 헌신할 수 있었습니다. 초대 교회가 유무상통의 공동체를 창조해냈던 이유 가운데 하나도 임박한 종말론에 대한 확신이 있었기 때문입니다. 분명히 성령의 역사하심도 있었지만 임박한 종말론에 대한 확신으로 인해 사람들은 서로에게 관대해지고 이 세상의 것들에 대해서 욕심을 내려놓을 수 있게 된 것입니다. 그러나 자신들이 기대했던 임박한 종말이 일어나지 않게 되자 초대 교인들은 시간이 지날수록 지치게 되었습니다. 재림의 지연으로 인해 사람들은 새로운 존재됨을 지속하지 못하고 이전의 자기 삶의 모습으로 회귀했던 것입니다.

만약 예수께서 구체적으로 "내가 수천 년 후에 너희에게 다시 올 텐데 그때까지 지속 가능한 공동체를 만들어라"고 했다면 아마도 초대 교회는 조금 더 지속 가능한 공동체를 만들지 않았을까요? 왜냐하면 이것이 두 번째 이유와 연관되기 때문입니다. 초대 교회 공동체가 지속되지 못했던 또 다른 이유는 초대 교회가 소비 공동체였다는 것입니다. 초대 교회는 생산 공동체가 아니었습니다. 일부 가진 자들의 헌신을 통해서 없는 사람들이 유익을 누리는 구조였습니다. 처음에는 가진 자들이 자기의 것을 내어 놓음을 통해 공동체가 운영되었습니다. 하지만 시간이 지날수록 가진 자들이 더 이상 내놓을 것이 없게 되었습니다. 생산은 없고 소비만 하는 공동체이다 보니 시간이 지날수록 재화의 부족으로 공동체가 재정적으로 어려워지게 된 것입니다. 사랑으로 나누고 싶어도 더 이상 나눌 것이 없으니 나눌 수가 없게 된 것입니다. 미국의 아미쉬나 영국의 부르더호프 공동체 같이 오랜 기간 지속된 공동체를 보면 하나같이 생산 공동체입니다. 자신들이 직접 농사를 지어 자급자족의 삶을 살아가고 잉여 농산물은 판매를 합니다. 그리고 목공을 통해 유아용품이나 장애인 물품들을 만들어 판매하여 수익을 창출합니다. 그런 재정적 수입을 통해 공동체가 운영된 것입니다. 아미쉬나 부르더호프가 만든 제품은 가격이 비쌈에도 불구하고 사람들은 그들이 만든 제품을 구매합니다. '이 사람들이라면 정직하게 만들었겠지'라는 믿음이 있기 때문입니다. 이런 수입 구조가 있었기 때문에 공동체가 오랜 시간 존속될 수 있었습니다.

얼마 전 한 목사님을 만났는데 이 분이 저에게 속마음을 토로하시면서 이런 말씀을 하셨습니다. 자신이 목회하는 교회의 1년 예산이 50억 정도이고 자신이 20년간 목회를 했는데 요즘 자신의 목회에 대해 많이 반성한다는 것입니다. 제가 무엇을 반성하느냐고 물었더니 20년간 목회하면서 교인들이 낸 헌금이 1,000억 가까이 되는데 과연 교회는 교인들의 삶에 무슨 유익을 주었는지에 대해 반성한다는 것입니다. 매년 50억 가까운 돈을 쓰고 있는데 성도들의 신앙의 성장은 잘 보이지 않는 것에 대해 자신이 그동안 무엇을 한 것인지에 대해 근본적인 성찰을 하게 된다는 것입니다. 그러면서 지금처럼 교인들이 매주 교회에 와서 헌금을 내게 만들고 일상의 삶의 변화는 없는 교회를 지속하는 것이 과연 옳은가에 대해 반성하면서 저에게 어떻게 성경적인 교회 공동체를 세워갈 수 있는지에 대해 물어 보셨습니다. 목사님은 60세가 넘으셨고 20년 목회하셨으니까 이제는 원로목사가 되셔서 편안한 노후를 보낼 수도 있습니다. 그런데 기도하는 가운데 끊임없이 이런 죄책감을 느끼게 되었다고 합니다. 목사님의 이야기를 들으면서 한국 교회가 참으로 연약한 공동체임을 다시 한번 생각하게 되었습니다. 한국 교회는 사실 매우 취약합니다. 신앙의 본질, 교회됨의 본질을 경험하지 못하고 종교 생활 모임으로 전락한 지 오래입니다. 교인들도 새로운 변화를 갈망하지 않고 변화의 요청에도 무감각하게 반응합니다. 사실 이 목사님처럼 이런 고민을 한다는 것 자체가 감사할 따름입니다.

오늘날 한국 교회를 어지럽히는 최고 이단인 신천지는 매년 성대한 수료식을 거행하고 있습니다. 최근에도 1년 동안 공부한 사람들 10만 명이 수료식을 했다고 합니다. 그리고 현재 공부 중인 사람들이 20만 명이라고 합니다. 물론 그들이 말하는 숫자는 많이 과장된 숫자임에 분명합니다. 하지만 수료식 동영상을 보면 깜짝 놀라게 됩니다. 정통 교회에 속해 있던 청년들이 신천지로 모두 간 건 아닌가 하고 생각할 정도입니다. 한국 교회는 신천지, 여호와의증인, 안식교, 하나님의교회, 통일교, 만민중앙교회 등 이단들에 대해 계속 문제만 제기합니다. 하지만 이들 집단에 이렇게 많은 사람들이 모여 있는 것 자체에 대해 보다 깊은 생각을 해야 합니다. 제가 볼 때 우리가 알지 못하는 매력이 분명 그 안에 있습니다. 예를 들면 여호와의증인은 병역 거부를 하기 때문에 일반 직장에 취업하는 것이 현실적으로 어렵습니다. 그래서 그들은 윤 선생 같은 기업을 만들어 스스로 살아갈 고민을 했습니다. 안식교도 마찬가지입니다. 그들은 집총 거부로 인해 한국 사회에서 취업하는 것이 쉽지 않습니다. 그래서 독자적으로 SDA삼육어학원, 삼육병원과 같은 기업들을 만들었고 환경에 대한 고민에서 채식 뷔페, 유기농 매장을 열었습니다. 소위 정통 교회는 이들이 가지고 있는 교리적인 문제를 지적하면서 이단으로 정죄했습니다. 그런데 이단으로 정죄 받은 그들은 실제적인 공동체성을 살아내면서 교인들의 현실적인 문제들을 함께 힘을 모아 해결하고 있습니다. 이에 반해 한국 교회는 교리는 올바른 것을 붙잡고 있지만 실제로 삶 속에서 공동체성이 너무 빈약하고 깨어져 있습니다. 그래서 세상 속에서 신앙인다운 결기를 드러내지 못하는 경우들이 너무 많습니다. 이제는 교인들이 교회를 위해 헌신하는 시대가 아니라 교회가 어떻게 교인들을 도와줄 수 있을까를 고민해야 합니다. 나이 드신 어른들을 위해서 무엇을 할 수 있을까, 30, 40대를 위해서 무엇을 할 수 있을까, 청년들을 위해서 무엇을 할 수 있을까를 고민해야 합니다. 하나님께서 원하시는 교회의 교회됨을 어떻게 만들어갈 수 있을지, 어떻게 지속 가능한 공동체를 세워갈 수 있을지에 대한 진지한 고민들이 필요한 시대입니다. 초대 교회는 성령 충만한 가운데 물질을 유무상통하는 멋진 공동체를 만들어 내었지만 소비 공동체라는 한계로 인해 오래 존속되지 못했습니다. 그 한계를 뛰어 넘어 하나님을 기쁘시게 하는 멋진 공동체가 이 땅 가운데 세워지길 간절히 소망합니다.

3강

사도행전 3강

말 씀 과 함 께 | 사 도 행 전 강 의

3-8장 | 유대교로부터
초대 교회 분리

사도행전 3장부터 8장까지는 유대교로부터 초대 교회가 어떻게 분리하게 되었는지 그 이유와 배경 그리고 과정을 보여주고 있습니다. 먼저 기억해야 할 것은 처음부터 초대 교회가 유대교로부터 분리되고자 한 것은 아닙니다. 초대 교회는 유대교 안에 머무르려고 했습니다. 초대 교회는 성전에 모이기를 힘썼습니다. 성전은 유대교의 중심입니다. 초대 교회는 성전에 모이기를 힘쓰며 유대교를 떠날 생각은 꿈에도 하지 않았습니다. 그런데 초대 교회가 계속해서 예수를 메시아라고 주장함으로 인해 유대교가 초대 교회를 핍박하기 시작했습니다. 핍박을 받음에도 불구하고 예수의 메시아 되심을 초대 교회가 계속 선포하게 됨으로 인해 유대교가 초대 교회를 내어 쫓은 것입니다. 초대 교회는 유대교로부터 내어 쫓김을 당한 것입니다. 이러한 현상은 종교 개혁 때도 동일한 양상으로 나타났습니다. 루터와 칼

빈으로 대표되는 종교 개혁자들이 처음부터 가톨릭을 떠나 독자적인 교회를 만들려고 의도하지 않았습니다. 처음에는 가톨릭 개혁 운동을 하려고 했습니다. 가톨릭에서 나와 새로운 조직을 만들 생각을 하지 않았습니다. 그런데 종교 개혁자들이 계속해서 가톨릭의 문제를 지적하고 개혁적인 메시지를 선포하자 가톨릭이 그들을 가만두지 않았습니다. 개혁자들을 파문하고 정죄하고 심지어 죽이려고 했습니다. 그래서 어쩔 수 없이 개신교는 가톨릭으로부터 나오게 된 것입니다. 2천년 교회사를 공부하면 언제나 옛 부대와 새 부대 사이의 갈등을 목격하게 됩니다.

그런데 문제가 드러났을 때 솔직하게 문제를 인정하고 극복할 수 있는 방법을 함께 도모할 수 있으면 얼마나 좋겠습니까. 그런데 이것이 결코 쉽지 않습니다. 기존의 체제에서 유익을 누리던 사람들이 기존의 체제를 절대 변화 가능하도록 허용하지 않습니다. 그래서 무엇인가 새로운 변화의 목소리를 내는 사람들은 처음부터 의도하지는 않았지만 결국은 새로운 부대를 만들게 되어 있습니다. 예수님께서도 이런 말씀을 하셨습니다. "새 포도주는 새 부대에." 교회로 인해 갈등하고 있는 교인들의 경우 핵심은 부대와 포도주의 갈등으로 말할 수 있습니다. 여기서 부대는 교회 공동체라고 할 수 있고 포도주는 그 교회 공동체 안에 있는 개인이라고 할 수 있습니다. 부대도 옛 부대이고 교인도 옛 포도주이면 갈등이 없습니다. 교인들은 그 교회 안에서 너무 좋다는 느낌을 갖습니다. 행복한 신앙생활을 할 수 있습니다. 그런데 부대는 옛 부대인데 교인들은 새 포도주가 되기를 원하거나 반대로 교회는 항상 새로워지고자 하는데 교인들은 옛 포도주로 머물기를 원하게 되면 충돌이 일어납니다. 부대도 새 부대이고 교인들도 새 포도주이거나 부대도 옛 부대이고 교인들도 옛 포도주이면 갈등이 없습니다. 그런데 부대하고 포도주가 이질적인 상황에서는 항상 갈등이 생기고 충돌이 일어납니다. 항상 새로운 변화를 꿈꾸던 사람들은 자신들이 의도하지 않았지만 새로운 부대를 만들게 되어 있습니다. 이것이 교회사 2천년의 교훈이라고 할 수 있습니다. 제가 교회 개혁 운동을 하시는 분들을 만날 때마다 드리는 말씀이 있습니다. 절대로 교회 내의 개혁 운동은 성공하지 못한다는 것입니다. 새로운 갈망을 가진 분들을 중심으로 새로운 부대를 만들라고 말합니다. 교회사를 보면 문제 있는 집단이 내부 개혁을 이루어내고 갱신된 사례가 거의 없습니다. 항상 새로운 부대를 만들게 되어 있습니다. 초대 교회도 마찬가지입니다. 이러한 내용을 잘 보여주는 것이 사도행전 3장부터 8장입니다.

지체장애인 치료(3장)

사도행전 3장을 보시면 사도들이 지체장애인을 치료하는 이야기가 나옵니다. 사람들이 지체장애인을 미문이라는 곳에 두었습니다. 미문이라는 말은 '아름다운 문'이라는 뜻입니다. 얼마나 멋진 이름입니까? 그 아름다운 문 앞에 초라한 행색을 한 지체장애인이 지나가는 사람들에게 구걸하고 있습니다. 이 지체장애인은 마가복음 2장에 나오는 중풍병자와는 너무도 달랐습니다. 마가복음 2장에는 어떤 사람이 중풍병에 걸렸는데 예수님을 만나기만 하면 치유 받을 수 있을 텐데 하고 기대했던 친구들이 그를 침상에 누인 채로 예수님을 만나러 나오는 이야기입니다. 그 중풍병자는 얼마나 친구들로부터 사랑받은 자입니까? 하지만 사도행전 3장에 나오는 지체장애인은 사랑의 대상이 아니라 그저 이용의 대상일 뿐입니다. 누군가가 이 사람을 성전 미문에 앉혀 놓고 성전에 들어가는 사람들을 대상으로 하루 종일 구걸하도록 만들었습니다. 하루 종일 구걸한 것을 지체장애인이 가질 수 있었을까요? 아마도 그를 그곳에 앉혀 놓은 사람들이 모두 **빼앗아** 갔을 것입니다.

제가 총신대학교를 다닐 때 학교 교문 앞에서 구걸하는 할머니 한 분이 계셨습니다. 할머니는 등교하는 학생들을 붙잡고 돈을 달라고 했습니다. 신학생들이 얼마나 착합니까. 500원, 1000원씩 할머니께 드렸습니다. 돈을 막 달라고 해서 학생들은 그분을 막달라 할머니라고 불렀습니다. 그런데 어느 날부터 할머니의 아들이 건물주이고 매일 아침 승용차로 할머니를 교문 앞에 내려놓고 구걸하게 만든다는 이야기가 돌았습니다. 그 소문이 사실이라면 막달라 할머니와 사도행전 3장의 지체장애인의 현실이 아주 유사하다고 할 수 있습니다. 지체장애인은 누군가의 이용의 대상이 되어 성전 미문에 앉아 성전에 예배하러 오는 사람들을 대상으로 구걸을 하고 있었습니다.

그런데 지체장애인이 누구를 만나게 되었습니까? 베드로와 요한을 만나게 된 것입니다. 성전에 기도하러 들어가던 사도들을 만나게 되었습니다. 사도들을 만난 순간에 지체장애인은 얼마나 애틋한 눈빛을 보냈겠습니까. 자신을 도와달라고 간절한 마음으로 요청했을 것입니다. 그때 사도가 이런 이야기를 합니다. 3장 6절에 사도들은 자신에게 없는 것과 있는 것을 명확하게 구분해서 말합니다. 사도에게는 무엇이 없습니까? 은과 금이 없습니다. 그리고 무엇이 있습니까? 예수 그리스도의 이름이 있습니다. 그래서 사도들은 지체장애인에게 "당신이 기대하는 은과 금은 줄 수 없지만 내게 있는 예수 그리스도의 이름을 당신에게 주겠다"고 했습니다. 이것이 교회의 힘입니다. 어떻게 보면 교회사 2천년의 역사는 이것과 정반대의 역사입니다. 오늘날 교회는 은과 금으로 넘쳐납니다. 그런데 무엇이 없습니까? 예수의 이름이 없습니다. 초대 교회가 힘이 있었던 이유는 예수 이름을 가졌기 때문입니다. 초대 교회는 은과 금이 없었습니다. 여러분 한번 상상해 보십시오. 은과 금이 넘쳐나는 교회와 예수 그리스도의 십자가가 함께 갈 수 있습니까? 은과 금이 넘쳐나는 교회와 자기를 낮추신 예수 그리스도가 함께 갈 수 있습니까? 결코 그럴 수 없습니다. 은과 금이 넘쳐나는 교회는 이미 예수 그리스도의 십자가의 길을 버린 것입니다. 십자가의 길을 버린 결과로 은과 금이 넘쳐나는 것입니다. 이럴 수는 없습니다. 은과 금도 가지고 예수 이름도 가질 수는 없을까요? 그것은 불가능합니다. 예수 그리스도의 십자가와 자기 낮추심을 기억한다면 어떻게 건물에 수백억 수천억을 쏟아 부을 수 있습니까? 그럴 수는 없는 것입니다. 일주일에 예배 한번 드리기 위해 거대한 건물을 짓는 것 차체가 예수 그리스도가 누구인지를 전혀 모르는 행동입니다.

제가 신학교를 다닐 때 대형교회 목사님이 오셔서 채플 시간에 설교를 하면 신학생들이 아주 좋아했습니다. 왜냐하면 대형교회 목사님은 절대로 빈손으로 오시지 않기 때문입니다. 대형교회 목사님이 오시는 날에는 언제나 점심에 삼계탕이 나왔습니다. 배고픈 신학생들에게 그날은 참으로 행복한 날이었습니다. 그런데 대형교회 목사님이 설교하러 오실 때 보면 직접 운전해서 오시는 분들은 거의 없습니다. 대부분 운전기사가 목사님을 모시고 옵니다. 들리는 이야기는 교회에 가면 목회비서도 있고 수족 같은 부목사들이 수십 명씩 있다고 합니다. 저는 그때 이런 생각을 했습니다. 대기업 회장님 같은 대우를 받고 있는 대형교회 목사님이 제자들의 발을 씻기신 예수님을 어떻게 설교할 수 있을까? 저는 이것이 이해되지 않았습니다. 우리가 믿고 있는 예수님께서 걸어가셨던 고난의 길과 십자가의 길을 마음속에 온전히 새기고 있다면 교회들이 이렇게 은과 금을 쌓아 놓을 수는 없습니다. 초대 교회는 은과 금은 없었지만 예수의 이름이 있었기에 힘이 있었습니다. 그런데 부끄럽게도 교회사 2천년의 역사는 예수님을 버린 대가로 은과 금을 취한 역사라고 할 수 있습니다.

우리나라 종교 신뢰도 조사에서 개신교가 수십 년째 꼴찌를 차지하고 있습니다. 개신교 신뢰도는 개신교인들 비율보다 더 낮습니다. 이게 무슨 말입니까? 개신교인들 중에서도 개신교를 신뢰하지 않은 사람들이 많다는 것입니다. 신뢰도 조사에서 항상 1등을 차지하는 곳이 가톨릭입니다. 2등이 불교입니다. 유럽에서는 오랜 시간 가톨릭의 신뢰도가 바닥이었습니다. 잊을 만하면 신부들의 재정 스캔들과 성추문 사건이 언론에 보도되었습니다. 그래서 특단의 조치를 취한 것이 새로운 교황을 세운 것입니다. 지금 교황은 가톨릭 역사에서 처음으로 비유럽 지역에서 탄생한 교황입니다. 가톨릭은 한 번도 유럽 바같에서 교황을 세운 적이 없습니다. 현재 교황이 어느 나라 사람입니까? 아르헨티나입니다. 게다가 평생 가난한 자들과 함께했던 해방 신학자이기도 합니다. 해방신학은 매우 급진적인 신학 아닙니까? 비유럽 지역에서 급진적인 신학을 공부한 사람을 교황으로 세운 이유가 무엇입니까? 유럽 사회에서 가톨릭에 대한 신뢰도가 바닥이므로 가톨릭의 이미지를 새롭게 하기 위해서 지금의 교황을 세운 것입니다. 그런데 이분이 나이가 많아서 몇 년 안에 선종하실 줄 알았는데 여전히 왕성하게 활동하고 계십니다. 우리가 주목해야 할 것은 이분이 교황이 되자마자 하신 말씀이 마피아의 헌금을 받지 말라는 것이었습니다. 오랜 세월 로마 바티칸은 마피아의 검은 돈을 세탁해 주는 곳이었습니다. 그로 인해 마피아와 긴밀한 관계를 맺었습니다. 그런데 교황이 마피아의 돈을 받지 말라고 한 것입니다. 그리고 이전 교황과는 다른 행보를 보였는데, 먼저 교황의 집무실 규모를 축소시켰습니다. 해외 순방을 할 때도 하룻밤 숙박비로 500만원, 1000만원 하는 스위트룸 대신 작은 방에서 숙박하고 자동차도 경차를 타고 바티칸에 노숙인들을 초대하여 식사도 제공했습니다. 이런 교황의 행보를 보면서 유럽 사회에서 가톨릭에 대한 신뢰도가 높아지고 있습니다.

최근에는 교황께서 이런 말씀을 하셨습니다. "오늘날 지구를 병들게 만드는 것은 가진 자들의 탐욕"이라고 하셨습니다. 가진 자들의 탐욕이 전 세계를 병들게 만들고 있다는 것입니다. 현재 미국은 전 세계 에너지의 30% 가량을 쓰고 있습니다. 미국은 파리기후협약도 탈퇴했습니다. 기후 위기와 관련된 어떤 제약도 받지 않겠다는 것입니다. 교황은 이에 대해 계속 문제를 제기했습니다. 그래서 미국의 전

대통령 트럼프는 교황을 아주 싫어했습니다. 미국의 이런 자세는 옳은 태도가 아닙니다. 전 세계 인구의 20분의 1도 안 되는 나라가 전 세계 에너지의 3분의 1을 사용하고 있는 것은 명백한 죄악입니다. 과도한 에너지 사용은 지구온난화를 가속화시키고 그로 인해 빙하가 빨리 녹고 있습니다. 전 세계적으로 기후 위기로 인한 이상 현상들이 얼마나 많이 일어나고 있습니까? 교황은 이 문제에 대해 계속적으로 문제 제기를 하고 있습니다. 하나님의 창조 세계가 파괴되는 것에 대해 탄식하고 있는 것입니다. 이런 모습이 성직자에게서 기대할 수 있는 행보 아닙니까? 그런데 한국 교회 목회자들의 메시지에서 이런 것을 기대할 수 있습니까? 교인들 눈치를 보느라고 필요한 어떤 이야기도 구체적으로 선포하지 못합니다. 이 모든 것이 은과 금에 대한 욕심 때문입니다. 이제는 이러한 욕심을 내려놓고 정말 예수님의 길에 대한 제대로 된 묵상과 예수 그리스도의 길을 따라가기 위한 분투가 필요합니다. 그럴 때에만 한국 교회의 변화를 기대할 수 있는 것입니다.

장년 2천명 정도 모이는 교회의 1년 예산이 50억 정도 된다고 합니다. 20년이면 1,000억입니다. 엄청난 액수입니다. 헌금은 교인들이 세상에서 온갖 수모를 참아가며 수고하고 애써서 벌어들인 땀과 피의 결정체입니다. 그런데 그 헌금을 가지고 교회는 교인들의 삶에 어떤 도움을 주고 있습니까? 청년들의 취업이나 주거 문제에 어떤 도움을 주고 있습니까? 3~40대들이 자녀 양육 때문에 힘들어 할 때 어떤 도움을 주고 있습니까? 나이 많으신 교인들의 노년의 삶을 위해 어떤 도움을 주고 있습니까? 여전히 교인들이 교회를 위해 충성하기만을 바랄 뿐이지, 교인들을 위해 교회가 무엇을 하고자 하는 마음이 보이지 않습니다. 수많은 교회들이 제자훈련이라는 프로그램을 운영하고 있습니다. 그런데 그런 프로그램을 통해 진정 한국 사회에서 진실하고 정직하고 거룩하게 살아가는 제자들을 탄생시켜내고 있습니까? 교회를 위해 충성하는 사람들만 양산하고 있는 것은 아닙니까? 지금은 근원적인 성찰이 필요한 때입니다. 획기적인 전환을 이루어내야 할 개혁의 임계점에 도달했습니다.

남서울은혜교회 청년부 집회를 다녀온 적이 있었습니다. 남서울은혜교회는 홍정길 목사님께서 조기 은퇴하시고 퇴직금을 받아서 장애인들을 위한 밀알학교를 세웠습니다. 집회를 하면서 좋았던 기억은 장애인들과 비장애인들이 함께 예배드리는 모습이었습니다. 이것이 교회의 모습 아닙니까? 세상이 만들어 놓은 담들이 예수 이름으로 인해 무너져 내린 곳이 교회입니다. 그런데 아쉬운 모습도 있었습니다. 교회 안에 장애인들이 많이 있는데 함께 보는 성경이 개역개정이었습니다. 개역개정에는 장애인들에 대한 비하적인 표현들이 많습니다. 제가 청년부 교역자들에게 교회에 건의해서 남서울은혜교회만이라도 장애인들에 대한 표현을 바꾼 성경을 만들면 좋겠다고 말씀드렸습니다. 개역개정을 보면 장애인들에 대해 절뚝발이, 병신, 눈먼 자와 같은 표현들을 사용하고 있습니다. 이런 모습을 볼 때마다 한국 교회가 인권 감수성이 바닥이라는 생각을 하게 됩니다. 한국 교회는 예수의 사랑을 말할 자격이 없습니다. 여전히 1930년대 인식에서 벗어나질 못하고 있습니다. 오늘날 한국 사회에서 누가 장애인들을 그렇게 부릅니까? 그런데 교회만이 1930년대 장애인들을 부르던 표현을 그대로 사용하고 있습니다. 그래서 장애인들이 예수 믿으려고 교회 와서 성경을 읽다가 상처를 받고 있는 상황입니다.

 우리나라 장애인 인구 대비 그리스도인 비율이 현저히 낮습니다. 왜 이렇게 장애인들이 예수를 믿지 않고 교회에 나오지 않을까요? 대부분의 교회는 장애인들이 교회에 오는 것을 그리 좋아하지 않습니다. 그 이유가 무엇입니까? 부끄러운 이야기지만 대부분의 장애인들은 경제적으로 어렵기 때문에 그분들에게 무엇을 기대하기가 어렵습니다. 재정적인 기여도 기대하기 어렵고 육체적인 헌신도 기대하기 어렵습니다. 장애인은 대부분 교회 공동체가 돌봐주어야 할 도움의 대상이라고만 생각합니다. 그래서 장애인들이 교회에 오는 것을 그리 반기지 않습니다. 교회를 건축할 때도 장애인 친화적인 설계를 하지 않습니다. 휠체어를 타고 이동이 가능한 길을 만든다거나 장애인들이 편안하게 이용할 수 있는 화장실, 예배실, 식당 등의 시설이 구비되어 있는 곳이 그리 많지 않습니다. 한국 교회는 장애인 친화적인 교회가 아닙니다. 규모가 있는 교회에서는 밀알부나 사랑부 같은 장애인 부서를 운영하고 있습니다. 저는 가급적 장애인과 비장애인들이 함께 예배드리고 교제하는 모임을 만드는 것이 좋다고 생각합니다. 우리가 어디에 가서 장애인들을 만날 수 있겠습니까? 실제로 비장애인들 중에는 장애인들에 대한 왜곡된 이해를 가진 분들이 많습니다. 만남이 없다 보니 오해하게 되고 오해가 증폭되면 두려움과 공포로 발전하게 됩니다. 저는 교회만이라도 장애인과 비장애인이 만나고 노년 세대와 젊은 세대가 소통하는 모습이 있어야 한다고 생각합니다. 그런데 안타까운 현실은 교회 안에서도 청년들은 청년들끼리 모이고 나이 드신 분들은 나이 드신 분들끼리 모이고 장애인은 장애인끼리 모이고 비장애인은 비장애인끼리 모입니다. 철저하게 모임이 나뉘어져 있습니다. 저는 교회가 성령 충만한 공동체임을 증거 하려면 세상이 가로막아 놓은 온갖 담들이 예수의 이름으로 허물어졌음을 선포하고 증거 하는 교회가 되어야 한다고 생각합니다. 은과 금이 많은 교회는 하나님을 저버린 교회입니다. 우리가 하나님을 제대로 믿고 하나님이 원하시는 길을 걸어가고자 한다면 맘몬의 몸을 가진 교회는 탄생할 수 없었을 것입니다. 그런 의미에서 이 땅의 모든 교회는 초대 교회로 돌아가야 합니다. 초대 교회가 힘이 있었던 이유는 은과 금은 없었지만 예수의 이름이 있었기 때문입니다. 그래서 자기들이 가지고 있던 예수를 사람들로 하여금 만나게 했습니다. 성전 미문에 앉아 있던 지체장애인도 예수님을 만나 삶의 변화를 경험하게 된 것입니다.

3장 7~8절을 보겠습니다.

오른손을 잡아 일으키니 발과 발목이 곧 힘을 얻고 뛰어 서서 걸으며 그들과 함께 성전으로 들어가면서 걷기도 하고 뛰기도 하며 하나님을 찬송하니.

한번 상상해 보십시오. 평생을 지체장애인으로 고생하다가 치유를 받았습니다. 얼마나 행복하겠습니까. 그런데 이 행복이 며칠 못 갔을 것 같습니다. 왜 며칠 못 갔을까요? 가장 큰 문제는 먹고 사는 문제 때문이었습니다. 치유 받은 다음 날부터 구걸을 할 수 없었습니다. 어쩌면 이것이 출애굽 1세대가 실패했던 지점이기도 합니다. 사람들은 참 아이러니합니다. 종살이 할 때에는 종살이로 인해 힘들다고 아우성칩니다. 그래서 하나님께서 자유인으로 새로운 삶을 살게 하시면 어떻게 됩니까? 자유인이 되어 힘들다고 또 아우성칩니다. 저는 하나님께서 인간들을 대하기가 너무 힘드실 것 같다는 생각을 종종 합니다. A는 A때문에 힘들다고 B를 만들어 달라고 해서 기껏 B를 만들어 주면 이제는 이런 B는 아니었다고 하면서 다시 A로 되돌려 달라고 하니 하나님께서 얼마나 힘드시겠습니까? 가만히 보면 투덜이 스머프처럼 행동할 때가 너무도 많습니다. 이스라엘 백성들이 애굽에서 종살이 할 때 얼마나 힘들다고 울부짖었습니까? 자신들을 해방시켜 달라고 아우성쳤습니다. 그래서 하나님께서 유월절에 그들을 해방시켜 주셨습니다. 그런데 자유인이 된 후에는 애굽으로 다시 돌아가겠다고 반역을 일으키지 않습니까. 이것을 잘 보셔야 합니다. 종살이가 힘든 것도 있지만 한편으로는 종살이가 편한 것도 있습니다. 어떤 편안함이 있습니까? 종살이 할 때는 무엇을 먹고 살 것인지, 어디에서 잠을 잘 것인지 걱정할 필요가 없습니다. 주인이 다 알아서 준비해주기 때문입니다. 종살이 할 때는 생각 없이 살아도 됩니다. 주인이 시키는 그것만 하면 아무런 문제가 없습니다. 그런데 자유인이 되는 순간 내가 내 인생을 주체적으로 설계하고 책임져야 합니다. 좋을 것 같은데 대부분의 사람들은 이것을 힘들어 합니다. 그래서 가톨릭과 개신교 중에 사람들은 가톨릭에 더 매력을 느낄 수밖에 없습니다. 가톨릭은 사제에게 모든 것을 의존하면 됩니다. 사제가 말씀을 전하면 듣고 사제가 영성체를 주면 받아먹으면 됩니다. 반면 개신교는 주체적 신앙을 강조합니다. 내가 눈으로 말씀을 직접 읽는 것이고 입을 열어 하나님과 대화하는 것입니다.

가톨릭과 개신교의 중요한 차이가 만인 사제에 있습니다. 가톨릭에 대해 많은 분들이 오해하시는데 가톨릭도 예수님을 믿음으로 구원을 얻는다고 고백합니다. 가톨릭도 성부, 성자, 성령 삼위 하나님을 믿습니다. 개신교가 가톨릭에서 나왔기 때문에 사실 중요한 신앙의 뼈대는 가톨릭과 개신교가 비슷합니다. 물론 마리아에 대한 이해가 많이 다릅니다. 그러나 가장 중요한 차이가 만인 사제에 대한 강조입니다. 가톨릭은 하나님과 일반 신앙인이 직접적인 만남을 갖지 못합니다. 그 만남을 갖기 위해서 사제라는 중간 매개자가 반드시 필요합니다. 사제가 있어야만 하나님과의 만남이 가능합니다. 그러니 얼마나 사제에게 잘 보여야 하겠습니까. 사제가 우리 인생에 대한 축복과 저주의 키를 쥐고 있다고 생각할 수밖에 없습니다. 이것을 거부하고 나온 신앙의 공동체가 개신교입니다. 개신교는 무엇을 주장합니까? 우리 한 사람 한 사람이 교회 공동체의 사제라는 것입니다. 여기까지만 말하면 너무 좋아합니다. 하지만 그다음이 더 중요합니다. 우리 각자가 신앙 공동체의 사제라고 하는 것은 사제적인 책임감을 가져야 한다는 것입니다. 사제가 함부로 살 수 있습니까? 사제는 교인들의 모범이 되어야 합니다. 만인 사제라는 원리는 좋은데 사제로서의 책임감을 감당해야 된다면 부담스러워 합니다. 옛날에 떠먹여 주던 음식을 먹을 때가 좋은 것입니다. 자신이 음식을 만들어서 다른 사람에게 떠먹여 주어야 한다는 것이 부담으로 다가옵니다. 안타깝게도 종교 개혁 운동이 일어난 지 500년이 지났음에도 불구하고 시간이 지날수록 개신교회는 가톨릭교회가 되어 버렸습니다. 옛날 사제가 앉아 있던 자리에 현재 목사들이 앉아 있습니다. 너무나 많은 성도들이 목사 의존적이고 목사 의지적인 신앙생활을 하고 있습니다. 목사만이 설교할 수 있다는 생각, 목사만이 교인들에 대한 축복권과 저주권을 가지고 있다고 생각하는 분들이 대부분입니다. 이런 사고가 가톨릭적인 사고입니다. 이런 분들은 가톨릭으로 개종하시던가 아니면 제대로 된 개신교 신앙인으로 살아가시든가를 결정해야만 합니다.

우리가 누군가로부터 억압당하고 짓눌릴 때 주체적인 인간이 되고 싶어 합니다. 그런데 주체적인 인간이 되면 옛날에 수동적으로 살았을 때를 그리워하는 경향들이 있습니다. 스스로 자신의 인생을 설계하고 책임진다는 것이 생각보다 피곤하기 때문입니다. 출애굽 1세대들이 실패했습니다. 그렇게 자유인이 되고 싶었는데 정작 자유인이 된 순간 이집트에서 억압당했던 때를 환상적으로 회고하기 시작했습니다. 그때는 고기를 배불리 먹은 것처럼 자기 환상을 불어 넣었습니다. 노예들이 고기를 먹었으면 얼마를 먹었겠습니까? 하나님의 약속의 땅 가나안으로 힘 있게 걸어가지 못하고 자기 발로 스스로 나왔던 억압의 땅 애굽으로 다시 돌아가려고 합니다. 그러다 하나님의 심판을 받은 이야기가 민수기입니다. 사도행전 3장에서 치료함을 받은 지체장애인도 며칠 동안은 너무 좋았을 것입니다. 가족들도 얼마나 잘해 주었겠습니까. 그런데 시간이 지나면서 왜 일하러 가지 않느냐고 구박 받았을지도 모르겠습니다. 그런데 이 사람은 장애로부터 치료함을 받았기 때문에 더 이상 미문에 앉아서 구걸할 수가 없었습니다. 이제는 비장애인으로서 스스로의 삶을 책임지며 살아야 하는 것입니다. 주체적으로 자신의 삶에 대해 책임지려는 용기가 필요했습니다. 누군가에게 모든 것을 의존하고 의지하는 어린아이 단계인 수동적인 삶의 모습을 뛰어 넘어야 했습니다.

3장 17절을 보겠습니다.

형제들아 너희가 알지 못하여서 그리하였으며 너희 관리들도 그리한 줄 아노라.

하나님을 가장 사랑한다는 사람들이 하나님의 이름으로 하나님을 죽인 사건이 십자가 사건입니다. 구약 성경을 보면 하나님께서는 매 시대마다 예언자들을 보내주셨습니다. 그런데 놀라운 사실은 이스라엘 백성들은 단 한 번도 예언자의 말을 경청하고 회개한 적이 없다는 것입니다. 이스라엘 백성들은 예언자의 말을 듣지 않았고 예언자를 계속 거부했습니다. 이스라엘 백성들이 예언자를 거부했다는 것은 실제로 누구를 거부한 것입니까? 하나님을 거부한 것입니다. 그런데 더욱 놀라운 것은 이렇게 하나님을 거부했던 이스라엘 백성들이 하루도 빠지지 않고 하나님께 제사를 드렸다는 것입니다. 하나님의 백성이라는 자의식을 가지고 있었기 때문입니다. 자신들이 하나님의 백성이고 하나님께 매일 예배를 드린다고 했던 이스라엘 백성들이 정작 하나님의 말씀을 선포하는 예언자의 말에는 귀를 닫아버렸습니다. 거부할 뿐만 아니라 예언자를 핍박하고 죽이기까지 했습니다. 자기들이 듣고 싶어 하는 메시지에만 귀를 활짝 열어놓았습니다. 그렇게 오랜 시간 하나님을 거부하며 살았습니다. 하나님 거부의 절정이 바로 십자가 사건입니다. 당신의 백성들을 찾아 이 땅에 오신 하나님을 누가 죽였습니까? 장로들과 대제사장들과 서기관들입니다. 그들은 하나님을 가장 사랑하는 것처럼 보이는 사람들입니다. 그들은 자신들이 믿고 있는 가짜 하나님의 이름으로 진짜 하나님을 죽였습니다. 그것이 십자가 사건입니다. 하나님을 가장 사랑한다는 사람들이 하나님의 이름으로 하나님을 죽인 십자가 사건이 오늘날에도 반복되지 않는다고 말할 수 있습니까?

성경을 보면 하나님께서 그의 백성에게 내리시는 가장 가혹한 징벌이 영적 인지 능력의 붕괴입니다. 영적 인지 능력이 붕괴되면 무엇이 하나님의 뜻인지 사탄의 뜻인지 분별하지 못합니다. 무엇이 성령의 역사이고 악령의 역사인지 분별하지 못합니다. 누가 참 목자인지 삯꾼인지에 대한 분별력을 상실하게 됩니다. 이러한 영적 인지 능력의 붕괴가 하나님이 내리시는 가장 가혹한 징벌임을 아셔야 합니다. 그래서 중요한 공식이 하나 있습니다. 하나님의 말씀은 순종하고자 하는 자에게만 들립니다. 하나님께 순종할 마음이 없으면 그 어떤 하나님의 말씀도 들리지 않습니다. 순종하고자 하는 자에게만 하나님의 말씀이 들립니다. 순종할 마음이 없으면 하나님의 말씀은 들리지 않습니다. 그렇게 오랜 세월 동안 하나님의 말씀을 듣지 못하게 되면 말씀의 기근에 시달리게 됩니다. 말씀의 기근에 시달리게 되면 영적 인지 능력이 붕괴되고 분별력을 상실하게 됩니다. 분별력을 상실하게 되면 자신이 원하는 것을 하나님의 뜻으로 붙잡게 됩니다. 그러면 그때부터 자신이 원하는 하나님 상을 만들게 됩니다. 성경에서 말씀하고 있는 하나님이 아닌 내가 상상하고 원하는 하나님 상을 만드는 것입니다. 한마디로 가짜 하나님을 만들어서 열심히 섬기는 것입니다. 그러다가 진짜 하나님이 우리에게 찾아오시면 어떤 일이 벌어지게 됩니까? 자신이 그동안 붙잡고 섬겨 왔던 가짜 하나님 상으로 인해 진짜 하나님을 거부하고 죽이게 됩니다. 이 얼마나 무서운 일입니까? 그런데 이런 비극을 이스라엘이 저지르게 된 것입니다. 오늘날 우리도 그럴 수 있다는 두려움을 가져야 합니다. 사실 우리가 성경을 공부하는 이유가 바로 여기에 있습니다. 때로는 부담스럽더라도 성경을 통해 하나님의 뜻이 무엇인지를 제대로 알고자 하는 것 아닙니까? 말씀을 통해 내 생각과 삶을 변화시키고자 하는 열망 가운데 우리가 말씀을 공부하는 것 아닙니까? 사도들은 지금 이스라엘이 영적인지 능력의 붕괴로 인해 진짜 하나님이 이 땅에 오셨지만 그 하나님을 죽였다고 말하고 있습니다. 자신들이 저질렀던 그 잘못에서 회개할 것을 촉구하고 있는 것입니다.

3장 22절을 보겠습니다.

모세가 말하되 주 하나님이 너희를 위하여 너희 형제 가운데서 나 같은 선지자 하나를 세울 것이니 너희가 무엇이든지 그의 모든 말을 들을 것이라.

모세 이후에 등장했던 예언자들을 우리는 보통명사화 된 모세라고 부릅니다. 보통명사화 된 모세는 하나님과 이스라엘 백성 중간에 서서 하나님의 뜻을 이스라엘 백성들에게 알려주었던 존재를 가리킵니다. 이러한 모세들에게 주신 하나님 말씀의 총합을 우리는 모세오경이라고 합니다. 그런데 한국 교회 교인들은 창세기부터 신명기까지의 오경을 고유명사 모세가 다 썼다고 생각합니다. 그리고 모세가 오경을 기술할 때 사용한 문자는 히브리어라고 믿습니다. 모세가 어느 시대에 살았던 인물입니까? 모세가 생존했던 시대와 관련해서 두 가지 주장이 있는데 보수적인 신학자들은 주전 15세기로 진보적인 신학자들은 주전 13세기로 봅니다. 약 200년 정도 차이가 납니다. 그런데 주전 15세기든 13세기든 대부분의 신앙인들은 고유명사로써 모세가 창세기부터 신명기까지의 오경을 히브리어로 썼다고 믿습니다. 그런데 언어를 전문적으로 연구하는 학자들은 고대 히브리어가 탄생한 시점을 솔로몬 시대 이후로 보고 있습니다. 모세가 살았던 시대에는 고대 히브리어라는 문자가 존재하지 않았다는 것입니다. 이런 주장을 들으면 혼란스럽습니다. 반박은 하고 싶은데 마땅히 반박할 근거가 빈약한 상황에서 감정을 실어 '사탄아 물러가라'고 말하는 경우들이 많습니다. 이런 모습들이 반복되다보니 세상 사람들은 개신교를 광신도 집단으로 폄훼합니다. 광신도들은 누가 뭐라 하건 자신들이 믿고 싶은 대로 믿는 사람들 아닙니까. 오늘날 신앙인들이 그런 모습으로 비춰지는 경우들이 많습니다. 최소한 우리가 신학이라는 말을 사용한다면 이런 태도는 지양하는 것이 바람직합니다. 신학과 신앙은 다른 것입니다. 신앙은 내 마음대로 믿을 수 있지만 신학은 학문 아닙니까. 학문이라는 것은 비판적 사유가 핵심이고 주장에 대한 근거가 필요한 것입니다. 그렇다면 오경을 고유명사로써의 모세가 쓴 것이 아니라면 누가 쓴 것일까를 고민해야 합니다.

결론부터 말씀드리면 모세오경은 모세가 쓴 것이 맞습니다. 그런데 고유명사로써의 모세가 아닌 보통명사화 된 모세들이 쓴 것입니다. 보통명사화 된 모세를 잘 설명하고 있는 본문이 신명기 5장 5절입니다.

그 때에 너희가 불을 두려워하여 산에 오르지 못하므로 내가 여호와와 너희 중간에 서서 여호와의 말씀을 너희에게 전하였노라 여호와께서 이르시되.

여기에 보면 하나님께서 하나님과 이스라엘 백성 사이에 중간 매개자로 모세를 세우셨습니다. 하나님은 이스라엘 백성들에게 직접 말씀하시지 않으시고 모세라는 매개자를 통해 이스라엘 백성들과 소통하셨습니다. 하나님께서 모세에게 말씀하시면 모세가 이스라엘 백성들에게 하나님께서 맡겨주신 말씀을 그대로 전달한 것입니다. 이것이 모세의 역할입니다. 그런데 모세 노년에 이스라엘 백성들에게 걱정거리가 생겼습니다. 모세가 나이가 많아져서 곧 하나님의 부름을 받게 될 텐데 지금까지 하나님과 이스라엘 백성들의 중간 매개자로서의 역할을 모세가 담당했는데 만약 모세가 죽고 나면 하나님과 어떻게 소통할 수 있을지를 걱정하게 된 것입니다. 그때 하나님께서 주신 말씀이 신명기 18장 15~18절입니다.

네 하나님 여호와께서 너희 가운데 네 형제 중에서 너를 위하여 나와 같은 선지자 하나를 일으키시리니 너희는 그의 말을 들을지니라 이것이 곧 네가 총회의 날에 호렙 산에서 네 하나님 여호와께 구한 것이라 곧 네가 말하기를 내가 다시는 내 하나님 여호와의 음성을 듣지 않게 하시고 다시는 이 큰 불을 보지 않게 하소서 두렵건대 내가 죽을까 하나이다 하매 여호와께서 내게 이르시되 그들의 말이 옳도다 내가 그들의 형제 중에서 너와 같은 선지자 하나를 그들을 위하여 일으키고 내 말을 그 입에 두리니 내가 그에게 명령하는 것을 그가 무리에게 다 말하리라.

　하나님께서 각 시대마다 이스라엘 공동체에 모세와 같은 자를 세워 이스라엘 백성들과 소통하시겠다고 말씀하십니다. 이렇게 세워진 자를 우리는 보통명사화 된 모세라고 합니다. 여기서 모세는 어떤 역할을 하는 것입니까? 하나님과 이스라엘 백성 사이의 중간 매개자 역할을 하는 것입니다. 그런 의미에서 여호수아가 제2의 모세가 되는 것입니다. 사무엘은 주전 11세기 모세입니다. 아모스, 호세아, 이사야, 미가는 주전 8세기 모세입니다. 그런 모세들에게 주신 하나님 말씀의 총합을 우리는 오경이라고 부릅니다. 오경 안에 있는 말씀을 하나님께서 고유명사 모세에게 다 주셨다고 생각하면 안 됩니다. 모세 이후에는 하나님께서 이스라엘 백성들과 소통하지 않으셨습니까? 그렇지 않습니다. 하나님께서는 각 시대마다 이스라엘 백성들에게 가장 적합한 말씀을 주셨습니다. 시대마다 중간 매개자로서의 역할을 감당한 모세가 있었던 것입니다. 그들에게 주셨던 말씀들을 모아 놓은 것이 모세오경입니다. 모세오경이 언제 완성되었습니까? 바벨론 포로기 때 완성되었습니다.

사도들의 재판(4장)

　사도행전 4장을 보시면 베드로와 요한이 재판을 받는 장면이 나옵니다. 재판을 주관했던 사람들은 유대교 권력을 장악한 사두개인이었습니다. 초대 교회 당시 유대교의 양대 산맥이 사두개인과 바리새인입니다. 사두개인과 바리새인의 가장 중요한 교리적 차이가 무엇입니까? 내세와 부활을 믿는가, 믿지 않는가 하는 문제입니다. 또 하나 중요한 차이는 사두개인들은 사람의 지위와 역할이 선천적으로 결정되어 있다고 보았고 바리새인들은 인간의 의지에 의해서 역할과 지위가 선택될 수 있다고 보았습니다. 다시 말해 사두개인들은 하나님의 예정과 결정을 강조하고 바리새인들은 인간의 의지를 강조한 것입니다. 왜 이런 차이가 생겨나게 되었을까요? 사두개인들은 대부분 제사장들입니다. 제사장은 내가 노력해서 얻을 수 있는 타이틀이 아닙니다. 아버지에 의해 혈통적으로 계승되는 것입니다. 아버지가 제사장이면 아들도 자연스럽게 제사장이 되는 것입니다. 제사장의 아들로 태어나는 것은 나의 의지로 된 일이 아닙니다. 하나님이 그렇게 정해주신 것입니다. 사두개인들은 하나님의 예정을 강조했습니다. 그런데 바리새인들은 아버지가 바리새인이라고 해서 아들이 자연스럽게 바리새인이 되는 것이 아닙니다. 아버지가 랍비라고 해서 아들이 무조건 랍비가 되는 것이 아닙니다. 자신이 열심으로 말씀을 연구하고 노력한 결과 그 타이틀을 획득하는 것입니다. 바리새인들은 대부분 레위인이 아닙니다. 그들은 말씀 연구를 통해 랍비가 된 것입니다. 바리새파 또는 랍비라는 것은 후천적으로 획득한 것입니다. 무엇을 통해 획득한 것입니까? 자신의 노력과 의지와 분투를 통해 획득한 것입니다. 따라서 바리새인들은 인간의 의지를 강조합니다. 반면 사두개파는 자신의 노력으로 인해 제사장이 된 것이 아니기에 하나님의 예정을 강조합니다. 이것이 사두개파와 바리새파의 중요한 차이입니다.

재판 과정에서 베드로와 요한이 한 말 가운데 우리들이 주목해야 할 핵심적인 내용이 두 가지 있습니다. 첫째는 하나님의 구원을 독점하고 있는 것처럼 말하고 있는 유대 종교 지도자들이 실제로는 구원의 담지자가 아니라는 것입니다. 구원은 오직 예수 그리스도를 통해서만 주어지는 것임을 강조합니다. 이 말이 무슨 말입니까? 유대교와 하나님의 동일시를 거부한 것입니다. 구약 성경에서 보는 것처럼 이스라엘은 오랜 시간 하나님과 동일시하는 우상을 만들어 왔습니다. 예컨대 성전과 하나님을 동일시한 것이 성전신학입니다. 예루살렘과 하나님을 동일시한 것이 시온신학입니다. 다윗 왕조와 하나님을 동일시한 것이 왕조신학입니다. 예언자들은 이것을 단호하게 거부했습니다. 이런 맥락에서 사도행전 4장의 사도들의 말을 이해하면 됩니다. 당시 이스라엘 백성들에게 유대교와 하나님은 거의 동일시되었습니다. 누가 구원을 주는 것입니까? 하나님이 주십니다. 그런데 하나님과 동일한 것이 무엇입니까? 유대교입니다. 유대교 안에 들어와서 유대교가 시키는 대로 열심히 해야 구원을 받을 수 있다고 생각했습니다. 유대교와 하나님은 거의 동일시되었습니다. 이런 상황에서 유대교가 무엇을 잘못한다고 하더라도 유대교를 비판할 수 있습니까. 유대교 권력자들의 잘못을 비판하게 되면 사람들은 유대교의 잘못된 종교 권력을 비판한다고 생각하는 것이 아니라 하나님을 비판한다고 생각합니다. 대제사장이 있습니다. 이 사람이 너무도 탐욕적인 사람입니다. 무엇인가를 잘못하고 있습니다. 이런 상황에서 대제사장의 잘못을 책망하게 되면 사람들은 하나님을 공격하고 있다고 생각합니다. 왜 이런 일이 벌어지게 된 것입니까? 당시 이스라엘 백성들은 유대교와 하나님, 성전과 하나님, 대제사장과 하나님을 동일시했기 때문입니다.

그런데 지금 사도들이 무엇을 주장하고 있습니까? 유대교와 하나님은 다르다는 것입니다. 자신이 유대교인으로 열심히 살아가고 유대교가 시키는 대로 순종한다고 해서 구원받는 것이 아니라는 것입니다. 사도들은 유대교가 우리에게 구원을 주는 주체가 아님을 선포합니다. 구원은 오직 하나님과 예수 그리스도를 통해서 주어지는 것임을 강조합니다. 이 말이 얼마나 놀라운 말인지를 생각해 보십시오. 그리스도교가 구원을 주는 것이 아니라는 것입니다. 이런 말을 선포하게 되면 대다수 그리스도인들은 큰 충격을 받을 것입니다. 왜냐하면 대부분의 신앙인들은 기독교와 하나님을 동일시하고 있기 때문입니다. 구원을 받으려면 기독교라는 종교 안에 들어와서 교회가 시키는 대로 열심히 해야만 구원받는다고 생각합니다. 그래서 누군가가 기독교를 욕하고 비판하면 기분이 나쁩니다. 기독교에 대한 비판을 하나님을 공격하는 것처럼 생각합니다. 그런데 사도들이 이렇게 말하는 것입니다. "기독교라는 종교가 구원을 주는 것이 아니라 오직 구원은 하나님과 예수 그리스도를 통해 주어지는 것입니다." 이것을 명확하게 알아야 합니다. 유대교가 되었건 기독교가 되었건 현실 종교가 구원의 담지자도 아니고 구원의 제공자도 아닙니다. 그런데 여전히 사람들은 기독교라는 종교와 하나님을 동일시합니다. 예수를 믿는 것을 기독교를 믿는 것으로, 예수 안에 있는 것을 기독교 안에 있는 것으로 생각합니다. 오늘날에도 사도들의 말을 받아들이기 어려운데 그 당시에 사도들의 말을 누가 받아들일 수 있었겠습니까?

이것을 기억해야 합니다. 하나님께서 이 땅에 교회라는 신앙공동체를 세우실 때 그 교회가 하나님을 온전히 드러내는 곳이 되기를 기대하셨습니다. 그렇게만 될 수 있다면 금상첨화입니다. 하나님이 어떤 분인가를 알기 원하는 사람들과 하나님을 제대로 믿기 원하는 사람들에게 교회에 가서 기독교 신앙인이 되면 그 모든 것이 가능하다고 하면 얼마나 좋겠습니까. 그것을 기독교라는 현실 종교에 대해 하나님이 기대하시는 바입니다. 하나님이 어떤 분인가를 제대로 드러내고 하나님 나라 백성들의 삶이 무엇인지를 멋지게 증거 하는 곳이 기독교가 되어야 합니다. 하지만 현실 종교로서의 기독교는 하나님을 드러내는 하나님의 지상대리자로서 모습을 보일 때도 있지만 때로는 하나님의 영광을 가리는 존재가 될 때도 있습니다. 기독교라는 종교 안에 있는 목회자들과 교회가 하나님을 욕보이는 경우들이 얼마나 많습니까? 현실 종교로써 기독교가 우리에게 구원을 제공해 주는 것이 아닙니다. 사도행전 4장 12절이 이러한 사실을 분명하게 말씀하고 있습니다.

다른 이로써는 구원을 받을 수 없나니 천하 사람 중에 구원을 받을 만한 다른 이름을 우리에게 주신 일이 없음이라 하였더라.

얼마나 혁명적인 말씀입니까? 당시에는 유대교가 오늘날에는 기독교라는 현실 종교가 하나님을 제대로 드러냈다면 얼마나 좋았겠습니까. 안타깝게도 역사 속에 존재하는 현실 종교가 예수님을 드러내지 못하고 예수님을 대신하지 못하고 도리어 하나님의 이름에 먹칠을 하고 하나님의 영광을 가리는 경우들이 비일비재합니다. 사도들의 말은 그런 의미에서 중요합니다. 어떤 종교가 우리에게 구원을 제공해 주는 것이 아니라는 것입니다. 예수 그리스도만이 우리에게 구원을 주실 수 있습니다. 유대교와 하나님은 다르다는 것입니다. 이런 혁명적인 메시지를 그 당시에 이해할 수 있는 사람이 몇 사람이나 되었을까요? 지금도 이 말을 제대로 이해한다는 것이 쉽지 않습니다. 구약 시대 예언자들도 동일한 이야기를 한 것입니다. 성전과 하나님은 같지 않다고, 예루살렘과 하나님은 동일하지 않다고 말한 것입니다. 그런데 이스라엘 백성 대다수는 성전과 예루살렘과 다윗 왕조를 하나님과 동일시했습니다.

또 하나 중요한 말씀이 19절입니다.

베드로와 요한이 대답하여 이르되 하나님 앞에서 너희의 말을 듣는 것이 하나님의 말씀을 듣는 것보다 옳은가 판단하라.

사도들은 하나님의 말씀과 유대 종교 지도자들의 말을 분리해 놓고 그 둘 중에서 하나님의 말씀에만 철저하게 순종하겠다는 결연한 의지를 선포하고 있습니다. 하나님의 말씀과 대제사장의 말이 다르다는 것입니다. 이것도 당시 유대인들에게는 정말 충격적인 선포였습니다. 당시 유대인들에게 대제사장의 말은 곧 하나님의 말씀이었습니다. 그런데 사도들은 이러한 등식을 거부했습니다. 현대 신학자 바르트가 목회자들에게 미움을 받는 이유 가운데 하나도 그렇습니다. 바르트는 하나님의 뜻이 드러나는 계시를 세 가지로 구분했습니다. 예수 그리스도, 성경, 설교입니다. 교회는 이 세 가지를 전통적으로 하나님의 뜻이 드러나는 계시의 방편으로 생각했고 거의 동일시했습니다. 그런데 바르트는 이 세 가지 계시의 방편을 구분했습니다.

예수 그리스도는 가장 온전한 하나님의 계시이고, 기록된 계시인 성경 안에는 하나님의 뜻이 담겨 있고, 선포된 계시인 목회자의 설교는 하나님의 계시일 수도 있고 인간 목회자의 개인적인 주장일 수도 있다는 것입니다. 그래서 분별해야 한다는 것입니다. 이런 바르트의 주장과 19절 말씀이 비슷합니다. 대다수의 유대인들은 랍비의 메시지도 하나님의 말씀으로 들었습니다. 그렇다면 대제사장의 말은 그 권위가 얼마나 강력했겠습니까. 하나님의 말씀과 동일한 권위로 받아들여졌을 것입니다. 그런데 사도들은 대제사장의 말과 하나님의 말씀은 다르다고 선포하고 그 둘 중에서 대제사장의 말이 아니라 하나님의 말씀을 붙잡겠다고 하는 것입니다. 하나님의 말씀을 붙잡겠다는 것은 바꾸어 말하면 대제사장의 말을 듣지 않겠다는 것입니다. 이 얼마나 엄청난 주장입니까?

사도행전 4장에서 사도들의 말은 크게 두 가지입니다. 하나는 유대교와 하나님의 동일시됨을 거부했습니다. 만약 당시 유대교가 하나님을 제대로 드러냈다면 사도들은 이런 주장을 하지 않았을 것입니다. 하나님의 뜻을 제대로 선포했다면 이런 주장을 하지 않았을 것입니다. 그런데 사도들이 볼 때 유대교는 하나님의 뜻과 다른 길을 걸었습니다. 하나님을 알아보지도 못하고 환영하지도 못하고 도리어 죽였습니다. 이런 일이 가능했던 이유가 무엇입니까? 영적 인지 능력이 붕괴되었기 때문입니다. 자신들의 기득권과 이권을 챙기는 일에만 몰두했기 때문입니다. 하나님의 이름으로 종교 사업을 하는 집단이 되어버렸습니다. 하나님의 뜻과는 아무런 관련 없는 종교 집단이 된 것입니다. 사도들은 이것을 폭로했습니다. 다른 하나는 당시 유대교의 최고 지도자인 대제사장의 말과 하나님의 말씀이 다르다는 것입니다. 그 둘의 주장이 다를 때 사도들은 하나님께만 순종하겠다고 선포합니다. 그런데 하나님께 순종하는 모습이 현실 속에서는 어떻게 드러났습니까? 대제사장에 대한 불복종으로 드러났습니다.

　오늘날 한국 교회의 모습을 보십시오. 어떤 목사님이 윤리 도덕적으로 심각한 죄를 범했습니다. 그래서 목회자의 잘못을 책망하게 되면 너무나 많은 교인들이 목회자를 비판하는 사람들을 향해서 하나님을 대적한다고 공격합니다. 목회자와 하나님을 동일시하는 것입니다. 이것이 무엇입니까? 목회자 우상 숭배입니다. 어떤 교회가 무엇을 잘못했습니다. 그 교회의 잘못에 대해서 비판하게 되면 그 교회 교인들은 비판자들을 향해 하나님을 대적하고 있다고 공격합니다. 교회와 하나님을 동일시하는 것입니다. 이것이 무엇입니까? 교회 우상 숭배입니다. 우상 숭배는 나쁜 사람들이 하는 것이 아니라 착한 사람들이 분별력이 없을 때 저지르게 되는 것입니다. 우리가 꼭 기억해야 할 것은 하나님과 동일시될 수 있는 것은 세상에 그 어떤 것도 없다는 것입니다. 모든 것은 하나님 아래에 있는 것이고 모든 것은 하나님 앞에서 상대화되어야 합니다. 무엇이 하나님과 동일시될 수 있겠습니까? 그런데 구약에서 이스라엘 백성들은 하나님과 성전, 하나님과 예루살렘, 하나님과 다윗 왕조를 동일시했습니다. 예수 당시 유대인들은 하나님과 유대교, 하나님과 대제사장을 동일시했습니다. 오늘도 상당수 그리스도인들은 하나님과 그리스도교, 하나님과 교회, 하나님과 특정 목회자를 동일시합니다. 이것이 바로 우상 숭배입니다. 하나님 아닌 것을 하나님 자리에 올려놓는 것이 우상 숭배임을 기억해야 합니다.

4장 34~35절에는 물질을 유무상통했던 초대 교회의 모습을 기록하고 있습니다.

그 중에 가난한 사람이 없으니 이는 밭과 집 있는 자는 팔아 그 판 것의 값을 가져다가 사도들의 발 앞에 두매 그들이 각 사람의 필요를 따라 나누어 줌이라.

복음서에는 물질에 대한 욕망 때문에 하나님께 등을 돌렸던 부자 청년 이야기가 나옵니다. 그 부자 청년의 한계를 극복한 사람들이 초대 교회 교인들입니다. 당시 유대인들은 개인이 소유하고 있는 모든 부유함은 하나님이 주신 선물이라고 생각했습니다. 내가 소유한 물질은 내 것이 아닙니다. 하나님이 나에게 맡겨주신 선물입니다. 예수님께서 부자 청년에게 내가 너에게 주었던 선물을 가난한 자에게 주고 너는 나를 따르라고 하셨습니다. 하나님께서 주신 선물을 다시 돌려달라고 하신 것입니다. 그런데 부자 청년은 선물에 대한 집착 때문에 결국 예수님께 등을 돌리게 됩니다. 그 부자 청년의 한계를 뛰어넘은 사람들이 사도행전 2장과 4장에 나오는 물질적으로 유복했던 신앙인들입니다. 이 사람들은 자기의 것에 욕심내지 않고 기꺼이 자기의 물질이 하나님의 것임을 인정하면서 우리의 것으로 내어 놓습니다. 부자 청년의 한계를 극복한 것입니다. 이런 행동은 인간적인 마음과 의지만으로 되지 않습니다. 그런 의미에서 초대 교인들은 정말 성령 충만한 사람들이었음을 알 수 있습니다.

3강 사도행전 강의 3 - 2

5-6장 | 아나니아와 삽비라,
초대 교회 공동체

아나니아와 삽비라(5장)

사도행전 5장과 6장은 우리가 너무 잘 알고 있는 이야기입니다. 5장은 아나니아와 삽비라 부부 이야기입니다. 사도행전 2장과 4장에는 물질을 유무상통하는 초대 교회 이야기가 나옵니다. 4장 마지막에 바나바가 땅을 팔아서 사도들의 발 앞에 두었다는 말씀이 나오고 곧이어 나오는 것이 아나니아와 삽비라 부부 이야기입니다. 초대 교회에서 물질을 유무상통하는 것과 관련해서 두 가지를 기억하는 것이 중요합니다. 첫째는 당시 땅이나 집이 있었던 사람들은 의무적으로 그것을 팔아서 교회에 바쳤던 것은 아닙니다. 성령에 감동받은 자들의 자발적인 헌금이었지 의무적으로 그것을 해야만 초대 교회에 가입할 수 있었던 것이 아닙니다. 둘째는 땅을 가진 사람들이 땅을 팔았을 때 땅을 판 돈의 전부를 내야 했던 것도 아니었습니다. 땅을 판 가격의 일부만 드려도 전혀 문제되지 않았습니다. 당시 교회 공동체의 가족이 되려면 가지고 있던 땅을 반드시 팔아야 하는 것도 아니었고 땅을 팔았다고 해도 전부를 의무적으로 바쳐야 하는 것도 아니었습니다. 이 두 가지를 기억하면서 아나니아와 삽비라 부부 이야기를 살펴보도록 하겠습니다.

아나니아와 삽비라 부부가 땅을 팔아서 그 일부를 하나님께 드리겠다는 것 자체는 정말 대단한 결심이었습니다. 마땅히 칭찬받을 만한 헌신입니다. 그런데 부부의 문제가 무엇이었습니까? 작은 헌신을 큰 헌신으로 과대 포장한 것입니다. 왜 이런 일이 벌어졌습니까? 공동체 안에서의 경쟁, 비교, 시기, 질투 때문입니다. 이런 맥락에서 사도행전 4장 마지막에 바나바 이야기를 주목할 필요가 있습니다. 바나바라는 사람이 땅을 팔아서 교회에 헌금한 것 때문에 박수를 받았고 주변 사람들에게 존경을 받았습니다. 아나니아와 삽비라 부부도 이런 박수와 존경을 받고 싶었습니다. 그래서 자신이 가진 땅을 팔고자 결심했습니다. 그리고 땅을 팔아서 돈을 확보했는데 이것을 다 드리고자 하니까 너무 아깝다는 생각이 들었습니다. 사실 땅을 판 돈의 일부만 드려도 충분히 박수 받을 만한 일 아닙니까? 그런데 다른 사람들보다 더 많이 헌신하는 것처럼 자신들을 과대 포장하고 싶었습니다. 그래서 땅을 판 돈의 일부만 바치면서도 전부를 드린 것처럼 속이게 된 것입니다. 우리는 사람들의 헌신의 정도에 대해 경쟁하거나 비교해서는 안 됩니다. 왜냐하면 사람들마다 믿음의 분량이 다르기 때문입니다. 믿음의 분량이 다른 사람들에게 똑같은 헌신을 요구해서는 안 됩니다. 하나님께서 각자에게 주신 달란트의 몫이 다르기 때문에 모든 사람들에게 동일하게 무엇인가를 요구하거나 부과해서는 안 되는 것입니다.

아나니아와 삽비라 부부의 문제가 무엇입니까? 이만큼 헌신할 마음이 있었으면 정직하게 "우리는 이만큼 헌신하겠다"고 하면 됩니다. 그렇게 해도 충분히 박수 받을 만하고 칭찬받을 만합니다. 그런데 바나바에 비해 자신들의 헌신이 뭔가 부족하다는 느낌이 들었을 때 부부는 실제 헌신하는 것보다 더 많은 것을 헌신하는 것처럼 자기들의 열심을 부풀리게 됩니다. 그래서 결국 자신의 양심도 속이고 사도도 속이고 교회 공동체도 속이고 하나님도 속이는 죄를 범하게 된 것입니다. 그들이 사도를 속일 계획을 세우고 그런 거짓말을 할 때 하나님께서 자신들을 보고 계시다는 것을 그들은 전혀 기억하지 못했습니다. 하나님에 대한 경외가 전혀 없었던 것입니다. 이 얼마나 웃긴 이야기입니까. 하나님께 헌금하는 것이고 하나님께서 우리의 일거수일투족을 주목하고 계시다고 고백하면서도 궁극적으로 자기들을 바라보시는 하나님의 시선을 전혀 의식하지 않은 것입니다. 하나님께서 우리를 보고 계시다는 것을 믿지 않은 것입니다. 오늘날도 마찬가지입니다. 하나님의 살아계심을 믿는다면 하나님께서 우리를 바라보고 계심을 진정으로 믿는다면 어떻게 이런 일이 가능하지 싶은 일들이 우리 주위에서 얼마나 많이 일어나고 있습니까? 하나님을 믿는 것 같지 않은 분들이 하나님의 이름은 또 얼마나 자주 언급하고 있습니까? 결과적으로 아나니아와 삽비라 부부는 베드로만 속인 것이 아니라 교회 공동체 앞에서 거짓말을 했고 우리의 모든 삶을 바라보고 계시는 하나님을 속이고자 한 것입니다. 이러한 죄악으로 인해 부부가 하나님의 심판을 받은 이야기가 사도행전 5장에 나옵니다. 1절을 보겠습니다.

아나니아라 하는 사람이 그의 아내 삽비라와 더불어 소유를 팔아.

부부는 서로 돕는 자로 세움 받았습니다. 창세기에 보면 하나님이 무엇인가를 창조하시고 나서 언제나 보시기에 좋았다고 말씀하셨습니다. 그런데 유일하게 좋지 않다고 말씀하신 것이 사람이 독처하는 것입니다. 여기 독처는 독신하고는 다른 것입니다. 독처라는 것은 자기중심적으로 살아간다는 말입니다. 결혼하지 않고도 여러 사람들과 어울리는 사람이 있고 결혼하고도 홀로 살아가는 사람들이 있습니다. 하나님께서는 다른 사람과 관계 맺지 못하고 홀로 살아가는 삶에 대해 좋지 않게 보셨습니다. 그래서 독처하는 인간을 위해 돕는 배필을 창조해 주셨습니다. 돕는 배필에는 세 가지 의미가 있습니다. 첫째는 반대하며 돕는다는 것입니다. 돕기는 돕는데 어떻게 돕습니까? 반대하여 돕는 것입니다. 이 말 속에 무엇이 전제되어 있습니까? 인간이 실수할 수 있는 존재라는 것이 전제되어 있습니다. 인간은 너무나 연약한 존재입니다. 이것을 성경은 뭐라고 말합니까? 인간은 흙으로 지음 받았다고 말합니다. 여기서 흙이라는 말은 '부서지기 쉬운', '깨지기 쉬운', '넘어지기 쉬운'이라는 뜻입니다. 만약 하나님께서 인간을 강철로 만드셨다면 인간은 절대로 꺾이지 않을 것입니다. 그렇게 되면 하나님이 왜 필요하겠습니까? 하나님께서는 인간을 흙으로 창조하셔서 자신의 힘으로 살아가는 삶이 아닌 하나님을 의지하고 의존하는 삶을 살아가도록 하셨습니다. 그리고 하나님의 도움을 대신 하는 존재로 돕는 배필을 만나게 하신 것입니다. 흙으로 지음 받은 인간은 너무나 연약합니다. 매번 같은 잘못을 반복하고 다시는 하지 않겠다고 결심한 것을 망각하며 넘어졌던 자리에서 또 넘어지는 존재입니다. 이때 돕는 배필이 필요합니다. 누군가가 잘못된 생각을 하고 있으면 이 사람을 진짜 돕는 것이 무엇이겠습니까? 그 잘못된 생각이 현실이 되지 않도록 반대하는 것이 그 사람을 돕는 것입니다. 누군가 잘못된 행동을 하고 있다면 이 사람을 진짜 돕는 것이 무엇이겠습니까? '힘내, 응원한다'고 말하는 것이 아닙니다. 더 이상 잘못된 행동을 지속하지 못하도록 반대하는 것이 그 사람을 돕는 것입니다. 이것이 반대하며 돕는 것입니다. 그렇게 서로에게 돕는 배필로 살아가라고 하나님께서 이 땅에 부부를 맺어주시고 친구를 만나게 하시고 교회 공동체 지체들을 만나게 해주신 것입니다. 우리가 인생의 여정 가운데서 만나는 모든 관계는 서로에게 돕는 배필이 되어야 합니다.

한번 생각해 보십시오. 아나니아와 삽비라 중에 먼저 죄의 유혹에 빠진 사람이 있었을 것입니다. 땅을 팔고 돈을 받았을 때 모두 드리기에는 너무 아까워서 누군가 먼저 이런 제안을 했을 것입니다. "여보 이 돈을 다 드리기에는 조금 아깝지 않아, 모두 드리지 말고 일부만 냅시다. 대신 베드로 사도에게는 땅 판 돈의 전부를 바친다고 말합시다." 이때 한 사람이 이렇게 말했을 것입니다. "그렇게 하면 베드로가 이것이 정말 땅을 판 돈의 전부인지 물어볼 텐데." 그때 먼저 제안한 사람이 이렇게 말했을 것입니다. "그렇게 물어보면 땅을 판 돈의 전부를 드렸다고 합시다." 분명 이렇게 말했을 가능성이 높습니다. 땅을 판 돈의 일부만 내면서도 다 낸 것처럼 하자고 누군가 먼저 제안했을 것입니다. 이때 배우자가 무엇을 해야 합니까? 온전히 반대함을 통해 이 잘못된 계획이 현실이 되지 않도록 도와야 하는 것입니다. 그것이 돕는 배필의 역할입니다. 그런데 상대 배우자는 돕는 배필의 역할을 포기했습니다. 제안자의 유혹에 넘어갔고 동조해 버렸습니다. 누군가 먼저 욕망을 부추겼고 상대방도 그 욕망에 사로잡혀 함께 공멸한 것입니다.

이런 일들이 우리 주위에서도 얼마나 자주 일어나고 있습니까? 신실한 형제와 신실한 자매가 있습니다. 두 사람이 만나서 결혼하면 최소한 1더하기 1은 2가 되어야 하는 것 아닙니까? 그런데 하나님 앞에서 1더하기 1이 0이 되는 경우가 너무 많습니다. 형제도 신앙이 좋고 자매도 신앙이 좋으면 두 사람이 만나 서로가 신앙으로 권면하고 응원하며 서로의 성장을 돕는 자가 되어야 하는데 도리어 서로 욕망을 부채질하는 관계가 되어 믿는 자와 믿는 자의 만남인데도 1더하기 1이 0이 되는 것입니다. 이 얼마나 안타까운 일입니까? 아나니아와 삽비라 부부가 그런 관계가 되어버렸습니다. 돕는 배필의 역할을 제대로 하지 못한 것입니다. 4장 36~37절에 나오는 바나바의 헌신에 대한 초대 교회의 칭찬이 아나니아와 삽비라 부부의 마음에 시기심을 불러일으켰을 가능성이 높습니다.

구브로에서 난 레위족 사람이 있으니 이름은 요셉이라 사도들이 일컬어 바나바라(번역하면 위로의 아들이라) 하니 그가 밭이 있으매 팔아 그 값을 가지고 사도들의 발 앞에 두니라.

　교회 공동체에서 정말 조심해야 하는 것이 비교와 경쟁과 시기의 마음입니다. 이 왜곡된 마음을 버리기가 참으로 어렵습니다. 무엇보다 나쁜 목회자들이 이런 것을 이용합니다. 제가 분당의 모 교회에서 고등부 전도사로 사역했을 때 몇 달 만에 수 십억을 모금하는 것을 본 적이 있습니다. 이후 담임목사의 재정 비리와 여성 문제가 언론에 보도되기도 했습니다. 그 교회에서 1999년에 교회 발전기금 50억, 장학기금 10억, 구제기금 10억 등 총 90억의 기금을 모금했습니다. 당시 100만원이 1구좌였습니다. 기금을 모금할 때 담임목사의 지시로 교회 로비에 교인들의 이름을 그래프로 붙여 놓았습니다. 그래서 누군가 1구좌를 하면 스티커 한 장씩을 붙였습니다. 교회 로비에 그것을 붙여 놓으니 교인들이 교회를 올 때마다 그것을 쳐다봤습니다. 그때부터 누가 얼마를 냈는지 경쟁이 시작되었습니다. 첫 주에는 서로 탐색하면서 아무도 내지 않았습니다. 그런데 둘째 주에 한 안수집사가 5구좌를 냈습니다. 이때부터 스티커가 올라가는 속도가 정말 장난이 아니었습니다. 안수집사가 5구좌를 하게 되니 장로들은 어떻게 해야 합니까? 최소 10구좌 이상은 해야 체면이 서게 되었습니다. 이렇게 경쟁이 시작되어 불과 몇 달 만에 수 십억이 모였습니다. 교인들도 비교와 경쟁으로부터 자유롭지 못합니다. 다른 사람들의 시선으로 인해 마음이 동하지 않음에도 불구하고 동참하게 되는 경우들이 너무 많습니다. 교회 공동체를 보면 말을 만들어내는 사람도 많고 비교 경쟁시키고 시기 질투를 일으키는 사람들도 많습니다. 아나니아와 삽비라 부부의 이야기가 바나바 이야기와 연결된 것을 주목해야 합니다. 바나바에 대한 사람들의 칭찬과 존경은 받고 싶은데 바나바만큼 헌신하고 싶은 마음이 없을 때 결국 문제가 발생하게 되는 것입니다. 다른 사람과 비교 없이 자기 믿음의 분량대로 걸어가면 됩니다. 그러나 아나니아와 삽비라 부부는 잘못된 마음으로 그렇게 하려고 결국 사도도 속이고, 교회도 속이고, 하나님도 속이게 된 것입니다. 그러다 종국에는 하나님의 심판을 받게 되는 비극적인 결말을 맞이하게 된 것입니다.

5장 14절을 보겠습니다.

믿고 주께로 나아오는 자가 더 많으니 남녀의 큰 무리더라.

예루살렘 교회는 처음에는 120명이 모였다가 이후에는 3,000명, 그다음에는 5,000명 이상으로 기하급수적으로 늘어났습니다. 처음 마가의 다락방에 120명이 모이지 않았습니까? 그러다가 사도행전 2장에서 베드로의 설교를 듣고 3,000명이 세례를 받습니다. 그리고 사도행전 4장에서 베드로의 설교 이후 5,000명이 세례를 받고 초대 교회로 들어오게 됩니다. 여기서 숫자와 관련해서 두 가지 주장이 있습니다. 첫째는 여기에 나오는 숫자를 각각의 숫자로 해석하는 것입니다. 그러면 초대 교회는 최소 일만 명 가까운 성도를 확보한 것이 됩니다. 이것이 야고보가 이후에 말하는 예루살렘 교회 수만 명의 성도가 있었다는 말과 연결됩니다. 둘째는 여기서 점점 불어나는 숫자를 초대 교회의 총수로 해석하는 것입니다. 처음에는 교인들이 120명이었는데, 2장에서는 세례 받고 들어온 사람까지 합하여 총 3,000

명이 되었고, 4장에서는 총 5,000명까지 늘어났다는 것으로 해석할 수 있습니다. 두 번째 입장은 누적된 수로 보는 것입니다.

사도행전 5장 후반부에는 사도들을 죽이려고 하는 유대인 종교 권력자들을 가로막은 구원자가 한 사람 등장합니다. 그 사람은 바울의 스승이었던 가말리엘입니다. 가말리엘의 말을 요약하면 사도들을 그냥 내버려 두라는 것입니다. 만약 사도들의 행적이 하나님의 뜻에 근거한 것이라면 사도들을 배척하는 것은 하나님을 배척하는 일이 될 것이고 사도들의 행적이 하나님의 뜻에 근거한 것이 아니라면 하나님께서 알아서 심판하실 것이기에 쓸데없이 힘의 낭비를 하지 말라는 것입니다. 결국 가말리엘의 제안을 받아들여 사도들을 채찍질만 하고 풀어줍니다. 그런데 한국 교회에서는 가말리엘의 제안이 반대로 적용되는 경우들을 자주 목격하게 됩니다. 예를 들면 어떤 지도자가 잘못해서 그 지도자에게 "이러면 안 된다"고 잘못을 지적하고 회개를 촉구하는 사람에게 잘못된 지도자를 옹호하는 사람들이 이런 말을 합니다. "하나님이 세운 사람을 대적하는 것은 하나님을 대적하는 것이다"라고 하면서 설령 그가 무엇을 잘못했다 하더라도 하나님이 심판하실 것이니 당신들은 신경 끄라고 말합니다. 잘못된 지도자를 옹호하는 과정에서 가말리엘의 말을 인용하는 것입니다. 이것과 비슷한 것이 "너희 중에 죄 없는 자가 돌로 치라"는 말씀입니다. 요한복음 8장에 간음하다 잡혀 온 여인이 있었습니다. 사람들은 예수님 앞으로 그 여인을 끌고 와서 혈기 가득한 눈으로 바라보며 돌을 들어 치려고 했습니다. 그때 예수님께서 하신 말씀이 "너희 중에 죄 없는 자가 먼저 돌로 치라"는 것이었습니다. 그런데 놀랍게도 이 말씀을 듣고 사람들은 돌을 내려놓고 그 현장을 떠났습니다. 그런데 오늘날 어떤 지도자의 죄악을 책망하는 상황에서 "당신은 죄 없어?"라면서 "너희 중에 죄 없는 자가 그 목사를 비판하라"는 식으로 본문을 인용합니다. 문제 있는 사람을 옹호하고 보호하는 맥락에서 이 말씀이 사용되는 것입니다.

우리가 성경을 읽을 때 문자만 보지 말고 그 말씀이 적용되는 맥락을 같이 볼 수 있어야 합니다. "너희 중에 죄 없는 자가 먼저 돌로 치라"는 예수님의 말씀이나 가말리엘의 말은 모두 약자들을 보호하기 위한 맥락에서 사용된 말씀입니다. 이것이 힘 있는 권력자를 보호하기 위한 맥락에서 사용된 말씀이 아닙니다. 약자들의 잘못과 강자들의 잘못은 파급력이나 영향력에 있어 하늘과 땅의 차이를 드러냅니다. 무슨 말입니까? 어떤 지도자의 악행과 잘못은 단순히 그 지도자만 불행하게 만드는 것이 아닙니다. 그 사람의 지도나 영향력 아래에 있는 많은 사람들에게 불행한 결과를 초래합니다. 그런데 만약 이런 식으로 "너희 중에 죄 없는 자가 먼저 돌로 쳐라, 당신들은 죄가 없는가"라고 한다면 사법부가 어떻게 존재할 수 있겠습니까? 판사는 죄가 없는 사람입니까? 아닙니다. 그 말이 언제 누구를 대상으로 사용되어졌는가를 잘 살펴야 합니다. 힘 있는 자들이 자기보다 연약한 자들을 억압하려고 할 때 그 약한 자들을 건져내기 위해서 사용된 말씀입니다. 이것을 도리어 힘 있는 자를 보호하는 맥락에서 사용하게 되면 정말 위험한 해석입니다.

구약의 선지자들은 한 번도 이런 식으로 말한 적이 없습니다. "너희 이스라엘 백성들은 모두 죄인이야, 회개해야 해." 이렇게 말하지 않았습니다. 선지자들은 왕, 제사장, 재판관, 권력자, 부자와 같은 사람들의 죄를 질타했습니다. 그렇다면 일반 백성들은 죄가 없었기 때문에 선지자가 질타하지 않은 것인가요? 아닙니다. 백성들도 많은 죄를 범했습니다. 그런데 선지자가 지도층들의 죄를 질타한 이유가 무엇입니까? 지도층의 죄는 너무나 많은 사람들에게 불행을 주고 영향을 미치기 때문에 하루 빨리 막아야 했던 것입니다. 또 하나 중요한 것은 간음하다 잡혀 온 여인을 욕한다고 해서 누구에게도 욕먹지 않습니다. 비판하는 사람은 그 어떠한 피해도 입지 않습니다. 그러나 힘 있는 사람의 비행에 대해 공격하는 순간 엄청난 피해를 각오해야만 합니다. 힘없는 사람에 대한 비판과 힘을 가진 사람에 대한 비판이 결코 같지 않습니다. 어떤 것은 오락거리처럼 할 수 있는 것이고 어떤 것은 목숨을 걸어야만 가능한 것입니다. 지금도 경험하는 것처럼 힘 있는 사람에 대해서 비판하게 되면 얼마나 많은 소송에 휘말리게 됩니까. 힘 있는 자들은 온갖 방법을 동원하여 다시는 자기에 대해 비판하지 못하도록 사람들에게 족쇄를 채우려고 합니다. 비판이라고 해서 동일한 비판이 아닌 것입니다. 그래서 어떤 말씀이 선포된 맥락과 상황을 주목하지 않고 말만 쏙 빼내서 아무 데나 갖다 붙이는 것은 정말 위험한 일입니다. 가말리엘의 말이나 예수님의 말씀은 힘 있는 자들이 연약한 자들을 짓밟고 죽이려고 할 때 연약한 자들을 보호하기 위한 맥락에서 선포된 말씀입니다. 이것을 도리어 힘 있는 자들을 보호하기 위한 맥락에서 사용하게 되면 주파수를 잘못 맞추는 것입니다. 가말리엘의 말이나 예수님의 말씀이 어떤 맥락과 상황 속에서 누구를 위해 이 말씀이 선포된 것인가를 기억하는 것이 중요합니다.

초대 교회 공동체(6장)

사도행전 6장에서는 성령 충만했던 초대 교회에서도 사건이 발생했음을 보여줍니다. 초대 교회 공동체는 너무나 아름다운 곳이었지만 두 가지 면에서 한계를 가지고 있었습니다. 첫째는 임박한 종말론을 받아들여 예수께서 곧 재림하실 줄 믿었습니다. 주님이 곧 재림하실 것이라는 확신 가운데 교인들이 더 과감한 헌신을 했을지도 모릅니다. 그런데 재림이 지연되면서 사람들의 마음이 흔들리기 시작합니다. 둘째는 소비 공동체였습니다. 무엇인가를 생산해 내는 공동체가 아니라 가진 자들의 헌신을 통해 없는 사람들이 유익을 누리는 구조였습니다. 그런데 가진 사람이라고 하더라도 그들이 가진 재화는 한계가 있었습니다. 한번 헌신하고 나면 계속해서 무엇인가를 헌신할 수는 없는 것입니다. 거기에 초대 교회는 한순간에 너무나 많은 사람들이 들어오게 되었습니다. 한 번에 3,000명, 5,000명이 들어오면서 도움을 필요로 하는 사람들은 많아지고 교회 공동체가 가지고 있는 재화는 한정적인 상황이 발생하게 된 것입니다. 결국 공동체가 가진 재화로 도움이 필요한 모든 사람들을 돕는 것이 불가능해진 상황에 직면하게 된 것입니다. 이런 상황에서 팔이 안으로 굽는다고 유대인이었던 사도들은 유대파 과부들과 헬라파 과부들에 대한 구제를 차등적으로 실시하게 되었고 이것 때문에 헬라파 교인들이 불만을 갖게 되고 문제를 제기하게 된 것입니다. 이것이 사도행전 6장의 내용입니다.

사도행전 6장에서 우리는 초대 교회의 모습을 어느 정도 추측해 볼 수 있습니다. 당시 예루살렘 교회가 모임을 어떻게 가졌는지에 대해서는 그 어떤 기록도 없기 때문에 우리가 정확한 내용을 확인할 길은 없습니다. 그러나 앞에서 이야기한 것처럼 예루살렘 교회는 짧은 기간에 엄청난 교인을 확보하게 되었습니다. 3,000명과 5,000명을 따로 계산하면 최소 8,000명 이상이 모인 것이고 누적된 숫자라고 하더라도 5,000명이라면 엄청난 수의 공동체가 된 것입니다. 분명한 것은 이 많은 숫자가 한 곳에 모여 살지는 않았을 것입니다. 각자 살고 있는 집에서 특정한 시간에 어떤 장소에 모였을 가능성이 높습니다. 그렇다면 모두가 모이기 위해서는 대규모 장소가 필요했을 것입니다. 일반 가정에서는 이들을 수용하는 것이 불가능했을 것이고 그렇다면 추측건대 성전의 한 장소에서 모이지 않을까 생각해 볼 수 있습니다. 이후 이방 지역에 세워진 안디옥, 에베소, 빌립보 교회도 저녁에 함께 모여 공동 식사를 했습니다. 이방 지역에 있는 교회의 규모는 최소 30명에서 최대 50명 정도였습니다. 한 집에서 충분히 식사할 수 있는 규모입니다. 그런데 예루살렘 교회는 교인 수가 많았기 때문에 성전 같은 규모가 큰 장소에서 모임을 가졌을 것이고 가진 자들이 바친 헌금으로 가난한 자들의 식사를 해결했을 가능성이 높습니다. 그런데 생산적인 수입은 없고 소비만 계속하는 공동체였기 때문에 시간이 지날수록 공동체가 소유한 재화는 점점 줄어들게 됩니다. 그 결과 한정된 재화로 구제하는 과정에서 유대파와 헬라파에 대한 차등 분배가 일어나게 됩니다. 이로 인해 헬라파 사람들이 문제를 제기합니다. 그런데 너무 감사한 것은 이렇게 시작된 문제가 너무나 아름답게 해결되었다는 것입니다. 그러면 어떻게 해결 되었을까요?

예루살렘 교회에는 히브리파와 헬라파가 있었습니다. 이들은 출신 지역과 사용하는 언어의 차이로 인해 서로 소통하며 교제하는 것이 쉽지 않았습니다. 히브리파 사람들은 주로 팔레스타인 본토 사람들로 아람어를 사용했습니다. 당시 유대인들은 히브리어를 사용했을 것이라고 생각하기 쉬운데 유대인들 대다수는 아람어를 사용했습니다. 유대인들에게 히브리어는 조선 시대의 한문 같은 언어이고 아람어가 한글과 같은 일상의 언어였습니다. 유대인들이 아람어를 일상어로 사용한 것은 시리아를 본거지로 하는 셀류커스 왕조의 지배를 오랜 기간 받았기 때문입니다. 예수께서 공생애 사역을 하실 때에도 아람어를 사용했다고 봅니다. 예수님은 아람어로 말씀하셨고 사복음서는 헬라어로 기록되었습니다. 여기서 무엇을 알 수 있습니까? 복음서에 예수의 말씀은 아람어를 헬라어로 기술한 1차 번역이라는 것입니다. 주기도문도 그렇습니다. "우리가 우리에게 죄 지은 자를 사하여 준 것 같이"라고 예수께서 말씀하셨을 때 여기 '죄'라는 단어가 아람어로 '호바'를 사용했을 것으로 봅니다. 아람어 '호바'는 '빚'이나 '죄'라는 의미가 있습니다. 그런데 헬라어에는 빚은 빚이고 죄는 죄로 철저하게 구분됩니다. 빚이나 죄라는 의미를 함께 담고 있는 단어가 없습니다. 예수는 "우리가 우리에게 '호바' 한 자를 탕감해준 것처럼"이라고 말씀하신 것입니다. 그런데 헬라어에는 '빚'이나 '죄'라는 단어를 함께 담고 있는 단어가 없으니까 마태와 누가가 주기도문을 기술할 때 헬라어에서 '빚'이나 '죄'라는 단어 가운데 하나를 선택하게 된 것입니다. 그래서 초대 교회 사본을 보면 어떤 사본은 '빚'으로 또 어떤 사본은 '죄'로 되어 있습니다. 영어 성경에도 어떤 성경은 '빚'으로 또 어떤 성경은 '죄'로 기술하고 있습니다. 그런데 한글 성경은 처음부터 아람어 '호바'를 '죄'로 번역하고 각주에는 '빚'이라고 써놓았습니다. 그렇다면 호바를 죄로 번역하는 것과 빚으로 번역할 때 어떤 차이가 발생하는 것일까요? 무엇을 선택하느냐에 따라 주어인 '우리'가 달라집니다. "우리가 우리에게 죄 지은 자를 용서해 준 것처럼 하나님께서도 우리의 죄를 용서해주세요"하면 여기서 우리는 피해자입니다. 우리가 우리에게 죄를 지은 사람을 용서해 주는 것이기에 우리는 누군가에게 피해를 입은 사람이 되는 것입니다. 그런데 빚으로 번역하게 되면 우리의 위치가 달라집니다. "우리가 우리에게 빚진 자의 빚을 탕감해 준 것처럼 우리가 하나님께 진 빚을 탕감해주세요." 이때 우리는 채권자가 됩니다. '죄'로 번역하면 약자가 되는 것이고, 빚으로 번역하면 강자가 되는 것입니다. 그런데 초기 많은 사본들은 '빚'으로 되어 있고 영어 성경도 많은 경우 '빚'으로 번역하고 있는데 한글 성경만 처음부터 지금까지 '죄'로만 번역하고 있습니다.

한글 성경에 '죄'로 번역한 것 때문에 왜곡된 적용이 얼마나 자주 발생하는지 모르겠습니다. 예를 들면 성폭행을 당한 자매가 있는데 목사가 주기도문의 이 부분을 인용하면서 "당신도 하나님께 죄인이고 가해자도 죄인인데 네가 너를 성폭행한 사람을 용서해 줘야 너도 하나님께 죄 용서를 받을 수 있어"라고 조언했다고 합니다. 군사 독재 정권의 문제를 지적했던 사람들에게 "너희들도 하나님 앞에서 죄인 아니냐. 너희들이 먼저 군사 정권의 죄를 용서해 주어야 너희도 하나님께 죄 용서를 받을 수 있어"라는 식으로 적용했다고 합니다. 누군가에게 피해를 당하고 짓밟힌 사람들에게 주기도문을 인용하면서 "우리가 우리에게 죄 지은 사람을 용서해 주어야 우리도 하나님께 죄 용서를 받는 거야"라고 말한 것입니다. 이렇게 되면 피해자는 이중의 부담을 떠안게 됩니다. 가해자로부터 받은 고통의 짐도 무거운데 그 사람을 무조건 용서해 주어야 한다는 이중 부담을 떠안게 되는 것입니다. 주기도문의 이 문장을 길게 풀어쓴 것이 마태복음 18장입니다. 여기에 일만 달란트 탕감 받은 종이 백 데나리온 빚진 사람에게 은혜를 흘려보내지 않았다가 일만 달란트 탕감이 취소당한 이야기가 나옵니다. 그것이 바로 주기도문의 이 짧은 문장을 길게 풀어놓은 이야기입니다. 마태복음 18장을 근거로 할 때 주기도문에서는 '빚'으로 번역하는 것이 훨씬 더 타당합니다. 한글 성경도 본문에는 '빚'이라고 하고 각주에 '죄로도 번역 가능함'이라고 했다면 한국 교회 교인들의 자세와 태도도 많이 달라졌을 것입니다.

예수께서 사용하신 언어는 아람어이고 복음서 저자는 헬라어로 그것을 번역하여 쓴 것입니다. 그런데 헬라어로 번역하기 어려운 것들은 아람어로 그대로 기술하기도 했습니다. 대표적인 것이 '에바다', '달리다굼'입니다. 당시 이스라엘 사람들은 일상 언어로 아람어를 사용했고 자신들의 지식을 드러내고 싶은 사람들은 히브리어를 사용했는데 그들을 히브리파로 불렀고, 헬라파는 그리스 로마 세계에 거주하면서 헬라어를 일상적으로 사용하는 사람들이었습니다. 헬라파와 히브리파는 예수를 믿는 신앙 안에서는 한 몸 된 사람들이지만 일단 사용하는 언어가 다르다 보니 소통이 쉽지 않았습니다. 언어가 통하는 사람들끼리 모임을 가졌을 가능성이 높습니다. 또 하나 이들은 문화도 달랐을 것입니다. 히브리파 사람들은 팔레스타인 본토에 살고 있는 사람들이었고 헬라파는 그리스 로마 세계에서 살다 온 사람들이었기에 상호 이해가 어려운 문화적 모습도 있었을 것입니다. 예컨대 언어의 차이, 문화의 차이가 있었지만 그럼에도 불구하고 성령의 은혜 가운데 그들은 예수 그리스도 안에서 한 몸 됨을 누리게 된 것입니다.

그런데 재정은 부족하고 도움을 받고자 하는 사람들은 많아지게 되면서 공동체 안에 문제가 발생하게 되었습니다. 사도들과 가깝고 수적으로 다수인 히브리파 과부들에게는 도움을 주고 그렇지 않았던 헬라파 과부들을 배제시킨 것입니다. 이 사건은 중요한 의미가 있는데, 첫째는 성령의 임재 이후 사라진 줄 알았던 차별의식이 다시 교회 안에 등장하게 되었다는 것입니다. 유대인과 이방인, 남자와 여자, 주인과 종 사이에 있던 차별의 담을 허문 것이 성령의 역사인데 이런 차별이 다시 등장하기 시작했다는 것입니다. 둘째는 서로에 대한 배려가 너무나 부족했다는 것입니다. 만약 헬라파 사람들이 본토 유대인 과부들을 더 챙겨주고 본토 유대인들이 헬라파 과부들을 더 챙겨주었다면 얼마나 좋았겠습니까? 그러나 그렇게 하지 못했습니다.

예전만큼은 아니지만 오늘날도 지역 간 갈등 문제는 한국 사회가 치유해야 할 과제 중 하나입니다. 여기에 대한 문제의식을 가진 목회자들이 이런저런 시도들을 하고 있습니다. 예를 들면 영남 지역에 있는 교회와 호남 지역에 있는 교회들이 연합으로 청년부 수련회를 개최하는 것입니다. 영남에 있는 교회들이 장학금을 모아 호남 지역 학생들에게 전달하기도 하고 호남에 있는 교회들이 장학금을 모아 영남 지역 학생들에게 전달하기도 합니다. 작은 움직임이지만 새로운 무엇인가를 만들어내기 위해 애쓰는 분들이 있습니다. 이런 움직임이 활성화되면 얼마나 좋겠습니까? 특히 교회 안에서 세상의 담들이 허물어지는 것을 목격하는 것이 얼마나 감동적입니까? 그런데 현실은 그렇지 못합니다. 초대 교회 안에서도 히브리파 사람들이 자기네 히브리파 과부들만 챙기면서 헬라파 과부들을 소외시키는 일이 벌어지게 된 것입니다. 그러나 문제가 있다는 것이 문제는 아닙니다. 정말 문제는 발생한 문제를 해결할 수 있는 지혜와 능력이 그 공동체에 있느냐, 없느냐 하는 것입니다. 문제가 있는 것을 계속 문제시하면 안 됩니다. 사람들이 가까워지게 되면 여러 가지 문제가 자연스럽게 드러나게 됩니다.

어떤 집사님이 이런 말씀을 하십니다. "내가 저 집사님과 20년째 만나고 있는데 우리는 한 번도 싸운 적이 없어요." 두 분은 언제나 사이가 좋다는 것입니다. 사실 싸우지 않는 이유는 서로 낯설어서 그런 것입니다. 교회 안에서도 서로 낯설기 때문에 서로 매너 있게 만나는 경우들이 많습니다. 대부분의 신앙인들이 교회에서는 집에서 하는 것처럼 행동하지 않습니다. 가족을 대하듯이 교인을 대하지 않습니다. 사실 서로 낯설기 때문에 상호 친절하게 대하는 경우들이 많습니다. 그런데 관계가 좀 더 친밀해지면 서로에게 자기 인격과 신앙의 밑바닥이 조금씩 드러나게 되어 있습니다. 세상에서 가장 가깝지만 가장 치열하게 싸우는 사람들이 누구입니까? 부부입니다. 가까울수록 치열한 것입니다. 가까워질수록 많은 문제가 드러날 수밖에 없습니다. 문제가 드러나는 것을 문제시하면 안 됩니다. 발생한 문제를 서로 해결해 나가면서 공동체는 더 단단해지는 것입니다. 공동체 내에서 발생한 문제를 해결해 나가면서 공동체가 성장하고 성숙해지는 것입니다. 그래서 문제가 있다는 것을 문제시하면 안 됩니다. 문제가 없다면 성장과 성숙도 기대하기 어렵습니다. 중요한 것은 발생한 문제를 해결할 수 있는 역량이 우리에게 있는가 하는 것입니다. 문제를 해결하는 과정 속에서 함께 성장하기를 사모하는 것이 중요합니다.

그렇다면 초대 교회는 이 문제를 어떻게 해결했을까요? 6장 1절입니다.

그 때에 제자가 더 많아졌는데 헬라파 유대인들이 자기의 과부들이 매일의 구제에 빠지므로 히브리파 사람을 원망하니.

여기서 '매일'이라는 말이 중요합니다. 상대방이 내 마음에 들지 않는 행동을 하거나 무엇인가 잘못하는 것처럼 보일 때 이것이 일회성으로 한번 잘못한 것인지 아니면 계속 반복해서 잘못하고 있는 의도된 행동인지를 유심히 살펴보는 것이 필요합니다. 왜냐하면 누구나 예외 없이 실수할 수 있기 때문입니다. 그래서 한 번 잘못한 것에 대해서 지나치게 분노하거나 잘못을 책망하는 것은 자제해야 합니다. 그런데 헬라파 과부들이 매일 구제에 빠지는 것이 보였습니다. 무슨 말입니까? 한번 잘못한 것이 아니라는 말입니다. 의도를 가진 계획된 행동임을 포착한 것입니다. 그래서 헬라파 사람들이 히브리파 사람들을 원망하게 된 것입니다. 문제를 처리할 때도 처리 방식이 지혜로워야 합니다. 헬라파 사람들은 자기들의 과부가 매일 구제에 빠지는 것을 보았습니다. 이때 헬라파 사람들이 헬라파 사람들만 모아놓고 히브리파 규탄 대회를 열었다면 어떻게 되겠습니까? "히브리파 사람들은 우리를 무시한다, 우리를 하대한다"고 구호를 외치면서 시위했다면 예루살렘 교회는 히브리파 교회와 헬라파 교회로 분열되었을 것입니다. 문제가 있다는 것을 알았을 때 그 문제를 해결하는 방식도 참으로 지혜로워야 합니다. 다행스럽게도 헬라파 사람들은 지혜롭게 그 문제를 해결하고자 했습니다. 그들은 히브리파 사도들을 찾아가서 그 문제를 해결해 달라고 요청한 것입니다. 2절에 보면 열두 사도가 모든 사람들을 불러서 "우리가 하나님의 말씀을 제쳐 놓고 이 구제하는 일에 집중하는 것이 옳지 않다"고 하면서 "너희 가운데서 성령과 지혜가 충만하여 칭찬 받는 사람 일곱을 택하라"고 합니다. 그리고 "구제하는 일은 그 사람들에게 맡기고 우리는 기도하는 일과 말씀 전하는 일에 전념하겠다"고 했습니다.

그래서 일곱 사람을 뽑게 된 것입니다. 우리는 이 사람들을 일곱 집사라고 부릅니다. 사도행전 6장 5절에 보시면 일곱 집사의 이름이 나오는데 주목할 것은 모두가 헬라식 이름입니다.

온 무리가 이 말을 기뻐하여 믿음과 성령이 충만한 사람 스데반과 또 빌립과 브로고로와 니가노르와 디몬과 바메나와 유대교에 입교했던 안디옥 사람 니골라를 택하여.

여기에 유대식 이름은 하나도 없고 모두가 헬라식 이름입니다. 사도들은 문제를 제기한 사람들한테 "당신들이 이 문제를 잘 좀 해결해 주십시오"라면서 그들에게 문제 해결의 전권을 넘겨주었습니다. 이렇게 하는 것이 쉽지 않습니다. 교회 공동체 안에 어떤 문제가 있다는 것을 포착한 사람에게 "당신이 이 문제를 잘 시정해 주시면 좋겠습니다"라고 문제 해결의 전권을 넘긴다는 것은 결코 쉬운 일이 아닙니다. 감사하게도 이때 뽑힌 일곱 집사는 성령과 지혜가 충만한 사람들이었고 교인들로부터 칭찬 받는 사람들이었습니다. 이런 사람들이 교회 공동체 안에 있다는 이유만으로 예루살렘 교회가 참으로 든든한 교회였음을 알 수 있습니다. 이제 과부들의 구제 문제는 헬라파 사람들이 전담하게 되었습니다. 이때 히브리파 사람들이 불안할 수도 있었습니다. 헬라파 사람들이 과부들의 구제 문제를 전담하게 되면 이번에는 히브리파 과부들이 구제에서 제외되는 것은 아닐까 하고 걱정할 수도 있습니다. 이런 걱정과 불안의 목소리가 있었겠지만 사도들은 문제의 제기자들인 헬라파 사람들에게 발생한 문제를 해결할 수 있는 권한을 모두 넘겼습니다. 그러면서 사도들이 한 말이 6장 2절과 4절입니다.

열두 사도가 모든 제자를 불러 이르되 우리가 하나님의 말씀을 제쳐 놓고 접대를 일삼는 것이 마땅하지 아니하니.

우리는 오로지 기도하는 일과 말씀 사역에 힘쓰리라 하니.

사도들이 한 말을 가지고 종종 이렇게 말하는 분들이 있습니다. 교회 공동체 안에서 목사들이 해야 할 일은 기도하고 말씀 전하는 것이고 집사들이 하는 일은 구제나 봉사처럼 몸으로 헌신하는 것이라고 말합니다. 그러면서 자연스럽게 기도하고 말씀 전하는 일은 고상하고 거룩한 일이며 몸으로 하는 구제나 봉사는 덜 고상하고 덜 거룩한 일인 것처럼 말하는 분들이 있습니다. 하지만 결코 그렇지 않습니다. 그리스도의 몸 된 교회에서 행하는 모든 일은 동등합니다. 오늘날 교회 개혁을 꿈꾸는 분들도 사도들의 말을 가지고 이런 주장을 합니다. 건강한 교회가 되려면 사도행전 6장처럼 목사님들은 기도하고 말씀 전하는 일에만 전념하고 교회 행정과 같은 일들은 교인들이 전담하는 역할 분담이 좋다고 말입니다. 문자 그대로 적용한 것입니다. 정말 문자 그대로 적용하는 것이 최선의 선택일까요? 여기서 사도들의 이 말이 어떤 의미를 내포하고 있는가를 잘 보셔야 합니다. 결론부터 말씀드리면 그 당시 말씀을 전한다는 것은 목숨을 걸어야 하는 일이었습니다. 오늘날 목회자들은 주로 교인들을 대상으로 말씀을 전합니다. 말씀을 전한다는 것으로 인해 목숨을 걸어야 할 필요는 없습니다. 하지만 1세기 사도들은 교회 바깥에 있는 사람들을 대상으로 말씀을 전했습니다. 그로 인해 핍박을 받고 순교를 당했습니다. 사도들이 기도하는 일과 말씀 전하는 일에 전념하겠다는 말은 목숨을 걸어야 하는 위험한 일은 자기들이 감당하겠다는 것입니다. 보다 어려운 일, 힘든 일, 목숨을 걸어야 하는 일을 자신들이 맡겠다는 것입니다. 이런 자세를 배우는 것이 무엇보다 중요합니다.

　기도하고 말씀 전하는 일과 음식을 베푸는 일은 크게 두 가지 차이가 있습니다. 첫째는 사역의 주 대상이 누구인가 하는 것입니다. 말씀을 전하는 일은 교회 공동체 내부와 외부의 사람 모두를 대상으로 합니다. 사도행전 2장에서 베드로의 설교, 4장에서 재판장에서의 설교, 7장에서 스데반의 설교에서 볼 수 있는 것처럼 초대 교회 당시 말씀을 전하는 행위는 주로 교회 바깥의 사람들을 대상으로 이루어졌습니다. 그러나 구제는 교회 공동체 내부 사람들을 대상으로 하는 사역입니다. 둘째는 그 사역과 연관된 위험성 여부입니다. 말씀을 전하는 행위는 적대자와의 갈등 그리고 그들에 의해서 부가되는 온갖 박해를 받을 가능성이 높은 사역입니다. 하지만 구제 사역은 힘이 들기는 하지만 목숨을 걸어야 하는 사역은 아닙니다. 요약하면 당시 말씀을 전하는 일은 목숨을 내놓고 해야 하는 사역이었습니다. 사도들이 더욱 힘들고 어려운 일을 자신들이 담당하겠다고 한 것입니다. 이러한 자세를 주목해야 합니다. 이것을 오늘에 적용한다면 교회 내부 일은 교인들이 전담하고 목사님들은 교회 바깥에 나가서 복음을 대적하는 사람들을 만나 그들에게 말씀을 전하는 것입니다. 오늘날 대부분의 목회자들은 교회 공동체 안에서 말씀을 전하고자 합니다. 사도들이 한 말을 문자 그대로 가져와서 자신들은 기도하고 말씀 전하는 일에만 전념하겠다는 것입니다. 이것은 사도들이 한 말의 배경이나 맥락과 너무나 동떨어진 주장입니다. 더 힘들고 어려운 일, 목숨을 걸어야 하는 일, 욕먹고 미움 받는 일을 자신들이 기꺼이 감내하겠다는 사도들의 자세를 주목해야 합니다.

이런 자세를 거룩의 위계질서라고 합니다. 다시 말해 위에 있는 사람이 군림하는 자가 아니라 위에 있을수록 더욱 진실하고 정직하고 거룩한 삶을 살아가는 것입니다. 하나님의 백성답게 살아가는 모습을 스스로가 분투하며 증거하는 것입니다. 사도들은 거룩의 위계질서 안에서 위에 있는 자가 어떻게 살아가야 하는지에 대한 모범을 보였습니다. 이런 사도들의 모습을 보면 '당시 초대 교회가 진짜 성령 충만했구나'를 느끼게 됩니다. 사도들의 이런 자세가 사람들의 일반적인 마음은 아니지 않습니까? 일반적인 마음은 왠지 좀 힘들고 어려운 일은 내가 하지 않고 다른 사람에게 떠넘기는 것입니다. 그리고 이름을 낼 수 있고 사람들에게 주목받고 박수 받는 일은 내가 하는 것입니다. 하지만 사도들은 그렇게 하지 않았습니다. 사도들의 결단 속에서 사람들의 일반적인 마음을 뛰어 넘어 성령의 이끄심 가운데 순종하는 성령 충만한 자의 모습을 볼 수 있습니다.

6장 11절을 보겠습니다.

사람들을 매수하여 말하게 하되 이 사람이 모세와 하나님을 모독하는 말을 하는 것을 우리가 들었노라 하게 하고.

스데반을 대적했던 사람들이 스데반에게 씌운 죄목은 그가 모세와 하나님을 모독했다는 것입니다. 여기에서 재미있는 것은 누가 더 앞에 기술되어 있습니까? 모세가 앞에 나옵니다. 모세와 하나님을 모독했다는 말 속에는 모세가 거의 하나님과 동급으로 대우받고 있음을 알 수 있습니다. 이 얼마나 황당한 일입니까? 모세가 하나님입니까? 결코 그럴 수 없습니다. 그런데 누군가가 모세에 대해 비판하면 유대인들은 하나님에 대해 비판한다고 생각하며 분노했습니다. 한국 교회에도 이런 일들이 비일비재합니다. 교단마다 창시자 같은 인물들이 있는데 그들의 한계와 잘못에 대해 문제 제기를 하면 그 교단에 속한 목회자들이 흥분해서 달려듭니다. 박형용, 박윤선, 칼빈, 루터, 웨슬레 같은 인물들은 특정 교단 안에서 신성불가침의 대상처럼 여겨집니다. 이런 것이 바로 우상 숭배입니다. 어떻게 인간이 하나님과 동일시될 수 있습니까? 당시에 유대인들은 모세를 하나님 자리에까지 올려놓았습니다. 결국 스데반이 죽임당한 것도 성전 모독죄, 곧 성전을 비판하고 공격한 것을 하나님을 모독한 것으로 규정하여 죽였습니다. 성전과 하나님을 동일시한 성전신학의 모습을 여기서도 보게 됩니다.

예루살렘 교회 최초의 순교자는 스데반입니다. 스데반은 일곱 집사 중 한 사람이었습니다. 열두 제자가 히브리인들을 대표하는 것처럼 일곱 집사는 헬라파를 대표하는 사람들입니다. 집사라는 호칭으로 인해 이들이 교회 안에서 행정과 구제 같은 일만 했을 것이라고 생각하시면 안 됩니다. 스데반도 말씀을 전했고 이후에 빌립도 사마리아 지역에서 말씀을 전했습니다. 일곱 집사는 모두 헬라식 이름을 가지고 있었는데 이들 모두가 헬라어를 능수능란하게 구사하는 사람들이었습니다. 스데반도 헬라파 유대인들과 논쟁하다가 스데반이 이기자 논쟁에서 패배한 유대인들이 스데반을 엉뚱한 죄목으로 고소하게 된 것입니다. 일곱 집사들은 교회 안에서 행정적인 일만 수행하지 않았습니다. 당시 집사들에게 중요한 사역이 있었는데 헬라어를 사용하는 사람들을 대상으로 한 복음 전도였습니다. 아람어를 사용한 열두 제자는 아람어를 사용하는 유대인들을 대상으로 말씀을 전했습니다. 반면 헬라어에 능통한 일곱 집사는 헬라파 사람들을 대상으로 말씀을 전했습니다. 왜 일곱 집사입니까? 이스라엘은 당시 이스라엘 주변의 이방 국가를 일곱이라고 생각했습니다. 그래서 일곱 집사를 뽑은 것입니다. 왜 열두 사도입니까? 열두 사도는 이스라엘 열두 지파를 위한 사람들입니다. 그 당시 이스라엘 주변의 이방 국가가 20개였다면 20명의 집사를 뽑았을 것입니다. 일곱 집사를 뽑은 이유는 이스라엘은 이방 나라를 일곱이라고 생각했기 때문입니다. 일곱 집사는 헬라어를 사용하는 사람들을 대상으로 복음을 전했다는 사실을 기억해야 합니다.

사도행전 4강

말씀과함께 | 사도행전강의

7장 | 유대교와 초대 교회: 이단과 정통

사도행전 7장은 스데반의 명연설과 순교에 대한 이야기입니다. 사도행전에는 19개 정도의 설교와 연설이 있는데 그 가운데 가장 긴 설교 또는 연설이 7장에 기록되어 있습니다. 7장은 한 편의 명설교라고 할 수 있습니다. 스데반의 설교는 공적으로 유대교와의 결별 선언처럼 들리는데 어떻게 그리스도교가 율법과 성전 중심의 유대교에서 갈라져 나와서 이방 선교에 나서게 되었는가를 잘 말해주고 있습니다. 스데반 설교의 핵심은 하나님의 임재가 특정한 인종, 특정한 건물, 특정한 지역에 제한되지 않는다는 것입니다. 여기서 특정한 인종이라고 하는 것은 유대인들을 가리키는 것이고, 특정한 건물이라고 하는 것은 성전을 가리키는 것이고, 특정한 지역이라고 하는 것은 가나안 땅을 가리키는 것입니다. 하나님의 역사가 특정한 것들과 결부되어 있는 것이 아니라 하나님은 전 세계 어디서나 자유롭게 활동하시는 분임을 강조하고 있습니다.

　예수께서는 마태복음 18장 20절에서 "두세 사람이 내 이름으로 모인 곳에는 나도 그들 중에 함께 하겠다"고 하셨습니다. 당시 대다수 유대인들은 하나님을 만나기 위해서는 성전으로 가야 한다고 생각했습니다. 성전으로 가야만 하나님과의 만남이 가능하다고 본 것입니다. 그런데 초대 교회는 예수의 말씀에 근거하여 예수의 이름으로 두세 사람이 모인 곳에 주님이 함께하신다고 생각했습니다. 그래서 가정에서도 모임을 가졌습니다. 우리가 어느 특정한 장소에 가야만 하나님을 만날 수 있는 것이 아니라 예수를 믿는 사람들이 둘 셋 모여 있으면 그곳에 주님이 함께하신다고 믿은 것입니다. 하나님의 임재와 관련하여 유대교와 초대 교회의 신앙은 이처럼 완전히 달랐습니다. 우리가 하나님을 만나기 위해서는 하나님이 계신다고 생각되는 곳으로 가야 한다고 주장하는 것을 신전신학이라고 합니다. 이것과 반대되는 주장이 반신전신학입니다. 반신전신학은 우리가 하나님을 만나기 위해 어느 곳으로 가야 하는 것이 아니라 하나님이 그의 백성들이 있는 곳으로 찾아오신다고 주장합니다. 유대교는 하나님의 집인 성전에 가야만 하나님을 만날 수 있다고 주장하고, 초대 교회는 그의 백성들이 있는 곳에 하나님이 찾아오신다고 주장합니다. 유대교와 초대 교회는 이처럼 다른 신학적 입장으로 인해 갈라설 수밖에 없었습니다.

　처음에는 초대 교회를 유대교 안의 하나의 그룹으로만 이해를 했습니다. 그런데 유대교가 초대 교회를 이단으로 정죄하면서 핍박하기 시작합니다. 그렇다면 왜 유대교는 초대 교회를 이단으로 정죄하고 핍박했을까요? 여기에는 세 가지 이유가 있습니다. 첫째는 이것이 제일 중요한데 당시 유대교는 하나님께서 메시아를 아직 보내주지 않았다고 믿고 있는데 반해 초대 교회는 나사렛 예수가 하나님이 보내신 메시아라고 주장했습니다. 여기서 무엇이 달라지게 된 것입니까? 구약 성경을 해석하는 시각이 달라지게 된 것입니다. 유대인들은 어떤 메시아를 기대했습니까? 이스라엘을 해방시켜주고 세계 만국 위에 우뚝 세워주는 정치 군사적인 메시아를 기대했습니다. 다시 말해 제2의 다윗을 기대했습니다. 하나님께서 메시아를 보내주시면 로마의 압제로부터 이스라엘은 해방되고 그 메시아가 천하만국을 다스리는 황제가 될 것이라고 기대했습니다. 복음서를 보면 제자들도 예수께서 황제가 될 것으로 기대하면서 자기들끼리 "누가 더 크냐"는 논쟁을 합니다. 이런 정치 군사적인 메시아 상을 가지고 있었던 유대인들은 구약 성경을 아무리 읽어도 고난 받는 메시아를 상상할 수 없었습니다. 그런데 나사렛 예수가 메시아라고 하는 것을 깨닫게 된 초대 교회는 메시아가 이 땅에 오셨지만 그의 백성들에게 환영받지 못하고 도리어 매를 맞고 죽임을 당하는 것을 목격했습니다. 예수 사건을 경험한 후에 성경을 다시 읽어본 결과 성경 안에 그동안 주목하지 못한 메시아 예언이 많다는 것을 발견하게 됩니다. 하나님이 메시아를 우리에게 보내주셨지만 메시아를 알아보지 못하고 거부하고 죽이는 이스라엘 백성들의 죄악을 스가랴 9장부터 14장에서 발견하게 되었습니다. 그리고 백성들의 죄를 짊어지고 고난 받고 매를 맞고 죽임 당하는 메시아 이야기를 이사야 53장에서 발견하게 되었습니다. 예수 사건을 경험한 이후에 구약 성경을 다시 읽어본 결과 구약 곳곳에 고난 받는 메시아에 대한 예언이 너무나 많다는 것을 발견하게 된 것입니다. 이것을 초대 교회는 메시아에 대한 예언으로 받아들였습니다. 그런데 유대교가 이해하고 기대한 메시아는 승승장구하는 승리의 메시아였습니다. 그들은 메시아가 매를 맞고 죽임 당한다는 것을 상상할 수 없었습니다. 그래서 오랜 세월 동안 유대인들은 이사야 53장을 읽으면서도 단 한 번도 매를 맞고 죽임 당하는 어린 양을 메시아라고 생각해 본 적이 없었던 것입니다. 그런데 초대 교회는 예수 사건을 경험한 이후에 이사야 53장을 메시아에 대한 예언으로 해석했습니다. 똑같은 성경을 읽음에도 불구하고 유대교의 해석과 초대 교회의 해석이 달라지기 시작한 것입니다. 이렇게 되면 한 공동체 안에 머물러 있기는 어렵습니다. 같은 교회 공동체를 이루고 같은 성경을 읽는데 말씀을 바라보는 시각이 다르고 해석이 다르다면 한 몸 됨을 이루는 것이 결코 쉽지 않습니다. 이처럼 성경 해석의 차이로 인해 초대 교회와 유대교에 균열이 생기게 된 것이 첫 번째 이유입니다.

둘째는 여성에 대한 이해입니다. 유대교는 철저하게 남성 중심의 공동체였습니다. 성전에서 여성들이 머무르는 공간과 남성들이 머무르는 공간이 철저하게 분리되었습니다. 여성들은 여인의 뜰에만 머물러야 했습니다. 그 경계를 넘어가면 안 됩니다. 회당에서 예배를 드릴 때도 메인 예배당에는 남성들만 출입할 수 있습니다. 여성들은 커튼 뒤에 있거나 2층으로 올라가야 합니다. 하나님의 말씀도 여성들은 직접적으로 배울 수가 없었습니다. 여성이 하나님의 뜻을 알기 원한다면 결혼 전에는 아버지를 통해서 결혼 후에는 남편을 통해서 간접적으로만 들을 수 있었습니다. 이처럼 유대교는 철저하게 남성 중심의 공동체입니다. 복음서에도 보면 사람 수를 계수할 때 남성들만 계수합니다. 유대교가 회당을 만들 때도 그 지역에 20세 이상의 남성 10명이 있어야만 회당을 지을 수 있었습니다. 만약 20세 이상의 남성은 5명이고, 여성이 5,000명이라도 회당을 지을 수 없습니다. 여성이 10만 명이건 100만 명이건 남성 한 명보다 못하다고 생각한 것입니다. 이처럼 유대교는 철저히 남성 중심의 공동체였습니다.

갈라디아 3장 28절을 보시면 초대 교회가 세례 받을 때 고백했던 고백문이 나옵니다. 예수 안에서 유대인이건 이방인이건 남자건 여자건 주인이건 종이건 하나라고 고백합니다. 이것이 초대 교회에서 세례 받을 때 세례 받는 자들이 고백했던 내용입니다. 초대 교회가 무엇을 인정한 것입니까? 예수 그리스도 안에서 남성과 여성의 위계와 남성과 여성의 구별이 사라졌다는 것입니다. 남성과 여성의 동등함과 평등함과 하나 됨을 강조한 것입니다. 남녀 사이의 장벽이 허물어진 공동체가 초대 교회입니다. 여성에 대한 이해가 완전히 달라진 것입니다. 유대교는 여전히 남성 중심의 공동체였고 초대 교회는 남녀평등의 공동체가 되었기 때문에 여성에 대한 이해가 이렇게 다른 유대교와 초대 교회가 함께하기에는 어려움이 있었습니다. 유대교가 이런 초대 교회를 용납할 수는 없었던 것입니다.

셋째는 유대교는 철저하게 성전 중심의 공동체입니다. 그들은 성전을 하나님의 집으로 이해했습니다. 그런데 초대 교회는 성전에 가야만 하나님을 만날 수 있다고 생각하지 않고 그의 백성들이 모여 있는 곳에 하나님이 함께하신다고 믿었습니다. 사도행전 7장의 스데반의 설교도 성전에 대한 비판으로 하나님의 임재가 특정 건물에 제한되지 않음을 강조합니다. 하나님은 건물로서의 성전을 원하지 않으신다는 것입니다. 성전 중심의 사고를 가진 유대인들은 스데반의 설교를 용납할 수 없었고 그래서 스데반을 돌로 쳐 죽이게 됩니다. 이 세 가지 이유가 결국 유대교와 초대 교회의 중요한 인식의 차이를 만들어냈고 서로 결별하게 된 것입니다.

스데반의 설교의 핵심은 누가 참된 믿음의 길에 서 있는가 하는 것입니다. 다른 말로 하면 누가 이단인가 하는 것입니다. 유대교와 초대 교회는 점점 다름을 드러내기 시작했습니다. 그런데 유대교와 초대 교회가 힘의 균형이 5대 5의 관계가 아니었습니다. 유대교가 95라면 초대 교회는 5정도 밖에 되지 않았습니다. 유대교가 절대 다수의 힘을 가지고 있었고 초대 교회는 이제 막 탄생한 신생 공동체였습니다. 이런 상황에서 힘을 가진 다수가 자기와 의견이 다른 소수의 집단을 제거하는 가장 좋은 방법은 상대방을 이단으로 규정하는 것입니다. 역사적으로도 이단에 대한 규정은 항상 힘이 강한 쪽에서 자기와 생각이 다른 힘없는 집단을 향해 규정했습니다. 이단을 규정함에 있어 힘이 약한 쪽에서 힘이 강한 쪽을 향해 정죄한 경우는 거의 없습니다. 순복음교회도 1970년대 이단이라는 소리를 많이 들었습니다. 그런데 1980년대로 넘어가면서 이단이라는 주장은 거의 사라지게 됩니다. 그 이유가 무엇입니까? 교인수가 너무 많아졌기 때문입니다. 교인들이 수십 만 명으로 늘어나게 되고 그 영향력이 막강해진 이후부터는 이단이라는 소리가 사라지게 된 것입니다. 누군가는 신천지도 그렇게 되지 않을까 걱정합니다. 현재 신천지 교세가 30만 명 정도라고 합니다. 지금도 교세가 계속 증가하고 있습니다. 나름 사람들을 끌어 모으는데 은사가 있는 것입니다. 이단들은 관계망이 아주 촘촘합니다. JMS도 우리가 잘 알지 못하는 어떤 매력이 있습니다. 우리가 생각할 때는 문제가 너무 많아서 과연 누가 이단에 빠질까 생각하지만 많은 사람들이 그 집단에 속하는 것을 보면 우리가 잘 알지 못하는 매력이 있다고 보아야 합니다. 이것까지 부정하면 너무 이단을 우습게 생각하는 것입니다. 박태선이 만든 전도관이 지금까지도 유지되고 있습니다. 최근 신앙촌 가게들이 늘어나고 있다고 합니다. 1980년 박태선이 죽자 전도관은 이제 끝났다고 생각했는데 그렇지 않습니다. 이름을 천부관으로 바꾸고 여전히 왕성하게 활동을 이어가고 있습니다.

문제는 이단으로 정죄 받는 곳이 항상 잘못된 집단은 아니라는 것입니다. 누군가를 이단으로 정죄하는 힘 있는 집단들이 잘못하는 경우들도 있습니다. 그런데 우리는 어디가 이단이라는 이야기를 듣게 되면 그 집단을 매우 위험하게 생각하며 경계하고 문제 있는 집단으로 인식합니다. 그런데 역사적으로 보면 신앙의 본질을 상실한 힘이 있는 다수가 신앙의 길을 신실하게 걸어가는 소수의 집단을 이단으로 정죄하는 경우들도 많았습니다. 누군가를 신앙적으로 정죄할 때 최고의 낙인이 무엇입니까? 이단으로 규정하는 것입니다. 그러면 사람들은 자세한 내용을 알기도 전에 마음의 문을 닫아버립니다. 지금 유대교는 초대 교회를 이단으로 낙인찍고 있습니다. 세계교회사를 보면 이런 일들이 있었습니다. 서로 입장이 다른 A와 B그룹이 있습니다. 그런데 어떤 때는 A그룹에서 교황이 나옵니다. 그러면 B그룹이 박해를 받습니다. 또 어떤 때는 B그룹에서 교황이 나옵니다. 그러면 A그룹이 박해를 받습니다. 복수의 악순환이 계속된 것입니다. 자신과 입장이 다르다고 해서 무조건 이단으로 낙인찍게 되면 이런 일이 벌어지게 됩니다. 그래서 오랜 시간의 악순환 이후에 나름대로 교회는 정통과 이단에 대한 구별 기준을 만들었습니다. 누군가를 함부로 이단으로 정죄하지 못하도록 장치를 만든 것입니다.

교회가 만든 기준은 크게 네 가지입니다. 첫째는 삼위일체 하나님에 대한 균형 잡힌 고백입니다. 성부, 성자, 성령 삼위일체 하나님에 대한 균형 잡힌 신앙이 있으면 정통이고 삼위일체에 대한 균형 잡힌 신앙이 없으면 이단입니다. 여기서 우리가 조심해야 할 것이 있습니다. 우리가 머리와 입으로는 삼위일체 하나님을 믿는다고 고백합니다. 그런데 대다수 교인들은 성부, 성자, 성령에 대한 균형 잡힌 이해와 고백보다는 성령에 대한 사모함이 지나치게 높습니다. 교회에서 부흥회를 개최할 때도 성령 충만 부흥회라고 하지 성부 충만 부흥회라고 하지 않습니다. 성자 충만 사경회라는 말을 들어보셨습니까? 그런 이름은 없습니다. 유일한 것이 '성령 충만'입니다. 대부분의 교인들이 성령에 대한 사모함은 있지만 성부와 성자에 대한 사모함은 상대적으로 적습니다. 은연중에 이런 마음이 있습니다. 성부 하나님은 최후 심판 때 어쩔 수 없이 만나야 하는 분이지만 일상에서는 만나고 싶지 않은 분입니다. 성자 하나님은 나를 위해 돌아가심을 통해 그분이 하셔야 할 일은 다 끝났다고 생각합니다. 그런데 성령은 지금도 우리에게 큰 유익을 주시는 분이라는 이해가 아주 강합니다. 우리의 부족한 것을 채워주시고 우리에게 필요한 능력을 제공해 주시는 분으로 성령 하나님을 이해하는 것입니다. 우리가 삼위일체를 믿는다고 말하지만 사실은 성령 하나님에 대한 지나친 편애가 있습니다. 우리가 성부 하나님을 제대로 이해했다면 구속사 신학보다 창조신학에 대한 이해가 훨씬 깊어졌을 것입니다. 하나님이 창조하신 이 땅에 대한 관심도 훨씬 풍성해졌을 것입니다. 그런데 우리는 구속사 중심의 이해를 하고 있습니다. 내가 구원받는 것이 중심에 놓여 있습니다. 구속사 중심으로 보니까 성자도 이미 하셔야 할 모든 일을 다 마무리했다고 이해합니다. 그래서 성령 중심의 편애를 하고 있는 것입니다. 성부, 성자, 성령 하나님에 대한 균형 잡힌 이해와 고백이 없다면 이것이 이단입니다. 삼위 하나님에 대한 균형 잡힌 이해가 꼭 필요합니다.

둘째는 하나님의 계시의 말씀에 대한 균형 잡힌 이해와 수용이 있으면 정통이고 균형 잡힌 이해와 수용이 없으면 이단입니다. 우리는 성경 말씀을 하나님의 백성 된 우리를 위해 하나님이 주신 영의 양식이라고 고백합니다. 우리가 건강한 신앙인으로 살아갈 수 있도록 돕는 영의 양식인 것입니다. 우리는 무엇을 해야 합니까? 영의 양식을 골고루 섭취해야 합니다. 그런데 한국 교회는 성경 66권의 말씀을 골고루 섭취하지 않고 몇 권에 대한 지나친 편식을 하고 있습니다. 분량으로 보면 구약 성경이 신약 성경보다 세 배나 많습니다. 그러면 성경을 한 번씩 본다고 했을 때 구약을 신약보다 세 배 이상 설교해야 되는 것 아닙니까? 그런데 한국 교회 목회자들의 설교를 보면 구약을 한번 하면 신약을 서너 번 정도 합니다. 한국 교회는 철저하게 신약 중심의 설교를 하고 있습니다. 성경 장르별로 구분할 때 가장 많은 분량이 구약의 예언서입니다. 이사야부터 말라기가 예언서 아닙니까? 그런데 한국 교회는 가장 많은 분량의 예언서를 거의 설교하지 않습니다. 왜 설교하지 않습니까? 예언서 본문이 나름대로 괜찮은 신앙인이라고 스스로 만족해하는 신앙인들을 매우 불편하게 만들기 때문입니다.

지금까지 예배 잘 드리고 기도도 많이 하고 하나님을 위해 이것저것 봉사도 많이 한 사람은 "나 정도면 하나님께 잘했다 칭찬받지 않을까"라고 생각합니다. 그런데 예언서를 보면 하나님께서 이렇게 말씀합니다. "내가 언제 그런 예배를 원했어, 나는 일상의 삶에서 정의를 구현하고 사람들에게 함부로 하지 않고 진실하고 정직하고 거룩한 삶을 살아가기를 원했지 언제 시간 날 때마다 교회 오라고 그랬어, 언제 시간 날 때마다 그런 제사를 드리라고 그랬어, 내가 언제 시끄러운 찬양을 부르라고 그랬어"라고 하십니다. 그동안 한국 교회는 철저하게 교회 중심의 신앙생활을 강조했습니다. 한국 교회 목회자들은 교회에 대한 충성과 헌신을 하나님에 대한 충성과 헌신으로 가르쳤지만 하나님이 원하시는 일상의 순종에 대해서는 별로 강조하지 않았습니다. 왜 그렇게 했을까요? 일상의 순종을 강조하면 원심력이 발동하기 때문입니다. 뜻이 하늘에서 이루어진 것처럼 이 땅 가운데 하나님의 뜻을 이루어 내고자 애쓰면 원심력이 발동합니다. 신앙인들이 이 땅의 정치, 경제, 사회, 문화, 사법, 언론, 교육, 생태, 환경 등의 영역에서 하나님의 뜻을 이뤄내기 위해 열과 성을 다한다면 교회에 자주 올 수 있겠습니까? 한국 교회는 교회 중심을 강조했고 교회 성장에만 온통 관심이 집중되어 있습니다. 교인들은 시간 날 때마다 교회에 와서 교회를 위해 수고하고 헌신하고 봉사하는 것이 하나님의 뜻인 것처럼 가르쳤습니다. 그런데 예언서의 말씀은 그동안 교회가 강조해왔던 모든 것을 뒤집는 말씀들로 가득합니다. 하나님은 이런 종교 의식의 과잉이 아니라 일상의 순종을 원하신다는 것을 강조합니다. 목회자들이 이런 예언서를 제대로 설교할 수 있겠습니까? 지금까지 강조해왔던 것을 부인하지 않으면 불가능한 것입니다.

그렇게 많은 분량을 차지하고 있지만 한국 교회는 예언서를 언제 언급합니까? 예수님에게 또는 신약 시대에 성취되어진 말씀들을 인용할 때만 예언서를 언급합니다. 그런 경우가 아니고는 예언서를 거의 언급하지 않습니다. 구약에 대한 관심도 너무나 부재합니다. 성전을 건축할 때 열왕기상 8장, 십일조를 강조할 때 말라기 3장, 제사장의 권위를 강조할 때 출애굽기와 레위기를 언급합니다. 한국 교회는 신약을 중요하게 생각하지 구약을 중요하게 생각하지 않습니다. 그러나 구약의 토대 위에 신약이 있음을 기억해야 합니다. 신약을 제대로 이해하려면 구약을 제대로 읽어야 합니다. 예수께서 읽으신 유일한 성경이 구약입니다. 스데반과 초대 교인들이 읽었던 유일한 성경도 구약입니다. 구약의 토대 위에 신약이 기록된 것입니다. 구약은 일상의 삶에서 하나님 나라 백성의 삶을 강조합니다. 신약은 이제 막 태동하기 시작한 교회를 강조합니다. 일상의 순종의 토대 위에서 교회를 강조합니다. 일상의 순종을 강조하는 구약을 무시하고 신약만 보게 되면 하나님의 유일한 관심은 교회에만 있다고 생각하기 쉽습니다. 교회에 대한 강조에 있어서 중요한 것은 교회가 무엇인가에 대한 제대로 된 이해입니다. 우리가 생각하는 건물이 교회가 아닙니다. 교회는 믿는 자들의 모임입니다. 우리가 생각하는 교회는 교회당 또는 예배당으로 불러야 합니다. 한국 교회도 처음에는 예배당 또는 교회당으로 불렀습니다. 그런데 어느 순간부터 교회로 부르기 시작했습니다. 그래서 우리는 은연중에 건물을 교회라고 생각합니다. 하지만 교회는 예수의 이름으로 모인 모임입니다. 건물은 교회당 또는 예배당입니다.

한국 교회는 너무나 구약 경시적이고 신약 중시적인 입장을 견지하고 있습니다. 문제는 신약 성경 27권도 균형 있게 섭취하지 않는다는 것입니다. 신앙생활을 오래 하신 분들도 유다서가 무슨 내용인지 잘 모릅니다. 한국 교회는 신약에서 5권 정도 본문을 특별히 사랑합니다. 사복음서 중에는 요한복음을 사랑합니다. 그리고 전도를 강조하는 사도행전을 사랑합니다. 사도행전을 열심히 읽게 되면 "사도행전 29장은 우리가 쓰자"라는 운동으로 이어질 가능성이 높습니다. 사도행전은 교회 성장을 위한 최고의 본문입니다. 그리고 로마서와 갈라디아서를 좋아합니다. 머리로만 믿어도 구원받는 것처럼 우리를 착각하게 만드는 본문입니다. 하지만 머리로 믿는 것에 대해 문제 제기를 하는 본문이 마태복음과 야고보서입니다. 머리로만 믿는 것이 믿음이 아니라고 반박합니다. 그런데 한국 교회는 일상의 순종이 부재한 결과 로마서와 갈라디아서를 좋아합니다. 그리고 교회론의 교과서라고 하는 에베소서를 좋아합니다. 한국 교회가 좋아하는 본문이 요한복음, 사도행전, 로마서, 갈라디아서, 에베소서 정도입니다. 그리고 이단들이 특별히 사랑하는 본문이 요한계시록입니다. 한국 교회는 신약 성경도 골고루 섭취하지 않고 있습니다. 하나님의 계시의 말씀에 대한 균형 잡힌 이해와 수용이 없는 것입니다. 이처럼 균형 잡힌 이해와 수용이 없는 것을 이단이라고 합니다. 오늘날 한국 교회가 정통과 이단의 경계 가운데 있음을 알아야 합니다. 성경 전체에 대한 균형 있는 섭취가 필요합니다. 우리를 부담스럽게 하는 말씀에 대해서도 진지하게 배우고자 하는 자세가 필요합니다. 교회 성장에 도움이 되고 손쉬운 구원만을 말하는 본문에만 지나치게 경도되어 있는 현상을 극복해야만 합니다.

셋째는 인간 목회자에 대한 우상화입니다. 인간 목회자에 대한 우상화가 있으면 이단입니다. 구약을 보면 하나님께서 각 시대마다 예언자를 보내셔서 이스라엘 백성들을 책망하시고 심판을 경고하실 때 이스라엘이 그 말씀을 경청하지 않았습니다. 그 이유는 그들이 잘못된 신학을 붙잡고 있었기 때문입니다. 잘못된 신학이 무엇입니까? 성전신학, 시온신학, 왕정신학입니다. 성전신학은 성전과 하나님을 동일시하는 것입니다. 성전을 하나님의 집이라고 생각했습니다. 그렇다면 하나님이 무너질 수 있습니까? 없습니다. 따라서 하나님이 무너질 수 없는 것처럼 하나님의 집도 절대 무너질 수 없다고 생각했습니다. 이것이 성전신학입니다. 시온신학에서 시온은 예루살렘의 별칭입니다. 모든 곳이 무너지더라도 예루살렘은 하나님의 도성이기 때문에 절대로 무너지지 않는다는 것입니다. 하나님의 도성이 무너지는 것은 곧 하나님이 무너지는 것이라고 착각했습니다. 다른 도시는 멸망하더라도 예루살렘은 하나님께서 친히 지키신다는 것이 시온신학입니다. 왕정신학은 무엇입니까? 북이스라엘은 무너진다 하더라도 남유다는 절대로 무너지지 않는다는 것입니다. 왜 그렇습니까? 하나님이 세계를 통치하실 때 누구를 사용하고 계실까요? 유대인들은 다윗의 후손들을 통해서 하나님께서 천하만국을 다스리신다고 생각했습니다. 그런데 다윗의 후손들이 멸망당하여 그들의 통치가 종결되면 하나님의 세계 통치가 끝나버리는 것입니다. 하나님의 세계 통치가 종료될 수 있습니까? 없습니다. 따라서 다윗 왕조의 몰락은 있을 수 없다고 생각한 것입니다. 이러한 신학들은 하나같이 하나님과 성전, 하나님과 예루살렘, 하나님과 다윗 왕조를 동일시한 것입니다. 이것이 바로 우상 숭배입니다.

사도행전 4장에서 12절과 19절이 중요합니다. 12절은 하나님과 유대교를 동일시하는 것을 거부합니다. 19절은 하나님의 말씀과 대제사장의 말을 동일시하는 것을 거부합니다. 어떤 것도 하나님과 동일한 것은 없습니다. 모든 것은 하나님의 권위 아래 존재하는 것입니다. 그런데 은연중에 하나님과 기독교를 동일시하거나 하나님과 특정 교회를 동일시하거나 하나님과 특정 목회자를 동일시하는 경우들이 있습니다. 이런 것이 바로 우상 숭배입니다. 우상은 다른 것이 아니라 하나님 아닌 것을 하나님 자리에 올려놓는 것입니다. 기독교가 무엇을 잘못해서 누군가가 비판했을 때 마치 이 사람이 하나님을 공격하는 것처럼 열 받아 하거나 반박할 필요가 없습니다. 그의 말이 옳다면 고개를 끄덕이면 됩니다. 현실 종교로서의 기독교를 비판하는 것이 하나님을 비판하는 것은 아닙니다. 어떤 목사가 잘못했으면 그 목사를 책망하고 그에게 회개를 촉구할 수 있어야 합니다. 그런데 어떤 사람들은 문제 있는 목사를 지나치게 옹호하고 지켜내려고 합니다. 목사를 공격하는 것을 하나님을 공격하는 것처럼 생각하는 것입니다. 이런 것을 우상 숭배라고 합니다. 목회자에 대한 지나친 우상화, 이것이 바로 이단의 특징입니다.

오늘날 교회의 모습 속에서 목회자 우상 숭배에 빠져 있는 사람들을 자주 목격하게 됩니다. ○○교회 곽○○ 목사는 교회 돈 200억을 빼돌렸습니다. 그것을 알게 된 교인들이 문제 제기를 하면서 회계 장부를 공개하라고 했더니 장부를 불태웠다고 했습니다. 그때 교회 개혁 운동을 하던 분들이 그 교회 앞에서 피켓 시위를 했습니다. "곽○○ 목사 회개 하세요"라는 구호까지 외쳤습니다. 그런데 그 교회 장로께서 이런 이야기를 했습니다. "나는 곽○○ 목사가 사람을 죽였다고 해도 좇아갈 거야." 이런 것을 전문 용어로 미쳤다고 하는 것입니다. 목사가 사람을 죽였으면 112에 신고해야지 그 목사를 왜 끝까지 좇아갑니까? 이것은 목회자에 대한 존경을 넘어 지나친 우상화에 빠져 있는 것입니다. 이런 것이 이단의 모습입니다. 개신교에서 가톨릭을 이단시하는 이유도 여기에 있습니다. 교황에 대한 지나친 우상화 때문입니다. 교황이 흠이 없다거나 교황이 내리는 모든 판단과 결정은 오류가 없다고 하는 것은 지나친 비약입니다. 그런데 문제를 지적하며 가톨릭을 이단시하는 사람들이 교회 안에서 벌어지고 있는 목회자 우상 숭배에 대해서는 침묵으로 일관하고 있으니 참으로 안타까운 일입니다.

넷째는 우리가 믿고 있는 기독교 신앙과 배치되는 윤리 도덕적인 일탈이 있으면 이단으로 간주합니다. 예를 들면 신앙인들이 집단 자살을 한다거나 사람을 죽이는 일에 교인들을 동원하는 일은 윤리 도덕적으로 신앙공동체 안에서 절대로 있을 수 없는 일입니다. 신OO 목사가 자행하고 있는 타작마당도 그렇습니다. 교인들의 죄를 징벌한다는 차원에서 목사가 교인들의 뺨을 때리거나 교인들 상호간에 뺨을 때리게 하는데 이것은 정상적인 신앙공동체 안에서 있을 수 없는 일입니다. 하나님을 믿는 사람들의 모습이라고 할 수 없습니다. 우리가 하나님을 올바로 믿는다면 우리의 말이나 행동을 통해서 하나님을 믿는 자녀다운 모습이 있어야 합니다. 하나님을 믿는다고 하면서 윤리 도덕적으로 말도 안 되는 행동을 할 수는 없습니다. 그런데 그런 일들이 아무렇지 않게 일어나고 있다면 그 집단은 이단으로 규정할 수밖에 없는 것입니다.

구원파에 대해 사람들이 인지하게 된 사건이 오대양 사건이었습니다. 오대양 사건은 지금까지도 미스터리입니다. 교인들이 집단 자살을 한 것인지 타살을 당한 것인지 정확하게 알 수 없습니다. 분명한 것은 많은 사람들이 죽었습니다. 그런데 구원파에서 인터뷰하는 내용을 듣고 많은 분들이 충격을 받았습니다. 자기들은 예수 그리스도의 피로 구원받았기 때문에 어떤 행동을 해도 구원을 상실하지 않는다는 것입니다. 이런 주장으로 구원파가 이단이 된 것입니다. 구원파에서 주장하는 구원론의 핵심은 '한 번 구원은 영원한 구원'이라는 것입니다. 그런데 문제는 대다수 한국 교회 교인들도 구원파와 비슷한 생각을 가지고 있다는 것입니다. 하지만 성경은 분명하게 구원의 중간 탈락 가능성을 경고합니다. 한국 교회는 칭의를 구원의 완성이라고 생각합니다. 그러나 칭의는 구원의 출발입니다. 우리는 원래 흑암의 권세 아래 지배를 받던 자들입니다. 하나님이 예수 그리스도를 통하여 선제적으로 우리를 당신의 백성으로 삼아 주신 것입니다. 이 것을 칭의라고 합니다. 칭의의 핵심은 하나님의 백성이 된 것입니다. 내 삶이나 내 생각은 여전히 흑암의 권세 아래 있을 때와 다르지 않는데 하나님께서 먼저 우리를 당신의 백성으로 삼아 주신 것입니다. 존재는 안 바뀌었는데 신분을 먼저 변화시켜 주신 것입니다. 그러면 무엇이 필요합니까? 변화되어진 신분에 걸맞게 존재가 바뀌는 것이 필요합니다. 진짜 하나님의 백성다운 삶이 필요합니다. 이것을 성화라고 합니다. 구원의 완성이 무엇입니까? 영화입니다. 우리가 하나님의 백성이 되고 하나님의 부르심을 받아 죽는 그 순간까지 우리의 삶은 하나님을 닮아가는 성화의 과정 가운데 있는 것입니다. 하나님을 닮아가는 성화가 너무나 중요합니다. 그런데 대다수의 한국 교회 교인들은 천국에 입성하는 것 자체를 중요하게 생각하고 있습니다.

어린 시절 '나는 구원 열차 올라타고서'라는 찬양을 자주 불렀습니다. 교인들은 내가 구원 열차를 탈 수 있는가를 중요하게 생각합니다. 구원 열차를 타고 천국에 입성하기만 하면 다 된 것처럼 생각합니다. 그동안 한국 교회는 천국이라고 하는 하나님 나라가 어떤 곳인가에 대해 제대로 설명하지 않았습니다. 그 결과 너무나 많은 교인들이 천국을 여름 휴양지 정도로 생각하고 있습니다. 내가 일어나고 싶을 때 일어나고 먹고 싶은 것을 마음껏 먹을 수 있는 곳으로 상상합니다. 그러나 하나님 나라는 일차적으로 하나님의 통치가 이루어지는 곳입니다. 하나님의 통치가 이루어진다는 것은 하나님이 원하시는 바가 온전히 구현되는 곳이라는 말입니다. 그곳이 바로 하나님 나라입니다. 어떤 사람에게 하나님 나라의 삶이 진짜 행복할까요? 하나님의 뜻이 이루어지는 것이 너무나 즐겁고 행복한 사람에게 하나님 나라의 삶이 진정으로 행복할 것입니다. 예를 들면 하나님은 A를 원하시는데 나는 B를 원합니다. 그런데 하나님의 은혜로 하나님 나라에는 들어갔다고 가정해 보십시오. 하나님 나라에서는 내가 원하는 B는 이루어지지 않고 하나님이 원하시는 A만 이뤄집니다. 자신이 분명히 하나님 나라에 들어왔음에도 불구하고 그 사람은 "내가 지옥에 왔구나"라고 생각할 것입니다. 이처럼 천국에 들어가는 것이 중요한 것이 아닙니다. 하나님 나라의 삶이 진정 기쁨이 되기 위해서는 하나님이 원하시는 방식대로 존재의 변화가 필요합니다. 그래서 성화는 결코 우리가 게을리 해서는 안 되는 중요한 과제입니다. 성화는 하나님을 닮아가는 것입니다. 하나님의 원하심이 나의 원함이 되고 하나님의 뜻이 나의 뜻이 되는 것이 성화입니다. 성화가 얼마나 되었느냐에 따라서 하나님 나라의 삶이 우리에게 기쁨이 될 수도 있고 힘들고 어려운 시간이 될 수도 있습니다.

성경이 끊임없이 말하는 것이 출애굽 1세대의 실패 이야기입니다. 고린도전서 10장에 이런 내용이 있습니다. 출애굽 1세대가 홍해를 건넌 사건을 바울은 이스라엘의 집단 세례 사건으로 해석합니다. 그리고 하늘로부터 주어진 만나를 먹고 반석으로부터 나오는 물을 마신 사건을 주의 성찬에 참여한 사건으로 해석합니다. 바울이 볼 때 출애굽 1세대는 모두가 세례를 받았고 모두가 주의 성찬에 참여한 것입니다. 그러나 그들 가운데 모세와 아론, 미리암, 여호수아와 갈렙을 제외한 대부분의 사람들이 실패했습니다. 구원의 여정에서 탈락

했습니다. 무슨 말입니까? 세례를 받았다고 해서 구원을 따놓은 것인가요? 천만의 말씀입니다. 주의 성찬에 참여했다고 해서 구원을 따놓은 것인가요? 천만의 말씀입니다. 이것을 경고하고 있는 것이 고린도전서 10장입니다. 바울 서신을 보면 끊임없이 강조하는 말씀이 있습니다. "선줄로 생각하는 자는 넘어질까 조심하라"는 것입니다. 자신은 이미 구원받았다고 생각하는 사람들에게 구원의 탈락 가능성을 경고하고 있는 것입니다. "내가 이미 얻었다 함도 아니요 푯대를 향하여 달려가노라", "두렵고 떨림으로 너희 구원을 이루라." 자신이 이미 구원을 받았다고 착각하지 말고 하나님이 부르시는 그 순간까지 두렵고 떨림으로 구원의 길을 힘 있게 걸어갈 것을 촉구하고 있습니다.

마태복음을 보면 하나님의 구원을 받은 양과 구원을 받지 못한 염소가 교회 공동체 안에 한 식구로 등장합니다. 둘 다 예수님을 주님이라고 고백하는 사람들입니다. 우리는 교회 안에 있는 사람들은 구원을 받고 교회 밖에 있는 사람들은 구원을 받지 못한다고 생각하지만 성경은 교회 공동체 안에 있는 사람들이 양과 염소로 나뉜다고 말씀합니다. 한국 교회 목회자들은 하나님 나라 백성 됨의 삶을 살아가는 것보다 교회를 양적으로 성장시키는 일에 관심이 더 많습니다. 그래서 이런 말씀들은 주목하지 않습니다. 교회만 오면, 등록만 하면, 세례만 받으면 구원받을 수 있는 것처럼 구원을 도매급으로 판매하고 있습니다. 이것을 본회퍼는 '값싼 구원'이라고 했습니다. 조용기 목사도 2007년 평양대부흥 100주년 때 공개적으로 "내가 너무 값싼 구원을 설교했다"고 회개했습니다. 물론 그다음부터 메시지의 변화가 있지는 않았습니다. 오늘날 한국 교회가 너무나 값싼 구원을 선포하고 있다는 것에 대해 생각 있는 목회자들은 어느 정도 동의할 것입니다. 성경만 제대로 읽어도 금방 알 수 있습니다. 그런데 이런 현상에 대해 정직하게 설교하지 못합니다. 왜 그렇습니까? 그런 설교가 교인들을 부담스럽게 만들기 때문입니다. 이런 설교를 하면 교인들은 "그럼 내가 아직 구원을 못 받았다는 건가요"라고 반박할 것입니다. 교인들을 부담스럽게 만들고 분노하게 만드는 설교를 과연 어떤 목사가 할 수 있겠습니까? 하지만 정말 조심해야 합니다. 우리는 지금 구원의 서정 가운데 있습니다. 정말 두렵고 떨림 가운데 구원을 완성시켜야 할 책임이 우리에게 있습니다. 무엇보다 우리가 하나님의 통치 안에 거하고자 분투하게 되면 주의 성령께서 우리를 도와주실 것입니다. 그런데 구원은 받고자 하면서도 하나님의 통치에는 순종하고자 하지 않는 사람들이 너무도 많습니다. 이들은 구원이 무엇인지 전혀 모르는 사람들입니다. 구원은 내가 원하는 대로 마음껏 살 수 있는 천국에 입성하는 것이 아닙니다. 하나님의 통치 안에 거하는 하나님의 백성이 되는 것이 구원입니다. 이것을 제대로 설명해주어야 합니다. 구원은 받고 싶은데 하나님의 통치에는 순종하고 싶지 않은 상태는 자기모순일 뿐입니다.

이상으로 이단과 정통에 대해 네 가지로 정리했습니다. 삼위일체 하나님에 대한 균형 잡힌 고백 여부, 66권 성경 말씀에 대한 균형 잡힌 이해와 수용 여부, 인간 목회자에 대한 우상화 여부, 우리가 믿고 있는 기독교 신앙에 배치되는 윤리 도덕적인 일탈과 탈선 여부로 판단하는 것입니다. 여기에 저촉되지 않는다면 누군가를 향해 함부로 이단으로 규정하는 것을 조심해야 합니다. 예컨대 우리가 신천지를 이단이라고 하는 것은 이만희를 너무 신격화하기 때문입니다. 통일교의 문선명, 전도관의 박태선, JMS의 정명석도 대부분 인간 목회자에 대한 지나친 우상화라는 세 번째 기준에 걸려 있습니다. 그런데 우리가 이들 집단을 이단이라고 규정하려면 우리 안에 정통적인 모습이 있어야 하지 않겠습니까? 그런데 우리가 비판하는 집단과 우리의 모습이 유사하다면 이 얼마나 창피스러운 일입니까? 스데반이 한 설교의 핵심은 누가 진짜 정통인가, 누가 진짜 믿음의 길에 서 있는가 하는 것입니다. 우리가 타자를 향해 이단이라고 규정하기 이전에 정통과 이단이라는 기준을 우리 자신에 대한 성찰의 도구로 사용해야 합니다. 우리가 정말 제대로 된 정통의 길에 서 있는가 하는 자기 반성이 필요한 시대입니다.

성막과 성전

스데반은 시대를 세 시대로 구분합니다. 족장시대, 광야시대, 성전시대입니다. 이렇게 시대를 구분하면서 성막과 성전을 계속 비교합니다. 스데반의 설교의 핵심은 성막과 성전에 대한 비교라고 할 수 있습니다. 성막과 성전의 가장 중요한 특징은 성막은 이동식이고, 성전은 고정식 건물이라는 것입니다. 성막은 이동식 성소이고, 성전은 고정식 건물입니다. 이동식 성소인 성막은 외형은 화려하지 않습니다. 반면 고정식 건물인 성전은 그 외형이 아주 화려합니다. 성막은 외형적으로 보면 아주 초라했습니다. 가로의 길이가 50미터인데 대부분 맨땅입니다. 성막은 맨땅에다가 설치했습니다. 50미터 가운데 35미터가 뜰인데 맨땅에다가 번제단 하나 물두멍 하나를 설치했습니다. 그다음에 15미터는 천막으로 덮여 있습니다. 성소가 10미터 지성소가 5미터인데 이 부분만 덮개가 있는 천막입니다. 성막은 왜 이토록 외양이 초라했을까요? 이동을 해야 했기 때문입니다. 이동을 위해서는 설치도 쉬워야 하고 철거도 쉬워야 합니다. 그래서 성막은 거대하거나 화려하지 않았습니다. 성막은 하나님의 임재를 상징합니다. 하나님이 이동하시면 백성들도 이동해야 합니다. 하나님은 항상 백성들의 모임 정중앙에 임재하십니다. 성막은 그의 백성들이 있는 곳에 하나님이 함께하신다는 것을 상징하는 것입니다. 하나님을 만나기 위해서 우리가 어딘가로 가야 하는 것이 아닙니다. 내가 있는 그곳에 하나님은 함께하십니다. 하지만 성전은 고정식 건물입니다. 성전을 건축할 때부터 사람들의 헛된 욕망이 성전에 투사되었습니다. 최고의 하나님을 위한 최고의 성전을 짓겠다고 하면서 인간의 온갖 욕망과 이권이 총집합했습니다. 건물에 엄청난 돈을 지출했습니다. 그런데 건축을 위한 그 돈이 어디에서 나오는 것입니까? 백성들을 수탈하여 획득한 것입니다. 성전이 거대하고 화려할수록 그만큼 백성들을 더 수탈해야 하는 것입니다. 이것이 거대한 성전 건축의 가장 큰 문제였습니다. 그러면 이런 거대한 성전을 건축하는 것이 정말 하나님의 뜻이었을까요? 그렇지 않다는 것을 스데반은 계속 강조합니다. 언제 하나님께서 그런 성전을 원하셨습니까? 오늘날도 마찬가지입니다. 예배당을 지으면서 수백억, 수천억을 사용하는 것은 교회들이 맘모니즘을 숭배하고 있다는 증거입니다. 하나님께서 저런 거대하고 화려한 건물을 요구하지 않으셨습니다. 우리가 성경적인 신앙을 가지고 있다면 저런 건물을 짓겠다고 할 때 모든 교인들이 들고 일어나서 반대해야 합니다. 저는 그런 의미에서 옥OO 목사의 제자 훈련은 실패했다고 봅니다. 제자 훈련을 받은 대다수의 교인들이 수 천억이 들어가는 건물 공사를 찬성한 것이 그것을 입증합니다. 고대 사회에서 사람들은 신의 위엄과 신전의 크기가 동일한 것처럼 생각했습니다. 그래서 자신이 믿는 신이 얼마나 위대한 신인가를 증거하기 위해 크고 거대하고 화려한 신전을 건축했습니다. 하지만 하나님은 그것을 원하지 않으셨습니다. 스데반은 계속해서 성전 건축은 하나님의 원하심의 결과가 아니라고 했습니다. 하나님은 성막을 원했지 성전을 원하지 않았다는 것입니다.

성막과 성전의 또 다른 특징은 성막은 하나님께서 지으라고 명하신 것입니다. 하나님이 성막을 지으라고 명하시기만 하셨다면 사람들은 거대한 성막을 지었을지도 모르겠습니다. 그런데 하나님께서는 설계도도 알려주시고 그곳에 들어가야 할 기구가 무엇인지, 그 기구의 재료는 무엇을 사용해야 하는지, 만드는 기구의 길이는 어떠해야 하는지를 상세하게 알려주셨습니다. 그렇게 하나님이 명하신 대로 행하여 완성한 것이 성막입니다. 그래서 성막은 크지도 않고 화려하지도 않았습니다. 반면 성전은 하나님이 지으라고 한 것이 아닙니다. 다윗과 솔로몬이 짓겠다고 한 것입니다. 여기서 열왕기와 역대기의 입장이 다릅니다. 열왕기는 신명기 역사서이고, 역대기는 역대기 역사서입니다. 신명기 역사서는 바벨론 포로기 때 과거 반성의 맥락에서 기록되었습니다. 하나님의 언약 백성 이스라엘이 왜 하나님의 매를 맞을 수밖에 없었는지를 설명하는 것이 신명기 역사서입니다. 반면 역대기 역사서는 바벨론 포로 생활이 끝나고 가나안 땅에 돌아온 다음에 어떤 이스라엘을 건설할 것인가 하는 미래 건설의 맥락에서 기술한 것입니다. 과거 역사 가운데서 본받을 만한 긍정적인 내용들을 중심으로 기술하였습니다. 신명기 역사서는 과거 반성, 역대기 역사서는 미래 건설이 핵심입니다. 그래서 신명기 역사서인 사무엘하를 보면 다윗이 밧세바를 범한 사건이 나옵니다. 그러나 역대기에는 다윗이 밧세바를 만나지도 않습니다. 역사라고 하는 것은 일어난 모든 사건을 기술하는 것이 아닙니다. 역사를 기술하는 목적에 부합하는 자료를 취사선택하여 기술하는 것입니다. 역대기의 가장 중요한 특징은 성전 중심입니다. 역대기는 성전을 강조하고 중요하게 생각합니다. 역대기에서 최고의 왕이 누구입니까? 다윗과 솔로몬입니다. 그 이유가 무엇입니까? 성전 건축을 준비하고 실행했기 때문입니다. 또 누구입니까? 히스기야와 요시야입니다. 이유가 무엇입니까? 이들은 성전 개혁 운동을 했기 때문입니다. 이것이 성전을 강조하는 역대기의 관점입니다. 열왕기에는 없지만 역대기에 추가된 내용이 역대상 28장 11~12절입니다.

다윗이 성전의 복도와 그 집들과 그 곳간과 다락과 골방과 속죄소의 설계도를 그의 아들 솔로몬에게 주고 또 그가 영감으로 받은 모든 것 곧 여호와의 성전의 뜰과 사면의 모든 방과 하나님의 성전 곳간과 성물 곳간의 설계도를 주고.

이 구절은 성막과 똑같이 하나님께서 성전의 설계도를 다윗에게 준 것처럼 말하고 있습니다. 하나님께서 다윗에게 성전의 설계도를 주셨고 그 설계도를 다윗이 솔로몬에게 그대로 주어서 솔로몬이 그 설계도대로 성전을 건축한 것처럼 말합니다. 이것을 통해서 역대기 기자는 무엇을 강조하고 있는 것입니까? 성전이 제2의 성막이라는 것입니다. 그런데 저는 이 내용이 역사적 사실에는 부합하지 않는다고 봅니다. 만약 성막처럼 성전도 하나님으로부터 주어진 설계도가 있었다고 한번 생각해 보십시오. 그 설계도대로 지어진 솔로몬의 성전이 주전 586년에 바벨론 군대에 무너졌습니다. 그리고 학개와 스가랴가 바벨론 포로지에서 돌아온 후에 무너진 성전을 재건하게 됩니다. 그것을 스룹바벨 성전이라고 부릅니다. 그런데 스룹바벨 성전을 재건할 때 무너진 솔로몬 성전을 그대로 복원하지 않았습니다. 조금은 초라한 복원이었습니다. 이것을 보면 하나님께서 주신 설계도는 없었다고 봐야 합니다. 만약 하나님이 주신 설계도가 있었고 그 설계도대로 솔로몬이 성전을 건축했다면 성전을 재건할 때도 하나님이 주신 설계도대로 재건해야 하는 것 아닙니까? 그런데 학개와 스가랴는 그렇게 하지 않았습니다. 페르시아 왕 고레스가 성전을 재건할 때 필요한 모든 물자를 지원해 주겠다고 했기에 물자의 부족 때문에 초라해졌다고는 말할 수 없습니다. 그런데 중요한 것은 솔로몬의 성전처럼 그대로 재건하지 않았음에도 불구하고 스룹바벨 성전을 하나님께서 열납하셨다는 것입니다. 이것을 보면 꼭 이렇게 지어야 된다는 하나님으로부터 주어진 설계도는 없었다고 보는 것이 타당합니다. 그렇다면 역대기 저자는 성막과의 어떤 연속성을 강조하기 위해 역대상 28장 11~12절을 언급한 것으로 보입니다.

성막과 성전은 두 가지가 중요합니다. 하나는 성막과 성전은 이동식이냐 고정식이냐의 차이가 있고, 다른 하나는 하나님이 지으라고 명하신 것과 인간 쪽에서 먼저 짓겠다고 말한 것의 차이입니다. 또 하나 중요한 것은 성전은 결과적으로 이스라엘의 이원론 신앙을 강화시켰다는 것입니다. 성막은 이동식입니다. 백성들이 있는 곳에 하나님이 함께하심을 나타냈습니다. 반면 성전은 고정식 건물입니다. 그곳을 하나님의 집으로 불렀습니다. 그때부터 사람들은 하나님을 만나기 위해서는 하나님의 집으로 가야 한다고 생각했습니다. 성전은 좋게 말하면 하나님을 모시는 곳이고 나쁘게 말하면 하나님을 유폐시키는 곳입니다. 하나님을 그 안에 가두어 버리는 것입니다. 이것이 고정식 건물인 성전의 가장 큰 폐단입니다. 하나님을 작은 건물 안에 가두어 버린 것입니다. 그래서 하나님은 그런 성전을 원하지 않는다는 말씀을 계속적으로 하셨습니다. 사람들은 성전이 완공된 이후에 성전 안에만 하나님이 계시다고 생각하며 이제 하나님을 만나기 위해서는 성전으로 가야 한다고 생각했습니다. 결국 이원론 신앙이 강화되어 버린 것입니다. 그렇게 되면 하나님이 계시다고 생각하는 성전과 하나님이 계시지 않는다고 생각하는 일상의 삶은 구별될 수밖에 없는 것입니다. 마음가짐도 다를 수밖에 없습니다. 우리도 집 안에서의 모습과 교회에서의 모습이 다르지 않습니까? 결국 고정식 건물로서의 성전을 강조하게 되면 이원론 신앙에 빠지게 될 수밖에 없는 것입니다.

그러나 구약의 전통적인 신학 사상은 그렇지 않습니다. '벧엘' 고백이 이를 잘 보여줍니다. 하나님이 여기 계셨는데 내가 몰랐다는 것입니다. 야곱이 밧단 아람으로 도망할 때 루스에서 하룻밤을 노숙하게 됩니다. 야곱은 자다가 눈을 떠 보니 하늘과 땅 사이에 사닥다리가 있고 그 사닥다리에서 천사가 오르락내리락하는 것을 보게 됩니다. 잠에서 깬 야곱은 이런 고백을 했습니다. "하나님이 여기 계셨거늘 내가 알지 못했다." 그리고 잠을 잤던 그곳을 하나님의 집이라는 뜻의 '벧엘'이라고 명명했습니다. 이것이 이스라엘 공동체의 전통적인 신앙고백입니다. 그의 백성이 있는 곳에 하나님이 함께하시는 것입니다. 그런데 성전을 건축한 이후 결과적으로 하나님을 특정 공간 안에 가두어 버리게 되었습니다. 좋게 말하면 하나님을 모시는 것이고 나쁘게 말하면 하나님을 특정 공간 안에 가두어 버린 것입니다. 하지만 하나님을 특정 공간 안에 가둘 수 있습니까? 하나님은 그곳에 가둘 수 없는 분입니다. 그러나 성전 건축 이후에 사람들은 성전을 하나님의 집이라고 주장하면서 성전 안에 하나님이 계시다고 생각했습니다. 그리고 하나님을 만나기 위해서는 성전으로 가야 한다고 주장했습니다. 그 결과 일상의 삶에서 하나님과의 만남이 불가능한 것처럼 인식하게 된 것입니다. 이렇게 하나님을 특정 공간 안에 가두어 버리는 문제로 인해 하나님은 성전을 짓는 것에 대해 긍정적이지 않으셨습니다. 그것을 강조하고 있는 것이 스데반의 설교입니다. 오늘날에도 마찬가지입니다. 건물인 예배당을 하나님의 집이라고 말하는 것은 아주 위험합니다. 하나님을 만나기 위해 교회에 간다는 말도 옳지 않습니다. 그렇게 말하면 자신도 모르는 사이에 이원론적인 신앙에 빠질 수밖에 없습니다. 우리 눈에 보이는 건물은 하나님의 집이 아니라 예배당입니다. 성도들의 모임이 이루어지는 장소입니다. 하나님과의 만남은 일상 속에서 이루어지는 것입니다. 너무나 신성화되어 버린 건물로서의 교회당을 원래의 모습대로 정의해야 합니다. 건물은 예배당이고 교회당입니다. 건물은 하나님의 집이 아닙니다. 결코 하나님의 집은 특정한 어느 한 공간으로 제한될 수 없습니다.

7장 | 스데반의 설교
8장 | 전도자 빌립

스데반의 설교(7장)

하나님은 아브라함이 메소포타미아에 있을 때 그를 만나주셨습니다. 요셉이 이집트에 있을 때 그를 만나주셨습니다. 모세가 미디안 광야에 있을 때 그를 만나주셨습니다. 이 모든 사건의 공통점은 하나님께서 이스라엘 땅 바깥에서 그들을 만나주셨습니다. 스데반의 설교의 핵심은 하나님께서 특정한 인종, 특정한 건물, 특정한 지역에 매여 있지 않으신다는 것입니다. 믿음의 사람들이 이방 땅에 살 때도 하나님과의 만남이 가능함을 보여주고 있습니다. 성전에 와야만 하나님을 만날 수 있는 것처럼 말하는 유대교의 주장이 잘못 되었음을 반박하는 것이 스데반 설교의 핵심입니다. 23~24절을 보면 모세가 출애굽의 지도자가 될 수밖에 없었던 세 가지 이유가 있습니다. 첫째는 모세가 출애굽을 먼저 경험했기 때문입니다. 모세는 40세에 출애굽을 했습니다. 출애굽 경험이 있는 모세가 백성들을 출애굽 시켜주는 지도자로 쓰임 받게 된 것입니다.

둘째는 출애굽 지도자로서 40년 동안 훈련을 받았기 때문입니다. 모세는 이스라엘 백성들의 지도자로 40년을 사역했습니다. 그는 40세부터 80세까지 미디안 광야에서 양을 쳤습니다. 일반적으로 양을 유순하다고 생각하지만 양은 초식동물 가운데 가장 고집 센 동물입니다. 양은 태어날 때부터 목자들의 말을 듣지 않기로 결심하고 태어난 것 같습니다. 그래서 양만 키우면 목자들이 스트레스를 너무 많이 받기 때문에 양과 염소를 같이 키웁니다. 사무엘상 25장을 보면 갈멜의 부자 나발의 재산 목록을 보면 염소가 1,000마리, 양이 3,000마리입니다. 지금도 베두인들은 염소와 양을 1대 3의 비율로 키운다고 하는데 이것이 유목민의 지혜입니다. 염소와 양을 함께 키워야 한다는 것을 터득한 셈입니다. 양은 항상 고개를 처박고 있고 염소는 항상 고개를 쳐들고 있습니다. 어디로 이동하고자 할 때 염소를 먼저 움직이게 하면 염소의 움직이는 발을 보고 양이 따라간다고 합니다.

모세가 40년 동안 궁중에서 생활하다가 미디안 광야에서 처음 양을 쳤을 때 얼마나 힘들었겠습니까? 잘 알고 계신 것처럼 모세는 원펀치의 소유자입니다. 모세한테 한 대 맞으면 바로 죽음입니다. 이런 모세가 처음에 양을 칠 때 양들이 모세에게 얼마나 많이 맞았겠습니까? 그런 모세가 40년 동안 양을 치면서 온유함이 지상에 있는 모든 사람보다 승하다는 말을 듣게 되었습니다. 40년 동안 양을 치면서 모세가 얼마나 자괴감이 들었겠습니까? "내가 지금 여기서 뭐하고 있나"라는 생각을 많이 했을 것입니다. 그런데 결과적으로 그 시간이 양만큼이나 고집이 세고 완고한 이스라엘 백성들을 40년 동안 인도할 수 있는 훈련의 시간이 된 것입니다. 그 훈련의 시간이 없었다면 모세가 어떻게 40년 동안 이스라엘 백성들을 인도할 수 있었겠습니까? 그래서 이런 확신이 있습니다. 하나님은 준비된 만큼 사용하신다는 것입니다. 저는 20대 때부터 학교 공부는 하지 않고 개인적인 공부를 열심히 했습니다. 신학교 교수들로부터는 배운 것이 거의 없습니다. 20대 때부터 철학도 공부하고, 역사도 공부하고, 신학도 공부하고, 다양하게 인문학 공부를 했습니다. 그때 저한테 많은 분들이 이런 이야기를 했습니다. "목사가 될 사람이 무슨 그런 공부가 필요해." 그런데 지금 그때 공부한 것을 토대로 다양한 강의 사역을 하고 있지 않습니까? 그래서 저는 이런 확신이 있습니다. 하나님께서는 준비된 만큼 누군가를 사용하신다는 것입니다. 모세도 그렇습니다. 40년 동안 양을 치는 시간이 없었다면 어떻게 모세가 이스라엘 백성들을 인도할 수 있었겠습니까?

셋째는 모세는 40년 동안 양을 치면서 누구보다 미디안 광야 길을 잘 아는 사람이 되었습니다. 이스라엘이 출애굽 한 후에 가나안 땅까지 이동할 때 이 길을 이용했습니다. 모세에게 이 길은 너무나 익숙한 길이었습니다. 이 길을 인도할 때 모세만큼 탁월한 가이드가 없었습니다. 그런데 왜 모세는 가나안 땅에 들어가지 못했을까요? 모세도 가나안 땅은 들어가 본 적이 없었기 때문입니다. 믿음의 사람 중에 가나안 땅을 들어가 본 사람은 여호수아와 갈렙 뿐입니다. 지금까지는 가나안 땅까지 이동하는 것이 주목적이었지만 가나안 땅부터는 치열하게 원주민들과 전쟁을 해야 합니다. 모세는 이 길의 인도자이고 지도자이지 전쟁을 수행하는 장수는 아니었습니다. 이스라엘에서 장수는 누구입니까? 여호수아와 갈렙입니다. 모세는 자신의 사명을 잘 완수한 후에 여호수아에게 리더십의 자리를 물려주었습니다. 모세는 가나안 땅에 들어가고 싶은 간절한 마음이 있었지만 하나님께서는 여기까지만 해도 족하다고 말씀하셨습니다. 모세는 하나님의 뜻을 아멘으로 수용했습니다. 모세가 출애굽의 지도자가 될 수밖에 없었던 이유나 여호수아가 가나안 정복 전쟁의 지도자가 될 수밖에 없었던 이유가 다 있는 것입니다. 저는 교회 개혁도 그렇다고 생각합니다. 준비된 만큼 멋지고 아름다운 교회를 세울 수 있습니다. 그런데 너무 준비됨 없이 무엇인가를 이루어낼 수 있는 것처럼 환상을 가지고 있는 경우가 있습니다. 절대 그렇지 않습니다. 준비된 만큼 열매를 맺을 수 있는 것입니다. 모세가 그런 준비됨이 없었다면 쓰임 받을 수 없었을 것입니다. 여호수아가 그런 준비됨이 없었다면 쓰임 받을 수 없었을 것입니다. 준비된 만큼 쓰임 받는 것입니다. 그런데 사람들은 준비됨의 시간들을 갖는 것을 힘들어 합니다. 마음만 먹으면 내일이라도 당장 자신들이 생각하는 멋진 교회가 짠하고 나올 것처럼 착각합니다. 결코 그렇지 않습니다.

출애굽은 세 단계로 완성됩니다. 첫째는 애굽을 탈출해야만 합니다. 애굽을 탈출할 때 몸만 탈출하면 안 됩니다. 몸의 탈출보다 더 중요한 것이 정신의 탈출입니다. 애굽이 이스라엘 사람들에게 심어놓은 가치관과 세계관, 애굽의 정신으로부터 탈출해야 합니다. 둘째는 가나안 땅을 정복해야만 합니다. 가나안 땅 정복을 이해하려면 땅 신학을 기억해야 합니다. 땅 신학은 모든 땅의 주인은 하나님이시다, 하나님은 특정 민족과 공동체에 그 땅에 거주할 수 있는 기회를 주신다, 특정 민족과 공동체는 그 땅의 주인으로서가 아니라 임차인으로 거주하는 것이다, 임차인들이 그 땅에 계속 거주하기 위해서는 땅의 주인이신 하나님께 성실하게 임대료를 지불해야 하는데 그 임대료는 미쉬파트와 체데크가 구현되는 사회라는 것입니다. 미쉬파트는 사법적인 정의를 구현하는 것이고, 체데크는 서로가 서로를 형제로 대하는 것입니다. 사법적인 정의가 구현되고 서로가 서로를 형제로 대하는 그런 사회를 건설하게 되면 하나님은 임차인들이 꼬박꼬박 임대료를 납부하는 것으로 인정하시고 그 임차인들로 하여금 계속해서 그 땅에 살 수 있도록 허락해 주십니다. 그러나 반대로 강한 자가 약한 자를 억압하고 지배하고 착취하는 만인의 만인에 대한 투쟁 상태가 되어버린 사회를 건설하게 되면 하나님께서는 임차인들이 성실하게 임대료를 납부하지 않은 것으로 받아들이십니다. 그리고 임대료가 오랜 시간 체납되게 되면 하나님께서는 예언자를 보내셔서 임차인들에게 임대료가 체납되었다고 경고하십니다. 그런데 예언자의 경고를 듣고도 돌이킬 마음이 없이 왜곡된 삶을 지속하게 되면 하나님은 기존에 살고 있던 임차인을 내어 쫓으시고 새로운 임차인을 그 땅에 거주하게 하신다는 것이 바로 땅 신학의 주요 내용입니다.

가나안 정복 전쟁을 보면서 많은 신앙인들은 하나님께서 이스라엘 백성들을 가나안 땅에 거주하도록 하기 위해서 아무런 죄도 없는 아모리 사람들을 강제로 내어 쫓으신 것처럼 생각합니다. 그러나 절대로 그렇지 않습니다. 창세기 15장 16절을 보시면 아모리 사람들의 죄악이 관영할 때까지 하나님께서는 오랜 시간 참으셨습니다.

> 네 자손은 사대 만에 이 땅으로 돌아오리니 이는 아모리 족속의 죄악이 아직 가득 차지 아니함이니라 하시더니.

그런데 아무리 기회를 주어도 하나님께 임대료를 낼 마음이 제로 상태가 되었을 때 하나님께서는 기존의 임차인인 아모리 사람들을 내보내시고 새로운 임차인으로 이스라엘 백성들을 살게 하신 것입니다. 여기서 기억해야 할 것은 이스라엘 백성들도 동일한 조건 가운데 가나안 땅에 거주하게 되었다는 것입니다. 이스라엘은 가나안 땅의 주인으로 그 땅을 양도받은 것이 아닙니다. 이스라엘도 동일한 임차인으로 그곳에 들어온 것입니다. 무슨 말입니까? 이스라엘도 미쉬파트와 체데크가 넘치는 사회를 건설하지 못하면 그 땅에서 내어쫓김을 당할 수밖에 없다는 것입니다. 결국 구약이 말하는 이야기가 바로 이것입니다. 미쉬파트와 체데크가 구현되는 공동체를 건설하지 못함으로 인해 북이스라엘도 그 땅에서 내어쫓김을 당했고 남유다도 그 땅에서 내어쫓김을 당했습니다. 하나님이 주신 약속의 땅에서 하나님이 원하시는 하나님 나라를 건설하지 못하고 그 땅으로부터 내어쫓김을 당한 이야기가 바로 구약의 이야기입니다. 구약을 이해함에 있어서 가장 중요한 것이 땅 신학입니다.

출애굽은 세 단계로 완성이 됩니다. 첫째는 애굽의 압제로부터 몸과 정신의 탈출입니다. 둘째는 가나안 땅을 정복해야 합니다. 셋째는 정복한 가나안 땅에 하나님 나라를 건설해야 합니다. 애굽 탈출은 출애굽의 시작입니다. 출애굽의 완성은 하나님의 약속의 땅 가나안에 하나님이 원하시는 하나님 나라를 건설하는 것입니다. 구약은 출애굽에 실패한 이스라엘의 이야기입니다. 이스라엘은 하나님 나라를 건설하지 못했고 가나안 땅에 또 하나의 애굽을 건설했습니다. 여기서 애굽이라는 말은 강한 자가 약한 자를 억압하고 착취하는 곳입니다. 이스라엘은 하나님이 원하시는 나라가 아니라 애굽과 똑같은 나라를 가나안 땅에 세웠습니다. 그 대표적인 인물이 솔로몬입니다. 바로가 히브리인들을 강제 노역에 동원한 것처럼 솔로몬은 이스라엘 백성들을 강제 노역에 동원했습니다. 하나님이 베풀어주신 출애굽 구원 사건을 무효화시킨 인물이 솔로몬입니다. 한국 교회는 솔로몬을 지나치게 사랑합니다. 부모님은 자녀들이 솔로몬과 같은 지혜를 갖기를 원합니다. 그런데 이것을 정확히 아셔야 합니다. 솔로몬은 백과사전적 지식의 소유자였습니다. 식물이면 식물, 동물이면 동물, 천체면 천체에 대해 모르는 것이 없었습니다. 그러니까 포털의 원조가 솔로몬입니다. 옛날에는 사람들이 모르는 것이 있으면 솔로몬에게 물어봤을 것입니다. 솔로몬은 모르는 것이 없는 백과사전적인 지식의 소유자입니다. 이 땅의 대부분의 부모들이 기대하는 자녀의 모습이 이런 것입니다. 하지만 솔로몬은 지혜의 사람은 아닙니다. 솔로몬이 지식의 사람이기는 하지만 지혜의 사람은 아닙니다. 성경은 무엇을 지혜라고 합니까? 여호와를 경외하는 것이 지혜입니다. 솔로몬은 여호와를 경외하지 않았습니다. 솔로몬을 지나치게 사랑하는 한국 교회는 열왕기상 3장까지만 읽고 4장부터 11장까지 솔로몬의 몰락 이야기는 제대로 주목하지 않습니다. 특별히 열왕기상 11장은 솔로몬이 하나님과 다른 신을 겸하여 섬긴 우상 숭배의 대표자임을 보여주고 있습니다.

스데반은 순교를 당했습니다. 7장 58절에 스데반을 죽였던 재판의 주관자가 사울입니다. 스데반이 순교한 후에 유대교는 초대 교회 안에 두 개의 그룹이 있다는 것을 알게 되었습니다. 유대 그리스도인들은 성전에 대한 존중심이 있었습니다. 그런데 스데반은 어떤 사람입니까? 헬라파 그리스도인이었습니다. 스데반을 중심으로 한 헬라파 그리스도인들은 유대 그리스도인들만큼 성전에 대한 존중심이 없음을 발견하게 됩니다. 스데반이 순교 당하기 전에 어떤 표현을 사용했는지를 보십시오. 7장 48절입니다.

그러나 지극히 높으신 이는 손으로 지은 곳에 계시지 아니하시나니 선지자가 말한 바.

오늘도 이런 이야기를 누군가가 하게 되면 그 사람은 한국 교회 안에서 엄청 욕을 먹을 것입니다. 그렇지 않겠습니까? "사람들이 손으로 지은 저 건물 안에 하나님이 계시지 않습니다"고 말하면 얼마나 많은 비판을 받겠습니까? 그런데 성전 중심의 이스라엘 공동체 안에서 2천년 전 스데반이 이런 주장을 했으니 유대교인들이 가만있었겠습니까? 결국 스데반은 성전 모독죄로 죽임을 당합니다. 그런데 여기서 주목해야 하는 것이 '사람이 손으로 지은'이라는 표현입니다. 이 표현은 구약에서 우상 숭배를 책망할 때 사용하던 표현입니다. 성경은 이렇게 말합니다. 하나님은 인간을 당신의 형상대로 창조하셨습니다. 그런데 이 땅에 있는 모든 우상은 사람이 신을 만든 것입니다. 이것을 예언자들이 조롱할 때 사용한 표현이 '사람이 손으로 지은'이라는 것입니다. 지금 성경에서 우상을 책망할 때 쓰던 표현을 스데반이 사용하고 있는 것입니다. 스데반은 이 표현을 사용하여 성전 우상 숭배를 책망하고 있습니다. 이런 소리를 듣고 유대인들이 가만히 있겠습니까? 결국 스데반을 죽이게 된 것입니다.

유대인들은 초대 교회 안에서 유대파 그리스도인들과 헬라파 그리스도인들 사이에 성전에 대한 입장 차이가 있음을 간파하고 헬라파 그리스도인들을 대대적으로 핍박하기 시작합니다. 유대파 그리스도인들은 성전에 대한 존중심이 있는데 스데반을 중심으로 한 헬라파 그리스도인들은 성전에 대한 모독적인 사고를 가지고 있다고 판단하고 초대 교회를 핍박한 것입니다. 초대 교회를 향한 유대교 핍박의 첫 단추는 헬라파 그리스도인들에 대한 핍박입니다. 그래서 8장에 보면 사도들은 예루살렘을 떠나지 않았습니다. 유대파 그리스도인들은 그대로 머물러 있었습니다. 헬라파 그리스도인들만 예루살렘을 떠나 다른 지역으로 도피한 것입니다. 살기 위해서 이곳저곳으로 도피했는데 역설적으로 도망간 그곳이 복음 전도의 현장이 되었습니다.

사도행전의 전체 구조는 1장 8절의 말씀이 어떻게 성취되었는가를 보여줍니다.

오직 성령이 너희에게 임하시면 너희가 권능을 받고 예루살렘과 온 유대와 사마리아와 땅 끝까지 이르러 내 증인이 되리라 하시니라.

이 말씀이 어떻게 성취되고 있는가를 잘 보여주는 이야기가 사도행전입니다. 그런데 1장 8절 말씀을 들을 때 이런 느낌을 갖기 쉽습니다. 예루살렘, 유대, 사마리아, 땅 끝으로 점점 복음이 확장되어진다는 느낌을 받지 않습니까? 도장 깨기 하듯 하나씩 정복한다는 느낌을 가지게 됩니다. 그런데 사도행전에서 말하는 복음의 확장은 우리의 기대와는 정반대의 모습으로 이루어집니다. 예루살렘에서 유대로, 유대에서 사마리아로 복음이 확장되어지는 과정이 개선 장군식의 승승장구한 모습이 아닙니다. 어떻게 복음이 확장되었습니까? 핍박으로 인해 도망치게 되었고 도망친 그곳에서 복음을 전하게 됩니다. 그 복음 전도를 그 땅의 사람들이 수용하게 되면서 자연스럽게 그 땅에도 하나님의 백성들이 탄생하게 된 것입니다. 개선 장군식의 승승장구한 모습이 아니라 너무나 초라해 보이는 도피자의 모습으로 간 그곳이 복음 전도의 장이 된 것입니다. 사도행전 28장에서 로마에 복음이 전파되는 과정도 그렇습니다. 어떻게 로마까지 복음이 전파됩니까? 바울이 어떤 신분으로 로마에 갔습니까? 죄수의 신분으로 간 것입니다. 우리의 기대와는 완전히 다릅니다. 우리는 하나씩 격파하며 복음이 확장되는 그런 모습을 기대하는데 실제 복음이 확장되는 과정은 그렇지 않습니다. 도망자로 간 그곳이, 죄수의 신분으로 끌려간 그곳이 복음 전도의 장이 된 것입니다. 우리가 상상하는 모습과 하나님께서 실제로 행하신 역사는 너무나도 달랐습니다.

전도자 빌립(8장)

　헬라파 그리스도인이었던 집사 빌립이 유대교의 박해를 피해 사마리아로 도피했습니다. 왜 사마리아로 도피했을까요? 사마리아는 정통 유대인들이 볼 때 부정한 땅입니다. 정통 유대인들이 볼 때는 사마리아 사람은 이방인입니다. 그래서 빌립은 유대인들이 들어오지 않는 사마리아 땅으로 들어간 것입니다. 그런데 그곳에서 누구를 만납니까? 마술사 시몬을 만납니다. 몇 년 전 통합 총회에서 마술을 금지시켰습니다. 마술은 눈속임이라고 하면서 여름성경학교에서 마술 쇼를 하지 못하게 했습니다. 제가 아는 마술사 한 분이 계십니다. 이분은 마술협회 회장도 하셨고, 스타킹이라는 TV 프로에도 출연한 적이 있습니다. 이분이 이런 말씀을 하시는 것을 들었습니다. 카드 마술은 진짜 노력을 많이 해야 하는 기술이라고 합니다. 그런데 대부분의 마술은 돈 싸움이라고 합니다. 여기서 돈 싸움이라는 것은 장비 싸움이라는 것입니다. 이분이 자주 하는 마술 중에 보자기 마술이 있습니다. 천 보자기를 양쪽에서 사람이 잡고 그 보자기 위에 쌀을 놓습니다. 그리고 양쪽에 있는 사람에게 보자기를 앞뒤로 흔들어 보라고 합니다. 그러면 시간이 지나면 쌀이 뻥튀기로 바뀝니다. 너무 놀랍지 않습니까? 이분이 하시는 말씀이 마술에 사용하는 보자기가 천만 원 이상 하는 장비라는 것입니다. 이 보자기를 사람들이 잡고 흔들면 가열이 되면서 쌀을 뻥튀기로 바꾸게 하는 가전제품인 것입니다. 유명한 마술사들이 사용하는 장비들은 몇 억 이상 하는 것도 있다고 합니다. 마술을 보면 머리는 저기 있고 몸통은 여기 있고 다리는 저기 있는 것도 있지 않습니까? 그 정도의 착시를 만들려면 얼마나 첨단 기술이 사용되겠습니까? 우리가 생각할 때는 정말 깜짝 놀랄 일이지만 사실은 이 모든 것이 돈 싸움이라고 합니다. 그나마 요즘 사람들은 마술이 눈속임이라는 것을 알고 있지만 옛날에는 마술사들이 마술을 할 때 사람들이 얼마나 놀랐겠습니까? 그런데 마술로 사람들을 현혹했던 시몬도 결국에는 예수님을 믿게 되었습니다.

빌립이 사마리아에 가서 복음을 전했고 사마리아 사람들은 빌립의 전도를 받고 물세례를 받았습니다. 이후 베드로와 요한이 사마리아에 가서 예수를 믿게 된 사람들을 대상으로 성령 세례 받기를 기도했고 그들은 성령 세례를 받게 됩니다. 8장 14, 17절을 보시면 집사와 사도는 확실히 능력의 차이가 있다고 생각하기 쉽습니다. 집사는 복음은 전할 수 있고 물세례까지는 베풀 수 있지만 성령 세례는 결국 사도를 통해서만 받을 수 있다고 생각하며 사도가 집사보다 위에 있는 존재인 것처럼 생각하기 쉽습니다. 그런데 중요한 것은 베드로와 요한이 사마리아 사람들에게 성령을 준 것이 아닙니다. 베드로와 요한은 성령 세례를 베푸는 도구이지 성령의 소유자가 아닙니다. 성령의 역사는 성령께서 친히 행하시는 것입니다. 인간은 도구로 쓰임 받을 뿐입니다. 베드로와 요한이 마음만 먹으면 얼마든지 성령을 불러낼 수 있는 것이 아닙니다. 성령의 역사하심에 베드로와 요한이 쓰임 받았다고 말해야 합니다. 이것은 사도와 집사의 위계의 차이를 말하기보다는 사역의 분업적인 측면에서 이해해야 합니다. 집사인 빌립은 예수와 무관한 삶을 살아왔던 사람들에게 이제는 예수 안에서의 새 삶을 살아가라고 복음을 전하면서 세례를 베푸는 역할을 했습니다. 세례 받은 이후 이 사람들은 이제 교인이 되었습니다. 이때 교회 공동체 안에 들어온 사람들을 누가 목회했습니까? 사도들이 목회했습니다. 다시 말해 교회 공동체 바깥에 있는 사람들을 교회 공동체 안으로 들어오게 하는 것까지 빌립이 열심을 다한 것이고 이제 교회 공동체 식구가 된 사람들에게 주의 성령으로 충만하여 하나님의 일을 잘 감당할 수 있도록 목회하는 것은 사도의 역할인 것입니다. 이것을 권위의 맥락으로 이해하시면 안 됩니다. 교회 공동체 바깥에 있는 사람들을 교회 공동체 안으로 이끄는 전도와 세례의 사역과 교회 공동체 식구가 된 사람이 하나님의 백성으로 살아갈 수 있도록 성령께서 이들에게 힘을 주기를 간구하는 사역의 분업이라는 맥락에서 구분해야 합니다.

8장 26절에서 40절을 보시면 최초의 이방인 선교 이야기가 나옵니다. 여기서 최초의 이방인은 에디오피아 내시입니다. 그는 예루살렘 성전에 와서 제사를 지내고 고국으로 돌아가는 길이었습니다. 사람들은 이런 질문을 합니다. "어떻게 에디오피아 내시가 예루살렘 성전에 와서 야웨 하나님께 제사를 지내는 일이 가능했나요?" 이 질문에 대해 나름대로 설명하고 있는 것이 메넬리크 전설입니다. 열왕기에 보면 에디오피아 스바라는 여왕이 솔로몬을 만나게 됩니다. 그때 성경에 이런 표현이 나옵니다. 스바 여왕이 자기가 원하는 것을 솔로몬에게 구하였고 솔로몬이 그것을 들어주었다는 것입니다. 랍비들은 스바 여왕이 원하는 것이 무엇인가에 대해 여러 주장을 펼쳤습니다. 그 중에 하나가 스바 여왕이 솔로몬의 아이를 갖기 원했다고 보는 것입니다. 그러나 이런 내용이 성경에는 기록되어 있지 않고 전설로만 내려오는 이야기입니다. 스바 여왕이 솔로몬의 아이를 갖기를 원했고 솔로몬이 그 요청을 들어주어 잠자리를 가졌고 스바 여왕이 솔로몬의 아이를 잉태하여 아들을 낳게 됩니다. 그 아들의 이름이 메넬리크입니다. 메넬리크가 장성한 후에 어머니에게 자신의 아버지가 누구인지를 물었고 여왕은 이스라엘을 다스리는 솔로몬 왕이 아버지임을 알려줍니다. 그래서 메넬리크는 신하들을 데리고 이스라엘에 와서 아버지 솔로몬을 만나게 됩니다. 그리고 오랜 시간을 솔로몬과 함께하면서 메넬리크는 야웨 신앙을 배우게 되었고 자기 나라로 돌아갈 때 야웨 신앙에 투철한 사람들을 함께 보내줄 것을 요청하자 각 지파에 1,000명씩, 열두 지파에서 12,000명의 사람들을 메넬리크와 함께 이주하게 합니다. 그리고 언약궤도 메넬리크에게 넘겨줍니다. 팔레스타인은 세 대륙이 만나는 전략적인 요충지입니다. 위로는 유럽 대륙이, 서쪽으로는 아시아 대륙이, 아래는 아프리카 대륙이 있습니다. 모든 대륙이 넘보는 노른자 땅이 가나안입니다. 그래서 가나안 땅에서는 늘 전쟁이 끊이지 않았습니다. 솔로몬은 전쟁의 와중에 언제 분실될지 모르는 언약궤를 메넬리크에게 맡기게 되는데 메넬리크는 유대교 신앙에 투철한 12,000명과 함께 여호와의 언약궤를 가지고 자신의 나라로 돌아갑니다. 그리고 자신이 왕이 되었을 때 에디오피아를 유대교 국가로 선포하게 됩니다. 이때부터 에디오피아 사람들이 유대교 신앙을 갖게 되었다고 보는 것입니다. 그리고 언약궤를 모시는 신성 구역을 만들어 그곳에는 아무도 출입하지 못하도록 했고 매년마다 언약궤 축제를 지키게 됩니다. 이 이야기는 전설로 내려오는 이야기입니다.

분명한 사실은 에디오피아에 있는 많은 사람들이 야웨 신앙을 가지고 있었다는 것입니다. 그들은 매년 언약궤 축제를 지켜왔고 지금까지도 여호와의 언약궤가 있다고 믿어지는 신성 구역이 있는 것도 사실입니다. 우리 성경에는 자세하게 나오지는 않지만 이런 질문을 할 수 있습니다. 어떻게 에디오피아 사람들이 야웨 하나님을 믿게 되었는지, 어떻게 에디오피아 사람들이 언약궤 축제를 지키게 되었는지, 에디오피아 땅 어디에 여호와의 언약궤가 있다고 믿고 있는지 등의 질문을 하게 됩니다. 더욱 놀라운 사실은 이스라엘 역사에서 어느 순간부터 언약궤가 보이지 않는다는 것입니다. 이 모든 것이 명확한 사실입니다. 우리가 메넬리크 이야기를 알고 있으면 에디오피아 내시가 예루살렘 성전에 와서 제사를 지낸 것이 낯설게 다가오지는 않습니다. 무슬림 신자들이 죽기 전에 사우디아라비아에 있는 메카를 한 번씩 순례하는 것과 같은 마음으로 에디오피아 내시는 예루살렘 성전을 방문했을 것입니다. 하나님의 집이라고 생각되는 예루살렘 성전을 방문하면서 얼마나 경건한 마음으로 그 모든 시간을 보냈겠습니까? 내시는 고국으로 돌아가는 길 마차 안에서도 성경을 읽고 있었습니다.

빌립이 내시에게 다가가서 대화를 시도합니다. "지금 읽고 계신 말씀이 무슨 내용인지 이해하십니까?" 내시는 이 질문에 가르쳐주는 사람이 없는데 어떻게 알 수 있겠냐고 반문합니다. 이때 빌립은 자신이 설명을 해주겠다며 마차에 올랐습니다. 내시가 읽던 본문이 이사야 53장이었습니다. 빌립은 이사야 53장에서 매를 맞고 죽임당하는 어린 양이 바로 나사렛 예수임을 설명했을 것입니다. 오랜 세월 동안 유대인이 기다렸던 메시아가 바로 나사렛 예수인데 정작 하나님께서 메시아를 보내어 주셨을 때 이스라엘 백성들이 메시아를 알아보지도 못했고 환영하지도 않았고 죽여 버렸다고 이야기 했을 것입니다. 빌립의 이야기를 듣고 내시는 빌립이 전한 복음을 받아들이겠다고 결단하면서 자신에게 세례를 베풀어 달라고 요청합니다. 빌립이 세례 베풂을 통해 내시는 유대교에서 그리스도교로 개종한 최초의 에디오피아 사람이 되었습니다. 에디오피아 최초의 그리스도교 신자가 된 것입니다. 초대 교회 역사를 보면 그리스도교를 제일 먼저 국교로 선포한 나라가 아르메니아로 주후 301년입니다. 지금도 아르메니아 정교회가 유명합니다. 아르메니아가 세계에서 그리스도교를 제일 먼저 국교로 선포했고, 두 번째가 에디오피아로 주후 339년입니다. 로마가 그리스도교를 국교로 선포했을 때가 392년입니다. 로마보다 50년 앞서 에디오피아가 그리스도교를 국교로 선포한 것입니다. 여기서 이런 추측을 해볼 수 있습니다. 유대교에서 그리스도교로 개종한 에디오피아 내시가 자기 나라로 돌아가서 여전히 유대교 신앙 안에 머물러 있는 사람들에게 예수를 소개했고 그 결과 많은 사람들이 그리스도교 복음을 받아들이기 시작했고 결국은 주후 339년에 에디오피아가 그리스도교 신앙을 국교로 선포하게 된 것입니다.

어떻게 에디오피아 내시가 예루살렘 성전에 와서 야웨 하나님께 예배드릴 수 있었는가에 대해 나름 설명해 주는 것이 메넬리크 전설입니다. 그리고 어떻게 에디오피아가 전 세계에서 두 번째로 그리스도교를 국교로 선포하게 되었는가와 관련해서 중요한 정보를 제공해 주는 것이 사도행전 8장입니다. 지금도 아프리카에서 그리스도교 비율이 높은 나라 가운데 하나가 에디오피아입니다. 1980년대 에디오피아는 장기간 기근으로 인해 많은 국민들이 기아로 죽었습니다. 이때 미국의 팝 가수들이 에디오피아 기근을 돕기 위해 We Are the World를 불렀습니다. 당시 이스라엘은 에디오피아에 있는 유대교 교인들을 헬기로 이송하여 이스라엘 땅에 정착하게 했습니다. 그래서 지금 이스라엘 땅에 흑인 유대인들이 상당수 거주하고 있는데 여행객 또는 이주 노동자라고 생각하기 쉬운데 이분들이 유대인입니다. 에디오피아는 오래된 유대교 신앙 역사를 가지고 있으며 그리스도교 신앙과 관련해서도 오랜 전통을 가진 나라입니다.

5강

사도행전 5강

말씀과함께 | 사도행전강의

9장 | 바울의 회심

사도행전 9장부터 11장을 보겠습니다. 본문에는 초대 교회 기둥 같은 인물인 바울과 베드로의 회심 사건이 나옵니다. 회심 사건은 인생 가운데 한 번 있는 것은 아닙니다. 사실 회심은 많으면 많을수록 좋습니다. 회심은 잘못된 생각과 마음을 바꾸는 것입니다. 생각이 변화되어야 삶의 변화가 가능합니다. 사람들의 생각은 오랜 세월 동안 형성되어 온 것입니다. 그래서 생각을 바꾸는 것이 결코 쉽지 않습니다. 그런데 사도행전 9장에는 바울의 생각이 바뀌고, 10장에는 베드로의 생각이 바뀌게 됩니다. 이 두 사람의 생각이 바뀜을 통해 그들은 하나님의 뜻에 온전히 서게 되었고 그들의 변화로 인해 초대 교회는 더욱 힘 있는 사역들을 감당할 수 있게 되었습니다. 9장에는 바울의 회심 사건을 기록하고 있는데 바울은 교회를 박해했습니다. 그러다 다메섹에서 예수님을 만난 이후에 교회를 위한 사람으로 변화되었습니다. 교회를 박해하던 사람이 교회를 위해 수고하는 자로 변화된 것입니다. 오늘날에도 교회를 박해하던 사람이 교회로 전향하여 충성 봉사하게 되면 21세기 사도 바울이라는 식의 이야기를 많이 하게 됩니다. 우리가 기억해야 할 것은 바울은 하나님을 사랑했던 사람입니다. 그는 하나님을 전혀 몰랐던 사람이 아닙니다. 하나님을 알고는 있었지만 하나님의 뜻에 대해 잘못된 이해를 했던 사람입니다. 그러다가 하나님의 뜻을 온전히 깨닫게 된 사건이 바로 다메섹 사건입니다.

이OO 교수라는 분이 계신데 최근에 목사 안수를 받았다고 합니다. 몇 년 전부터 한국 교회가 이분을 엄청 띄웠습니다. 특히 사랑의 교회 강단에 자주 섰는데, 이분을 소개할 때 주로 사용하는 표현이 21세기 사도 바울이었습니다. 이분이 개신교로 개종하기 전에 법사였습니다. 자기 말로는 교회를 박해했다고 합니다. 그런데 어느 순간부터 기독교 신앙을 갖게 되었고 예수님이 자기 인생의 주인이라고 고백하고 있습니다. 옛날에는 교회를 박해했는데 지금은 예수님을 위해 열심히 사역하고 있으니까 21세기 바울이라고 규정하는 것입니다. 하지만 이것은 바울과는 많이 다른 것입니다. 바울은 원래 하나님을 알았던 사람입니다. 하나님을 너무나 사랑했던 사람입니다. 자기 생각에는 이것이 하나님의 뜻이라고 믿고 열심히 하나님을 위해 수고했습니다. 그런데 다메섹 도상에서 자신이 생각했던 하나님의 뜻과 진짜 하나님의 뜻이 다르다는 것을 깨닫게 되었고 그 깨달음 이후에 하나님이 진정 원하시는 대로 자기 인생을 돌이킨 것입니다. 그가 바울입니다. 하나님을 전혀 몰랐던 사람이 하나님을 알게 된 그런 회심이 아닙니다. 하나님의 뜻에 대해 잘못 알고 있었던 것입니다. 초대 교회를 박해하는 것이 하나님의 뜻이라고 생각하고 열심을 다했는데 그것이 하나님의 마음을 아프시게 하는 것임을 다메섹 도상에서 깨닫게 된 것입니다. 성부 하나님만이 진짜 하나님이라고 생각했는데 성자와 성령 하나님이 계시다는 것을 깨닫게 되었습니다. 하나님께서 보내주신 메시아가 승승장구하는 정치 군사적인 메시아라고 생각했는데 십자가에 죽임당한 나사렛 예수가 메시아라는 사실을 후에 받아들이게 된 것입니다. 잘못된 신앙을 올바로 교정한 것입니다. 이것이 다메섹 회심 사건의 핵심입니다. 하나님을 전혀 몰랐던 사람이 하나님을 알게 된 사건이 아닌 것입니다.

우리에게도 이런 다메섹 회심 사건들이 있습니다. 교회를 위한 충성과 봉사가 하나님을 위한 충성과 봉사라고 생각했는데 어느 순간 교회를 위한 충성과 봉사가 하나님에 대한 충성과 봉사와는 다르다는 것을 깨닫게 될 때가 있습니다. 목회자를 잘 섬기고 목회자가 시키는 대로 열심히 하면 그것이 하나님을 잘 섬기는 것이라고 생각했는데 때로는 내가 목회자가 시키는 대로 열심히 하는 것이 하나님의 뜻과 아무런 상관이 없다는 것을 깨닫게 될 때가 있습니다. 성경을 자세히 보니까 그동안 생각했던 기독교 신앙의 내용과 성경이 말하고 있는 하나님의 원하심이 다르다는 것을 깨닫게 될 때가 있습니다. 이런 것들이 바로 회심 사건입니다. 그런 의미에서 회심 사건은 많으면 많을수록 좋은 것입니다. 사람들은 보통 한번 신앙의 내용이 형성되면 평생 그것을 붙잡는 경향들이 많습니다. 어떻게 보면 신앙의 진보와 성장이 없는 것입니다. 20대 때 신앙보다 30대 때 신앙이 더 깊어지고 넓어져야 하지 않겠습니까? 나이가 들수록 하나님에 대한 이해와 신앙의 실천이 더 깊어져야 하지 않겠습니까? 그런데 대부분 20대 때 형성된 신앙적 사고가 평생 동안 지속되는 경우들이 많습니다. 저 같은 경우에는 동일한 성경 본문을 읽더라도 20대 때 그 본문에 대해서 행한 성경 해석과 50대인 지금의 성경 해석이 많이 다릅니다. 젊었을 때는 잘 보이지 않던 말씀들이 나이가 들어가면서 보이는 것들이 있습니다. A라고만 생각했던 것이 B로 해석되는 것들도 있습니다. 성경은 변하지 않지만 성경을 바라보는 내 자신이 많이 새로워진 것입니다. 성경을 바라보게 되는 상황이 많이 바뀌었습니다. 똑같은 말씀이지만 늘 새롭게 다가옵니다. 그래서 늘 성경을 읽을 때마다 기대와 설렘이 있습니다. 새롭게 다가오지 않는다면 성경을 읽을 때 무슨 기대가 있겠습니까? 대부분의 신앙인들이 성경을 열심히 읽지 않는 이유가 여기에 있습니다. 하나님의 뜻에 대해 이미 다 알고 있다고 생각하는 것입니다. 하나님의 뜻은 다 알고 있고 이제는 실천만 남았다고 생각합니다. 그런데 사람들이 알고 있다는 하나님의 뜻 가운데 정말 하나님의 뜻이 얼마나 될까요?

구약 시대 이스라엘 백성들은 부정한 것들과 어울리지 않는 것을 거룩이라고 생각했습니다. 그들이 생각한 거룩은 단절과 분리였습니다. 분명히 하나님께서 그 말씀을 주신 것이 맞습니다. 먹을 수 있는 짐승과 먹어서는 안 될 짐승, 만날 수 있는 존재와 만나서는 안 될 존재를 하나님께서 구분해 주셨습니다. 하나님께서 그런 말씀을 주셨을 때 이스라엘은 신앙 안에서 어린아이 단계였습니다. 이스라엘은 이제 막 하나님을 만났습니다. 오랜 세월 동안 애굽에서 생활하며 바로의 백성으로 살다가 이제 막 하나님의 백성이 된 것입니다. 신앙 안에서 어린아이 단계에 있던 이스라엘 백성들이 이방인을 만나서 그 이방인을 신앙 안으로 견인해 낼 수 있겠습니까? 그래서 하나님이 이스라엘에게 처음 주신 말씀들은 대부분 이방 사람들을 만나지 말라는 것입니다. 왜 그렇습니까? 이방 사람들을 만나게 되면 그들의 문화에 금방 동화되어 버리기 때문입니다. 그래서 구약 성경이 말하는 경건과 거룩은 부정한 것들과 어울리지 않는 것입니다. 예수님께서 승천하시기 전 제자들에게 어떤 사명을 주셨습니까? 모든 족속으로 제자를 삼으라고 하셨습니다. 이 명령이 처음으로 주어졌을 때 제자들이 고민을 많이 했을 것 같습니다. 왜냐하면 예수님의 명령을 준행하려면 이방인들을 만나야 했기 때문입니다. 그런데 당시 유대 정결법에 따르면 이방인을 만나는 행위 자체가 부정한 것이고 옳지 못한 것이었습니다. 제자들은 이 명령을 처음 받았을 때 어떻게 해야 하는가에 대해 고민을 많이 했을 것입니다. 제자들의 생각을 변화시켜 내기 위해서 예수님께서는 베드로에게 환상도 보여주시고 고넬료 집안사람들을 만나게 하시고 할례 받지 않은 이방인들도 예수님을 믿게 되었을 때 성령이 임하는 것을 경험하게 하신 것입니다.

사도행전 11장을 보시면 베드로가 고넬료 집안사람들과 어울림으로 인해 재판을 받게 됩니다. 당시 예루살렘 교회에서는 그런 행동이 절대로 용납되지 않았던 것입니다. 사람들은 자신들이 오랜 세월 붙잡고 있던 그것만을 정답이라고 생각합니다. 자신들이 알고 있는 것과 상반된 경험을 하고 새로운 주장을 하는 사람들을 용납하지 않습니다. 그런데 오늘 한국 교회가 가지고 있는 거룩과 경건도 매우 취약한 거룩과 경건입니다. 신앙인이 불신앙인을 만나면 불신앙인에게 영향 받을 것이라는 두려움이 있습니다. 일반 서적을 읽으면 신앙이 흔들릴 것이라는 두려움이 있습니다. 신앙의 내공을 키워내지 못한 것입니다. 대부분의 목회자들이 집에 여호와의 증인이 찾아오면 만나지 말라고 가르칩니다. 그런데 여호와의 증인을 이단이라고 생각하면 그들을 만나서 정통 신앙으로 견인해 내야 하는 것 아닙니까? 왜 '신천지 출입금지'라는 팻말을 교회 입구에 붙입니까? 신천지에 빠진 사람들을 일반 교회에 오게 해서 신천지로부터 건져내야 하는 것 아닙니까? 그런데 저는 이것이 한국 교회의 정직한 수준이라고 생각합니다. 일반적으로 목회자들은 교회 다니는 신앙인들이 이단에 속한 사람과 만나 이야기를 나누다 보면 교인들이 이단에 빠질지 모른다는 두려움이 있습니다. 일대일로 만나게 되면 이단에게 현혹될 것이라고 생각하는 것입니다. 목회자들이 무엇을 인정하는 것입니까? 교인들을 온실 속에 가두어 놓고 제대로 교육시키지 못한 것을 스스로 인정하는 것입니다. 온실 문을 활짝 열어서 교인들이 비바람 치는 곳에 가게 되면 금방 신앙이 꺾일 것이라는 두려움이 있습니다. 교회 현관에 '신천지 출입금지'라는 팻말을 붙인 것을 신천지가 보고 무슨 생각을 하겠습니까? "우리를 진짜 두려워하는구나." 이런 생각을 하지 않을까요? 신천지에 속한 교인들이 4~5명만 들어와도 대부분의 교회들은 큰일 났다고 생각합니다. 신천지를 이겨낼 만한 교인들로 양육하지 못한 것을 스스로 인정하는 꼴입니다.

신천지에서는 1주일에 3일씩 저녁마다 성경공부를 한다고 합니다. 한국 교회 교인들은 성경에 대한 이해가 너무도 빈약합니다. 신천지에 속한 사람들과 일반 교인들이 만나서 기독교 신앙에 대해 이야기를 나누면 대부분 질 수밖에 없습니다. 이것이 오늘 한국 교회의 수준입니다. 하나님을 믿는다고 하면서도 자신이 믿는 하나님이 어떤 분이신지에 대해 30분 이상 이야기할 수 있는 교인들이 그다지 많지 않습니다. 창세기부터 요한계시록까지 성경 본문이 무슨 내용을 말하고 있는지에 대해 말할 수 있는 분들이 많지 않습니다. 하나님의 백성이라는 주장은 하면서도 하나님의 말씀을 너무나 모릅니다. 너무나 취약한 신앙을 가지고 있습니다. 그런데 이렇게 신앙의 토대가 취약하면서도 안타까운 것은 자신의 신앙의 한계를 뛰어 넘고자 하는 노력을 거의 하지 않는다는 것입니다. 한계 안에 머물며 스스로 자기 만족에 빠지는 경우들이 너무 많습니다. 구약 성경이 말하는 경건과 거룩에 경도되어 있는 것입니다.

제가 대학교 1학년 때 청년부 모임에 가면서 철학책을 가지고 갔습니다. 그것을 본 청년부 목사님께서 이렇게 말씀하셨습니다. "철학책 읽으면 신앙이 흔들리니 철학책 읽지 마." 저는 목사님의 말씀을 들으면서 이런 생각을 했습니다. 철학 책을 읽는다고 흔들리는 신앙이라면 그것을 진리라고 할 수 있을까? 어떤 책을 읽건 누구를 만나건 흔들리지 않아야 그것이 참된 진리 아닌가? 우리들이 오랜 시간 배워온 신앙이 그런 것들입니다. 이것을 우리가 인정해야 합니다. 우리 신앙의 토대라고 하는 것이 너무나 취약하고 허약하다는 것을 받아들여야 합니다. 한국 교회는 교회 안에만 신앙인들을 가두려고 합니다. 이래서 무슨 세상의 빛과 소금이 될 수 있겠습니까? 세상에 나가게 되면 세상에 동화되어버릴 것에 대한 두려움이 너무나 큽니다.

제가 알고 있는 교회에서 최근에 60대 이상 교인들과 그 아래 세대 사이에 갈등이 생겼습니다. 결과적으로 60대 이상 교인들이 그 교회를 많이 나오시게 되었습니다. 그 교회 장로님과 오랜 기간 교제를 나누었습니다. 장로님은 교회에 대한 자부심이 굉장히 크신 분이셨습니다. 저는 그 교회를 방문할 때마다 외부에 알려진 것에 비해 교인들 사이에 하나 됨이 잘 느껴지지 않았고 성도 간의 깊은 교제도 잘 보이지 않았습니다. 그것을 장로님에게도 몇 번 말씀을 드렸습니다. 제가 이런 말을 할 때마다 장로님은 목사님이 우리 교회를 잘 몰라서 그런 말씀을 하시는 것이라고 했습니다. 그런데 교회가 세대 간의 갈등으로 인해 홍역을 치르게 되었습니다. 공동의회에서 나이 드신 분이 발언을 하면 젊은 세대가 야유를 보내는 모습을 보면서 장로님께서 큰 충격을 받으셨습니다. 늘 가깝다고 생각했던 사람들이고 자신과 같은 생각과 지향점을 가지고 있다고 생각했던 사람들인데 서로 원수처럼 되어 버린 모습에 충격을 받으신 것입니다. 서로의 관계가 이 정도 밖에 되지 않은 것에 대해 상처를 받으시고 장로님께서도 그 교회를 떠나셨습니다. 이것이 비단 이 교회만의 모습일까요? 우리도 중요한 사건 앞에서 그동안 같은 생각을 공유하고 있다고 생각했던 사람들과 원수가 되는 경우들이 얼마나 많습니까? 오랜 세월 동안 만나왔지만 정작 중요한 이야기는 해본 적이 없어서 그렇습니다. 피상적인 관계로만 서로 지내온 것입니다. 사고가 전환된다는 것은 정말 어려운 일입니다. 그런데 바울과 베드로는 충격적인 사건을 접함을 통해 사고의 대전환을 이루어냈습니다. 바울과 베드로의 회심을 통해서 결과적으로 초대 교회도 새로운 전환을 맞게 되었습니다. 회심이라고 하는 것은 하나님을 몰랐던 사람이 하나님을 알게 되는 것만을 말하는 것이 아닙니다. 하나님을 알고는 있었지만 잘못 알고 있던 사람들이나 하나님을 부분적으로만 이해하던 사람들이 하나님을 좀 더 온전히 알아가는 것도 회심이라고 할 수 있습니다.

사도행전 전체의 주인공은 바울이라고 할 수 있습니다. 바울은 한마디로 열정과 헌신의 사람입니다. 바울의 인생을 전반부와 후반부로 나눌 수가 있고 그 중간에 터닝 포인트가 있는데 그것이 바로 다메섹 도상 사건입니다. 바울은 다메섹 도상 사건 이전에도 열정과 헌신의 사람이었고, 다메섹 도상 이후에도 열정과 헌신의 사람이었습니다. 그런데 전반부에서 바울의 인생은 열정과 헌신은 있었지만 분별력이 없었습니다. 자기 나름대로 하나님을 위해서 수고하고 애쓴다고 생각했지만 하나님으로부터 "왜 네가 나를 괴롭히느냐"는 소리를 들었습니다. 이때 바울이 받았을 충격은 상상도 할 수 없을 것입니다. 다메섹 사건 이후 바울은 새로운 존재가 되었습니다. 그리고 죽는 순간까지 하나님이 원하시는 일에 열심과 헌신을 다했습니다. 즉 분별 있는 열심을 보인 것입니다. 이러한 바울의 인생에서 우리가 배울 수 있는 교훈이 무엇일까요? 열정과 헌신 이전에 중요한 것이 분별입니다. 분별없는 열심은 너무나 위험합니다. 이곳이 그리스도의 몸 된 교회인지 강도의 소굴인지, 이 사람이 목사인지 삯꾼인지, 무엇이 성령의 역사이고 악령의 역사인지를 제대로 분별할 수 있어야 합니다. 무엇이 하나님의 뜻이고 무엇이 내가 원하는 것인지를 분별한 후에 하나님이 원하시는 것에 우리 인생을 걸어야 합니다. 그런데 교회 안에서 하나님의 뜻을 제대로 가르쳐 주기 전부터 교회를 위한 열정과 헌신을 요구하는 경우들이 많습니다. 이것은 아주 위험한 것입니다. 바울의 인생은 크게 전반부와 후반부로 나눌 수 있는데, 전반부는 분별없는 헌신이었고, 후반부는 분별 있는 헌신이었습니다. 헌신과 열정보다 더 중요한 것이 분별입니다.

바울이 유대교를 위해 충성할 때 그의 열심이 모든 사람들을 압도했습니다. 그는 사도행전 7장에서 스데반을 죽이는 장면에서 재판을 주관했습니다. 사도행전 9장에서는 이방에 있는 그리스도인들을 체포하기 위해 먼 길을 기꺼이 떠나는 모습을 볼 수 있습니다. 그렇다면 왜 유대교는 초대 교회를 박해했을까요? 당시 유대교 입장에서 볼 때 초대 교회는 이단이었습니다. 이단 박멸을 위해 바울은 최선을 다한 것입니다. 유대교 입장에서 초대 교회가 위험하게 보인 몇 가지 이유가 있습니다.

첫째는 성경 해석이 달라진 것입니다. 유대인들은 오랜 세월 동안 이방 제국으로부터 식민 지배를 받았습니다. 식민 지배 기간이 길어질수록 그들은 정치 군사적인 메시아를 기대했습니다. 이스라엘을 압제로부터 해방시켜 줄 뿐만 아니라 이스라엘을 세계 만민 위에 우뚝 세워주고 천하만국을 다스리는 메시아를 소망한 것입니다. 이스라엘 역사 가운데 이방의 압제 가운데 시달리지 않고 이방으로부터 조공을 받았던 시대가 언제였습니까? 다윗 시대였습니다. 그래서 이스라엘은 메시아를 제2의 다윗이라고 확신했습니다. 앗시리아, 바벨론, 페르시아, 헬라, 로마로 이어지는 5대 제국에 의해 이스라엘은 700년 이상 식민 지배를 받았는데 자기들의 힘만으로는 식민 지배를 끝낼 가능성이 없는 상황에서 이스라엘은 점점 메시아에게 모든 희망을 걸었습니다. 메시아만 오시면 식민 지배의 현실이 뒤집어지고 이스라엘이 세계만방 위에 우뚝 서게 될 것을 상상했습니다. 이처럼 유대인들은 정치 군사적인 메시아 상을 가지고 있었기 때문에 구약을 아무리 읽어도 고난 받는 메시아를 상상해 본 적이 없었습니다. 그것은 제자들도 마찬가지였습니다. 제자들도 예수님이 메시아라는 확신 가운데 무엇을 기대했습니까? 높은 자리를 기대하고 권력을 기대했습니다. 그런 상황에서 '누가 크냐'는 논쟁도 하게 되고 야고보와 요한은 자리 청탁까지 했습니다. 십자가의 죽음 이전까지 제자들도 예수님을 오해했습니다. 그런데 부활, 승천, 성령 강림 사건을 경험하면서 십자가에 달려 죽으신 나사렛 예수가 메시아라는 것을 확신하게 된 것입니다. 그런 의미에서 기독교 신앙에서 중요한 것은 십자가 사건보다 부활, 승천, 성령 강림 사건입니다.

십자가 사건까지 예수님의 모습은 일반 혁명가의 모습과 비슷합니다. 여기 잘못된 정치가 있고 잘못된 체제가 있습니다. 그때 누군가가 이 왜곡된 체제를 청산하자고 깃발을 들면 사람들이 모입니다. 거대한 하나의 운동이 되는 것입니다. 그런데 이 운동을 주도했던 사람이 기존 체제에 의해 잡히거나 죽임 당하게 되면 혁명의 기운은 사그라지게 됩니다. 유대교 권력자들은 예수 운동도 그렇게 될 것이라고 기대했습니다. 예수님을 죽이게 되면 끝장날 것이라고 생각했습니다. 그런데 놀라운 일이 일어났습니다. 예수님께서 돌아가신 후에 도리어 이 운동의 불길이 더욱 활활 타오르게 된 것입니다. 무엇 때문입니까? 부활, 승천, 성령 강림 사건 때문입니다. 이 사건들을 통해 제자들은 예수님이 메시아라는 확신을 가지게 되었습니다. 아마도 연속적인 사건들 속에서 제자들도 큰 충격을 받았을 것입니다. 지금까지 유대교에서는 승리하는 메시아, 승승장구하는 메시아만을 배워왔는데 나사렛 예수를 통해서 고난 받고 죽임당하는 메시아를 보게 되었으니 얼마나 큰 충격을 받았겠습니까? 제자들은 예수 사건을 경험한 후에 구약을 다시 읽게 되면서 그동안 주목하지 않았던 말씀들이 눈에 들어오기 시작했습니다. 스가랴 9장부터 14장에 하나님께서 메시아를 보내주시지만 이스라엘 백성들이 환영하지 않고 죽인다는 말씀을 발견하게 되었고, 이사야 53장에 이스라엘 백성들의 죄악을 짊어지고 매를 맞고 죽임당하는 어린 양의 이야기가 예수에 대한 이야기임을 깨닫게 된 것입니다. 예수 사건을 경험하고 나서 구약 성경을 다시 읽으니까 백성들에게 환영받지 못하고 매를 맞고 죽임당하는 메시아 이야기가 구약 성경에 너무도 많다는 것을 발견하게 된 것입니다. 그래서 초대 교회는 이 모든 것을 메시아에 대한 예언으로 해석했습니다. 그런데 유대교는 이것을 받아들일 수가 없었습니다. 어떻게 메시아가 백성들에게 거부당하고 매를 맞고 죽임을 당할 수 있습니까? 똑같은 성경을 읽고 있지만 유대교와 초대 교회의 성경 해석은 완전히 달랐습니다. 그 대표적인 것이 이사야 53장입니다. 수백 년 동안 이사야 53장을 읽어 온 유대인들은 그 누구도 이 본문을 메시아 예언이라고 생각해 본 적이 없었습니다. 이것을 누구에 대한 예언이라고 해석했습니까? 이스라엘 공동체의 죄를 짊어지고 매를 맞고 죽임당하는 어린양을 바벨론에 포로로 끌려간 사람들에 대한 예언으로 해석했습니다. 그런데 초대 교회는 그 말씀을 바벨론에 포로로 끌려간 사람들에 대한 예언이 아니라 메시아에 대한 예언으로 받아들인 것입니다. 똑같은 성경을 보고 있지만 완전히 다른 해석을 한 것입니다. 정통 유대교와 다른 해석을 하는 초대 교회를 가만 둘 수 있겠습니까? 이것이 유대교가 초대 교회를 핍박한 가장 중요한 이유입니다.

둘째는 여성에 대한 이해가 달라진 것입니다. 유대교는 철저하게 남성 중심의 공동체입니다. 성전과 회당에서 예배드릴 때도 여성들이 머물 수 있는 공간과 남성들이 머물 수 있는 공간은 철저하게 구분되었습니다. 성전에서 여성들은 여인들의 뜰에만 머물러야 합니다. 남성들과 철저하게 구분되었습니다. 회당에서도 메인 예배당은 남성들만 출입이 가능했습니다. 여성들은 커튼 뒤에 있거나 2층에 올라갔습니다. 여성들은 하나님의 말씀도 랍비로부터 직접 배울 수 없었고 아버지나 남편을 통해서 간접적으로만 배울 수 있었습니다. 질문도 여성이 직접 랍비에게 하면 안 됩니다. 아버지나 남편을 통해서만 질문할 수 있었습니다. 당시에 결혼한 여성이 외간 남자에게 말을 거는 행위는 이혼 사유입니다. 성적으로 유혹했다고 본 것입니다. 고린도전서 14장에서 "여자는 교회에서 잠잠하라"는 말도 그런 맥락에서 나온 것입니다. 고대 근동 사회가 남성 중심 사회였고 이스라엘도 결코 예외가 아니었습니다.

이스라엘 백성들은 회당을 건축할 때 돈이 있다고 해서 무조건 지을 수 있는 것이 아니었습니다. 회당을 지을 수 있는 조건은 20세 이상의 유대 남성 10명이 있어야 했습니다. 20세 이상의 유대 남성이 8명이고, 여성이 2,000명이 있어도 회당을 지을 수 없습니다. 여성은 2,000명이 됐건 20,000명이 됐건 남성 한 명과 동등하지 않았습니다. 그래서 복음서에서도 사람들의 수를 계수할 때 여자들의 수는 세지 않았습니다. 그만큼 남성 중심의 공동체가 유대교였습니다. 그런데 초대 교회는 여성에 대한 전혀 다른 주장을 했습니다. 갈라디아서 3장 27~28절은 초대 교회 세례 고백문입니다. 초대 교회에서 세례를 받을 때 이 고백을 한 것입니다. 유대인과 이방인, 주인과 종, 남자와 여자가 그리스도 안에서 하나임을 선언한 것입니다. 그리스도 안에서 이들 모두가 평등한 존재임을 고백하고 세례를 받았습니다. 초대 교인들은 남자와 여자가 동등하고 그리스도 안에서 하나 된 존재임을 받아들인 것입니다. 그래서 어느 공간에서나 초대 교회는 남성과 여성이 함께 모임을 가졌습니다. 그리고 남자와 여자 모두에게 성령이 임함을 그들은 목격했고 증언했습니다. 이런 것을 유대교는 받아들일 수가 없었습니다. 이후 초대 교회에는 브리스길라, 뵈뵈, 유오디아, 순두게 등 많은 여성 지도자들의 이름이 등장합니다. 이것을 유대교는 결코 수용할 수 없었습니다. 여성에 대한 이해의 차이로 인해 유대교는 초대 교회를 핍박하게 되었습니다.

셋째는 교회론의 차이입니다. 유대교는 하나님이 계신 곳이 어디냐고 했을 때 성전 아니면 회당이라고 주장했습니다. 물론 회당보다는 성전을 더욱 중요시했습니다. 이런 것을 뭐라고 합니까? 신전신학 또는 성전신학이라고 합니다. 예루살렘 성전은 하나님의 집입니다. 하나님을 만나기 위해서는 예루살렘 성전으로 가야 합니다. 그런데 초대 교회는 주님의 이름으로 두세 사람이 모인 그곳에 주님이 함께하신다고 주장했습니다. 모임의 장소가 어디이건 주님의 이름으로 두세 사람이 모이면 주님이 그곳에 함께하신다는 것입니다. 이것이 초대 교회 교회론의 핵심입니다. 초대 교회는 가정에서도 모임을 가졌습니다. 고린도 교회, 에베소 교회, 빌립보 교회 모두 가정 교회였습니다. 유대교가 가지고 있었던 교회관을 받아들였다면 가정에서 모이기는 힘들었을 것입니다. 그런데 초대 교회는 새로운 교회관을 채택했습니다. 주님의 이름으로 두세 사람이 모이면 그곳이 어디든지 주님께서 함께하신다는 것입니다. 유대교는 백성 된 자가 하나님이 계신 곳을 향해 가는 구조인데, 초대 교회는 백성이 있는 곳에 주님이 찾아오신다고 이해했습니다. 교회관이 달라진 것입니다. 교회관의 차이로 인해 유대교는 초대 교회를 핍박하고 결국 갈라서게 된 것입니다.

우리가 교회라고 부르는 것을 처음에는 교회당, 예배당으로 불렀습니다. 이것이 훨씬 성경적인 표현입니다. 교회는 그리스도 안에서 함께하고 있는 사람들의 모임입니다. 건물은 교회가 모이는 장소입니다. 그래서 교회당이라고 하는 것이고 그들이 주로 모여서 하는 것이 예배이기에 예배당이라고 한 것입니다. 그런데 '당'자를 붙이니까 법당, 신당, 사당 같은 느낌이 들었던 것 같습니다. 그래서 어느 순간부터는 '당'자를 빼고 교회라고 부르게 되었습니다. 교회당을 지어 놓고 교회라고 부릅니다. 신자들은 건물을 교회라고 생각합니다. 하나님을 만나기 위해 교회를 간다고 말합니다. 그러나 교회는 믿는 사람들의 모임입니다. 건물이 아닙니다. 우리가 그리스도의 이름으로 함께 만나서 하나님 나라 백성으로 교제를 나누고 있다면 그 만남 자체가 교회입니다. 건물은 교회당이라고 하는 것이 맞습니다. 그런데 많은 신앙인들이 교회당 안에 하나님이 계신 것처럼 생각합니다. 이것은 유대교 신앙으로 회귀하는 것입니다. 이 땅에 있는 어떤 건물도 하나님을 모실 수 없음을 기억해야 합니다. 정리하면 유대교가 초대 교회를 핍박했던 이유는 세 가지입니다. 성경 해석의 차이, 여성의 위상에 대한 이해의 차이, 교회관의 차이입니다. 그래서 유대교는 초대 교회를 용납할 수 없었습니다. 사도행전 7장에서 스데반은 당시 유대인들이 가지고 있던 신전신학을 비판했습니다. 그래서 성전을 모독하고 모세 율법을 모독했다는 죄명으로 죽임을 당했습니다. 이 때부터 유대교는 초대 교회 안에서 여전히 성전과 율법을 존중하는 유대 그리스도인들은 내버려 두고 헬라파 그리스도인들에 대해 박해를 가했습니다. 이 사람들이 이방 지역에 많이 있었기 때문에 사울은 이방 지역으로까지 가서 이들을 잡아오고자 한 것입니다. 그 길에서 예수님의 음성을 듣게 된 것입니다.

예수님은 사울에게 이렇게 말씀하셨습니다. "네가 왜 나를 박해하느냐." 사울이 박해하고 있는 것은 교회인데 예수님은 사울이 행하는 교회에 대한 박해가 자신에 대한 박해라고 하십니다. 그리스도의 몸된 교회에 대한 박해는 곧 예수님에 대한 박해임을 알 수 있습니다. 마태복음 25장에도 그러한 동일화가 나옵니다. "소자 중 하나에게 행한 것이 곧 나에게 행한 것이라." 그리스도인들은 하나님을 만나러 교회에 간다는 표현을 자주 사용합니다. 이때 하나님을 만난다는 것은 하나님의 형상대로 지음 받은 지체를 만난다는 것입니다. 지체를 만나는 것이 곧 하나님을 만나는 것입니다. 가끔 이런 분들이 계십니다. 하나님을 만나러 교회 간다고 하면서도 정작 교회 안에서 지체들과의 만남에는 마음이 없는 분들이 있습니다. 이런 분들은 자기가 상상하는 하나님만을 만나고 돌아오는 것입니다. 우리가 교회에 가서 하나님을 만난다고 할 때 누구를 하나님처럼 만나는 것입니까? 성도들을 하나님처럼 만나는 것입니다. 이것이 하나님을 만난다는 말의 의미입니다. 성도들과의 교제에는 관심이 없으면서 하나님을 만나고자 한다면 무엇 하려고 교회 건물을 찾아갑니까? 나 홀로 집에서 하나님과의 만남을 가지면 되는 것 아닙니까? 하나님의 형상대로 지음받은 한 사람 한 사람을 하나님을 대하듯 만나야 하는 것입니다. 그런데 성도와의 교제에는 관심이 없으면서 하나님을 만났다고 착각하는 분들이 많습니다. 그분들은 자기들이 머릿속으로 상상하고 만들어낸 하나님을 만나는 것입니다. 우리가 주일에 교회에서 하나님을 만난다고 하는 것은 결국 하나님의 백성들인 성도들을 만난다는 것입니다. 사람에게 함부로 하는 것은 곧 하나님께 함부로 하는 것임을 기억하셔야 합니다. 그래서 이런 말은 모두 거짓말입니다. 사람들에게 여전히 사기를 치고 진실을 다해 만나지 않으면서 자기가 하나님께 용서받았다고 하는 것은 다 거짓말입니다. 사람을 대하는 그 모습이 실제 하나님을 대하는 자세인 것입니다.

9장 8절을 보겠습니다.

사울이 땅에서 일어나 눈은 떴으나 아무 것도 보지 못하고 사람의 손에 끌려 다메섹으로 들어가서.

사울은 다메섹 사건으로 인해 아무것도 볼 수 없었습니다. 눈이 가려지게 된 것입니다. 정말 제대로 무엇인가를 보기 위해서는 그동안 잘못 보고 있던 것들을 반성하고 제대로 볼 수 있는 훈련의 시간이 필요합니다. 이것을 성경은 회개라고 말합니다. 회개를 뜻하는 헬라어가 '메타노이아'입니다. '메타'는 바꾼다는 말입니다. '노이아'는 인식, 관점이라는 말입니다. 메타노이아는 인식과 관점을 바꾸는 것입니다. 생각하고 보는 방법 자체가 바뀌는 것, 가치 체계와 의식 구조가 근본적으로 바뀌는 것을 회개라고 합니다. 우리가 예수 믿기 전에 가지고 있던 생각이 예수 믿은 다음에 그대로 이어지게 된다면 그것은 회개하지 않은 것입니다. 세상이 우리에게 심어준 생각이 예수 믿은 다음에도 그대로 내 인생에서 왕 노릇하고 있다면 그것은 회개하지 않은 것입니다. 우리가 예수를 믿고 예수를 내 인생의 주인으로 삼게 되면 인간을 바라보는 인간관, 물질을 바라보는 물질관, 인생에 대한 인생관이 바뀔 수밖에 없습니다. 세상이 우리에게 심어준 세계관과 가치관들이 하나님의 말씀으로 변화되는 것입니다. 이것을 회개라고 합니다.

그리스 로마 사회는 노예들의 노동을 통해 유지되었습니다. 로마 인구 3분의 1이 노예였습니다. 그리스 로마 사회에서는 노예가 노동을 전담하고 주인은 노동하지 않았습니다. 이때 일 년 내내 노예들을 마음껏 부려먹으려면 노예 노동을 정당화시켜주는 이데올로기를 만들어야 했습니다. 그래야만 노예에게 노동을 전담시키는 사회를 유지할 수 있는 것입니다. 노예들이 일 년 내내 일하는 것으로 인해 힘들어하고 괴로워하고 울부짖게 되었을 때 주인들이 노예를 불쌍히 여기게 되면 노예를 마음껏 부려먹을 수 없습니다. 그래서 주인들은 노예에 대해 이런 규정을 만들었습니다. '노예는 말만 하는 짐승이고 일만 하는 기계'라는 것입니다. 이것이 그리스 로마 사회가 만들어낸 노예에 대한 정의였습니다. 노예는 사람이 아닙니다. 인간의 말만 하는 짐승입니다. 그래야 노예를 마음껏 부려먹어도 미안한 마음이 들지 않습니다. 이렇게 정의해야만 노예가 지시를 따르지 않을 때 구타하거나 처벌해도 미안한 마음이 들지 않습니다. 만약 노예를 자신과 똑같이 신의 형상대로 지음 받은 존귀한 존재로 인정한다면 노예를 어떻게 마음껏 부려먹을 수 있겠습니까? 그것은 불가능한 일입니다. 노예를 마음껏 부려먹기 위해서는 노예를 사람이 아니라고 해야 합니다. 그래서 노예는 인간의 말만 하는 짐승이고 일을 하는 기계라고 규정한 것입니다.

2011년 구제역이 창궐했을 때 약 350만 마리의 짐승을 생매장했습니다. 살아있는 돼지와 소를 구덩이를 판 후에 산 채로 구덩이에 넣고 묻어버린 것입니다. 그때 짐승을 생매장하는 동영상이 공개되면서 많은 분들이 안타까워했습니다. 그런데 그때 누구 하나 동물에 대해 그렇게 해서는 안 된다고 말하거나 시위하지 않았습니다. 그 이유가 무엇입니까? 만약 살아 있는 한 사람에게 동물에게 했던 것과 똑같이 하고 그것이 동영상으로 퍼졌다면 어떻게 되었을까요? 대한민국 국민 모두가 난리를 쳤을 것입니다. 그런데 똑같은 생명임에도 불구하고 한 사람의 생명 값과 짐승 350만 마리의 생명 값이 이토록 다른 대우를 받았습니다. 짐승은 그렇게 해도 괜찮다거나 어쩔 수 없다는 생각이 일반적입니다. 그리스 로마 사회도 이것을 이용했습니다. 짐승을 일 년 내내 부려먹는 것이 무슨 문제입니까? 짐승을 때리는 것이 무슨 문제입니까? 그래서 노예를 마음껏 부려먹기 위해 노예를 인간이 아닌 짐승으로 규정한 것입니다.

그리스도교 인간관의 핵심이 무엇입니까? 모든 인간은 하나님의 형상대로 지음 받은 존귀한 존재라는 것입니다. 그리스 로마 사회에서 살아가던 사람들이 하나님의 백성이 되어서 그리스도교 인간관을 배우게 되었을 때 그동안 사회에서 배워왔던 인간에 대한 이해, 특히 노예에 대한 규정을 바꿀 수밖에 없었습니다. 지금까지는 노예를 인간의 말만 하는 짐승이고 일만 하는 기계라고 생각했는데 이제는 노예도 하나님의 형상대로 지음 받은 존귀한 존재임을 받아들여야 했습니다. 노예에 대한 인식과 관점이 바뀌었습니다. 이것이 바뀌게 되면 더 이상 노예를 함부로 부려먹지 못합니다. 이처럼 인식의 전환에서 출발해서 삶의 변화를 총칭하는 것을 회개라고 합니다. 이 땅에 그리스도교 복음이 처음으로 들어왔을 때 구한말 조선 사회는 여성들에게 교육의 기회를 허락하지 않았습니다. 여성에게 무슨 교육이 필요하냐는 인식이 일반적이었습니다. 여성들은 그저 집안 일 열심히 하다가 좋은 남자 만나서 결혼하고 아이 낳고 잘 키우면 된다고 생각했습니다. 그런데 그리스도교 복음이 이 땅에 들어와서 여성에 대한 인식을 새롭게 할 것을 요청했습니다.

남자와 여자가 그리스도 안에서 동등한 존재임을 강조하고 여성들도 교육받을 권리가 있음을 천명했습니다. 선교사들은 여성 교육기관을 세웠습니다. 이때 기존의 인식을 고수했던 사람들은 자기 딸을 이곳에 보내지 않았습니다. "밭에 나가서 일하고 집안 일 열심히 하면 되었지 무슨 여자애가 글을 배우냐"고 생각했던 사람들은 여성 교육 기관에 대해 아주 부정적이었습니다. 인식이 바뀌지 않으면 삶의 전환은 불가능합니다. 신앙은 인식의 전환에서 출발합니다. 세상이 우리에게 심어놓은 무수한 생각들이 있습니다. 우리가 하나님을 믿고자 하는 순간부터 해야 할 가장 중요한 것은 세상이 심어 놓은 무수한 생각들을 하나님의 뜻 안에서 점검하는 것입니다. 이것이 하나님의 뜻 안에서도 옳은 것인지를 계속 물어야 합니다. 그리고 하나님의 뜻 안에서 옳지 않은 것은 과감하게 내어던져야 합니다. 하나님의 뜻에 근거한 새로운 가치와 사고를 수용해야 합니다. 이것이 회개입니다. 인식과 관점을 전환시키는 것이 회개의 출발입니다. 이것이 가능하려면 말씀을 올바로 배워야 합니다. 그런데 지금 한국 교회에서 이것이 제대로 이뤄지지 않습니다. 예수 믿기 전이나 이후나 세계관의 전환, 가치관의 전환이 거의 일어나지 않습니다. 메타노이아가 일어나지 않는 것입니다.

9장 9절을 보겠습니다.

사흘 동안 보지 못하고 먹지도 마시지도 아니하니라.

바울은 정말 드라마틱한 회심을 했습니다. 바울은 지금까지 초대 교회를 핍박하는 일에 누구보다 열심을 낸 인물입니다. 하나님께서 바울에 대해 단칼에 심판을 내리셔도 할 말이 없었을 것입니다. 그런데 하나님께서는 바울을 심판하지 아니하시고 도리어 그를 선택하셔서 당신의 놀라운 일들을 행하게 하셨습니다. 따라서 바울은 놀라운 회심 사건 이후 계속해서 하나님이 왜 자신을 선택하셨는가에 대해 고민할 수밖에 없었습니다. 왜 하나님이 나 같은 사람을 단칼에 심판하지 아니하시고 도리어 선택하셔서 하나님의 놀라운 역사를 행하게 하시는지를 생각한 것입니다. 바울은 두 가지 고민을 했습니다. 하나는 하나님께서 언제부터 선택하셨는가 하는 것이고, 다른 하나는 왜 선택하셨는가 하는 구원의 목적과 관련된 고민이었습니다.

첫째는 하나님께서 언제부터 선택하셨는가에 대한 고민입니다. 바울은 처음에는 다메섹에서 하나님께서 자신을 부르셨다고 생각했습니다. 그런데 하나님의 일을 하면서 하나님과의 관계가 깊어지면 깊어질수록 바울의 고백도 깊어졌습니다. 갈라디아서 1장 15절을 보면 어머니의 모태에서부터 하나님이 자신을 이미 선택하셨다고 고백합니다. 그리고 가장 마지막에 쓴 옥중서신인 에베소서 1장 4절에는 창세전부터 하나님께서 자신을 예정하셨다고 고백합니다. 여기서 예정론이 등장하는데 관계의 깊이에 따라 고백의 언어도 깊어지고 있음을 보게 됩니다. 이처럼 예정에 대한 고백은 명제적 진술이 아니라 고백의 언어입니다. 어떤 문장이 있는데 그것을 참과 거짓으로 판명 가능한 것을 명제적 진술이라고 합니다. 예를 들면 1 더하기 1은 2라는 것은 참이지만, 인간은 물고기라는 것은 거짓입니다. 어떤 주장이 있는데 이것이 참인지 거짓인지 판단 가능한 것을 명제라고 합니다. 하지만 고백이라는 것은 참과 거짓으로 명료하게 판단할 수 없습니다. 관계의 깊이에 따라 고백의 언어는 얼마든지 달라질 수 있는 것입니다.

예를 들면 한 남학생이 대학에 입학해서 마음에 드는 이성을 만났습니다. 어느 날 용기를 내서 여학생에게 이런 고백을 합니다. "내가 너를 만나기 위해서 이 학교에 온 거 같아." 남학생은 고백에 성공해서 교제를 시작하게 되었고 어느덧 1주년이 되었습니다. 1주년에 남학생이 다시 고백을 합니다. "내가 너를 만나기 위해서 세상에 태어난 것 같아." 이것이 고백의 언어입니다. 그런데 여학생이 머리가 좋아서 작년에 남친이 했던 말을 기억하며 이렇게 말했다고 생각해 보십시오. "작년에는 나를 만나기 위해서 학교에 온 것 같다고 하지 않았어, 그런데 왜 지금은 태어난 거라고 말해, 나를 만나기 위해 학교에 온 것이 맞아 아니면 태어난 것이 맞아." 여학생의 이런 태도는 고백의 언어가 무엇인지 전혀 모르는 반응입니다. 관계가 깊어지면 깊어질수록 고백의 언어도 훨씬 깊어지는 것입니다. 만약 두 사람이 결혼하게 되었다면 이렇게 말할 수 있습니다. "내가 너를 만나게 된 것은 하나님이 창세전부터 예정해 놓으신 거야." 고백의 언어는 상황에 따라서 모두 정답이 될 수 있습니다. 예정에 대한 진술이 이러한 고백의 언어입니다. 지금은 예정론이 하나의 교리가 되었습니다. 그러나 예정이라고 하는 것은 원래 명제적 진술이 아니라 고백의 언어로 나온 것입니다. 하나님과 그 존재가 맺고 있는 관계의 질에 따라서 얼마든지 달라질 수 있는 것입니다. "하나님은 태초 전부터 나를 예정하셨고 나를 당신의 자녀로 부르셨어"라고 고백할 수 있는 사람이 있고 아직 그 단계까지 이르지 못한 사람이 있을 수 있습니다. 고백의 언어이기 때문에 관계의 질에 따라 얼마든지 달라질 수 있는 것입니다. 그런데 지금은 예정이 하나의 교리가 되어 이것을 믿으면 정통이고 믿지 않으면 이단이라는 식으로 규정하는데 이것은 매우 위험한 생각입니다. 고백은 명제적 진술이 아닙니다. 바울도 하나님과의 관계가 깊어질수록 고백의 언어가 깊어졌습니다. 처음에는 다메섹 도상에서, 이후에는 모태에서, 나중에는 창세전부터 하나님께서 자신을 선택하셨다고 고백했습니다.

둘째는 왜 나를 선택하셨는가 하는 것에 대한 고민입니다. 바울은 아무리 생각해도 하나님께서 자기를 사랑하셔서 선택하셨다고 하는 것을 받아들이기가 어려웠습니다. 지금까지 바울이 했던 행동을 보면 하나님의 마음을 아프게 한 것밖에 없었습니다. 바울은 그리스도의 몸 된 교회를 핍박했습니다. 그런데 왜 자기 같은 사람을 하나님께서 단칼에 심판하지 아니하시고 선택하셔서 당신의 도구로 사용하는지에 대해 고민하지 않을 수 없었습니다. 그 고민의 끝에서 바울은 이런 결론을 내리게 된 것입니다. 하나님과 이방인들이 있습니다. 하나님은 흑암의 권세 가운데 있는 이방인들을 너무나 사랑하십니다. 흑암의 권세 가운데서 신음하고 있는 이방인들을 당신의 백성으로 삼고 싶어 하십니다. 이방인들에 대한 하나님의 애끓는 마음, 자비와 긍휼이 넘치는 마음이 있습니다. 누군가 하나님의 그 마음을 이방인들에게 전해줘야 합니다. 바울은 하나님의 그 마음을 전달해 주는 매개자로 자신이 선택되었다고 생각했습니다. 하나님의 궁극적인 마음은 이방인들을 당신의 백성 삼으시는 것입니다. 하나님의 이 마음을 누군가 전달해 주어야 합니다. 하나님과 이방인 사이에 중간 매개자가 필요한 것입니다. 그 존재로 자신이 선택되었다고 본 것입니다. 바울은 이방인들에 대한 하나님의 사랑이 없었다면 자신이 하나님의 선택을 받을 수 없다고 보았습니다. 자신이 누구 때문에 구원받았다고 생각한 것입니까? 이방인들 때문에 구원받았다고 생각했습니다. 그래서 이방인들에게 구원의 빚을 지고 있다고 고백한 것입니다. 바울은 목숨 걸고 1차, 2차, 3차에 걸쳐 전도 여행을 하면서도 박수 받는 것조차 거절하였습니다. 그 이유는 자신은 빚을 갚는 자였기 때문입니다. 하나님이 사랑하신 이방인들이 없었다면 자신도 하나님의 선택을 받을 수 없었다고 본 것입니다. 이것이 참으로 중요합니다. 구약의 이스라엘 백성들이 실패했던 지점을 바울이 다시 회복시킨 것입니다.

이스라엘은 하나님으로부터 선민으로 부름 받았습니다. 하나님이 이스라엘을 선민으로 부르시면서 이스라엘만 사랑하시려고 선민으로 부르신 것입니까? 아닙니다. 선민으로 부름 받은 이스라엘이 먼저 하나님의 거룩한 백성이 됨으로 인해 이방에 있는 많은 사람들을 하나님 앞으로 견인해 오기를 기대하신 것입니다. 즉 이스라엘은 만민을 위한 선민으로 부름 받은 것입니다. 그런데 이스라엘은 그 부름의 목적을 망각한 채 배타적 선민사상에 빠졌습니다. 선민으로 부름 받은 이스라엘에게는 하나님의 은혜와 복이 임하고 선민으로 부름 받지 못한 모든 민족에게는 하나님의 심판과 저주가 임한다고 생각했습니다. 세계 만민들을 하나님 앞으로 견인해 내라고 선택되었는데 이스라엘은 그 부름의 목적을 망각하고 하나님을 독점하고자 했습니다. 그 결과 배타적 선민사상에 빠져버린 것입니다. 이를 극복한 사람이 바울입니다. 바울은 끊임없이 하나님께서 자신을 선택하신 목적이 무엇인가를 고민했습니다. 그 고민의 결과 하나님의 궁극적인 마음은 이방인들을 구원하시고 이방인을 당신의 백성 삼으시는 것임을 깨달았습니다. 그리고 자신이 하나님과 이방인들 사이에 중간 매개자로 하나님의 그 마음을 이방인들에게 전달하는 자로 선택되었음을 깨달았습니다. 이방인들이 없었다면 자신이 구원받을 수 없었을 것이라는 마음으로 자신이 이방인들에게 구원의 빚을 지고 있다고 주장했습니다. 바울은 하나님이 부르시는 그 순간까지 이 구원의 빚을 갚기 위해 최선을 다한 것입니다.

오늘 우리에게도 바울이 가진 이런 마음이 필요합니다. 그런데 대부분의 교인들은 구약 이스라엘 백성들이 실패했던 모습을 그대로 반복하고 있습니다. 교인들한테 "하나님이 당신을 구원하셨음을 믿습니까?"라고 물으면 대부분 '아멘'하고 대답합니다. 다시 "하나님은 당신을 왜 구원하셨습니까?"라고 물으면 대부분은 "저를 사랑하셔서요"라고 대답합니다. "그렇다면 하나님은 당신을 왜 사랑하십니까?"라고 물으면 "저를 구원하시려구요"라고 대답합니다. 한 번 더 "하나님은 당신을 왜 구원하십니까?"라고 물으면 "저를 사랑하셔서요"라고 대답합니다. 제가 많은 분들에게 임상 실험을 해본 것입니다. 대부분의 교인들은 하나님이 자신을 사랑한다는 확신이 아주 분명합니다. 그리고 하나님이 자기를 구원하셨다는 것도 확실히 믿습니다. 그런데 자기 존재 이상을 넘어가지 못합니다. 이스라엘이 실패했던 모습 그대로를 답습하고 있는 것입니다. 자신이 누구에게 구원의 빚을 지고 있는가, 자신이 누구 때문에 하나님의 선택을 받게 되었는가, 자신이 하나님과 누구의 중간 매개자로 부름 받은 것인가에 대해 전혀 고민하지 않습니다. 넓게 보면 이 세상 사람들을 위해 그리스도인들이 구원받은 것입니다. 여전히 하나님을 알지 못하는 이 땅의 사람들을 위해 구원받은 것입니다. 내 구원에 만족하고 끝날 문제가 아닙니다. 하나님이 자기를 부르신 목적을 기억하면서 이 땅에서 하나님을 알지 못하는 사람들을 위해 정말 최선을 다해야 합니다. 안타까운 현실은 이스라엘 백성들처럼 배타적 선민사상에 빠져 구원의 목적을 망각하는 경우들이 너무 많다는 것입니다. 그런 의미에서 바울은 구약 이스라엘 백성들의 실패를 극복한 사람입니다.

9장 15절을 보겠습니다.

주께서 이르시되 가라 이 사람은 내 이름을 이방인과 임금들과 이스라엘 자손들에게 전하기 위하여 택한 나의 그릇이라.

하나님께서는 왜 많고 많은 사람들 가운데 바울을 이방인의 선교사로 부르셨을까요? 바울이 하나님의 부름을 받은 몇 가지 이유가 있습니다. 첫째로 로마 시민권을 가지고 있었기 때문입니다. 당시 로마 시민권은 오늘날 미국 시민권과 비슷합니다. 저는 미국 시민권을 가진 사람이 부러운 것이 딱 하나 있습니다. 전 세계 어디든지 자유롭게 출입할 수 있다는 것입니다. 북한도 갈 수 있습니다. 대한민국 국민이 통일부의 허락을 받지 않고 북한에 가게 되면 국가보안법에 걸립니다. 그런데 미국 시민권자들은 전 세계 어디든 자유롭게 여행할 수 있습니다. 2천년 전에 로마 시민권을 가지고 있다는 것은 더 강력한 힘이 있었습니다. 바울은 팔레스타인 땅에서 복음을 전하는 사람으로 부름 받지 않았습니다. 하나님이 명하시는 곳이라면 어느 곳이든 가야만 했습니다. 당시 사회가 나그네에게 얼마나 폭력적인 사회였습니까? 2천년 전에 여행을 한다는 것은 결코 쉬운 일이 아니었습니다. 대부분의 사람들은 평생 경험해 보지 못하는 일이었습니다. 바울은 한 곳에 머물러 사역했던 지역 목회자가 아니었습니다. 하나님이 가라고 하면 이동해야만 했습니다. 이때 자유롭게 이 나라 저 나라를 이동함에 있어서 유용하게 활용된 것이 로마 시민권이었습니다. 로마 시민권은 전 세계 어디든 들어갈 수 있는 입장권 같은 것이었습니다. 특정 지역에서 범죄에 연루될 경우 로마 시민권을 가진 사람은 황제에게 직접 재판받을 수 있는 특권까지 있었습니다. 사도행전 후반부를 보면 바울도 로마 황제에게 직접 재판을 받겠다고 로마로 가게 된 것입니다. 바울은 로마 시민권자로서 자신의 신분을 선교 사역에 잘 활용했습니다. 고대 근동 지역 어디든지 자유롭게 갈 수 있었고 그 지역 공권력의 처벌을 받지 않을 수 있는 특권도 있었습니다. 바울이 선천적으로 가지고 있었던 특권을 하나님께서 선교 사역에 잘 활용하게 하셨습니다.

우리나라가 외국과 체결한 최초의 근대적 조약이 강화도 조약 (1876년)입니다. 강화도 조약은 조선과 일본이 체결한 조약으로 불평등 조약이었습니다. 왜 강화도 조약이 불평등 조약이었을까요? 조약의 3조와 5조를 보면 한반도 땅에서 일본 사람이 저지른 범죄에 대해 조선 정부가 재판할 수 없다는 내용이 있습니다. 그래서 명성황후를 시해했던 일본 자객들에 대해 조선 정부가 재판하지 못했습니다. 이들은 일본에 가서 재판을 받았고 모두 무죄로 풀려났습니다. 일본인들은 한반도에서 어떤 죄를 저질러도 조선에서 재판을 받지 않았으니 일본 사람들이 얼마나 기고만장했겠습니까? 미국과 체결한 소파협정도 마찬가지입니다. 오늘날에는 한국인들이 미국에 대해 가지고 있는 인식, 주한 미군에 대한 인식이 옛날과는 많이 달라졌습니다. 40년 전만 하더라도 미국과 대립각을 세워서 주한 미군을 철수시키면 어떻게 하느냐고 벌벌 떨지 않았습니까? 그런데 최근 여론조사를 보면 국민 52%가 주한 미군은 철수해도 괜찮다고 답했다고 합니다. 국민들의 인식이 많이 바뀐 것입니다. 주한 미군을 주둔시키기 위해 우리 정부가 치르는 대가가 적지 않습니다. 우리나라가 매년 주한 미군 주둔을 위해 약 4조 정도를 지원한다고 합니다. 그런데 4조 가운데 1조는 영수증 없이 미군이 마음껏 쓸 수 있다고 합니다. 3조는 우리나라 군무원들의 급여를 포함한 비용 지원이고 1조는 아무런 조건 없이 주는 돈이라고 합니다. 매년마다 1조씩 미군이 그냥 받아서 돈 장사를 했습니다. 트럼프 때는 1조가 아니라 6조를 달라고 요구했습니다. 미군이 평택, 용산, 춘천 등 우리나라 좋은 땅을 차지하고 있으면서도 임대료는 한 푼도 내지 않고 있습니다.

사실 미군은 중국 때문에 한반도에 주둔하고 있는 것입니다. 우리나라를 위한 것이 아닌 미국을 위해서 주둔하고 있으며 주한 미군이 자국 청년들의 실업 문제를 해결하는 방편으로 활용되고 있습니다. 만약 주한 미군이 철수해서 미국 본토로 돌아가게 되면 미국의 실업률이 많이 올라갈 것입니다. 주한 미군의 주둔 목적이 일차적으로 미국의 이익을 위한 것임을 우리나라 국민들도 인식하게 된 것입니다. 주한 미군 주둔과 관련하여 소파협정을 맺었는데 핵심 내용 중 하나가 미군이 한반도에서 저지른 범죄에 대해서는 우리나라 사법부가 재판할 수 없다는 것입니다. 오래 전 「미군 범죄사」라는 책이 출간되었습니다. 이 책을 보면 1950년 이후 미군이 저질렀던 정말 상상할 수 없는 엄청난 범죄들이 기록되어 있습니다. 그런데 그 누구도 대한민국 사법부에서 재판받지 않았습니다. 주권 국가로서 너무도 부끄러운 모습 아닙니까? 2002년 효순이 미선이 사건 때 수십 만 명이 촛불 시위를 한 결과 지금은 미군이 저지른 범죄에 대해 우리나라 사법부가 재판하게 된 것입니다. 바울 당시 로마 시민권은 정말 무소불위의 권력이었습니다. 로마 제국 치하에서 어느 곳이든지 자유롭게 출입이 가능하였고 그 지역을 주관하는 공권력으로부터 재판을 받지 않을 수 있는 특권을 가지고 있었습니다.

　바울이 하나님의 복음을 전하는 자로 선택받은 두 번째 이유는 누구를 만나든 의사소통에 문제가 없었기 때문입니다. 베드로 같은 경우에는 이방 사람에게 복음을 전하기 위해서 반드시 통역이 있어야 했습니다. 그런데 바울은 그렇지 않았습니다. 고대 근동에서 누구를 만나더라도 의사소통에 장애물이 없었습니다. 바울은 길리기아 다소에서 태어났습니다. 그 지역의 언어인 헬라어를 어린 시절부터 배웠을 것입니다. 태어났을 때부터 로마 시민권을 가지고 있었기에 기본적인 라틴어도 구사할 수 있었다고 봅니다. 그리고 10대 초반에 가말리엘 문하에서 정통 율법 교육을 받았습니다. 당시 이스라엘 사람들이 일상 언어로 사용하던 아람어를 알았을 것이고 토라를 공부하면서 히브리어도 배웠을 것입니다. 바울은 최소 4개 국어를 사용했다고 봅니다. 로마 제국이 통치하던 어느 지역을 가서 누구를 만나든 의사소통에 전혀 문제가 없었던 것입니다. 바울이 하나님으로부터 복음을 전하는 자로 선택된 중요한 이유는 언어 소통 능력을 구비했기 때문입니다. 하나님께서는 준비된 바울을 사용하셨습니다.

바울은 다메섹 사건을 경험하면서 유대교에서 초대 교회로 회심했습니다. 유대교 입장에서 바울은 배신자가 된 것입니다. 그런데 초대 교회도 상당 기간 바울을 환영하지 않았습니다. 그동안 유대교를 위해 열심을 다했던 사람이 갑자기 초대 교회로 넘어가 버렸으니 유대교 배신자 바울에 대해 심한 분노를 가졌을 것입니다. 바울을 죽이고자 결사대까지 결성되었습니다. 하지만 초대 교회도 바울의 회심을 환영하지 않았습니다. 왜냐하면 바울의 과거 전력 때문입니다. 그동안 바울이 무엇을 했습니까? 초대 교인들을 잡아 가두고 죽이는 일에 앞장섰습니다. 그런데 바울이 갑자기 예수를 만나 회심했다고 하는데 문제는 증인이 없다는 것입니다. 다메섹 사건의 중요한 특징이 증인이 없다는 것입니다. 사도행전 9장, 22장, 26장에 세 번에 걸쳐서 다메섹 사건에 대한 기록이 나오는데 그 내용이 조금씩 다릅니다. 어디에는 바울만 음성을 듣고 나머지는 못 들었다고 하고 어디에는 바울만 빛을 보고 나머지는 보지 못했다고 말합니다. 핵심은 바울이 경험한 사건에 대한 증인이 없다는 것입니다. 바울이 하는 말에 대해서 "나도 그런 음성을 들었어요"라고 지지해줄 증인이 없었습니다. 바울도 예수를 만났는데 증인이 없으니 얼마나 답답했겠습니까? 바울은 회심 이후에 초대 교회에 들어오고자 했습니다. 이때 초대 교인들이 얼마나 큰 두려움에 사로잡혔겠습니까? 바울이 초대 교회 예배에 몇 주간 참석하고 교인들이 어디에서 모이는지, 누가 모이는지에 대한 정보를 파악한 후에 교회를 일망타진하면 어떻게 되겠습니까? 그러니까 초대 교회 입장에서도 바울의 회심의 진정성에 대해 검증할 시간이 필요했던 것입니다. 갈라디아서 1장과 2장을 보면 바울의 회심의 진정성에 대한 문제를 해결하는데 17년이라는 시간이 걸렸습니다. 예루살렘 교회가 바울의 사도성을 인정하기까지 17년의 시간이 소요된 것입니다. 이 17년의 세월 동안 바울은 묵묵히 자신의 사역에 최선을 다했습니다.

바울 서신을 보면 바울이 개척한 교회에 예루살렘 교회 사람들이 찾아와서 끊임없이 그의 사도성에 대해 문제 제기를 합니다. 그래서 바울이 개척한 교회에서도 사도성을 인정하지 않고 선교 사역을 위한 물질적인 후원도 하지 않은 경우가 많습니다. 그래서 바울은 가죽 천막을 만들면서 자비량 사역을 했습니다. 자비량 사역이 바울 선교의 원칙은 아니었습니다. 후원금이 들어오지 않았기 때문에 바울은 자비량으로 사역하게 된 것입니다. 그런 의미에서 바울은 정말 대단한 사람입니다. 유대교는 바울을 배신자로 낙인찍고 죽이려고 안달하고 초대 교회도 바울의 회심에 대해 두 팔 벌려 환영하지 않고 경계하는 상황 속에서 그는 묵묵히 자신의 사역에 최선을 다했습니다. 인간적으로 얼마든지 상처받을 수 있는 상황에서도 바울은 하나님만을 바라보며 자신의 길을 걸어갔던 것입니다. 하나님 나라에 가서 바울을 만나면 한 번씩 꼭 안아주시기 바랍니다. 바울을 찾는 것은 아주 쉽습니다. 바울은 일단 키가 작고 대머리에 매부리코에 안짱다리입니다. 제가 지금 말한 바울에 대한 외모 묘사는 테클라 행전이라는 글에 나옵니다. 테클라라는 여인은 오늘날로 말하면 바울의 팬클럽 회장입니다. 바울을 사랑하고 존경하는 사람이 묘사한 내용이기에 그 내용은 믿을 만합니다. 정말 수고하고 애쓴 바울을 찾아가서 위로하고 고마움을 표했으면 좋겠습니다.

10장 | 베드로의 환상

　유대교에서 초대 교회로 회심한 바울에 대해서 유대교는 배신자로 낙인을 찍어 죽이려고 했습니다. 초대 교회는 바울의 과거 전력으로 인해서 그의 회심을 인정하지 않고 회심의 진정성을 검증하는데 오랜 시간을 보내게 됩니다. 이처럼 양쪽으로부터 미움과 의심을 받는 시간을 바울은 하나님에 대한 사랑과 헌신으로 이겨냅니다. 바울이 유대교에 최선을 다한 것도 유대교에 대한 사랑과 헌신이 아니라 하나님에 대한 헌신의 행동이었습니다. 이제는 그것이 교회에 대한 헌신으로 드러나는 것은 그 교회가 지금 하나님의 사역을 대리하는 기관이며 하나님의 뜻을 이루어내고자 결단하는 곳이었기 때문입니다. 교회 그 자체에 대한 맹신과 순종의 차원이 아니었다는 것이 중요합니다. 바울은 오랜 시간 하나님이 지금 어디에서 역사하고 계신가, 하나님이 지금 누구와 함께하고 있는가에 대해 물었을 때 그 정답을 유대교라고 생각했습니다. 그래서 유대교를 위해 최선을 다한 것입니다. 그러나 이제는 하나님께서 교회를 통해 역사하고 계심을 깨닫게 되었고 그래서 이제는 교회로 회심하여 하나님을 위해서 열정과 헌신을 보이고 있는 것입니다. 하나님의 입장에서 보면 바울은 언제나 하나님과 함께 머물러 있기를 원했던 사람이라고 볼 수 있습니다. 바울은 매 순간마다 하나님의 뜻이 어디에 있는가를 물었고 하나님의 뜻이 있다고 생각되는 곳에서 하나님을 위해서 최선을 다했습니다.

저는 이런 바울을 보면서 장기려 선생이 생각났습니다. 선생님은 1980년대 중반에 한국 교회에는 예수가 없다고 하시면서 섬기던 교회를 나오셔서 작은 공동체로 옮기셨습니다. 그리고 몇 년 후에 하나님의 부르심을 받으셨습니다. 한국 교회에 무슨 서운한 일이 있다하더라도 인간적으로 참으시고 평생을 신앙생활 하시던 곳에서 남은 여생을 보내실 수도 있었을 텐데 선생님은 그렇게 하지 않으셨습니다. 선생님은 평생을 예수 제자답게 살기를 원하셨고 예수와 동행하는 삶을 사셨습니다. 그러했던 선생님의 눈으로 당시 한국 교회를 들여다보니 한국 교회에 예수가 없는 것을 발견하셨습니다. 그래서 신앙의 본질을 붙잡고 분투하는 작은 공동체로 옮기셨습니다. 1980년대 중반에 그러한 결단을 한다는 것이 얼마나 어려운 일입니까? 그런데도 선생님은 신앙의 본질을 붙잡고 살았던 사람이었기 때문에 그 어떤 것도 장애물이 되지 않았습니다. 매순간 하나님이 계신 곳에서 자기 존재를 다하겠다는 마음이 있었던 것입니다.

베드로는 중풍에 걸린 애니아를 치유하고 수명이 다한 도르가도 살려냅니다(9:32~43). 9장 마지막에 베드로의 치유 사건을 기록하고 있는 이유가 무엇일까요? 복음서에서 이러한 치유 사역을 행하신 분이 누구십니까? 예수님입니다. 예수님은 병자들을 치유하시고 죽은 자를 살리셨습니다. 예수님께서 행하셨던 그 사역을 지금 베드로가 계승하고 있는 것입니다. 복음서를 보면 예수님은 배고픈 자를 먹이셨습니다. 병에 걸려 아파하는 자를 치료하셨습니다. 죽은 자를 살리셨습니다. 예수님은 인간을 괴롭히고 있는 질병과 죽음의 문제에 대해서 깊이 관여하시면서 사람들을 도우셨습니다. 그 일을 지금 누가 계승하고 있습니까? 제자들이 하고 있습니다. 9장에서 치유 사건을 기술함으로써 예수 제자인 베드로가 예수의 사역을 온전히 계승하고 있음을 보여주고 있는 것입니다. 오늘날에도 신앙인들은 이런 사역의 계승자가 되어야 합니다. 하나님의 형상대로 지음 받은 사람들이 인간다운 삶을 누리지 못하고 있을 때 그들의 배고픔과 고통과 아픔을 어떻게 치유하고 도울 수 있을지를 고민하고 적극적으로 실천하는 곳이 교회가 되어야 합니다. 그렇게 행하는 것이 세상의 빛과 소금으로 세워진 교회의 사명입니다.

특별히 모든 신앙인들이 이념의 장벽을 뛰어 넘어 함께 실천해야 하는 것이 환경 문제입니다. 신앙인들은 하나님이 이 땅을 창조했다고 믿습니다. 창세기 1장 28절에 보시면 하나님은 세상을 창조하시고 나서 당신의 백성들에게 이 땅을 잘 돌보고 다스리고 지키라고 명령하셨습니다. 그런데 로마서 8장에 하나님의 아들들이 그 역할을 제대로 하지 못함으로 인해 피조물들이 탄식하고 있다고 말합니다.

그래서 탄식하는 피조물들은 하나님의 아들들이 나타나기를 고대하고 있습니다(롬 8:19). 하나님께서 당신의 백성 된 신앙인들에게 이 땅을 잘 돌보고 지키라고 명령하셨는데 창조 신앙을 가지고 있는 신앙인들조차도 이 땅이 탄식하건 말건 관심이 없습니다. 하나님이 맡기신 중요한 사명에 대해 직무유기하고 있는 것입니다. 저는 여기서 한국 교회가 이단이라고 하는 안식일 교인들에게 배워야 할 점이 있다고 봅니다. 안식일 교인들은 환경과 생태 문제에 관심이 많습니다. 그래서 안식일 교인들이 유기농 매장이나 채식 뷔페를 많이 운영합니다. 모두가 다 신앙의 실천 속에서 행하는 것들입니다. 그런데 소위 정통 교회에서는 이러한 실천에 대해 무관심합니다.

외신에 이런 뉴스가 있습니다. 북극곰은 원래 집단생활을 하지 않고 혼자 생활하는데 250마리의 북극곰이 고래를 사냥하는 기사가 나왔습니다. 원래 곰은 고래를 먹지 않습니다. 그런데 양식이 부족하다 보니 고래를 사냥해서 먹으려고 하는 것입니다. 정말 심각한 것은 기후 위기의 속도가 너무나 빨라지고 있다는 것입니다. 기후학자들은 2050년에 빙하가 다 녹아내릴 것이라고 진단하고 있는데 최근에는 2040년 전에 빙하가 다 녹아내릴 것이라는 보고도 있습니다. 호주에서는 2030년이 되면 빙하가 다 녹아내린다는 보고까지 나왔습니다. 빙하가 녹아내리면 어떻게 됩니까? 해수면이 상승하게 되고 해수면이 상승하게 되면 최소 10억 명 이상의 사람들이 살고 있는 땅이 물로 뒤덮이게 됩니다. 우리나라도 영종도를 비롯한 서해 지역 상당 부분이 물에 잠기게 된다고 합니다. 정말 심각한 문제입니다.

학자들은 빙하가 녹아내림으로 인해 환경 난민이 최소 10억 명 이상 발생할 것이라고 보고 있습니다. 그렇게 되면 이 사람들은 자기들이 살 수 있는 지역으로 이동할 것이고 사람들이 모여드는 지역은 과밀지역이 되어 정상적인 삶이 쉽지 않을 것입니다. 모든 사람들이 먹을 수 있는 깨끗한 물과 공기, 거주할 수 있는 주택 공급이 가능하겠습니까? 그때부터는 비상사태가 되는 것입니다. 너무나 많은 사람들이 지금이 마지막 때라고 말합니다. 그런데 기후 위기와 관련하여 전 세계가 힘을 모으는데 유일하게 협력하지 않는 나라가 미국입니다. 현재 미국 인구는 전 세계 인구의 20분의 1이지만 그들이 사용하고 있는 에너지는 전 세계가 사용하고 있는 에너지의 5분의 1을 차지합니다. 전 세계가 기후 협약을 체결하여 기후 위기 시대에 대응하고자 하는데 미국은 나 홀로 지키지 않겠다고 기후 협약에서 탈퇴했습니다. 그런데 미국을 제재할 수 있는 나라가 있습니까? 아무도 미국을 제재하지 못합니다. UN도 안 됩니다. UN에 후원금을 제일 많이 내는 나라가 미국입니다. 현재 미국을 제재할 수 있는 나라가 없기 때문에 기후 위기 시대 인류의 미래는 더욱 암담합니다.

기후 위기와 관련하여 개인적으로 실천할 수 있는 일상의 영역이 육식 소비를 줄이는 것입니다. 오늘날 공장식 축산으로 인해 환경 파괴 문제가 아주 심각합니다. 돼지 한 마리가 하루에 배설하는 분뇨 양이 5킬로 정도라고 합니다. 우리나라에만 수천만 마리의 돼지를 사육하고 있습니다. 그러면 돼지들이 하루에 내놓는 배설물만 하더라도 그 양이 얼마나 많겠습니까? 그것을 어떻게 처리하고 있을까요? 현재 전 세계에 10억 마리 이상의 소가 있습니다. 농사지을 수 있는 땅에 반 이상을 소를 사육하는데 사용하고 있습니다. 전 세계에서 생산되고 있는 콩의 80%, 옥수수의 90%를 소의 사료로 사용하고 있습니다. 소 한 마리가 하루에 배설하는 분뇨의 양이 성인 16명이 배설하는 양과 동일합니다. 그것을 지금 어떻게 처리하고 있을까요? 그 엄청난 분뇨를 처리하기 위해 얼마나 많은 땅이 황폐화되고 있는지, 지하수가 오염되고 있는지 상상하기도 어렵습니다. 더욱 심각한 것은 원래 소는 풀을 먹어야 합니다. 그런데 지금 사육되고 있는 소들은 대부분 사료를 먹습니다. 그래서 소들이 소화가 잘 되지 않아서 계속해서 트림을 하고 방귀를 낍니다. 이때 엄청난 양의 메탄가스가 분출됩니다. 전 세계 자동차가 뿜어내는 매연보다 소가 트림하고 방귀 뀌는 것으로 인해 환경이 더 악화되고 있습니다. 공장식 축산으로 인해 사람들의 육식 소비는 더욱 늘어나고 있는데 이것이 환경 파괴와 어떻게 연관되고 있는지를 알아야 합니다.

할아버지 할머니들이 사랑하는 손주들에게 예쁜 옷을 사주고 맛있는 음식을 먹이는 것으로 만족해서는 안 됩니다. 10년, 20년 이내에 지구가 지속 가능할지에 대해 확답할 수 없습니다. 기후 위기 시대에 누구보다 눈을 크게 뜨고 상황을 예의주시해야 할 곳이 하나님의 창조를 믿고 있는 교회입니다. 그런데 교회가 이런 문제에 대해 너무나 관심이 없습니다. 저는 목회를 하면서 나름 실천했던 것 가운데 하나가 환경을 오염시키지 않는 실천이었습니다. 그래서 종이 낭비를 막기 위해 주보도 만들지 않았고 모든 지체들은 텀블러 사용을 생활화하며 일회용품 사용을 자제했습니다. 음식 재료와 간식도 유기농을 소비했습니다. 이것은 웰빙을 추구하고자 그렇게 한 것이 아닙니다. 하나님이 창조하신 아름다운 세계가 과도한 농약과 화학비료 살포로 인해 신음하고 있습니다. 하나님이 창조하신 아름다운 세상을 보존하기 위해 생명 농업을 하시는 분들의 수확물을 우리가 소비해주어야만 그분들이 계속해서 농사를 지을 수 있지 않겠습니까? 창조 신앙을 진정으로 믿는다면 하나님께서 우리에게 이 땅을 잘 돌보고 다스리고 지키라고 명령하셨음을 진정으로 믿는다면 교회가 환경 문제에 대해 대전환을 이루어내야 한다고 봅니다. 다른 문제에 대해서 말하게 되면 대부분 자신이 가진 이념으로 인해 교회가 갈등하게 될 가능성이 높습니다. 이념을 떠나 교회가 한마음으로 할 수 있는 것이 환경 생태에 대한 실천입니다. 교회가 늘 하던 것들만 반복하지 말고 우리의 과도한 육식 문화에 대한 다큐멘터리도 함께 시청하고 환경 문제에 대한 이야기도 좀 듣고 일상의 삶에서나 교회적으로 함께할 수 있는 실천의 방안들을 만들어서 함께 지켜나가면 좋겠다는 생각을 합니다.

저는 개인적으로 세숫대야에 세수하고 남은 물로 걸레를 빨 때 사용하고 변기 물로도 사용했습니다. 그런데 제가 수십 년을 그렇게 하면 뭐합니까? 미국이라는 거대 국가가 환경 파괴의 삶을 지속하고 있는데 개인의 실천이 무슨 의미가 있는가 하고 탄식할 때가 한두 번이 아닙니다. 개인적으로 육식을 자제하고 채식 중심으로 식사를 하고자 합니다. 고기를 먹는 것을 무조건 반대하지는 않지만 오늘날 과도한 육식 문화의 폐해에 대해서 알아야 합니다. 유튜브에 가축들이 어떻게 사육되고 도살되는지에 대한 영상들이 많습니다. 우리가 건강하기 위해 음식을 먹는 것인데 오늘날처럼 과도한 육식 문화가 우리 몸을 건강하게 만들고 있는가를 성찰해보아야 합니다. 육식으로 사육되는 돼지는 평생 조그마한 스톨에 갇혀서 생활합니다. 스톨에 갇혀 자유롭게 움직이지도 못합니다. 암컷은 계속해서 강제로 임신을 시킵니다. 그러다가 어느 순간 용도가 다하면 도살됩니다. 닭들은 공책 크기의 케이지에 갇혀서 지냅니다. 이것을 배터리 케이지라고 부릅니다. 그곳에서 닭들은 자유로이 움직이지 못하고 살아가고 있습니다. 우리가 육식을 하더라도 건강한 고기를 먹어야 하지 않겠습니까. 우리가 닭을 상상하면 흙을 밟고 다니는 것을 상상하기 쉬운데 대부분의 공장식 양계를 하는 닭들은 흙을 한 번도 밟지 못합니다. 케이지에 갇혀 지내니 닭들이 스트레스를 받아 옆에 있는 닭을 쪼아 죽입니다. 그래서 이것을 방지하고자 새끼 때부터 부리를 잘라버립니다. 평생 스트레스를 받는 상황 속에서 환경도 오염된 곳에서 사육되는 짐승을 우리가 고기로 먹고 있으니 이것이 과연 우리 몸을 건강하게 만들 수 있을까요? 오늘날 공장식 축산은 거대한 산업이 되었습니다. 막대한 이윤을 추구하기 때문에 윤리 도덕적 기준에 부합하게 운영되는 곳이 그리 많지 않습니다. 유럽은 몇 년 전부터 이런 배터리 케이지에서 생산되는 달걀을 먹지 못하도록 했습니다. 그런데 우리나라는 그런 법이 없습니다. 이제는 환경 생태 문제에 대해서 관심을 가져야 합니다. 특별히 하나님의 창조 세계를 지켜내는 일에 앞장서야 할 그리스도인들에게는 너무나 중요한 사명이자 과제임을 기억하셔야 합니다.

베드로의 환상(10장)

10장은 기독교 선교 역사에서 정말 중요한 장입니다. 예수께서 승천하시면서 이 땅에 남겨진 제자들에게 모든 족속으로 제자 삼으라는 사명을 주셨습니다. 이 사명을 감당하려면 당시 유대인들이 갖고 있었던 정결법에 대한 인식이 바뀌지 않으면 안 됩니다. 당시 유대인들은 유대인과 이방인이 만나는 것 자체를 부정하게 보았습니다. 열두 사도 모두 유대인들입니다. 유대인들이 모든 민족을 제자 삼고자 하면 반드시 이방인들을 만나야 합니다. 그런데 정결법으로 인해 유대인으로서 이방인을 만난다는 것이 얼마나 찜찜했겠습니까. 예수님은 지상 명령을 주셨는데 그 사명을 완수하고자 할 때 정결법이라는 난관이 버티고 있었던 것입니다. 그 장애물을 뛰어넘어 가도록 베드로로 하여금 놀라운 경험을 하게 하신 사건이 10장에 나옵니다. 모든 분들이 공감하시겠지만 각자가 가진 생각을 바꾼다는 것은 정말 쉽지 않습니다. 당시 유대인들에게 있어 이방인에 대한 편견과 선입견을 바꾸어 낸다는 것이 얼마나 어려운 일이었겠습니까. 진짜 쉽지 않았을 것입니다. 우리가 어떤 생각을 가지고 있을 때 내 생각을 지지해 주는 사건을 만나게 되면 자신의 생각이 더 강화됩니다. 반대로 내가 가진 생각을 반박하는 경험을 하게 되더라도 기존의 내 생각을 버리는 경우는 많지 않습니다. 영남 출신의 부모님이 자녀에게 전라도 사람들 믿지 말라고 계속 이야기하면 어느 순간 자녀에게는 이 주장이 하나의 진리처럼 자리하게 됩니다. 자신의 삶에서 아무리 좋은 전라도 사람들을 만나더라도 이 생각이 잘 바뀌지 않습니다. 그런데 어떤 전라도 사람이 자신에게 무엇인가 잘못을 하게 되는 경우에는 이 생각이 더욱 강화됩니다. 이처럼 편견이나 선입견을 하나 바꾼다는 것은 정말 어려운 일입니다. 기존의 것을 새롭게 변화시켜내는 것은 결코 쉽지 않습니다.

옛날에는 대부분의 교회에는 이중 강대상이 있었습니다. 아래에 작은 강대상이 있고, 위에 좀 더 큰 강대상이 있었습니다. 이중 강대상은 그 자체가 위계와 권위의 상징이었습니다. 위에 있는 강대상에는 담임 목사님과 강대상에 물을 올려놓는 권사님 한 분만 올라갈 수 있었습니다. 전도사가 설교를 하거나 부목사가 설교할 때는 아래 강대상에서 해야 했습니다. 중고등부 시절 문학의 밤 행사를 할 때도 위에 강대상을 치우고 그곳에 무대를 설치할 수 있도록 허락받는 것이 쉽지 않았습니다. 위에 강대상은 거의 신성불가침의 영역처럼 여겨졌습니다. 성막에 있는 지성소와 같은 곳으로 인식되었습니다. 그런데 시대가 변하면서 너무나 권위적인 이중 강대상에 대한 문제의식 속에서 지금은 대부분의 교회가 이중 강대상을 없애버렸습니다. 그러나 정말 오랜 시간이 걸렸습니다. 위에 강대상의 높이를 1년에 1센티미터씩 내렸다는 농담이 있을 정도입니다. 그만큼 어려운 일이었다는 것입니다. 너무나 권위적이니 위에 강대상의 높이를 낮추자는 것에 대해 동의를 해도 그것을 실행하는 일은 결코 쉽지 않은 일이었습니다. 2000년대 초반부터 조금 개혁적인 목회자들을 중심으로 좌우 강대상이 생겨났습니다. 이중 강대상 대신 사회자는 이쪽, 설교자는 저쪽에서 하는 강대상이 탄생한 것입니다. 여전히 설교자의 자리는 함부로 접근할 수 없는 영역으로 설정해 놓았다는 생각이 듭니다.

오랜 세월 동안 형성돼 있는 생각을 바꾸어 내는 것은 참으로 어렵습니다. 베드로는 평생 유대인으로서 정결법을 철저하게 준수했던 사람입니다. 신학자들 중에는 베드로를 정통 바리새인으로 보는 분들도 있습니다. 그런 베드로가 어떻게 유대인과 이방인의 담을 뛰어넘을 수 있었을까요? 베드로의 인식을 변화시키기 위해서 하나님께서는 10장에서 놀라운 사건을 경험하게 하십니다. 10장 1절을 보시면 고넬료라는 사람이 등장합니다. 고넬료는 정말 대단한 사람입니다. 로마의 백부장으로서 베드로를 만난다는 것이 어떤 의미인지를 한번 생각해 보십시오. 로마 제국에 의해서 예수는 처형당했습니다. 그렇게 죽임 당한 예수의 수제자가 베드로입니다. 이것은 마치 일제 시대 때 일본군 장교가 독립운동을 하다가 일본에 의해 죽임당한 조선 지도자의 수제자를 만나는 것과 같은 것입니다. 현재 중국이 티벳 사람들을 억압하고 있는데 중국 군대의 장교가 티벳 불교의 어떤 수제자를 만나는 것과 같은 것입니다. 또한 고넬료와 베드로의 만남을 로마의 통치를 반대하는 유대인들이나 독립운동을 했던 열심당원이 목격했다면 얼마나 분노했겠습니까. 고넬료를 만났다는 이유만으로도 베드로를 매국노 취급했을 것입니다. 핵심은 이 만남 자체가 너무나 어색한 조합이라는 것입니다. 그런 의미에서 고넬료는 정말 대단한 사람입니다. 원래 약한 사람들이 강한 사람들의 것들을 수용하는 것이 일반적입니다. 왜 강한 사람들의 것들을 받아들입니까? 나도 그것을 받아들임을 통해서 강한 사람이 되고 싶은 것입니다. 옛날에 부흥사들이 이런 메시지를 많이 선포했습니다. '예수 믿으면 부자된다'고 하면서 증거로 내세웠던 나라들이 어디입니까? 유럽과 미국입니다. 예수 믿는 나라들이 얼마나 잘 사는가를 보라고 하면서 예수 믿으면 부자 될 것 같은 기대감이 생겨나면서 예수를 믿는 사람들이 많아지기도 했습니다.

지금 우리나라 선교사들이 해외에 나가서 선교하게 되면 많은 열매를 맺습니다. 그 이유 가운데 하나가 우리나라의 위상이 많이 높아졌기 때문입니다. 만약 우리나라가 여전히 가난한 나라라면 해외 선교 현장에서 지금과 같은 열매를 맺기는 쉽지 않았을 것입니다. 예를 들어 라오스나 캄보디아 사람들이 우리나라에 와서 전도한다고 생각해보십시오. 사람들이 귀를 기울이겠습니까? 그런데 미국 사람이 우리나라에 와서 전도하게 되면 많은 사람들이 추종하게 됩니다. 똑같은 말이라고 하더라도 누가 전하느냐에 따라 반응이 달라지는 것입니다. 이처럼 강한 사람들의 질서나 문화, 종교를 약한 사람들이 수용하기는 쉽습니다. 자신도 그것을 받아들임을 통해 강한 자와 어울리고 싶고 강한 자가 되고 싶기 때문입니다. 그런데 고넬료는 반대입니다. 고넬료는 로마 사람이고 백부장으로서 강함의 상징입니다. 그런데 유대인들이 믿고 있는 야웨 하나님을 섬기고 있습니다. 강함의 상징이라고 할 수 있는 사람이 약함의 대명사인 유대인들의 하나님을 믿고 있는 것입니다. 그런 의미에서 고넬료는 보통 사람은 아닙니다. 시대에 편승하는 그런 사람이 아닙니다. 고넬료의 모습은 약자가 살기 위해서 강자의 종교나 사상을 받아들이는 것과는 그 결을 달리합니다.

일제시대 일본이 조선을 지배하면서 일본 기독교를 침투시켰습니다. 이것을 조합교회라고 합니다. 놀라운 것은 불과 몇 년 만에 조합

교회의 구성원이 3만 명이 되었습니다. 일본인 목사가 일본어로 예배를 드리는 곳인데 많은 조선인들이 이 교회를 찾아온 것입니다. 이유가 무엇이겠습니까? 그 교회 교인이 되면 일본 사람과 관계를 맺으면서 이런저런 도움을 받을 수 있을 것이라고 기대한 것입니다. 그 교회를 다니면서 일본어도 금방 배울 수 있었을 것입니다. 이런 것이 보통 사람들의 모습입니다. 보통 사람들은 살기 위해서 강자의 종교나 사상을 받아들입니다. 그런데 고넬료는 강한 사람이었음에도 불구하고 식민 지배를 받고 있는 이스라엘 백성들이 믿고 있는 야웨 하나님을 섬기고 있었습니다. 이 얼마나 대단한 사람입니까? 10장에 가이사랴라는 도시가 나옵니다. 가이사랴는 로마의 황제인 가이사를 기념하기 위해 세운 도시입니다. 당시 로마 제국에는 이런 가이사랴라는 도시가 수십 개 있었습니다. 이스라엘 땅에도 가이사를 기념하기 위한 도시가 두 군데 있었습니다. 하나가 가이사랴이고, 다른 하나가 가이사랴 빌립보입니다. 10장에 나오는 가이사랴는 지중해 해변가에 있는 도시입니다. 이것은 헤롯이 세운 도시입니다. 이스라엘 땅 안에서 가장 이방적인 도시라고 할 수 있습니다. 원형 경기장도 있고 극장도 있고 건물과 도로를 이방식으로 건축했습니다. 그래서 열심당원들이 공격의 영순위로 생각한 곳이 바로 가이사랴입니다. 여기 가이사랴에 로마의 군대가 주둔하고 있었습니다. 유월절이나 오순절 같은 큰 절기 때에는 가이사랴에 주둔하던 로마 군대가 예루살렘 성으로 이동하여 경계를 강화했습니다. 이곳과 구별하기 위해서 그다음에 건축한 곳을 가이사랴 빌립보라고 불렀습니다. 예수님이 제자들에게 "사람들이 나를 누구라 하느냐, 너희는 나를 누구라 하느냐"고 물으신 곳이 바로 가이사랴 빌립보입니다. 가이사를 위해 건축했기에 가이사랴라고 명명했고 여기에 건축을 주관한 빌립의 이름을 더해 가이사랴 빌립보라고 부른 것입니다. 이런 도시들에는 대부분 가이사의 신상이 있었습니다.

베드로가 기도하기 위해 정오쯤에 옥상에 올라갔는데 환상 중에 하늘에서 보자기가 내려오는 것을 보게 됩니다. 보자기 안에는 먹을 수 없는 짐승들이 있었습니다. 그런데 하늘로부터 "잡아먹어라"는 음성이 들려왔습니다. 이때 베드로는 "주여 그럴 수 없나이다"라고 대답합니다. 베드로가 '주여'라고 말한 것을 보면 하늘에서 들린 음성이 예수님의 음성이었음을 알 수 있습니다. 그런데 예수님은 계속 잡아먹으라고 하고 베드로는 먹지 않겠다고 실랑이를 벌입니다. 이 대화중에 베드로는 자신이 어렸을 때부터 이런 부정한 것들을 먹지 않았다고 말합니다. 여기에서 베드로가 어린 시절부터 음식 정결법을 철저하게 지킨 사람임을 알 수 있습니다. 3번에 걸친 실랑이 끝에 결국 보자기가 하늘로 올라갑니다. 여기서 3이라는 숫자는 완전수입니다. 예수님은 계속해서 먹으라고 하신 것이고 베드로는 계속해서 먹지 않겠다고 한 것입니다. 그리고 결국 보자기가 하늘로 올라갑니다. 이 사건은 레위기 11장과의 연관성 속에서 바라보아야 합니다. 하나님은 토라의 말씀을 통해 하나님의 백성 이스라엘이 먹을 수 있는 짐승과 먹어서는 안 되는 짐승을 구별해 주셨습니다.

구약에는 '하지 말라'는 계명이 많습니다. 십계명을 보면 "살인하지 말라", "간음하지 말라", "도둑질하지 말라", "거짓 증언하지 말라" 등의 말씀이 있습니다. 그런데 신약에 오면 '하라'는 말씀들이 많이 등장합니다. "너희가 옛날에는 이렇게 들었지만 나는 너희에게 이렇게 말한다"고 하시면서 심지어 '원수를 사랑하라'고 말씀하기도 하십니다. 그렇다면 왜 구약에는 '하지 말라'는 말씀이 많고, 신약에는 '하라'는 말씀이 많을까요? 여러분이 보실 때 '하지 말라'는 계명을 지키기가 쉽습니까, '하라'는 계명을 지키는 것이 쉽습니까? 사실 '살인하지 말라'는 계명은 '생명을 살리라'는 말씀입니다. '거짓 증언하지 말라'는 것은 '진실을 말하라'는 것입니다. 그런데 거짓 증거하지 않는 것이 쉽습니까, 진실을 말하는 것이 쉽습니까? '하지 말라'는 계명은 사람들을 만나지만 않아도 다 지킬 수 있는 것입니다. 그런데 그것이 진짜 하나님의 뜻은 아닙니다. 하나님은 우리가 관계 안에서 하나님의 백성으로 신실하게 살아가기를 원하십니다. 그런데 왜 구약에는 '하지 말라'는 계명이 많이 등장할까요? 이때는 하나님의 말씀을 들었던 이스라엘이 신앙의 단계에 있어서 어린아이 단계였기 때문입니다. 이스라엘은 출애굽 이후에 탄생한 공동체입니다. 하나님만을 믿고 섬기겠노라고 언약을 체결한 신생공동체입니다. 신앙 안에서 어린아이였던 이스라엘 백성들은 자기들의 정체성 하나 지켜내는 것도 쉽지 않았습니다. 이런 이스라엘에게 세계 만민들과 만나서 그들을 변화시켜 내라는 사명은 불가능한 것입니다. 우리가 구약을 읽을 때 기억하셔야 할 것이 이것입니다. 구약에 나와 있는 모든 율법은 이스라엘이 신앙의 어린아이 단계일 때 받은 것입니다. 그들은 자신들의 거룩함을 지켜내는 것만으로도 벅찬 상황이었습니다. 이방 사람들을 만나게 되면 금방 동화될 수밖에 없었습니다. 이스라엘이 할 수 있는 최고의 모습은 부정한 이방인들과 만나지 않고 이방의 문화에 동화되지 않는 것이었습니다. 이것만으로도 그들은 최선을 다한 것입니다. 그런데 사사 시대와 왕정 시대와 포로기 시대를 거치면서 신약 시대에 가보면 하나님께서는 이스라엘에게 새로운 사명을 주십니다. 이스라엘은 오랜 시간을 통해 하나님에 대한 이해가 깊어졌고 하나님의 백성으로서의 연단도 받고 훈련도 받았습니다. 이때 하나님께서는 당신의 백성에게 세상에 나가라는 사명을 주십니다. 어두운 세상에 빛을 비추라고 명하십니다. 이것을 계시의 발전이라고 할 수 있습니다.

문자적으로만 보면 하나님께서 그때는 이렇게 말하고 지금은 저렇게 말하는 것처럼 생각하기가 쉽습니다. 레위기에서는 분명히 먹지 말라고 하신 짐승을 사도행전 10장에서는 먹으라고 하시니 얼마나 헷갈리겠습니까. 이때 우리가 주목해야 하는 것은 말씀을 듣는 대상의 수준과 상황적 배경이 달라졌다는 것입니다. 이제는 이방인들을 만나야 하는 때입니다. 이방인들을 만나서 그들과 교제하다 보면 유대 정결법에 근거했을 때 부정해 보이는 음식을 먹어야 될 때도 있습니다. 여전히 레위기에 나와 있는 음식법을 준수하게 되면 어떻게 이방인과 만나 식탁 교제를 할 수 있겠습니까. 이제는 이방인을 만나야 하고 이방인과의 만남을 통해서 주의 복음을 전해야 하는 시기입니다. 하나님을 믿는다는 것이 무엇인지를 세계 만민에게 보여주어야 하는 시간입니다. 그것이 가능하려면 이방인과의 만남을 가로막고 있는 정결법에 대해서 새로운 이해를 가져야만 합니다. 그것을 위해서 베드로에게 이 환상을 허락하신 것입니다.

마가복음 7장에 보시면 정결법 논쟁이 나옵니다. 유대 종교 지도자들과 예수님 사이에 발생한 정결법 논쟁에서 예수께서는 사람의 입으로 들어가는 것이 사람을 부정하게 만드는 것이 아니라 마음으로부터 나오는 것이 사람을 부정하게 만든다고 선언하셨습니다. 그러면서 마가복음 7장 19절에 "모든 음식물을 깨끗하다"고 선언하셨습니다. 그런데 사도행전 10장에서 베드로가 보여주고 있는 모습을 보면 예수님이 마가복음 7장에서 그 말씀을 하실 때 베드로나 제자들의 반발이 아주 컸다는 것을 상상할 수 있습니다. 우리는 예수님이 공생애 사역을 하실 때 제자들이 예수님의 생각이나 행동에 100% 동의했을 것이라고 생각하기 쉽습니다. 그런데 전혀 그렇지 않음을 보여주는 것이 마가복음 7장과 사도행전 10장입니다. 예수님께서 정결하니까 잡아먹으라고 하시는데 베드로는 끝까지 먹지 않겠다고 합니다. 초대 교회 지도자가 된 지금도 그러한데 베드로가 예수님이 공생애 사역을 하실 때는 얼마나 더 유대 율법에 충실한 사람이었겠습니까? 예수께서 안식일 법을 위반하고 음식 정결법을 위반하고 성전에 가서 그곳의 기구들을 뒤집어엎는 행동을 하시고 이방인을 자유롭게 만나시는 모습을 보면서 베드로는 어떤 반응을 보였을까요? 예수님과 제자들 사이에 이런 문제로 인해서 많은 갈등과 충돌이 있었다고 봐야 합니다. 그 연장선상에서 사도행전 10장을 읽어야 합니다. 우리가 복음서만 읽다 보면 예수께서 선포하신 말씀과 행하신 일들에 대해서 제자들이 예수님과 한편이었을 것이라고 생각하기 쉽지만 사도행전 10장을 보면 복음서에서 예수님이 당대 유대교의 율법을 어기는 듯한 행동들을 하실 때마다 제자들과 매우 불편한 관계가 되었을 것임을 짐작할 수 있습니다. 예수님은 유대 종교 지도자들하고만 갈등한 것이 아니라 제자들하고도 힘든 시간을 보내셨을 것입니다.

베드로는 여전히 유대 율법에 대한 집착적 태도를 보이고 있습니다. 음식 환상을 경험한 이후에 고넬료가 보낸 사람들이 베드로가 머물던 집에 도착합니다. 베드로가 목격한 환상은 무엇을 말하는 것입니까? 베드로에게 그동안 부정하다고 생각했던 것들을 더 이상 부정하다고 규정하지 말라는 것입니다. 베드로는 자신을 찾아온 이방인을 집에 들여서 하룻밤을 같이 보냅니다. 그리고 그들과 함께 고넬료의 집으로 떠납니다. 이방인의 집으로 들어간 것입니다. 베드로의 이런 행동을 정통 유대인들이 용납할 수 있겠습니까? 그러면서 베드로는 이런 말을 합니다. 10장 35절입니다.

　각 나라 중 하나님을 경외하며 의를 행하는 사람은 다 받으시는 줄 깨달았도다.

　베드로는 자신이 목격한 환상과 환상 이후에 자기를 찾아온 고넬료가 보낸 사람들을 만나는 시간을 통해 깊은 고민을 했을 것입니다. 그리고 결국 각 나라 중에 하나님을 경외하고 의를 행하는 사람은 그가 유대인이건 이방인이건 간에 하나님이 받으시는 줄을 깨달았다는 것입니다. 지금까지 어떤 유대인도 뛰어넘지 못했던 이방인과의 관계 맺음의 첫걸음을 베드로가 뛰어넘게 된 것입니다. 베드로가 고넬료의 집에 들어갔을 때 고넬료는 베드로에게 큰 절을 합니다. 베드로가 깜짝 놀라며 고넬료를 일으켜 세우고 자신도 당신과 똑같은 사람이라고 말합니다. 이는 세례 요한이 했던 말과 유사합니다. 예수가 높아져야지 자신이 높임을 받을 수 없다는 것입니다.

오늘날 목회자라는 신분을 내세우며 대접받는 것을 당연시하는 분들이 있습니다. 이들은 하나님의 영광을 중간에서 가로채기 바쁜 이 시대의 삯꾼들입니다. 그런 자들을 향해 하나님께서는 베드로를 통해서 그렇게 해서는 안 된다고 책망의 말씀을 주고 계신 것입니다. 오래전 OO에 있는 교회에서 미국에서 사역하는 목사님을 담임목사로 청빙했습니다. 담임목사 사택으로 34평짜리 아파트를 마련해 주었는데 이분이 오자마자 자신은 48평 미만의 아파트에서는 살지 못하겠다고 하셨습니다. 그래서 교회가 48평 아파트를 사택으로 마련해 준 적이 있습니다. 그 교회 담임목사로 온 분은 자신이 그런 말을 하는 것이 얼마나 부끄럽고 창피한 일인지를 전혀 알지 못한 듯 보입니다. 목회자로서 자신이 부유하게 살아가는 것을 정말 부끄러워할 수 있어야 되고 목회자로서 고급 승용차를 타고 비서를 두고 부교역자들 위에 군림하는 것을 부끄러워 할 수 있어야 합니다. 그런데 양심의 화인을 맞아서 대부분의 삯꾼들은 자신들의 민낯을 알지 못합니다. 자기를 향한 경배를 거부하고 자신도 사람이라고 한 베드로의 말은 오늘날 하나님을 위해 목회를 한다는 목회자들에게 정말 깊은 울림을 주는 말씀입니다.

베드로는 고넬료 집안사람들과의 만남을 통해서 놀라운 경험을 하게 됩니다. 이방인들도 예수를 그리스도로 고백했을 때 자신들이 오순절에 받았던 성령이 임하신 것을 경험하게 됩니다. 신앙인들이 이런 생각을 많이 합니다. 예수를 안 믿던 사람이 예수를 믿게 되었을 때 물세례를 받고 물세례를 받은 이후에 예수의 사람으로 제대로 살아가기 위해서는 성령 세례를 받아야 한다고 생각합니다. 순서적으로 물세례 후에 성령 세례를 받는다고 보는 것입니다. 그런데 고넬료 집안에서는 반대의 순서가 펼쳐집니다. 성령 세례를 먼저 받고 이후에 물세례를 받은 것입니다. 더욱 놀라운 것은 세례를 베드로가 집례하지 않았다는 것입니다. 베드로는 자신과 함께 갔던 사람들에게 세례를 집례하라고 명하자 그들이 고넬료 집안사람들에게 세례를 집례한 것입니다.

사도행전 2장에서 오순절 사건을 예루살렘 교회는 어떻게 해석했을까요? 당시 예루살렘 교회 안에는 유대파 기독교인들도 있었고 헬라파 기독교인들도 있었습니다. 그들의 공통점은 모두가 유대교인들이고 하나님을 믿는 사람들이라는 것입니다. 무엇보다 그들 모두가 할례를 받았다는 것입니다. 당시 이방인들이 유대교인이 되고자 할 때 할례를 반드시 받아야만 했습니다. 그래서 오순절 성령강림 때까지만 하더라도 초대 교인들은 할례를 받은 하나님의 백성들에게 주의 성령이 임한다고 생각했습니다. 그런데 사도행전 10장의 사건은 이러한 사고를 완전히 뒤집어엎은 것입니다. 고넬료와 고넬료의 집안사람들은 할례받은 사람들이 아닙니다. 그들은 이방인들입니다. 그런데 할례받지 않은 이방인들에게도 하나님의 말씀이 선포되어지고 이들이 예수를 그리스도로 믿게 되었을 때 자신들이 받았던 동일한 성령이 임하시는 것을 목격했습니다. 이후에 베드로가 예루살렘 교회에서 재판을 받을 때 이런 주장을 합니다. 사도행전 11장 17절입니다.

그런즉 하나님이 우리가 주 예수 그리스도를 믿을 때에 주신 것과 같은 선물을 그들에게도 주셨으니 내가 누구이기에 하나님을 능히 막겠느냐 하더라.

베드로에게도 이 사건이 매우 충격적이었음을 알 수 있습니다. 베드로에게 감정 이입을 해서 생각해 보십시오. 평생을 정결법을 지키기 위해 노력한 사람입니다. 그동안 하나님이 금하신 부정한 음식을 먹어본 적이 없습니다. 이방인들과 섞이지도 않았습니다. 그런 자부심을 갖고 있던 베드로에게 하나님께서 환상을 통해 이제는 이방인들을 부정하다고 생각하지 말라는 계시를 주셨습니다. 하나님은 이방인들을 정결한 존재로 인정하신다는 것입니다. 그리고 하나님의 명하심을 따라 이방인 고넬료의 집에 가서 말씀을 전하는데 자신들이 오순절 날 경험했던 성령이 똑같이 역사하시는 것을 보고 베드로가 얼마나 충격을 받았겠습니까. 할례도 받지 않은 이방인들에게 성령이 임하는 것을 보고 큰 충격을 받았을 것입니다. 이 사건으로 인해 예루살렘 교회의 유대파 기독교인들이 베드로를 비판하기 시작합니다. 예루살렘 교회는 야고보가 수장인 교회입니다. 야고보와 예루살렘 교회 구성원들 대다수가 율법을 철저하게 준수하던 자들입니다. 야고보를 중심으로 한 예루살렘 교회의 반대편에 누가 있습니까? 사도 바울이 있습니다. 예루살렘 교회는 이방 지역에 있는 기독교인들에게도 하나님의 백성들이 오랫동안 지켜왔던 신앙의 제의법을 철저하게 준수할 것을 요구했습니다. 진짜 하나님의 백성이 되려면 할례도 받고 음식 정결법도 지키고 절기도 준수해야 한다는 것이 예루살렘 교회의 입장이었습니다. 그런데 바울은 예수를 그리스도로 믿는 것만이 중요하고 나머지 모든 제의법들은 아디아포라의 문제로 보았습니다. 아디아포라는 이럴 수도 있고 저럴 수도 있다는 것입니다. 비본질적인 문제에 있어서의 관용과 다양성을 존중하는 입장입니다.

바울은 제의법 준수를 신앙에 있어 비본질적인 문제로 이해했습니다. 그래서 할례법이나 음식 정결법의 준수를 이방 기독교인들에게 강요하는 것을 반대했습니다. 예루살렘 교회가 볼 때 바울은 율법폐기론자, 반율법주의자로 보였습니다. 구약에 나와 있는 모든 율법을 다 거부하는 것처럼 인식이 되면서 예루살렘 교회는 바울을 비난하고 공격했습니다. 그래서 바울이 교회를 개척하게 되면 예루살렘 교회는 사람들을 보내어 자신들의 신앙을 그들에게 전수하고자 노력했습니다. 바울이 말하는 대로만 하면 안 된다는 것을 이방 지역에 있는 교인들에게 교육시켰던 것입니다. 진짜 하나님의 백성이 되려면 할례도 받아야 하고, 음식 정결법도 준수해야 하고, 절기도 준수해야 한다고 가르쳤습니다. 당연히 예루살렘 교회와 바울 사이에는 큰 갈등과 대립이 있을 수밖에 없었습니다. 그런데 이 갈등은 5대 5의 갈등이 아니라 95대 5 정도의 갈등입니다. 예루살렘 교회가 절대 다수의 힘을 가지고 있었습니다. 여기서 처음에는 예루살렘 교회의 입장에 서 있다가 점점 바울의 편을 든 사람이 있었으니 그가 바로 베드로입니다.

베드로는 고넬료의 집에서 놀라운 사건을 경험하게 됩니다. 할례 받지 않은 이방인들도 예수를 그리스도로 믿는 순간 성령이 임하는 것을 목격하게 된 것입니다. 하나님의 백성이 되고 성령을 받음에 있어서 할례가 필요충분조건이 아니라는 것을 목격하였고 예수에 대한 믿음이 필요충분조건임을 확신하게 된 것입니다. 베드로는 이 경험 때문에 점점 바울 편을 들게 됩니다. 그래서 베드로는 예루살렘 교회에서 점점 밀려나게 됩니다. 베드로가 이후에는 어디로 갑니까? 로마로 갑니다. 로마에 가서 복음을 전합니다. 이때 베드로의 통역을 담당하며 베드로와 동역한 사람이 바로 마가입니다. 베드로는 마가를 자신의 믿음의 아들로 인정합니다(벧전 5:13). 베드로를 통해서 들었던 예수 이야기를 마가가 쓴 것이 마가복음입니다. 마가는 열두 제자가 아닙니다. 그럼에도 초대 교회가 마가복음의 권위를 부여한 이유는 마가가 베드로의 믿음의 아들이었기 때문입니다. 마가가 쓴 복음서는 베드로가 말한 것을 그대로 쓴 것이기에 베드로가 쓴 것과 동일한 권위를 부여한 것입니다.

사도행전 11장에서 베드로가 받고 있는 의심과 비판은 선구자가 겪는 고초라고 할 수 있습니다. 사람들 누구나 각자가 가지고 있는 사고의 틀이 있습니다. 그런데 사건을 통해 기존의 사고 틀을 수정해야 하는 때가 있습니다. 이것을 제일 먼저 경험한 사람이 기존의 틀에 매여 있는 사람에게 자신이 경험한 것에 대해 말하게 되면 대부분의 사람들은 새로운 사고를 수용하지 못합니다. 그래서 선구자는 고초를 겪게 됩니다. 혹시 조봉암이라는 분을 아십니까? 조봉암은 1956년 대선에서 이승만의 최대 정적으로 급부상하게 됩니다. 선거 이후에 이승만이 불안해지게 됩니다. 그래서 1959년 조봉암을 사법 살인으로 제거합니다. 이때 조봉암을 죽였던 죄목이 뭐냐면 평화 통일을 주장한다는 것이었습니다. 북한과의 평화 통일을 주장하는 것을 빌미삼아 조봉암을 빨갱이라는 죄목으로 죽였습니다. 이것이 1959년에 일어난 일입니다. 이때는 많은 사람들이 북진 통일을 말하고 멸공 통일을 주장하던 때입니다. 북한을 때려 죽여야 할 대상으로만 인식했습니다. 북한과 대화를 하고 평화적으로 통일을 모색한다는 것은 상상도 할 수 없는 때였습니다. 평화 통일을 말하는 것만으로도 북한 편으로 오해받고 공격당하는 시대였습니다. 그때로부터 많은 시간이 흘렀지만 지금은 최소한 평화 통일이라는 표현 자체를 많은 사람들이 수용하고 있습니다. 오늘날에는 멸공 통일을 말하는 것이 더 어색한 시대가 되었습니다. 평화 통일을 지금은 많은 사람들이 받아들이고 있지만 이것을 처음 주장했던 사람은 말할 수 없는 고초를 겪었습니다. 이것이 선구자가 짊어져야 할 십자가입니다.

저도 신학교를 다닐 때 이단 아니냐는 소리를 많이 들었습니다. 저는 총신대학교 신학과에 입학했을 때부터 공동체와 하나님 나라를 말하고 다녔습니다. 어느 날 교수님이 저를 부르시더니 "혹시 전도관에서 왔냐"라고 하셨습니다. 당시에는 공동체라고 하면 많은 사람들이 박태선이 만든 전도관을 생각하던 때였습니다. 그런데 그로부터 불과 10년이 지난 후부터 공동체와 하나님 나라라는 표현이 보편화되었습니다. 대부분의 교회에서도 공동체라는 표현을 쓰고, 천국이라는 단어보다 하나님 나라라는 단어가 더 익숙한 표현이 되었습니다. 그러나 이 표현을 처음 사용했던 사람들은 의심을 많이 받았습니다. 베드로가 지금 그런 경우입니다. 유대인과 이방인 사이에 도저히 넘을 수 없는 단절의 벽이 있었는데 하나님에 의해서 베드로가 그 단절의 벽을 처음으로 허문 것입니다. 그러나 여전히 기존 사고의 틀 안에 머물러 있던 사람들은 베드로를 용납할 수 없었습니다. 베드로를 새로운 사고를 열어준 선구자로 본 것이 아니라 해서는 안 될 행동을 한 위반자나 범법자로 규정한 것입니다. 이런 내용으로 베드로가 책망을 받는 이야기가 11장의 주요 내용입니다.

사도행전 9장에서 바울의 회심 사건을 보았습니다. 하나님을 제한적으로 또는 잘못 알고 있다가 하나님에 대한 좀 더 온전한 이해를 하게 된 다메섹 회심 사건이 9장에 나옵니다. 예수님은 승천하시면서 이 땅에 남은 제자들에게 모든 민족으로 제자 삼으라는 사명을 주셨습니다. 이 사명을 준행하기 위해서는 제자들의 인식이 바뀌어야만 합니다. 정결법에 사로잡혀 있는 한 예수님의 사명을 준수하는 것은 결코 쉽지 않습니다. 이때 제자들의 인식을 바꾸어 주신 사건이 10장에 나옵니다. 그동안에는 부정하다고 생각하여 만남을 회피했던 이방인들을 하나님께서 정하다고 인정해 주셨으니 이제는 이방인들과 만나라는 것입니다. 그들과의 만남을 통해서 그들에게 주의 복음을 전하라는 것입니다. 그렇게 해서 유대인과 이방인 사이에 장벽을 처음 넘어간 사람이 베드로입니다. 이 사건으로 인해 베드로는 예루살렘 교회에서 율법 위반자라는 죄목으로 재판을 받게 됩니다. 이후에 바울도 이것 때문에 예루살렘 교회로부터 오랜 시간 비판을 받게 됩니다. 그러나 결과적으로 바울과 베드로의 행동이 옳았다는 것을 이후에 초대 교회도 인정하게 됩니다.

사도행전 6강

말씀과함께 | 사도행전강의

12장 | 야고보의 순교와
베드로의 투옥
13장 | 1차 선교 여행

야고보의 순교와 베드로의 투옥(12장)

사도행전 12장 1절을 보시면 헤롯 왕이 사도 야고보를 죽이고 베드로를 감옥에 가둡니다. 여기에 나오는 헤롯 왕은 누구인가요? 신약 성경을 보게 되면 여러 명의 헤롯이 등장합니다. 예수님이 태어나실 때도 헤롯 왕이 있습니다. 사도행전 12장에서 야고보를 죽인 사람도 헤롯 왕입니다. 그래서 여기에 나오는 헤롯이 저곳에 나오는 헤롯과 동일 인물인가 생각하는 경우들도 있습니다. 그런데 그렇지 않습니다. 신약에 나오는 헤롯은 가문의 이름으로 이해하시면 됩니다. 풍양 조씨, 안동 김씨와 같이 헤롯이라고 하는 것은 가문의 이름입니다. 헤롯은 가문을 나타내는 성이고, 아켈라오나 안티파스나 아그립바가 이름입니다. 이것을 붙여서 헤롯 아켈라오, 헤롯 안티파스, 헤롯 아그립바라고 부릅니다. 사도행전 12장에 나오는 사람은 헤롯 아그립바 1세입니다. 헤롯은 개인의 이름이 아니라 한 가문의 이름으로 하나의 성을 나타내는 것이고, 이름이 아그립바 1세인 것입니다.

　예수님이 태어나실 때 이스라엘을 다스렸던 왕은 헤롯 대왕입니다. 헤롯 대왕은 이스라엘 전체를 다스렸습니다. 헤롯 대왕은 죽기 전에 자신의 아들이었던 아켈라오에게 왕위를 물려주려고 했습니다. 그런데 이스라엘 백성들이 아켈라오가 왕이 되는 것을 반대했습니다. 그래서 아켈라오에게 왕위가 계승되는 것을 로마가 허락하지 않았습니다. 헤롯 대왕이 죽은 다음에는 이스라엘 전체를 다스리는 왕은 사라지고 이스라엘 영토를 나누어 다스리는 왕들이 등장하게 됩니다. 이런 왕들을 무엇이라고 불렀습니까? 분봉 왕으로 불렀습니다. 헤롯 대왕이 죽은 다음에는 분봉 왕이 이스라엘을 다스리게 됩니다. 그러다가 아그립바 1세 때부터 다시 이스라엘 전체를 다스리는 왕이 등장하게 된 것입니다. 12장에 나오는 아그립바 1세는 헤롯 대왕처럼 이스라엘 전체를 다스린 왕입니다. 헤롯 대왕이 죽은 이후에 그의 아들 아켈라오가 유대와 사마리아를 다스렸고, 안티파스는 갈릴리를 다스렸습니다. 이스라엘 땅 가운데 일부를 다스렸는데 아그립바 1세 때부터 다시 이스라엘 전체를 다스리는 왕이 등장한 것입니다. 아그립바 1세가 죽은 다음에는 아그립바 2세가 이스라엘 전체를 다스리게 됩니다. 정리하면 헤롯이라고 하는 것은 개인의 이름이 아니라 가문의 이름이고 하나의 성을 나타내는 것입니다. 헤롯 대왕이 죽은 다음에 이스라엘은 분봉 왕 체제로 전환했다가 아그립바 1세 때부터 다시 이스라엘 전체를 다스리는 왕이 임명되었습니다. 누구에 의해서 임명되었습니까? 로마에 의해서 임명되었습니다.

2절을 보면 야고보는 열두 사도 가운데 최초의 순교자입니다. 전설에 따르면 사도들 대부분이 순교를 당했습니다. 마태는 에디오피아에서 순교를 당했고, 바돌로매는 아르메니아에서 순교를 당했습니다. 마태와 바돌로매의 순교는 아주 중요합니다. 기독교 역사에서 제일 먼저 기독교를 국교로 인정한 나라가 아르메니아입니다. 이때가 주후 301년입니다. 두 번째가 에디오피아인데 339년입니다. 로마가 기독교를 국교로 인정했을 때가 392년입니다. 로마보다 90년 또는 60년 앞서 아르메니아와 에디오피아가 기독교를 국교로 인정했습니다. 에디오피아와 아르메니아에 누가 복음을 전했습니까? 마태와 바돌로매가 복음을 전했습니다. 그래서 초기 기독교 역사에서 이 두 사람이 중요합니다.

12장 12절입니다.

깨닫고 마가라 하는 요한의 어머니 마리아의 집에 가니 여러 사람이 거기에 모여 기도하고 있더라.

우리는 흔히 예루살렘 초대 교인들이 모여 있던 장소를 마가의 다락방으로 말합니다. 그런데 사실 그 집의 주인은 마리아입니다. 마리아의 집입니다. 그런데 우리는 마리아의 집이라고 하지 않고 마가의 다락방이라고 합니다. 은연중에 남성 중심의 사고가 반영되어 있습니다. 그곳은 마리아의 집이기에 당연히 다락방도 마리아의 다락방이라고 불러야 합니다. 그런데 왜 우리는 마가의 다락방이라고 부를까요? 마가도 어머니 마리아의 집에 얹혀사는 아들입니다. 우리가 알게 모르게 남성 중심적인 사고를 많이 하고 있음을 여기서 알 수 있습니다. 여기 "마가라 하는 요한"이라는 표현이 나오는데 이것과 똑같은 표현이 13장 9절에도 나옵니다. 13장 9절에는 "바울이라고 하는 사울"이라는 표현이 나옵니다. 교인들이 바울에 대해서 가지고 있는 몇 가지 고정관념이 있습니다. 예를 들면 독신이라는 것과 원래는 이름이 사울이었는데 다메섹 도상에서 예수를 만나 이후에 바울로 개명되었다는 것입니다. 그런데 재미있는 것이 성경 어디에도 사울이 바울로 개명되었다는 말이 나오지 않습니다. 그런데 교회에서 예수를 믿고 존재가 새로워진다는 것을 강조하는 맥락에서 원래 교회를 핍박했던 사울이 예수를 만나 이후에 바울로 존재가 바뀌었다는 이야기를 목사님들이 많이 했습니다. 그래서 교인들도 그렇게 생각하고 있습니다. 그런데 성경 어디에도 사울이 바울이 되었다는 말은 나오지 않습니다. 사울이 바울이 되었다고 주장하는 사람들이 유일하게 내세우는 성경 본문이 사도행전 13장 9절입니다. "바울이라고 하는 사울"이라는 문장을 가지고 원래는 사울이었는데 이후에 바울이 되었다고 주장합니다. 이러한 주장이 사실이라면 사도행전 12장 12절은 어떻게 해석해야 됩니까? "마가라 하는 요한"은 이 사람의 원래 이름은 요한이었는데 나중에 마가가 된 것으로 봐야 하나요?

교인들이 이런 식의 이해를 갖게 된 이유가 있습니다. 보통은 사람이 태어나서 하나의 이름만 갖지 않습니까. 그런데 한 존재가 어디에서는 사울로 불리고 어디에서는 바울로도 불리는 것을 보고 가장 쉽게 생각한 것이 원래의 이름은 사울이었는데 이후에 바울이 된 것으로 이해한 것입니다. 그러나 그렇지 않습니다. 바울과 관련해서 꼭 기억하셔야 할 것은 그가 디아스포라 유대인이라는 것입니다. 누가 디아스포라 유대인입니까? 혈통은 유대인이지만 팔레스타인 땅에 살고 있지 않는 유대인들을 가리킵니다. 학자들은 주후 1세기에 가나안 땅에 살고 있던 유대인들을 약 50만 명 정도로 이방 땅에 살고 있던 유대인들을 약 400만 명 정도로 봅니다. 가나안 땅 바깥에 살던 유대인들이 가나안 본토에 살던 유대인들보다 8배 정도 많았습니다. 그렇다면 왜 이렇게 많은 유대인들이 이방 땅에 살게 되었을까요? 주전 722년에 앗시리아에 의해서 북이스라엘이 멸망합니다. 그때 앗시리아는 많은 북이스라엘 백성들을 포로로 끌고 가서 다양한 지역에 분산 정착하게 했습니다. 주전 586년에는 남유다가 바벨론에 의해 멸망을 당합니다. 이때 바벨론에 의해서 많은 남유다 백성들이 포로로 끌려갔습니다. 이후에 페르시아, 헬라, 로마에 의해서 이스라엘이 식민 지배를 받았던 시기에도 이스라엘 백성들은 이방에 포로로 끌려갔습니다. 특히 앗시리아나 바벨론이나 페르시아와 같은 나라들이 이스라엘을 공격할 때마다 수많은 이스라엘 백성들이 목숨을 부지하기 위해 이집트로 도망쳤습니다. 그래서 이집트에 거주했던 유대인들이 아주 많았습니다. 이방에 포로로 끌려간 사람들도 많았고 이스라엘이 이방에 의해 공격을 받을 때마다 살기 위해서 다른 나라로 피난 간 사람들도 아주 많았습니다. 이들 가운데 상당수가 가나안 본토로 돌아오지 않고 이방 땅에 거주하게 된 것입니다. 본토에 사는 사람들이 50만 명인데 외지에 사는 사람들이 400만 명이나 될 정도로 엄청나게 많은 디아스포라 유대인들이 있었습니다.

디아스포라 유대인들은 최소 두 개의 이름이 있었습니다. 원래 유대인이기에 태어날 때부터 유대식 이름이 하나 있었고 자기가 살고 있는 이방 지역의 이름 하나 이렇게 두 개의 이름이 있었습니다. 바울 같은 경우에는 길리기아 다소라는 이방 지역에서 태어났습니다. 바울의 조상은 베냐민 지파입니다. 베냐민 지파는 아들이 태어나면 사울이라는 이름을 많이 지어줬습니다. 베냐민 지파에서 가장 유명한 사람이 누구입니까? 이스라엘 초대 왕이었던 사울입니다. 바울도 베냐민 지파로 유대식 이름은 사울이었습니다. 바울이 태어난 길리기아 다소는 그리스 로마 지역이니 사울의 그리스 로마식 이름은 무엇입니까? 바울입니다. 다시 말해 사울이 바울이 된 것이 아니고 태어날 때부터 사울이라는 유대식 이름과 바울이라는 그리스 로마식 이름을 갖게 된 것입니다. 누구도 그렇습니까? 마가도 동일합니다. "마가라 하는 요한"이라고 할 때 요한은 전통적인 유대식 이름이고, 마가는 그리스 로마식 이름입니다. 마가라는 요한도 디아스포라 유대인이라는 것을 알 수 있습니다. 주후 1세기에 유대인들 사이에 메시아 대망 사상이 고조되었습니다. 메시아가 이 땅에 곧 오신다는 믿음을 많은 유대인들이 가지고 있었습니다. 스가랴에 보게 되면 메시아가 이 땅에 오실 때 어디에 임재하십니까? 감람산입니다. 그래서 경제적 여유가 있는 디아스포라 유대인들은 예루살렘으로 이주해서 거주하였습니다. 메시아가 감람산에 임재하실 때 예루살렘에 살고 있는 사람들이 메시아를 제일 먼저 목도할 것 아닙니까. 그리고 디아스포라 유대인들이 예루살렘에 살다가 죽으면 감람산 아래에다가 무덤을 만들었습니다. 메시아가 이 땅에 오시면 죽었던 모든 사람들이 부활할 것이라고 믿었기 때문입니다. 그때 어디에 있는 사람이 제일 먼저 부활합니까? 감람산에 묻힌 사람들입니다. 마가도 원래는 디아스포라 유대인입니다. 나름 집안이 부유하여 예루살렘에 집을 구하여 이주한 것입니다. "마가라 하는 요한"도 요한이 마가가 된 것이 아닙니다. 마가는 그리스 로마식 이름이고, 요한은 유대식 이름입니다.

바울은 태어날 때부터 로마 시민권을 가지고 있었습니다. 바울의 조상은 원래 유대인이었는데 어느 순간 로마 시민권을 획득하게 되었습니다. 이때 제3의 이름을 갖게 되었다고 봅니다. 로마 시민이 아니었던 자가 로마 시민권을 갖게 될 때 로마 시민 가운데 명망가가 보증을 서주게 되었는데 그 보증을 서준 로마 시민의 이름을 제3의 이름으로 가졌을 것이라고 봅니다. 당시에 이방인이었던 사람이 로마 시민권자가 되는 방법에는 세 가지가 있었습니다. 첫째는 로마 제국에 혁혁한 공을 세워서 훈장처럼 하사받는 것입니다. 다수의 신학자들은 바울 집안이 로마 시민권을 얻은 것을 로마 제국에 혁혁한 공을 세운 것과 연관시켜서 이해합니다. 바울의 직업이 무엇입니까? 천막 제조업입니다. 옛날에는 조상의 직업이 후손에게 그대로 계승이 됩니다. 요즘과 같이 자유롭게 직업을 선택하는 그런 시대가 아니었습니다. 바울의 직업을 통해 우리는 바울 집안이 대대로 텐트 메이커였음을 알 수 있습니다. 천막 제조가 가장 요긴한 순간이 언제일까요? 전쟁에서 군대가 출병할 때 천막을 만드는 사람이 꼭 필요합니다. 군대가 몇 달 동안 전쟁을 수행하기 위해서는 병사들이 안전한 곳에서 거주할 수 있어야 합니다. 군대가 가는 곳마다 천막을 치지 않습니까. 아마도 로마 군대가 출병할 때마다 바울의 조상 가운데 누군가가 로마 군대와 함께 이동하면서 천막을 치고 설치하는 일을 했을 것이라고 봅니다. 그래서 열심히 수고해 준 바울의 조상 가운데 누군가에게 로마의 어떤 장군이 로마 시민권을 하사하지 않았을까 추측합니다. 이방인이었던 사람이 로마 시민권자가 되는 첫 번째 방법은 로마 정부를 위해서 혁혁한 공을 세움을 통해 훈장처럼 하사받는 것입니다. 그래서 어느 순간 로마 시민권자가 되면 그때부터 그집안에 태어나는 모든 후손들은 로마 시민권자가 됩니다. 이것이 두번째 방법입니다. 바울은 태어날 때부터 로마 시민권자였습니다. 바울의 아버지나 할아버지 때 이미 로마 시민권자가 되었기 때문에 바울은 자연스럽게 출생과 동시에 로마 시민권자가 되었던 것입니다.

로마 시민권을 획득하는 세 번째 방법은 돈을 주고 사는 것입니다. 마치 구한말에 돈을 주고 양반의 자리를 사는 것과 비슷합니다. 바울이 로마 시민권자라는 것을 알고 난 후에 천부장이 이렇게 말합니다. "나는 돈을 주고 시민권을 샀는데 당신은 어떻게 로마 시민이 되었소." 바울은 자신이 태어날 때부터 로마 시민이었다고 말합니다. 천부장과 바울은 같은 로마 시민이었지만 급이 달랐습니다. 로마 시민이 아니었던 사람이 로마 시민이 될 때에는 기존의 로마 시민이었던 누군가가 이 사람에 대해 보증을 서야 했습니다. 이때도 누가 보증을 서느냐에 따라 급이 달라집니다. 예를 들면 로마의 황제가 보증을 서준다면 이것은 최고의 영광일 것입니다. 로마의 유명한 장군이 보증을 서주는 것도 엄청난 일입니다. 그런데 이름도 없는 어떤 로마 시민이 보증을 서주게 되면 급이 떨어진다고 할 수 있습니다. 학자들은 바울이 가진 제3의 이름이 있었을 것으로 추측합니다. 그것이 무엇인지는 알 수가 없습니다. 그리고 바울 집안의 보증인으로서는 로마의 어느 장군이었을 것이라고 추측합니다.

정리하면 사울이 바울로 개명한 것이 아닙니다. 성경 어디에도 그런 내용은 나오지 않습니다. 사도 바울은 태어날 때부터 사울이었고 태어날 때부터 바울이었습니다. 요즘은 이것이 아주 흔한 일입니다. 옷 로비 청문회 때 세계적인 디자이너였던 앙드레 김의 본명이 밝혀졌습니다. 이분이 외국에서 활동하실 때는 앙드레 김이라는 이름을 썼지만 본명은 김봉남이었습니다. 김회권 교수님이 독일에 안식년을 가셨을 때 저에게 이메일을 보내셨습니다. 그런데 발신자 이름이 폴 킴으로 되어 있어서 스팸 메일인 줄 알았습니다. 그런데 교수님께서 독일에서 폴 킴이라는 이름을 사용하셨습니다. 우리나라 사람들이 외국에 유학을 가면 현지식 이름을 하나씩 가지고 있지 않습니까? 그래서 이것을 이해하는 것이 어렵지 않습니다. 그런데 불과 몇십 년 전만 해도 이것이 잘 이해되지 않았습니다. 출생한 순간부터 죽을 때까지 보통은 하나의 이름만을 가지고 살아가는데 한 사람이 사울로도 불리고 바울로도 불리니 이것을 이해하는 것이 쉽지 않았습니다. 그래서 원래는 사울이었다가 다메섹 사건 이후에 바울로 개명한 것이 아닌가 생각한 것입니다. 그런데 그렇지 않습니다. 출생의 순간부터 사울이라는 유대식 이름과 바울이라는 그리스 로마식 이름을 가졌던 것입니다. 그래서 사도행전을 자세히 보시면 유대인들과 주로 어울릴 때는 사울이라는 이름을 사용하고 이방 지역에서 복음을 전할 때는 바울이라는 이름이 주로 사용되고 있습니다. 로마 시민권자였던 바울은 세 개 정도의 이름을 가지고 있었을 것으로 봅니다.

유대식 이름 하나, 그리스 로마식 이름 하나, 로마 시민권을 획득할 때 보증을 서주었던 사람의 이름 하나입니다.

베드로가 감옥에 갇힌 것으로 인해 초대 교인들은 모여서 정말 간절히 기도했습니다. 그리고 그날 밤에 놀라운 일이 일어났습니다. 감옥 문이 열리고 베드로가 감옥으로부터 탈출하게 됩니다. 탈출한 베드로는 교인들이 모여 있는 곳을 찾아와서 문을 두드립니다. 그때 계집종 로데가 문을 열어줍니다. 그런데 베드로가 문밖에 서 있는 것을 보고 깜짝 놀라서 문을 닫아버리고 기도하는 사람들 앞에서 이렇게 말합니다. "여러분, 베드로 사도가 문밖에 계십니다." 로데의 말에 베드로의 석방을 위해 간절히 기도하던 사람들이 어떻게 반응합니까? '너 미쳤냐.' 이것이 얼마나 황당한 상황인지를 한번 생각해 보십시오. 베드로의 석방을 위해 간절히 기도했던 사람들은 기도 응답이 이루어질 것을 믿지 않았습니다. 여종 로데가 한 말은 교인들의 간절한 기도가 응답되었다는 것 아닙니까? 그런데 정작 간절히 기도했던 사람들은 기도가 응답되었다는 이야기를 듣고서 '너 미쳤어'라는 반응을 보입니다. 분명히 그 자리에는 베드로의 석방을 위해 눈물을 흘려가며 기도했던 사람도 있었을 것입니다. 그런데 정작 기도가 응답되었다고 할 때 그들은 믿지 못했습니다. 열심히 기도는 했지만 기도가 응답될 것이라고는 전혀 믿지 못하는 모습을 여기서 볼 수 있습니다.

저는 종종 교인들이 자신이 기도하는 것을 녹음했다가 다시 들어보면 좋겠다는 생각을 합니다. 한국 교인들이 기도하는 내용을 들어보면 정말 기도의 수준이 높습니다. "하나님, 정직한 영을 저에게 허락해 주옵소서"라고 기도합니다. 그런데 정말 기도하는 것처럼 하나님께서 정직한 영을 허락해 주신다면 진정 감사할 수 있을까요? 하나님이 진짜 정직한 영을 부어주시면 "하나님, 왜 저에게 이런 고난을 주세요"라고 원망할지도 모릅니다. "하나님, 진실하고 거룩한 삶을 살 수 있도록 해주세요"라고 기도하였는데 정말 그 기도의 내용처럼 하나님께서 강권적으로 우리를 진실하고 거룩한 삶으로 이끄시게 되면 삶이 너무나 괴로워서 '하나님이 나를 버리셨는가'하고 생각할지도 모릅니다. 기도의 내용은 너무나 아름답고 하나님의 뜻에 일치하는 것들이 많이 있는데 정작 그 기도가 이루어질 때는 힘들어하는 모습을 보입니다. 그래서 때로는 기도 응답을 믿지 않기 때문에 이렇게 자신만만한 내용들을 기도하는 것이 아닌가 라는 생각도 하게 됩니다. 저는 그것 가운데 하나가 남북한의 평화 통일을 위한 기도라고 봅니다. 앞에서 기도회를 인도하는 목회자가 "우리 남북한의 평화 통일을 위해 기도합시다"라고 하면 교인들이 얼마나 간절히 기도합니까? 그런데 정말 도적같이 이 땅에 평화가 임하고 통일이 임하게 되면 간절히 기도했던 수많은 교인들이 정말 감사해 할까요? 통일이 되면 남한 사람들은 북한 사람들을 위해서 많은 것을 양보해야 합니다. 진짜 양보할 마음을 가지고 남북한의 평화 통일을 위해 기도하는 것인가요? 대부분은 아닐 것입니다. 양보할 마음은 없지만 기도는 멋들어지게 합니다. 그러다가 자신이 간절히 기도한 내용처럼 응답되어지면 하나님께 불평과 불만을 쏟아내는 것입니다.

제가 섬기던 공동체에서 몇 년 전에 몇 주 동안 밤 10시에 각자 있는 곳에서 함께 마음 모아 기도하는 시간을 가진 적이 있습니다. 공동체가 함께 기도해야 할 많은 문제가 있었기 때문입니다. 그런데 함께 기도하기로 한 다음날부터 우리가 걱정하였던 많은 것들이 펑펑 뚫리는 소식이 들려오기 시작했습니다. 그때 지체들이 저에게 '이런 소식이 있을 것이라는 것을 미리 알고 함께 기도하자고 한 것인지'에 대해 물었습니다. 그때 지체들이 너무 놀랐던 것입니다. 함께 마음 모아 기도를 시작한 순간부터 연달아 우리를 굉장히 힘들게 했던 문제들이 해결되니 얼마나 놀랐겠습니까? '어떻게 이런 일이 있을 수 있는가'라는 반응을 보였습니다. 그때 제가 그랬습니다. "우리가 간절히 기도하면 하나님께서 우리의 기도를 들어주실 것을 믿지 않았어." 우리가 정말 진실하고 정직하고 거룩하게 살아갈 때 하나님께서 당신의 백성을 도우신다는 것을 우리는 믿어야 합니다. 그런데 실제 삶 속에서는 참이 거짓을 이기고 진실이 불의함을 이기는 것을 우리가 믿기가 어렵습니다. 왜냐하면 그런 일이 잘 일어나지 않기 때문입니다. 그러나 진정 하나님을 믿는다면 하나님께서 진실한 자들을 반드시 도우실 것을 믿어야 합니다. 우리를 깜짝 놀라게 만드실 하나님의 역사가 예비되어 있음을 믿어야 합니다. 우리가 정말 간절히 기도하지만 우리 스스로도 기도 응답을 믿지 못하는 경우들이 매우 많음을 보게 됩니다. 예루살렘 교인들도 그랬던 것입니다.

베드로는 감옥에서 탈출한 다음에 예루살렘 교인들과의 짧은 만남을 가진 후에 이제는 다른 지방으로 도피를 합니다. 헤롯의 공권력으로부터 멀리 도망을 간 것입니다. 베드로가 떠난 이후에 예루살렘 교회는 야고보의 수위권이 더욱 공고해졌습니다. 복음서를 보면 예수님의 동생이었던 야고보는 예수 사역에 대해 약간은 냉소적인 입장이었습니다. 그런데 예수 부활 사건과 승천 사건을 경험하고 성령강림 사건 이후에 예루살렘 교회의 지도자가 되었습니다. 아마도 예수님의 동생이라고 하는 것이 크게 작용했을 것입니다. 예수님의 동생이 아니었다면 야고보가 이렇게 갑자기 교회 공동체 안에서 리더십을 행사할 수 있는 가능성은 없었다고 보아야 합니다. 이때는 성경이 완성된 시점이 아닙니다. 바울이 이방 지역 곳곳에 교회를 세웠는데 그들이 예수님에 대해서 알고 싶을 때 어떻게 했겠습니까? 예수를 만났던 사람들을 초대하여 그들로부터 예수에 대한 이야기를 들었을 것입니다. 이때 제일 인기 있었던 강사가 마리아, 야고보, 베드로였을 것입니다. 마리아와 야고보는 어렸을 때부터 예수와 함께 살았던 사람입니다. 마리아를 통해 탄생 이야기, 이집트 도피 이야기를 들었을 것입니다. 야고보를 통해 예수의 어린 시절 이야기를 들었을 것입니다. 그리고 베드로와 같은 사도들을 초대해서 예수님께서 공생애 사역을 통해 어떤 말씀들을 선포하셨는지, 어떤 사역을 행하셨는지에 대해 들었을 것입니다. 이때는 신약성경이 기술되기 이전이었기 때문에 예수님에 대해 알고 싶다면 예수님을 만났던 사람들을 통해 듣는 것 외에는 방법이 없었을 것입니다. 예수 공생애 사역에 함께하지 않았던 야고보가 예루살렘 교회의 수장 자리에까지 올라간 배경에는 예수의 동생이라는 특수한 관계가 가장 큰 요인으로 작용했을 것입니다. 예수님에 대해서 가장 많이 알고 있는 사람이 어떤 발언을 함에 있어서 보다 큰 권위를 얻게 되었을 가능성이 높다고 보아야 합니다.

22~23절에 보시면 헤롯이 어떻게 죽게 되었는지에 대한 내용이 나

옵니다. 성경에는 간략하게 기술되어 있는데 요세푸스가 쓴 기록에는 좀 더 자세하게 나와 있습니다. 이스라엘 위쪽으로 지중해 해변가에 두로와 시돈이라는 나라가 있습니다. 두로와 시돈은 바알 숭배의 본산으로 지중해 무역을 독점했기 때문에 경제적으로 아주 부유했습니다. 그런데 두로와 시돈은 농사를 지을 땅이 없었기에 이스라엘에서 생산되는 농산물들을 수입해서 먹고 살았습니다. 그런데 헤롯이 두로와 시돈 사람들을 싫어했습니다. 이로 인해 두로와 시돈 사람들은 삶의 위기 가운데 놓이게 됩니다. 밀이나 포도나 올리브기름을 이스라엘로부터 수입해야 먹고 살 수 있는데 이스라엘 왕 헤롯이 자기들을 싫어하니까 수출 길을 막아버리면 이제 두로와 시돈 사람들은 어떻게 살 수 있겠습니까? 이런 상황에서 두로와 시돈 사람들이 헤롯에게 와서 아부를 떨게 된 것입니다. 가이사를 기념하는 축제가 열리는 날 헤롯이 은으로 만든 옷을 입고 보좌에 앉아 있었습니다. 은으로 옷을 만들었으니까 태양이 비쳤을 때 옷이 얼마나 반짝반짝 거렸겠습니까. 이 모습을 보고 두로와 시돈 사람들이 '헤롯은 신과 같은 분이시다'라며 아부를 떨기 시작했습니다. 그리고 헤롯이 연설을 시작하자 '이것은 신의 음성이다'라며 헤롯을 추켜세웠습니다. 이러한 모습을 헤롯이 즐기고 있던 중에 갑자기 배가 아프기 시작합니다. 복부 통증이 시작된 것입니다. 그렇게 5일 동안 복부 통증에 시달리다가 헤롯이 죽게 됩니다. 이것이 요세푸스의 기록에 나오는 내용입니다. 전체적으로 성경의 내용과 일치합니다. 이렇게 갑작스럽게 헤롯 아그립바 1세가 죽게 됩니다. 이 사건을 초대 교회는 어떻게 해석했을까요? 초대 교회를 박해하고 괴롭혔던 아그립바 1세에 대한 하나님의 심판으로 해석했습니다.

1차 선교 여행(13장)

　사도행전 13장부터 28장까지는 바울의 선교 여행 이야기입니다. 그 가운데 1차 전도 여행이 13~14장에 나옵니다. 바울과 바나바의 1차 전도 여행에서 눈에 띄는 것은 하나님 나라 복음이 선포되는 상황 속에서 이 메시지에 대한 환영자와 적대자가 있다는 것입니다. 복음이 선포되는 곳마다 항상 적대자가 있습니다. 마가복음 4장에 나오는 씨 뿌리는 비유를 기억해 보십시오. 말씀의 씨앗이 뿌려지는 곳이 길가도 있고, 돌밭도 있고, 가시밭도 있고, 좋은 땅도 있습니다. 길가와 돌밭과 가시밭에 말씀의 씨앗이 뿌려질 때마다 사탄의 방해 공작이 나옵니다. 길가에서는 씨앗이 뿌려지자마자 새들이 와서 씨앗을 빼앗아 갑니다. 돌밭에서는 싹이 곧 나오지만 한낮의 태양이 너무나 강력한 열을 비춤을 통해서 싹이 곧 말라 죽게 됩니다. 가시밭에서는 나무가 많이 성장하는데 열매 맺기 전에 가시 기운에 질식당해 죽어 버립니다. 여기에 등장하는 새, 해, 가시는 무엇을 상징하는 것입니까? 사탄의 공격을 상징하는 것입니다. 우리가 하나님 나라의 열매를 맺고자 할 때 절대로 사탄이 수수방관하지 않습니다. 사탄은 하나님의 말씀이 퍼져나가는 것을 가만히 지켜보고 있지 않습니다. 이것을 우리는 기억해야 합니다. 우리가 하나님의 사람으로 신실한 걸음을 내딛고자 할 때 사탄은 절대 우리를 가만히 내버려두지 않습니다. 끊임없이 방해합니다. 그래서 복음이 선포되는 곳곳마다 사탄은 복음 선포를 방해하고 훼방 놓고 대적합니다. 사탄의 지상 대리자들이 곳곳에 있음을 기억하셔야 합니다.

그리스 로마 사회에서 전체 인구의 3분의 1이 노예였습니다. 자유민들이 계속해서 노예들을 부려먹기 위해서 노예를 뭐라고 규정했습니까? 노예는 사람의 말을 하는 짐승이고 일을 하는 기계라는 식의 규정을 했습니다. 그런데 기독교 복음은 노예에 대해서 뭐라고 규정했습니까? 노예도 하나님의 형상대로 지음 받은 사람이라고 말합니다. 이런 메시지를 복음 전도자가 외쳤을 때 이 메시지를 가장 기쁘게 받아들인 사람이 누구였을까요? 노예들입니다. 자신이 그렇게 존엄한 존재라는 것을 알지 못했던 노예들이 이런 메시지를 듣고 나서 자신이 너무나 존귀한 존재라는 것을 깨닫고 기뻐했습니다. 그런데 이런 메시지가 울려 퍼질 때마다 이런 메시지를 싫어하고 부담스러워하며 이러한 주장을 잠재우려고 하는 사람들이 등장하게 되었는데 그들이 누구입니까? 바로 주인들입니다. 가부장 체제에서도 마찬가지입니다. '여자도 남성과 동등한 존재'라고 외치게 되면 여성들은 기뻐하겠지만 여성들을 하대하고 지배했던 남성들은 이런 메시지를 적대시합니다. 그래서 기독교 복음이 선포되는 곳곳마다 환영자와 적대자가 공존하였습니다. 메시지를 거부하고 박해하는 사람들이 존재했던 것입니다. 1945년 8월 15일 한반도 땅에서 일본이 패망하고 우리나라가 독립했다는 소식이 울려 퍼졌을 때 한반도 땅에 살고 있던 모든 사람들에게 이것이 기쁜 소식이 되었을까요? 그렇지 않습니다. 일본의 통치가 천년만년 지속되기를 원했던 친일파들에게는 절망적인 뉴스였습니다. 어떤 사람들에게 해방과 독립의 소식이 기쁜 소식이었겠습니까? 독립을 사모했던 사람들과 독립운동을 했던 사람들과 가족이 징병이나 징용이나 정신대로 끌려간 사람들에게 민족해방의 소식은 정말 기쁜 소식으로 다가왔을 것입니다. 그러나 일본의 통치가 지속되기를 원했던 사람들에게는 민족 해방의 소식은 전혀 기쁨의 소식이 되지 못했습니다. 이와 마찬가지로 하나님의 통치가 시작되었다는 말은 지금의 체제와 문화가 천년만년 지속되기를 원하는 사람들에게는 절대 기쁜 소식이 될 수 없습니다. 그래서 복음이 선포되는 곳곳마다 복음의 환영자와 적대자가 존재하였습니다.

11장 26절을 보시면 안디옥 교회에 대한 설명이 나옵니다. 안디옥 교회는 최초로 그리스도인이라는 칭함을 받은 교회입니다. 13장 1절을 보시면 안디옥 교회에는 기둥 같은 신앙인들이 많았습니다. 말씀에 해박하여 하나님의 뜻이 무엇인지를 정확하게 알고 있는 선지자들이나 교사들이 많았습니다. 이런 기둥 같은 사람들이 많은 교회는 정말 건강한 교회입니다. 하나님의 말씀에 대한 해박한 이해와 하나님의 뜻이 무엇인지에 대한 정확한 이해를 갖고 있는 사람들이 많으면 교회는 건강할 수밖에 없습니다. 안디옥 교회가 그런 교회였습니다. 안디옥 교회에 성령께서 어느 날 "너희 가운데 사울과 바나바를 따로 세워서 주의 복음을 전하는 선교사로 파송하라"는 명령을 주셨습니다. 바울과 바나바의 선교 여행이 자발적인 의지나 결단에서 시작한 것이 아니라 성령의 지시하심에서 출발하고 있다는 것이 너무나 중요합니다. 바꾸어 말하면 안디옥 교회는 성령의 지시하심을 들을 수 있는 들을 귀가 있었던 교회입니다. 그리고 안디옥 교회는 성령의 명령하심에 즉각적인 순종을 했습니다. 이렇게 하나님의 지시하심에서 우리의 모든 행동들이 시작되면 얼마나 멋지겠습니까? 옛날에 목사님들이나 부흥사들의 설교를 듣다 보면 자주 나오는 내용이 있습니다. 자신은 목사가 되지 않으려고 이렇게 저렇게 도망을 다녔는데 하나님께서 끝내 자기를 치셔서 목회자가 되게 하셨다는 것입니다. 저는 그런 이야기를 들을 때마다 100% 뻥이라고 생각했습니다. 왜 제가 그렇게 생각을 했을까요? 제가 믿는 하나님은 누군가에게 억지로 일을 시키시는 그런 분이 아니시라고 믿기 때문입니다. 그런데 그렇게 말씀하시는 분은 어떤 의도로 그런 이야기를 했겠습니까? 자기가 그만큼 대단한 사람이라는 것을 내세우고 싶은 것입니다. 자신은 목사를 안 하려고 그렇게 애를 썼는데 하나님께서 결국 자기를 사용하셨다고 하면서 하나님이 마치 자신을 엄청나게 의지하시고 의존하시는 것처럼 말하는 것입니다. 특별히 목회를 하지 않고 다른 일을 할 때마다 하나님이 실패하게 만드시고 추락하게 만드시고 사고 나게 만드셔서 결국 목회를 하게 되었다는 이야기를 듣게 되면 하나님은 재활용 업자신가 라는 생각을 하게 됩니다. 하나님은 왜 그렇게 실패한 사람들만 거두어 쓰시는 것일까요? 이런 식의 이야기는 결국은 자기를 높이는 교만한 발언임을 기억하셔야 합니다.

우리가 성경을 보면 어떤 예언자도 자기 의지와 무관하게 억지로 사역한 사람은 없습니다. 자기 스스로가 자신이 선포하는 메시지에 공감하지 못하고 하나님에 의해서 억지로 사역했던 예언자들은 없습니다. 모든 예언자들은 하나님의 마음에 공감한 사람들입니다. 이것이 무슨 말입니까? 하나님은 당신의 일을 간절히 하기를 원하는 사람들 가운데 그 일을 가장 잘 할 수 있는 사람을 선택하여 당신의 도구로 사용하십니다. 하나님의 일을 할 마음도 없는 사람들, 하나님의 생각과 다른 생각을 가진 사람을 억지로 사용하시는 분이 아니십니다. 저는 위에서 말한 목사님들이 자기를 높이기 위해서 조금은 과장

된 표현을 사용하셨다고 봅니다. 이것과 비슷한 맥락에서 우리가 주목해야 할 것이 있습니다. 한국 교회는 하나님으로부터 어떤 은사를 받았다고 할 때 자기가 스스로 판단하는 경우들이 많습니다. 그러나 은사에 대한 판단은 자기가 하는 것이 아닙니다. 은사에 대한 판단은 주위 사람들이 해주어야 합니다. 왜냐하면 은사라고 하는 것은 내가 그 은사를 발휘한다고 해도 내가 유익을 누리는 것이 아닙니다. 은사를 행하는 사람 주위에 있는 사람들이 유익을 누리는 것이 은사입니다. 따라서 내가 어떤 은사를 받았는지는 내가 판단할 것이 아니라 주위에 있는 사람들이 판단해 주어야 합니다. 내가 그 은사를 발휘함을 통하여 그들이 어떤 유익을 누리고 있는지를 물어야 하는 것입니다. 이처럼 은사는 자기가 판단할 수 있는 것이 아님에도 불구하고 한국 교회는 보통 자신이 자기의 은사를 스스로 판단합니다. 종교 개혁가 루터는 목사가 되기 원하는 사람들에게 아홉 가지를 점검하라고 했습니다. 정말 하나님께서 당신을 목사로 부르셨는가에 대해 아홉 가지의 객관적인 질문을 해보라는 것입니다. 목사는 하나님의 말씀을 말로 풀어 설명하고 가르치는 자입니다. 그래서 루터는 "당신이 말을 할 때에 사람들이 당신의 말을 잘 알아듣고 이해하는지를 점검하라"고 했습니다. 자신이 무슨 말을 전하고 있는데 논리적으로도 전혀 설득력도 없고 듣는 사람들이 멍한 표정을 짓고 있다면 최소한 그 사람은 말을 하는 설교자로 부름 받은 것은 아니라고 봐야 합니다. 이런 점검을 스스로에게 철저하게 해야 하는 것입니다.

누군가 붙여준 제 별명이 목사 분별사입니다. 그래서 목사들이 저를 만나는 것을 무서워합니다. 왜냐하면 제가 목회자들에게 필요한 이야기를 직설적으로 잘하기 때문입니다. 많은 목회자들이 자신이 하나님으로부터 목회자로 부름 받았다고 고백합니다. 목사는 하나님의 말씀을 가르치는 선생 아닙니까? 하나님의 말씀을 가르치는 자로서 스스로가 하나님의 말씀에 대한 목마름과 간절함이 없다면 그 사람은 목사로 부름 받았다고 할 수는 없을 것입니다. 그래서 이런 것을 저는 점검해 보라고 말합니다. 아침에 눈을 뜰 때마다 하나님의 말씀을 보고 싶은 간절함이 있습니까? 그러한 간절함이 없고 설교를 준비할 때만 성경을 읽는 사람이라면 최소한 목사로 부름 받았다고 할 수는 없는 것입니다. 목사는 교인들을 만나는 사람 아닙니까? 교인들이 살고 있는 삶이 얼마나 복잡다단합니까? 목사는 복잡다단한 삶의 환경에 놓여 있는 다양한 교인들을 만나야 합니다. 그런데 목사들 가운데 사람 만나는 것을 싫어하는 분들이 있습니다. 시간 날 때마다 혼자 있는 것을 좋아합니다. 이런 분들은 제가 볼 때 목사로 부름 받은 것은 아닙니다. 목사는 사람에 대한 깊은 애정과 사람에 대한 깊은 공감이 필요한 직업입니다. 교인들이 살아가는 삶에 대해서 알고자 하는 간절함이 없다면 제가 볼 때 최소한 목사로 부름 받은 것은 아니라고 봅니다.

제가 신대원에 다닐 때 분당에 있는 모 교회에서 학생 2부를 담당했습니다. 그때 IMF 구제 금융 사태가 터졌습니다. 당시 학생 2부 부장 집사님이 은행에서 근무하셨습니다. IMF 사태로 인해 명예퇴직을 많이 하던 때였는데 제가 부장 집사님과 대화하기 위해 은행 업무 관련된 용어들을 조금 공부했습니다. 보통은 목회자와 교인이 대화하면 대부분 신앙 관련된 이야기만 나누게 됩니다. 저는 부장 집사님이 처해 있는 현실과 관련하여 이야기를 나누고 싶었습니다. 그래서 은행에 관련된 용어들을 공부하고 대화를 한 것입니다. 대화중에 제가 IBS 같은 용어들을 사용하면 부장 집사님이 깜짝 놀라시면서 어떻게 그런 용어들을 아는지에 대해 물어보셨습니다. 저는 최소한 교인들이 처해 있는 삶에 대해 알고자 하는 이 정도의 마음이 없다면 목회를 해서는 안 된다고 봅니다. 무엇보다 목사는 말씀을 가르칠 뿐만 아니라 자기 스스로 말씀에 순종하는 사람이 되어야 합니다. 그런데 하나님께 순종하고자 하는 마음이 전혀 없다면 이런 분들도 목회를 해서는 안 됩니다. 이것을 누군가가 판단해 주어야 합니다. 자기 스스로 판단해서는 안 됩니다. 주위에 있는 사람들이 정말 이 사람이 하나님의 말씀에 대한 목마름이 있는가, 성경을 제대로 이해하고 있는가, 말씀에 순종하고자 하는 강력한 의지가 있는가, 인간에 대한 깊은 연민과 애정이 있는가를 판단해 주어야 합니다. 그래서 정말 이런 것이 있다고 판단되면 이 사람이 목회를 잘할 수 있도록 응원해 주는 것이 필요하고 그렇지 않다면 솔직하게 "당신에게는 목회적 은사는 없는 것 같고 대신 이러한 은사가 있는 것 같다"고 조언해 주는 것이 필요합니다. 그런데 우리는 서로 상처 입을까봐 진실한 이야기를 하지 못합니다.

총신대학교 선배 가운데 한 분이 신대원에 7수를 하고 오신 분이 계셨습니다. 예전에는 신대원 입시를 4수 5수 하는 분들이 계셨습니다. 경쟁률이 5대1 정도 되기 때문에 치열했습니다. 이분은 7수를 했습니다. 그런데 이 선배가 몸이 거구입니다. 몸무게가 100킬로 이상 나가고 하루에 몇 시간씩 헬스장을 다니던 선배입니다. 선배가 무서워서 아무도 그분에게 필요한 이야기를 못하는 분위기였습니다. 어느 날 제가 이런 말씀을 드렸습니다. 선배는 목사로 부름 받은 것 같지는 않다고 했습니다. 하나님으로부터 목사로 부름을 받았다면 7수는 아니지 않습니까? 그런데 이분이 고집이 너무 셌습니다. 선배는 신학을 공부할 만한 인문학적 소양도 전혀 없었는데 자기가 하나님께 목회자로 부름을 받았다고 고집을 피우셨습니다. 은사 받음을 자기 고집으로 정당화해서는 안 됩니다. 예를 들어 어떤 분이 자기가 하나님으로부터 위대한 성악가로 부름 받았다고 주장을 하면 우리가 뭐라고 그분에게 이야기하겠습니까? 노래를 한번 불러 보라고 할 것입니다. 그래서 그분의 노래를 듣게 되었는데 듣기가 너무 괴로우면 우리가 뭐라고 이야기하겠습니까? 진실 되게 이야기해야 합니다. 그런데 교회에서 이런 진실 된 조언들을 잘 하지 못합니다. 이유가 무엇입니까? 그 사람이 상처 입을까봐 두렵고 관계가 단절될까봐 두려운 것입니다. 그래서는 안 된다고 봅니다. 안디옥 교회처럼 모든 일은 성령의 지시하심과 인도하심 가운데 순종하는 맥락에서 이루어져야 합니다. 우리의 어떤 의지에 따라서 자기 고집으로 하는 것은 자기를 힘들게 할 뿐만 아니라 주위에 있는 많은 사람들을 괴롭히는 일입니다. 그런데 꼭 그런 사람들이 즐겨 사용하는 표현이 엘리야를 도왔던 까마귀 이야기입니다. 고집스러운 사람들은 언제나 까마귀들이 자기를 도울 것이라고 주장합니다. 그것은 여러 사람들에게 민폐를 끼치는 행동입니다. 저는 가까운 관계 안에서 서로의 은사에 대해 자세히 분별해주고 하나님께서 그 존재에게 어떤 은사를 주셨는지를 진실하게 이야기하는 것이 필요하다고 봅니다.

3절에 보시면 안디옥 교회는 성령의 지시하심에 즉각적이고도 온전한 순종으로 응답을 합니다. 바울과 바나바를 선교사로 파송을 합니다. 오늘날로 말하면 교회의 핵심적인 두 기둥 목회자들을 파송한 것입니다. 담임목사와 수석 부목사라고 할까요? 그런데 안디옥 교회는 핵심적인 두 기둥 목회자를 파송하고 나서도 전혀 문제가 없었습니다. 왜냐하면 말씀으로 세워져 있는 사람들이 많이 있었기 때문입니다. 얼마나 부럽습니까? 만약 어떤 목사 한 분이 빠진 것 때문에 교회가 휘청휘청한다면 이것을 건강한 교회의 모습이라고 보기는 어렵습니다. 정말 중요한 사건 앞에서 한 교회가 건강하게 성장한 교회인지 아니면 토대가 너무나 취약한 교회인지가 드러납니다. 현재 한국은 세계에서 몇 번째로 많은 선교사들을 전 세계에 파송하고 있습니다. 지금 전 세계에 파송된 공식적인 선교사의 수가 2만 명이 넘는다고 합니다. 여기에 자비량 사역을 하시는 비공식 선교사들까지 합치면 그 수는 더 많을 것입니다. 파송 선교사 숫자로는 세계에서 몇 번째이지만 인구수 대비로만 본다면 우리나라가 단연 1등입니다. 한국 교회가 예전에는 선교를 받았던 교회인데 지금은 선교하는 교회가 되었습니다.

저도 어렸을 때 꿈이 중공 선교사였습니다. 어른들이 "커서 어떤 사람이 되고 싶어"라고 물으면 "중공 선교사요"라고 대답했습니다. 우리가 수교를 맺기 전에는 차이나를 중공이라고 했습니다. 제가 왜 중공 선교사가 되려고 했을까요? 옛날에는 금요일 밤마다 철야를 했습니다. 금요일 밤 9시부터 토요일 새벽까지 철야를 하면서 중간에 야식도 먹고 영화도 많이 봤습니다. 그때 주기철 목사님, 손양원 목사님의 영화도 보고 선교사님들과 관련된 영화도 시청했습니다. 어린 나이에 공산 국가에 가서 선교하시다가 순교하신 분의 영화를 보고 감동을 받았던 것 같습니다. 당시에는 중공을 죽의 장막이라고 했습니다. 그 안에서 어떤 일이 벌어지는지를 알지 못했기 때문입니다. 저는 중공 선교사가 되겠다고 마음을 먹고 어렸을 때부터 나름 선교 훈련을 열심히 했습니다. 어머니가 이태리 타올로 제 몸을 빡빡 밀때도 소리를 지르지 않았습니다. 이태리 타올이 얼마나 아픕니까? 그런데도 소리를 지르지 않았습니다. 어린 나이에도 그런 생각이 들었습니다. 언젠가 중공에 가서 선교 사역을 하다 보면 중공 공산당에게 잡힐 거 아닙니까. 그때 공산당이 나를 잡고 고문을 하겠죠. "누가 보냈어"라고 할 때 말하면 안 되잖아요. 그때의 고문을 견뎌내겠다고 어렸을 때부터 나름대로 선교 훈련을 했던 것입니다. 그러다가 총신대에 입학하고 나서 주의 복음이 필요한 곳이 중공이 아니라 한국 교회라는 생각이 들었습니다. 그래서 진로를 바꾸었습니다.

레슬리 뉴비긴이라고 하는 유명한 선교사님이 계십니다. 이분은 영국 사람으로 인도에 가서 평생을 선교하신 분입니다. 이분이 선교 사역을 은퇴하시고 나서 영국에 왔을 때 너무나 많은 사람들이 뉴비긴에게 박수를 쳐주면서 칭송을 했습니다. 그리고 한마디 해달라고 했을 때 뉴비긴은 "지금 주의 복음이 필요한 곳은 인도 땅이 아니라 영국입니다." 저는 현재 우리나라의 상황이 이렇다고 봅니다. 우리나라가 전 세계에 엄청난 수의 선교사들을 파송한 것은 자랑스러운 일이지만 전 세계에 한국 교회의 문화를 수출하는 것에 대해서는 매우 안타까운 마음이 듭니다. 오늘 국내에서도 한국 교회가 인정받지 못하고 있습니다. 손가락질 당하고 온갖 비난을 당하고 있습니다. 이런 한국 교회를 전 세계에 수출해서 되겠습니까? 너무나 안타까운 일입니다. 한국 교회부터 AS를 해야 합니다. 특히 최근에 전OO 같은 사람은 갈 데까지 간 거 아닙니까? 하나님도 까불면 자기한테 죽는다고 이야기 합니다. 어디서 신학을 공부하고 목사 안수를 받았는지도 불분명한 이런 사람들이 목사 노릇을 하고 있습니다. 더욱 안타까운 것은 이런 사람을 추종하는 크리스천들이 너무도 많다는 것입니다. 대형교회 목사들이 하나같이 전OO을 지지하고 있습니다. 도대체 그 사람들은 신앙을 어디서 누구로부터 어떻게 배운 것인지 의심하지 않을 수가 없습니다. 아마 다른 사람들 같으면 전OO과 같은 주장을 하면 금방 이단 소리를 들었을 것입니다. 하나님도 자기한테 까불면 죽는다고 하지를 않나, 자기가 하나님 보좌를 흔드는 사람이라고 하지 않나, 자기 말을 듣지 않으면 생명책에서 지우겠다고 하지 않나, 이런 이단이 세상에 어디 있습니까? 자기가 하나님보다 위에 있다고 하니 이것보다 더 심한 이단이 어디에 있습니까? 그런데 한국 교회가 한마디 말도 못합니다. 교단 총회에서 전OO을 이단이라고 규정한 곳이 있습니까? 다른 사람들에 대해서는 너무 쉽게 이단이라고 정죄하는 한국 교회가 왜 그에 대해서는 이토록 관대할까요? 생각이 같기 때문입니다. 이런 한국 교회에서 신앙을 배운 사람들이 다른 나라에 가서 과연 어떤 복음을 전할까에 대해 너무나 불안합니다.

사도행전 13장에 보시면 사건이 하나 벌어집니다. 바나바의 조카인 마가가 밤빌리아 버가에서 선교 여행에 대한 힘겨움을 토로하면서 돌아가 버린 것입니다. 마가의 외삼촌이 바나바입니다. 바나바는 선교 여행을 떠나면서 마가에게 함께 할 것인지를 물었고 마가는 전혀 준비되지 못한 가운데 합류를 합니다. 제가 볼 때 바나바가 선교 여행을 가려고 하는데 '같이 갈래' 하고 물었을 때 마가는 여행이라는 말에 꽂힌 것 같습니다. 너무 쉽게 생각하고 선교 여행에 동참했습니다. 선교 여행이라는 것은 엄청난 거리를 걸어야 합니다. 배를 타고 이동할 때도 온갖 고난을 감수해야 합니다. 파선을 당하는 경우에는 며칠을 바다에서 표류하기도 합니다. 더욱이 당시에는 오늘날처럼 여행이 자유로운 때가 아니었기 때문에 가는 곳마다 텃새와 강도들의 위협을 각오해야 합니다. 마가는 여행이라고 생각하고 동참했는데 막상 함께 해보니 자신이 기대했던 여행이 아니었습니다. 마가는 부유한 집안의 아들이었습니다. 태어날 때부터 금수저를 물고 나온 사람입니다. 언제 이렇게 힘든 일들을 경험이나 해봤겠습니까? 그래서 너무 힘든 나머지 중간에 돌아가 버린 것입니다. 이 사건으로 인해 바울과 바나바는 헤어지게 됩니다. 바울은 바나바와 함께 2차 선교 여행도 함께하고자 했습니다. 그런데 바나바가 다시 마가를 데리고 가자고 했을 때 바울은 단호하게 반대합니다. 결국 마가 때문에 환상의 콤비였던 바울과 바나바가 결별하게 됩니다. 그래서 바나바는 마가를 데리고 독자적인 선교 여행을 떠나고 바울은 새로운 파트너인 실라를 데리고 선교 여행을 하게 됩니다. 마가는 자기 때문에 바울과 바나바가 헤어지는 것을 보면서 무슨 생각을 했을까요? 결과적으로는 이 사건이 마가에게 너무나 큰 자양분이 되고 거름이 되었습니다. 왜냐하면 마가가 이후에는 완전히 새로운 존재로 변화되었기 때문입니다.

디모데후서 4장 11절에 보시면 바울은 디모데에게 자신에게 올 때 마가를 꼭 데리고 오라고 말합니다. 마가가 자신에게 너무나 요긴한 사람이라고 말합니다. 베드로는 베드로전서 5장 13절에서 마가를 믿음의 아들로 인정합니다. 마가는 베드로가 로마와 이방 지역에서 복음을 전할 때 베드로의 통역을 담당했습니다. 그리고 이후에는 마가복음을 기록했습니다. 마가는 열두 사도가 아닙니다. 그런데 어떻게 마가가 기술한 복음서를 사람들이 인정해 주었을까요? 쓰기는 마가가 썼지만 베드로가 말한 내용을 마가가 썼다고 본 것입니다. 마가복음은 처음부터 베드로가 쓴 것과 동일한 복음서로 인정받은 것입니다. 사도행전 13장에 나오는 마가와 이후에 마가는 완전히 새로운 존재입니다. 자신으로 인해 환상의 콤비가 결별하는 충격적인 사건을 접하면서 마가는 많은 생각을 했을 것입니다. 그 성찰 속에서 그는 마침내 존재의 변화를 일구어낸 것입니다.

14장 | 1차 선교 여행
15장 | 예루살렘 종교회의
16장 | 빌립보 전도

1차 선교 여행(14장)

14장에서 바울은 주의 복음의 말씀을 듣기를 거부하는 유대인들을 떠나 이방인에게로 넘어갔음을 선포합니다. 혈통에 의해서가 아니라 복음에 대한 반응에 따라서 하나님의 백성이 새롭게 재편되어지고 있음을 알려주고 있습니다. 14장 2~7절을 보시면 복음이 선포되는 곳마다 환영자와 적대자가 발생합니다. 8~13절에서는 바울이 루스드라에서 전도할 때 한 지체장애인을 치유한 사건이 나옵니다. 이 사건으로 인해 루스드라 사람들이 제우스 신이 현현했다고 소리를 높이며 바나바와 바울을 숭배하고자 했습니다. 마치 고넬료가 자신의 집을 방문한 베드로를 처음 만났을 때 큰절을 하려고 한 것과 비슷합니다. 베드로는 고넬료에게 일어나라고 하면서 자신도 동일한 성정을 가진 사람임을 강조했습니다. 바울도 사람들이 자기를 숭배하려고 하는 것을 용납하지 않았습니다. "나도 당신들과 성정이 같은 사람"이라고 하면서 사람들의 우상 숭배를 막고자 했습니다. 사람들이 그릇된 행동을 하지 않도록 적극적으로 경계하는 모습을 여기서 볼 수 있습니다. 정통과 이단을 구분할 때 중요한 기준 가운데 하나가 인간 목회자에 대한 지나친 우상화가 있느냐의 여부입니다. 사도들은 자신을 지나치게 높이고자 하는 시도들에 대해 철저하게 경계하는 자세를 취합니다. 이러한 모습을 교회 지도자들은 잘 본받아야 합니다.

바울의 선교 사역이 계속될수록 바울에 대한 유대인들의 반감이 쌓여갔습니다. 19절에 보시면 안디옥과 이고니온에 살고 있는 유대인들이 루스드라까지 와서 바울을 돌로 쳐 죽이고자 합니다. 그들은 바울이 죽었다고 생각하고 도시 바깥으로 끌어내기까지 했습니다. 그러나 바울은 기적적으로 다시 살아나게 됩니다. 그리고 제자들에게 이렇게 당부합니다. 14장 22절입니다.

제자들의 마음을 굳게 하여 이 믿음에 머물러 있으라 권하고 또 우리가 하나님의 나라에 들어가려면 많은 환난을 겪어야 할 것이라 하고.

기적적으로 목숨을 건진 바울은 조금도 기세가 꺾이지 않았습니다. 도리어 자신의 고난당함을 당연한 것으로 받아들였습니다. 하나님과 온전히 결합된 신앙인의 결기를 여기서 볼 수 있습니다.

저는 교리적 이단인 여호와의 증인을 볼 때마다 참 인간적으로는 대단하다는 생각이 듭니다. 지금은 우리나라에서도 양심적 병역 거부가 시행되고 있지만 몇 십 년 전만 해도 여호와의 증인들은 병역 거부로 인해 많은 고초를 겪었습니다. 여호와의 증인에 소속된 남성과 여성이 결혼하여 가정을 꾸리고 아들을 출산하게 되면 그 부모는 아들이 스무 살이 되어 군대에 갈 나이가 되면 병역 거부로 인해 감옥에 가는 것을 당연하게 받아들입니다. 그 아들도 그 사실을 당연하게 받아들입니다. 일반적인 부모라면 아들이 겪을 고초를 어떻게든 면하게 해 줄 방법을 모색하지 않겠습니까? 그런데 여호와의 증인들은 자신들의 종교적 신념을 지키기 위해 어떤 고난도 달게 받겠다는 결연한 의지를 드러내고 실제로 그런 실천적 삶을 살아왔습니다. 1945년부터 최근까지 양심적인 병역 거부로 인해 감옥에 간 여호와의 증인이 약 3만 명 정도 된다고 합니다. 엄청나게 많은 숫자입니다. 로마 시대 당시에 초대 교회가 로마로부터 박해받았던 이유 가운데 하나도 병역 거부 때문이었습니다. 평화의 왕이신 예수를 믿는 사람으로서 사람을 죽이는 전쟁에 참여할 수 없다고 하면서 초대 교회 신앙인들은 병역을 거부했습니다. 그 초대 교회의 전통을 그대로 계승하고 있는 곳이 여호와의 증인들입니다. 그들은 사람을 죽이는 전쟁에 참여하지 않고 사람을 죽이는 총 쏘기 연습을 하지 않겠다고 다짐합니다. 이 집총 거부 때문에 군사 정권 시기에 20년 이상을 감옥에서 보낸 신자가 있습니다. 당시 집총을 거부하면 3년 6개월을 감옥에 있어야 합니다. 그런데 3년 6개월 후에 출소하는 날 일등 상사가 입영 통지서를 들고 그를 기다립니다. 그리고 총을 주면서 총을 잡으라고 명령합니다. 그때 총을 잡는 것을 거부하면 또 3년 6개월을 감옥에 수감됩니다. 그래서 한 사람이 20년 이상을 감옥에 수감되기도 했습니다. 중복 징벌이 되어 20년, 18년, 16년을 감옥에서 보낸 것입니다. 이처럼 여호와의 증인들은 20~30대 꽃다운 청춘을 종교적 신념을 지키기 위해 기꺼이 자기를 내어 던졌습니다.

여호와의 증인 청년들은 사람을 죽이는 일에 참여하지 않겠다는 종교적 신념을 지키기 위해서 고난을 감수했습니다. 자신들이 평화의 왕이신 예수를 믿는 사람으로서 사람을 죽이는 살상 행위에 참여하지 않겠다는 신념을 지켜내기 위해서 세상에서 가해지는 고난을 당연하게 받아들인 것입니다. 정말 대단하지 않습니까? 신앙의 내용은 우리와 다르지만 종교적 신념을 지켜내기 위해 기꺼이 고난을 감수하는 모습은 배워야 한다고 생각합니다. 이들은 하나님에 대한 어떤 이해 속에서 하나님의 백성답게 살아가려고 고난을 기꺼이 감수한 것입니다. 그런 맥락에서 볼 때 오늘날 소위 정통 교단에 속한 신앙인들은 신앙을 너무 꽃길이라고 생각하는 것 같습니다. 예수 믿으면 만사형통이라고 생각하고 자신이 원하는 모든 것들을 다 응답받을 수 있다고 생각합니다. 그래서 신앙의 길을 걸어가다가 조금만 힘들고 어려워지면 금방 하나님에 대해서 상처를 받습니다. 우리 주님께서 분명히 신앙의 길은 좁은 문을 지나서 협착한 길을 걸어가는 것이라고 말씀하셨지만 그것을 문자 그대로 받아들이는 신앙인들은 그리 많지 않은 것이 현실입니다.

한번 생각해 보십시오. 불의와 거짓과 죄악이 만연한 이 땅에서 정말 하나님의 백성답게 정직하고 진실하고 거룩하게 살아가려고 하다 보면 누군가에게 모함을 당할 수도 있고 미움을 받을 수도 있고 손해를 입을 수도 있습니다. 그것이 신앙의 길이라고 당연하게 받아들여야 합니다. 그러나 오늘날 서비스업으로 전락한 한국 교회의 현실 속에서 예수 믿으면 만사형통이라는 식의 주장들이 난무합니다. 그래서 예수를 믿다가 조금만 힘들고 어려움을 당하게 되면 그 현실을 받아들이지도 인내하지도 못합니다. 하나님께 상처를 받고 하나님에 대해 냉담해져 버립니다. 22절에서 바울이 말한 것처럼 우리가 하나님 나라에 들어가려면 많은 고난을 받아야 되는 것을 아멘으로 받아들이는 담대한 신앙인들이 출현해야 합니다. 자신을 위해 하나님이 존재하기만을 바라는 어린아이 단계의 신앙을 뛰어 넘어 하나님을 위해 내가 어떻게 살아야 할 것인가를 고민하는 어른 단계의 신앙인들이 나타나야 합니다. 우리가 바로 그런 신앙인이 되어야 합니다.

예루살렘 종교회의(15장)

사도행전 15장은 사도행전에서 아주 중요한 위치를 차지하고 있습니다. 15장에서 그 유명한 예루살렘 회의가 열립니다. 이때를 보통 주후 49년이라고 봅니다. 신학자들이 일반적으로 신약의 주요 사건과 관련하여 주장하는 연도에 대한 설명은 이렇습니다. 예수님은 주전 4년경에 태어나셨다고 봅니다. 베들레헴에 있는 2살 이하의 남자아이를 죽이라고 명령한 헤롯 대왕이 주전 4년에 죽습니다. 따라서 예수님은 아무리 늦어도 주전 4년 이전에는 태어나셔야 합니다. 편의상 학자들은 예수님의 탄생 연도를 주전 4년으로 봅니다. 예수님은 30

세 즈음에 공생애를 시작하셨습니다. 이때를 주후 26~27년경으로 봅니다. 그리고 요한복음에 근거하여 예수님의 공생애 기간을 3년으로 잡는다면 예수님의 십자가, 부활, 승천 사건과 오순절 성령강림 사건은 주후 30년경에 발생했다고 봅니다. 그리고 바울의 다메섹 도상 사건은 그로부터 2년 후인 32년에 있었다고 봅니다. 갈라디아서 1장과 2장을 보면 바울이 예수를 만나고 나서 예루살렘 교회 지도자들로부터 사도로 인정받기까지 17년이 걸렸다는 말이 나옵니다. 그러면 32년경에 다메섹 도상에서 예수와의 만남을 갖고 사도로 부름 받은 바울이 17년이 지난 후인 주후 49년경에 예루살렘 교회 지도자들로부터 사도로 인정받은 것입니다. 49년에 사도행전 15장에 나오는 예루살렘 종교회의가 있었다고 봅니다. 이것은 초대 교회에서 있었던 무수한 종교회의의 서막을 여는 최초의 종교회의라고 할 수 있습니다.

그렇다면 당시 예루살렘 종교회의는 무엇을 논의하기 위해 개최된 것일까요? 당시에 베드로는 할례 받은 자들의 사도로 바울은 무할례 자들의 사도로 역할 분담을 하였습니다. 바울은 이방 지역에 많은 교회를 개척했습니다. 바울은 교회를 개척한 이후에 믿을 만한 동역자에게 그 교회의 목회를 맡기고 자신은 계속하여 순회 전도를 하였습니다. 그런데 바울이 없는 기간에 예루살렘 교회에서 파송한 어떤 사람들이 내려왔습니다. 바울이 개척한 교회의 실상을 파악하고 지도 감독하기 위해 내려온 것입니다. 바울은 이방 교회의 신자들에게 하나님의 백성이 되기 위해서는 예수가 메시아이심을 믿는 것이 가장 중요함을 가르쳤습니다. 그런데 예루살렘 교회에서 내려온 사람들은 다른 이야기를 덧붙였습니다. 바울이 그들에게 가르쳐 준 예수에 대한 믿음을 갖는 것도 중요하지만 진짜 하나님의 백성이 되기를 원한다면 유대인들이 오랜 세월 동안 준수해왔던 제의법도 준수해야 함을 강조한 것입니다. 제의법에는 무엇이 있습니까? 할례법, 음식 정결법, 절기 준수법 같은 것들이 있습니다. 그들은 하나님의 백성이 오랜 세월 준수해 온 이러한 제의법을 준수해야만 진정한 하나님의 백성이 된다고 주장하였습니다. 이때 이방 교회의 신앙인들은 얼마나 혼란스러웠겠습니까? 그런데 그들이 볼 때 누구의 말이 더 권위가 있었을까요? 당연히 예루살렘 교회에서 내려온 사람들의 이야기가 더 권위가 있었습니다. 당시 예루살렘 교회에는 예수의 제자들과 친형제들이 교회의 지도자로 있었고 오랜 세월 예수와 함께했던 사람들이 있었습니다. 바울은 예수의 제자도 아니었고 예수와 만남을 가져 본 적도 없는 인물입니다. 당연히 예루살렘 교회와 바울의 주장이 엇갈리는 상황에서 이방 교회의 신자들은 예루살렘 교회의 가르침에 흔들릴 수밖에 없었습니다.

유대인들은 아브라함 때부터 시작하여 오랜 세월 할례를 받았습니다. 그러나 이방인들은 대다수 할례를 미개한 행위로 이해했습니다. 의료나 위생이 오늘날처럼 발달한 시대가 아니다 보니 할례를 행하다가 죽거나 성불구가 되는 일들도 많았습니다. 바울은 무조건 할례를 반대한 것이 아닙니다. 바울은 유대인들이 하나님의 백성으로 할례를 받는 것에 대해서는 문제 제기를 하지 않았습니다. 자신도 할례를 받은 사람입니다. 그러나 유대인의 신앙 문화를 이방인에게 그대로 강요하는 것에 대해서는 용납하지 않았습니다. 무엇보다 할례 받음이 신앙의 본질적인 문제가 아니었기에 바울은 할례를 받을 수도 있고 받지 않을 수도 있는 아디아포라의 문제로 보았습니다. 바울에게 있어서 하나님의 백성 됨의 본질은 예수가 메시아임을 믿음으로 고백하는가의 여부였습니다. 그런데 예루살렘 교회의 입장은 달랐습니다. 그들이 볼 때 바울의 입장은 할례 무용론, 율법폐기론처럼 보였습니다. 그래서 이방인 선교 사역을 펼쳤던 바울과 바나바와 예루살렘 교회의 리더십 사이에 갈등이 벌어졌습니다. 무엇보다 이 갈등 상황에서 헷갈려하는 이방교회의 신자들에게 무엇이 올바른 것인지를 가르쳐야 할 책임이 있었습니다. 그래서 개최된 것이 예루살렘 종교회의입니다.

예루살렘 종교회의 자체가 바울에게는 매우 불리한 회의였습니다. 지금 바울이 맞서고 있는 대상이 예루살렘 교회 아닙니까. 또한 회의 장소도 예루살렘이었습니다. 그곳에는 오랜 세월 동안 하나님의 백성으로서 할례법과 음식 정결법, 절기법을 온전히 준수했던 기라성 같은 신앙인들이 가득했습니다. 그곳에서 논쟁을 해야 하는 것이니 바울에게 얼마나 불리한 싸움이었겠습니까? 그런데 이 회의에서 분위기를 180도 전환시킨 인물이 등장하는데 바로 베드로입니다. 베드로는 고넬료 집안에서 성령 임재 사건을 경험하게 되면서 인식의 전환을 경험했습니다. 베드로도 처음에는 예루살렘 교회의 주류적 입장을 견지했습니다. 그래서 베드로도 부정한 음식도 먹지 않고 이방인들과의 만남도 피하고자 했습니다. 그러다가 고넬료 집안에서 놀라운 사건을 경험하게 됩니다. 할례를 받지 않은 이방인이 예수를 믿게 되었을 때 자신들에게 임했던 그 성령이 똑같이 임하는 것을 목격하게 된 것입니다. 이 사건으로 인해 성령이 임함에 있어서 할례를 받았느냐 받지 않았느냐가 중요한 것이 아님을 깨닫게 되었습니다. 당시 초대 교인들은 이 사람이 하나님의 사람인가 아닌가를 성령 강림 사건을 통해서 확인했습니다. 그런데 그 성령이 누구에게 임했습니까? 할례 받은 유대인 신자들에게만 임했습니까? 아닙니다. 할례는 받지 않았지만 예수에 대한 믿음을 고백한 이방인에게도 성령이 임하는 것을 베드로가 목격한 것입니다. 그래서 베드로가 바울 편을 들기 시작합니다. 이로 인해 예루살렘 종교회의의 분위기가 완전히 전환됩니다. 그리고 예루살렘 교회의 수장이었던 야고보가 지혜롭게 최종 결정을 내립니다.

예루살렘 종교회의에서 결정한 내용이 무엇입니까? 이방 신자들에게 유대인들이 오랜 세월 준수했던 제의법을 강요하지 않는다는 것입니다. 대신 예수에 대한 믿음만 고백하면서 이방 사회의 주류 문화와 주류 가치에 동화될 가능성을 차단하기 위해 일상의 삶에서 하나님의 백성으로서의 정체성을 드러낼 수 있는 네 가지 내용을 철저하게 지켜줄 것을 당부합니다. 재미있는 것은 네 가지 내용 가운데 세 가지가 먹는 문제와 관련된 것입니다. 어떤 내용입니까? 우상에게 바쳐진 고기를 먹지 말라는 것, 목매어 죽은 고기를 먹지 말라는 것, 고기를 피 채 먹지 말라는 것입니다. 이 세 가지 음식과 관련된 내용과 함께 음행하지 말 것을 당부합니다. 이 네 가지를 준수함으로 이방 땅에서 하나님의 백성 됨의 차별성을 드러내어 줄 것을 권면한 것입니다. 그렇다면 왜 네 가지 권면 가운데 세 가지가 먹는 문제와 연관이 있는 것일까요? 먹는 것이 가장 일상적인 것이기 때문입니다. 먹는 모습에 있어서 차별성을 드러내는 것은 가장 일상적인 삶에서 하나님의 백성으로서의 차별성을 증거하는 일입니다. 우리가 살아가기 위해서는 누구든지 음식을 먹어야 합니다. 사람마다 다르지만 하루에 두 끼나 세 끼의 음식을 먹습니다. 일상에서 그 음식을 먹는 시간마다 하나님의 백성 됨의 차별성을 드러내라는 것입니다. 어떻게 드러냅니까? 우상의 제단에 바쳐진 음식을 먹지 않고 목매어 죽은 고기를 먹지 않고 피가 있는 채로 먹지 않는 것입니다. 그러면 사람들은 왜 그런 음식들을 먹지 않는지에 대해서 물어볼 것입니다. 그때 자신이 하나님의 백성이기에 이렇게 행동하는 것임을 드러내면 되는 것입니다. 가장 일상적이고 가장 빈번한 음식을 먹는 행위 속에서 하나님의 백성 됨을 증거할 것을 권면한 것입니다.

한국 교회 초기에도 이와 유사한 사례가 있었습니다. 황해도 감바위 교회에서는 신앙토론회를 통해 하나님이 원하시는 부부의 모습이 어떤 것인지를 고민했습니다. 그리고 오랜 시간 토론을 거쳐서 두 가지를 결정하게 되었는데, 하나는 하나님께서는 남편과 아내가 식사할 때 겸상을 하기 원하신다는 것이고, 다른 하나는 아내에게 하대하지 않는 것이었습니다. 조선 시대 남자들은 모두가 독상입니다. 할아버지도 독상, 아버지도 독상, 아들도 독상입니다. 그런데 여인들은 어디서 밥을 먹는지에 대해 아무도 관심을 갖지 않았습니다. 사람들이 말씀을 배운 결과 하나님께서는 이런 조선 사회의 모습을 원하지 않으신다는 것을 깨닫게 되었습니다. 그렇다면 하나님은 어떤 모습을 원하신 것일까요? 교인들은 말씀 공부를 통해서 남편과 아내가 하루 두 끼나 세 끼 식사를 할 때 겸상을 하기 원하심을 깨닫게 되었습니다. 그래서 신앙토론회를 통해 이것을 지킬 것을 결정한 것입니다. 초기 한국 교회가 힘이 있었던 이유가 바로 여기에 있습니다. 당시 신자들은 자신들이 하나님의 백성이라는 것을 일요일 11시에 성경 찬송 들고 예배당에 와서 예배드리는 것으로만 증거하지 않았습니다. 가장 일상적인 모습 속에서 차별성을 드러냄을 통하여 자신들이 이제는 하나님을 인생의 주인으로 모신 하나님의 백성임을 증거했습니다. 예수를 믿는 남편들은 식사할 때마다 아내와 겸상을 했습니다. 이러한 모습을 동네 사람들이 보게 된다면 뭐라고 하겠습니까? "아니 저 사람이 머리가 돌았나"하면서 뒷담화를 얼마나 많이 했겠습니까? 그럼에도 불구하고 식사할 때마다 아내와 겸상을 하는 이유가 무엇입니까? 인생의 주인을 바꾸었기 때문입니다. 이제 남편은 성리학의 이데올로기가 지배하는 조선의 가치와 문화와 질서를 추종하는 조선의 백성이 아니라 하나님을 자기 인생의 주인으로 고백하는 하나님의 백성이 된 것입니다. 그리고 자기 인생의 주인 되신 하나님은 식사할 때마다 아내와 겸상을 하기 원하시고 아내에게 말을 할 때도 아내를 하대하지 아니하고 존대하기 원하신다는 것을 깨달았습니다. 그리고 자신이 깨닫게 된 하나님의 뜻대로 살고자 애쓴 것입니다. 이처럼 가장 일상적인 삶에서 하나님의 백성 됨을 증거하였기에 교회는 힘이 있었습니다. 예루살렘 종교회의에서도 이방의 신자들에게 할례를 강요하지 않았습니다. 다만 일상의 삶에서 하나님의 백성 됨을 드러내는 실천을 요구하였습니다. 그 네 가지 제안 가운데 세 가지가 음식을 먹는 것과 관련된 것입니다. 그들은 가장 일상적인 부분에서 우리가 하나님의 사람이라는 것을 어떻게 드러낼 수 있을까 라는 문제로 고민했고 이 문제와 관련하여 세 가지 권면을 한 것입니다.

유대교가 세계적인 종교가 되기 어려웠던 걸림돌이 있었는데 바로 할례입니다. 만약 예루살렘 종교회의에서 긴 토론의 결과로 이방인 신자들에게도 할례를 받을 것을 결정하였다면 기독교가 세계적인 종교가 되기 어려웠을 것입니다. 다행스럽게도 예루살렘 종교회의에서 이방인 신자들에게 할례를 강요하지 않기로 결정했습니다. 유대인은 유대인의 모습 그대로 하나님이 부르셨고 이방인은 이방인의 모습 그대로 하나님이 부르셨음을 인정했습니다. 유대인은 유대인의 문화 안에서 신앙을 꽃피울 수 있고 이방인은 이방인의 문화 안에서 신앙을 꽃피울 수 있음을 인정한 것입니다. 우리가 마음속 깊이 새겨야 할 정말 중요한 결정을 한 것입니다. 백인, 흑인, 황인종마다 각자가 창조하고 살아내는 삶의 문화가 있습니다. 하나님께서 세계의 다양한 민족들을 당신의 백성으로 부르실 때 그들 모두가 획일화된 하나의 문화를 살아내는 자로 부르신 것이 아닙니다. 백인은 백인의 문화 안에서 아름다운 신앙의 꽃을 피우기를 기대하시고 흑인은 흑인들의 문화 안에서 아름다운 신앙의 꽃을 피우기를 기대하십니다. 이것이 바로 예루살렘 종교회의가 인정한 핵심 내용입니다. 그들은 하나님께서 유대인에게 요청하셨던 할례법을 이방인들에게는 강요하지 말자고 결정했습니다. 그것을 강요하는 것은 이방인을 유대인화 시키는 것과 같은 것입니다. 유대인은 유대인의 모습 그대로 하나님이 부르신 것이고 이방인은 이방인의 모습 그대로 하나님이 부르신 것이니 각자의 문화 안에서 아름다운 신앙의 꽃들을 발현시켜 낼 수 있도록 지지해 주자고 결정하였습니다. 만약 이런 결정이 내려지지 않고 이방 신자들 모두에게 유대교의 제의법을 철저하게 준수하도록 결정하였다면 기독교의 운명은 어떻게 되었을까요? 다행스럽게도 예루살렘 종교회의에서 지혜로운 결정이 내려졌습니다. 그 결과 기독교는 유대교의 폐쇄적인 틀에서 벗어나 전 세계 누구에게나 전파될 수 있는 길이 열리게 되었습니다. 복음 전도의 가장 중요한 걸림돌을 제거한 중요한 회의가 바로 사도행전 15장의 예루살렘 종교회의입니다.

15장 5절을 보시면 바리새인이었던 사람 중에 초대 교회 신앙인이 된 사람들이 있습니다. 이들은 교회 안에서 이방인 신자들도 할례를 받고 율법을 지키는 것이 마땅하다고 주장합니다. 유대교라는 옛 부대에서 나와서 초대 교회라는 새 부대로 들어왔지만 여전히 옛 포도주적 의식을 가지고 있는 것입니다. 이처럼 초대 교회 안에는 매우 다양한 사람들이 들어오게 됩니다. 그럴 수밖에 없는 것이 예루살렘 초대 교회의 구성원들은 이전에는 대부분 유대교인이었습니다. 원래 유대교를 열심히 믿던 사람들이 초대 교인이 된 것입니다. 그런데 유대교가 하나의 색깔만 있는 것이 아닙니다. 유대교 안에는 사두개파도 있고, 바리새파도 있고, 열심당도 있습니다. 하나의 유대교가 아닌 다양한 입장을 가진 여러 그룹이 유대교 안에 함께 공존했던 것입니다. 부활에 대한 유대교의 입장은 결코 하나가 아닙니다. 부활을 인정하는 바리새파도 있고, 부활을 인정하지 않는 사두개파도 있습니다. 유대교 안에 다양한 신앙의 칼라가 있었음을 기억해야 합니다. 이들은 예수가 메시아라고 하는 믿음을 가지고 유대교를 떠나 초대 교회로 들어왔습니다. 문제는 예수가 메시아라고 하는 믿음은 공유했지만 어떻게 하나님을 섬길 것인가, 하나님의 백성으로서 어떤 삶을 살아갈 것인가와 관련해서는 매우 상이한 주장과 실천을 행하였다는 것입니다. 원래 바리새인이었던 사람들은 교회 안에서도 바리새인들처럼 살아가고자 하고 원래 사두개인이었던 사람들은 교회 안에서도 사두개인처럼 살아가고자 했습니다. 고린도전서 15장을 보시면 초대 교인임에도 불구하고 부활을 믿지 않는 사람들이 있습니다. 이들은 초대 교회에 들어오기 전에 어떤 신앙을 가지고 있었던 사람들일까요? 사두개파적 신앙을 가지고 있던 사람들은 초대 교회에 들어와서도 부활을 믿지 않았습니다. 헬레니즘적 사고를 가진 사람들은 육체의 부활을 믿지 않습니다. 마찬가지로 바리새인이었던 사람들은 초대 교회에 들어와서도 여전히 바리새인들이 강조하는 주장들을 되풀이합니다. 진정으로 하나님의 백성이 되고자 한다면 할례법, 음식 정결법, 절기법을 철저하게 지켜야 한다고 주장한 것입니다. 이처럼 한번 굳어진 생각이나 행동은 쉽게 변화되지 않습니다. 유대교라는 옛 부대에서 나와서 초대 교회라는 새 부대로 들어왔지만 여전히 옛 포도주의 상태를 유지하는 것입니다. 참 안타까운 모습이라고 할 수 있습니다. 이런 상황에서 초대 교회 안에 얼마나 많은 문제들이 발생했겠습니까? 옛날에 굳어진 생각들과 행동들이 초대 교회로 들어온 이후에 새롭게 전환되어야 하는데 그 변화의 속도가 너무 더딘 것으로 인해 많은 갈등이 생겨날 수밖에 없었던 것입니다.

그럼에도 불구하고 예루살렘 종교회의는 너무나 아름답게 마무리되었습니다. 고넬료 사건을 경험했던 베드로의 발언과 야고보의 지혜로운 결정으로 인해 이방 신자들에게 요구되었던 할례라는 무거운 짐을 치우게 된 것입니다. 외형적으로는 이방인 신자들에게 율법의 제의법을 짐 지우지 말자고 주장한 바울과 바나바의 승리로 끝났다고 할 수 있습니다. 저는 이 예루살렘 종교회의가 오늘날 한국 교회 안에서도 활성화되었으면 좋겠다는 소망을 가지고 있습니다. 우리가 하나님의 백성으로 잘 살고 싶은데 어떻게 하는 것이 하나님의 백성다운 삶인가에 대해서 여러 이견이 있을 수 있습니다. 이것에 대해서 그 이견을 해소하고 신앙인들에게 올바른 길을 제시하고자 하는 취지의 열린 대화의 장이 많이 필요하다는 생각이 듭니다. 일반적으로 한국 교회에는 열린 대화의 장이 없습니다. 대부분 위에서 결정하고 위에서 지시가 떨어집니다. 그리고 밑에 있는 사람들은 떨어진 지시에 따라서 움직이는 경우들이 많습니다. 시대는 이미 열린 광장으로 변하고 있는데 교회는 여전히 구시대적인 방식을 고수하고 있는 것입니다.

몇 년 전 서울 신림동에 있는 한 교회에서 구약의 맥과 신약의 맥 강의를 한 적이 있었습니다. 3시간씩 2번의 특강을 했는데 교인들의 반응이 아주 좋았습니다. 강의가 끝난 이후 질의응답 시간을 가졌으면 좋겠다고 하셔서 교인들과 교회 식당에서 다과를 하면서 질의응답 시간을 가졌습니다. 제 옆에 담임목사님이 앉으셨고 교인들이 주위에 둘러앉아서 질의응답 하는 시간을 가졌는데 교인 한 분이 저에게 이런 질문을 하셨습니다. "목사님, 새벽기도를 꼭 해야 하는 건가요?" 담임목사님이 옆에 앉아 있는데 이런 질문을 하시다니 제가 얼마나 난처했겠습니까? 저는 이렇게 답했습니다. "예수님은 제자들에게 골방에서 기도하라고 하셨습니다. 저는 가급적 하나님과의 진솔한 대화인 기도는 다른 사람들에게 방해받지 않는 공간에서 하는 것이 좋다고 봅니다. 자기가 생활하는 삶의 거주지에서 아침에 일어나서 조용히 기도하고 말씀을 묵상하며 하루를 시작하면 좋지 않을까 생각합니다." 제가 이렇게 말하자 장로님 한 분이 이렇게 말씀하셨습니다. "저도 그냥 집에서 기도하고 싶은데 저희 부부가 안 나오면 목사님 부부만 기도하실 것 같아 새벽기도회에 나오게 됩니다." 장로님의 그 이야기를 들으시고 목사님이 이런 말씀을 하셨습니다. "저도 안 나오고 싶은데 장로님 부부만 나와서 기도하실까 봐 나오게 됩니다." 그 이야기에 모두가 박장대소를 하면서 그러면 교회에 모여서 새벽기도 하는 대신 각자 집에서 기도하는 것이 어떨까 하는 제안이 나왔고 모두가 그렇게 하는 것으로 마음을 모은 적이 있습니다.

오랜 기간 같은 교회를 다님에도 불구하고 교회 공동체 안에서 성도들 상호 간에 깊이 있는 속마음을 이야기하는 경우들이 그다지 많지 않습니다. 서로의 마음을 모르다 보니 지나치게 서로를 배려하면서 속으로 힘들어하기도 합니다. 이런 문제를 해결하기 위해서라도 교회 안에서 열린 토론이 많았으면 좋겠습니다. 그런 면에서 예루살렘 회의는 우리에게 좋은 모델을 제시해주고 있습니다. 상부 기관에서 무엇을 결정하고 밑에 있는 하부기관에 하달하는 방식이 아니라 대립하고 있는 양쪽 모두의 입장을 들어본 후에 가장 합리적인 해결책을 모색하는 모습이 참으로 보기 좋습니다. 교회 안에서 오늘날 이 시대 가운데 신앙인의 삶을 어떻게 살아갈 수 있을지에 대해 다양한 논의들이 활발하게 일어났으면 좋겠습니다. 한국 교회가 가지고 있는 전근대적인 논의 구조가 건강한 모습으로 변화될 수 있기를 소망합니다.

빌립보 전도(16장)

사도행전 16장에는 바울과 실라의 전도 여행 이야기가 나옵니다. 바울과 실라는 드로아에서 환상을 본 것을 계기로 유럽 전도를 시작합니다. 빌립보가 유럽의 첫 선교지였습니다. 원래는 바울과 실라는 아시아 선교에 집중하고자 했습니다. 그들의 선교 여행지 안에 유럽은 포함되지 않았습니다. 그런데 드로아에서 바울이 꿈을 꿉니다. 환상 가운데 마케도니아 사람이 나타나서 자기들에게로 건너와서 주의 복음을 전해 줄 것을 요청합니다. 그 환상을 보고 나서 바울과 실라는 유럽 선교를 시작합니다. 유럽 선교의 첫 성이 빌립보입니다. 16장 3절을 보시면 바울은 논쟁을 피하기 위해서 디모데에게 할례를 시행합니다. 이것이 조금 이상하지 않습니까? 15장의 예루살렘 종교회의에서 이방인 신자들에게 할례를 강요하지 않기로 이미 결정했습니다. 그런데 그 회의 이후에 바울은 디모데에게 할례를 행합니다. 바울이 예루살렘 종교회의에서 결정된 사항과 배치되는 행동을 한 이유가 무엇일까요? 바울에게는 두 명의 믿음의 아들이 있었습니다. 한 명이 디모데이고, 다른 한 명이 디도입니다. 재미있는 것은 두 명의 믿음의 아들 중 디모데에게는 할례를 행하였는데 디도는 끝까지 할례를 받지 못하도록 합니다. 그 이유가 무엇일까요? 믿음의 아들 가운데 디도는 부모님이 모두 이방인입니다. 그런데 디모데는 어머니가 유대인입니다. 부모님 모두 이방인이었던 디도에게는 할례를 받지 않게 하고 어머니가 유대인이었던 디모데에게는 할례를 받도록 한 것입니다. 바울은 믿음의 아들 디모데를 자신의 전도 여행에 동참하게 했습니다. 디모데가 전도 여행을 다니다 보면 주로 만나는 사람들이 디아스포라 유대인들입니다. 디아스포라 유대인들은 대부분 할례를 받은 사람들입니다. 이들에게 디모데가 주의 복음을 전해야 합니다. 디모데도 어머니가 유대인인데 만약 할례를 받지 않았다고 한다면 디아스포라 유대인들은 디모데를 유대인으로 인정하지 않았을 것입니다. 디아스포라 유대인을 만나서 복음을 전하는데 있어서 디모데에 대한 신뢰를 높이기 위해서라도 할례를 받는 것이 유익했습니다. 유대인이라고 주장하는 디모데가 할례를 받지 않았다면 어떤 유대인이 디모데의 말을 경청하겠습니까? 디아스포라 유대인을 만나서 주의 복음을 전하는 과정에서 디모데에게 가장 중요한 걸림돌은 할례를 받지 않았다는 것입니다. 그래서 이 문제를 해결하기 위해 바울은 디모데에게 할례를 받도록 합니다. 이것은 예루살렘 종교회의의 주요 결정을 뒤집어엎은 것이 아닙니다. 디모데는 어머니가 유대인이기 때문에 할례를 받은 것입니다. 지금까지는 할례를 받지 않았지만 이제는 디아스포라 유대인들을 대상으로 복음을 전하는 상황에서 유대인들로부터 신뢰를 받기 위해서 할례를 받게 한 것입니다.

16장 8~10절은 드로아 환상에 대한 내용입니다. 이 환상을 경험함으로 인해서 바울의 유럽 전도가 시작되었습니다. 이와 유사한 사건이 한국 교회사에도 있습니다. 초기 신앙인 가운데 이수정이라는 사람이 있습니다. 그는 구한말 개화파인 박영효가 일본에 파견되었을 때 수행원으로 따라갔습니다. 이수정이 박영효를 따라간 가장 중요한 이유는 일본의 선진 농업을 배우기 위해서였습니다. 이수정은 일본으로 건너가서 유명한 농경학자인 쯔다센을 만나게 되는데 쯔다센이 크리스천이었습니다. 이수정이 쯔다센의 집에 들어갔을 때 거실에 걸려 있는 액자를 보게 됩니다. 그 액자 안에는 한문으로 산상설교가 적혀 있었습니다. 그동안 이수정은 이런 내용의 글을 본 적이 없는데 액자에 쓰인 문장을 보고 감탄을 하게 됩니다. 이것을 계기로 쯔다센과 대화를 하다가 이수정은 기독교 신앙에 매력을 느끼게 되었고 일본에서 세례를 받게 됩니다. 세례를 받은 이수정은 일본에 유학 온 조선 사람들을 모아서 성경공부를 인도합니다. 또한 선진 농업을 배운다는 미명하에 일본에 있으면서 마가복음을 한글로 번역합니다. 이때가 1883년입니다. 이후에 장로교의 언더우드 선교사와 감리교의 아펜젤러 선교사가 조선 선교를 위해 1885년 4월 5일 제물포 항을 통해 조선에 첫발을 내딛습니다. 그때 언더우드의 가방 안에 이수정이 일본에서 번역했던 한글 마가복음 성경이 있었습니다. 이것은 세계 선교 역사에서 유일무이한 일입니다. 일반적으로 선교사가 어느 지역에 가서 그 지역 사람들과의 교제를 통해 그 지역의 언어를 습득합니다. 그리고 시간이 지난 후에 그들의 언어로 성경을 번역합니다. 그런데 조선은 선교사가 복음을 전하러 입국했을 때 조선의 신앙인이 번역한 성경을 가지고 들어왔습니다. 이것은 세계 선교 역사에서 한국 교회에서만 발견할 수 있는 유일무이한 일입니다. 이수정은 일본에 체류하면서 미국 선교 본부에 조선에도 선교사를 보내 달라고 계속 편지를 보냅니다. 이 요청을 받고 미국 선교 본부는 이수정을 조선의 마케도니아인이라고 칭하게 됩니다. 마케도니아인이 바울의 꿈에 나타나서 "우리에게 건너와서 복음을 전해 달라"고 했던 것처럼 이수정도 계속적으로 우리 조선에도 선교사를 보내달라고 요청한 것입니다. 결국 이수정의 편지를 받은 미국 선교부는 조선에 선교사를 파송하기로 결정합니다.

이수정은 세 가지 면에서 탁월한 업적을 남겼습니다. 한글로 마가복음 성경을 번역한 일, 일본에 있는 조선 유학생들에게 말씀을 가르친 일, 미국 선교부에 조선에 선교사를 보내줄 것을 간청한 일입니다. 안타까운 것은 이수정의 말년과 관련해서는 정확한 진실을 알기 어렵다는 것입니다. 당시 수구파에서 이수정이 일본에 가서 기독교 신앙을 받아들였다는 걸 알고 1886년에 이수정이 조선에 들어왔을 때 바로 죽였다는 주장이 있습니다. 이처럼 수구파에 의해 처형당했다는 주장과 병으로 죽었다는 주장이 있습니다. 다른 주장으로는 말년에 이수정이 기독교 신앙을 떠났다는 것입니다. 무엇이 정확한 진실인지는 현재로서는 알 길이 없습니다. 그러나 이수정이 남긴 업적은 너무나 분명합니다. 특별히 사도행전에 나오는 마케도니아인의 환상을 볼 때마다 우리 한국 교회사에도 이수정 같은 인물이 있었음을 기억해주시면 좋겠습니다. 이수정이 편지를 보내지 않았다면 미국 선교부에서 조선에 선교사를 파송할 생각을 했을까요? 당시에 누가 조선을 알았겠습니까? 당시 대부분의 미국 사람들에게 아시아 국가 하면 일본, 중국, 인도 세 나라 정도가 떠올랐습니다. 중국과 일본 사이에 있는 조선이라는 나라는 대부분 알지도 못했습니다. 그런 상황에서 이수정의 편지는 조선 선교와 관련해서 아주 큰 역할을 했음을 부인할 수 없습니다.

16장 13절을 보시면 바울은 빌립보에 들어간 다음에 프로슈케라는 곳을 찾아갑니다. 바울이 찾아간 프로슈케가 어디냐에 대해서는 학자들 간의 논쟁이 있습니다. 어떤 학자는 빌립보에 있던 유대인 회당이라고 주장하고 어떤 학자는 당시 빌립보에는 유대 회당이 없었다고 하면서 프로슈케는 유대인들이 기도하던 장소라고 주장합니다. 제가 볼 때는 후자의 주장이 좀 더 설득력이 있습니다. 왜냐하면 바울이 이곳을 갈 때마다 남자들을 만났다는 이야기가 나오지 않기 때문입니다. 바울은 이곳에서 주로 여인들을 만납니다. 유대인들이 어느 지역에 회당을 건축하려고 할 때는 조건이 있습니다. 20세 이상의 성인 남성 10명이 있어야만 합니다. 남성이 10명 미만인 경우에는 회당을 세우지 못하고 기도처를 세우게 됩니다. 바울이 프로슈케에 갈 때마다 여성들을 만난 것을 보면 이곳이 회당이 아닌 기도처일 가능성이 높습니다. 당시 빌립보에는 디아스포라 유대인들의 성인 남성의 수가 그리 많지 않았던 것으로 추측됩니다.

교단마다 헌법이 있습니다. 헌법에 보면 지교회 설립과 관련된 내용이 나옵니다. 교회가 되기 위한 조건이 무엇일까 생각할 때 예수님이 말씀하신 마태복음 18장 20절을 많이 떠올립니다. 주의 이름으로 두 세 사람이 모인 곳이 교회라고 생각합니다. 그러나 어떤 목회자가 교회를 개척한다고 할 때 그곳이 교회로 인정받기 위해서는 일반적으로 세례교인 15명 정도가 있어야 합니다. 15명 미만인 경우에는 기도처라고 합니다. 그래서 개척하시는 목사님들이 개척 예배를 드릴 때 사람들이 많이 모인 사진을 제출하거나 친인척 이름까지 적어서 세례교인 명부를 만들어서 내는 경우들이 있습니다. 그래야 지교회로 인정을 받습니다. 교단이 이렇게 하는 것에는 나름 명분이 있습니다. 한두 명밖에 모이지 않았는데도 교회로 인정하다 보면 그 교회가 6개월 후에 문을 닫는 일이 벌어지기도 합니다. 교회를 쉽게 세우기도 하고 쉽게 문을 닫기도 하는 부작용이 생길 수 있기 때문에 교단에서는 나름 엄격한 기준을 제시하는 것입니다. 그래서 대부분 교단들이 세례 교인 15명 정도를 교회가 운영될 수 있는 최소 숫자로 제시하고 있는 것입니다. 15명 미만인 경우에는 노회에서 교회로 인정하지 않습니다. 그때는 기도처가 되는 것입니다. 세례교인이 15명 이상이면 교회로 설립 신고가 가능하고 15명 미만으로 2년이 경과하게 되면 교회로 인정을 하지 않고 그때부터는 기도처로 불리게 됩니다. 유대인들도 그렇게 했습니다. 20세 이상의 성인 남성 10명이 있으면 회당을 건축할 수 있었고 그 숫자를 채우지 못하면 기도처를 둘 수 있었습니다. 원래 바울은 어느 지역에 들어갈 때마다 회당을 먼저 찾아갔습니다. 그런데 빌립보에는 회당이 없었기 때문에 기도처를 찾아갔다고 이해하시면 되겠습니다.

바울은 기도처에서 여인들을 만나게 됩니다. 그중에 한 명이 루디아입니다. 루디아는 성공한 여성 사업가라고 보시면 됩니다. 루디아는 자주색 옷감을 판매한 사업가였습니다. 고대 사회는 자신이 입는 옷의 색깔에 따라서 신분을 드러냈습니다. 최고위직에 있는 사람들이 입는 옷 색깔이 자주색입니다. 로마의 황제나 로마에서 인정한 분봉 왕 같은 최고위직에 있는 사람들이 자주색 옷을 입었습니다. 이것을 생각한다면 자주색 옷이 얼마나 고가의 옷인지를 알 수 있습니다. 그 자주색 옷감을 만들어 판매하는 일을 루디아가 한 것입니다. 여성 사업가인 루디아는 빌립보 교회를 세운 주체가 됩니다. 김제 금산교회의 조덕삼과 아주 비슷합니다. 김제 지방의 유지였던 조덕삼은 테이트 선교사가 김제 지방에서 복음을 전했을 때 복음을 받아들입니다. 그리고 자기 집 사랑방을 예배 장소로 내놓습니다. 조덕삼이 예수를 믿게 되자 그 집에서 일하던 종들도 예수를 믿게 됩니다. 교인이 늘어나자 조덕삼은 자신의 과수원을 교회에 헌납합니다. 그리고 자신의 돈으로 그곳에 교회당을 멋지게 건축합니다. 어떻게 보면 김제 금산교회는 조덕삼이 세운 것과 마찬가지입니다. 그런데 조덕삼의 집에서 마부로 일하던 이자익이라는 종이 있었는데 조덕삼이 예수를 믿게 되자 이자익도 예수를 믿게 됩니다. 금산교회를 같이 출석하게 된 것입니다. 그런데 공교롭게도 주인이었던 조덕삼과 종이었던 이자익이 똑같이 서리집사가 되고 똑같이 안수집사가 됩니다. 그다음에는 무엇입니까? 장로입니다. 당시에 장로 선거를 하다가 많은 교회가 분열을 경험했습니다. 왜 장로 선거로 인해 분열하게 되었을까요? 당시 교회마다 장로 선거를 할 때 최종 후보로 양반 한 명과 천민 한 명이 올라가는 경우가 많았습니다. 그런데 한국 교회 초기 교인들이 양반들이 많았겠습니까, 천민들이 많았겠습니까? 당연히 천민들이 많았습니다. 그래서 양반과 천민이 장로 선거를 위한 최종 후보로 올라가게 되면 천민 교인들이 자기와 같은 천민 후보에게 투표를 하는 경우들이 많았습니다. 그래서 화가 난 양반들이 교회를 뛰쳐나가서 새로운 교회를 세우는 일들이 일어나기도 했습니다.

금산교회를 목회했던 테이트 선교사도 장로 선거로 걱정이 많았습니다. 조덕삼은 금산교회를 세운 인물이라고 할 수 있습니다. 그런데 조덕삼과 이자익이 똑같이 장로 후보로 올라가서 교인들이 이자익을 장로로 선출하면 조덕삼의 마음이 얼마나 불편하겠습니까? 그래서 테이트 선교사는 노회에 장로를 두 명 뽑으면 안 되는지를 물었고 노회에서는 두 명의 장로를 뽑으라고 허락을 해주었습니다. 이 결정을 보고 테이트 선교사가 얼마나 한시름 놓았겠습니까? 그리고 장로 선거를 했는데 아뿔싸 한 명만 뽑혔습니다. 그 한 명이 바로 이자익입니다. 투표가 끝나고 선거관리를 맡은 담당자가 "우리 교회 장로님으로 이자익 집사님이 선출되셨습니다"라고 발표하자 모든 교인들이 조덕삼 집사를 쳐다보았습니다. 여러분이 조덕삼이라면 어떻게 하시겠습니까? 인간적으로 생각할 때 얼마나 화가 났겠습니까? 자신이 금산교회를 세운 일등공신인데 교인들이 자기보다 신분도 낮고 나이도 어린 이자익을 장로로 선출했으니 배은망덕하다는 생각이 들지 않았겠습니까? 아마 저 같았으면 자리에서 벌떡 일어나서 모두를 향해 '다 나가!'라고 소리쳤을 것 같습니다. 조덕삼이 어떻게 행동할지에 대해 교인들이 걱정하고 있을 때 조덕삼이 자리에서 일어나서 강대상 앞으로 걸어 나왔습니다. 그리고 교인들을 향해서 이렇게 말했다고 합니다. "여러분들은 정말 지혜로우십니다. 오늘 이자익 집사를 장로로 뽑은 것은 여러분이 아니라 하나님이십니다. 우리 이자익 집사는 저보다 신앙도 좋고 인격도 좋은 분입니다. 제가 누구보다 더 열심히 이자익 장로를 잘 섬기겠습니다."

저는 조덕삼의 발언에서 우리 한국 교회가 조선 사회의 유교적인 봉건주의를 극복했다고 봅니다. 어떻게 이런 일이 가능할 수 있었겠습니까? 자신이 나이도 훨씬 많고 신분도 훨씬 높고 지금까지 교회를 위해 가장 많은 것을 헌신한 사람이지만 조덕삼은 기꺼이 자기를 부인할 수 있는 사람이었습니다. 자신이 마땅히 누릴 수 있는 권리조차도 내려놓았습니다. 조덕삼이 이렇게 할 수 있었던 이유는 그가 자기 인생의 주인을 바꾸었기 때문입니다. 조덕삼이 여전히 신분제를 옹호하는 조선의 가치나 질서를 붙잡는 사람이었다면 그는 사람들에게 대노했을 것입니다. 그러나 그는 자기 인생의 주인을 하나님으로 바꾸었고 하나님의 뜻을 물으며 하나님의 뜻을 기꺼이 수용할 수 있

없습니다. 당시에는 장로님들이 설교도 했습니다. 이자익이 장로가 된 다음에 설교하는 것을 보면서 조덕삼은 이자익이 말씀을 잘 전하는 은사가 있다는 것을 알고 자신이 학비와 생활비를 후원하면서 그를 평양신학교로 보냅니다. 그리고 이자익이 평양신학교에서 공부를 마치고 목사 안수를 받자 금산교회로 청빙합니다. 그리고 죽는 날까지 장로로서 이자익 목사를 잘 섬기고 동역하는 삶을 살았습니다. 이자익 목사는 장로교 역사에서 유일하게 세 번이나 총회장에 당선되었습니다. 3년 연속으로 한 것이 아니라 서로 다른 시기에 1년씩 세 번 총회장으로 봉직했습니다. 장로교회가 힘들고 어려울 때마다 사람들은 이자익 목사를 찾아가서 총회장이 되어 줄 것을 부탁했습니다. 그만큼 목회자로서 좋은 인품을 가진 사람이 이자익 목사였습니다. 이자익을 이렇게 훌륭한 목사로 만든 일에 절대적인 역할을 한 사람이 조덕삼 장로입니다. 하나님 나라의 새로운 질서를 받아들이고 그것을 살아낸 것입니다. 이것이 기독교 신앙의 힘이라는 것을 느끼게 해주는 한국판 다윗과 요나단 이야기가 아닐 수 없습니다.

빌립보에 어떤 귀신들린 여종이 있었습니다. 이 여종이 매일 바울과 실라를 따라다니며 "이 사람들은 하나님의 사람입니다"라고 말했습니다. 사실 메시지의 내용만 보면 귀신들린 여종이 한 말은 그리 나쁘지 않은 말입니다. 그러나 이 말을 누가 하고 있는가를 보셔야 합니다. 말은 누가 하느냐에 따라서 무게가 달라집니다. 제정신인 사람이 이런 이야기를 했다면 사람들이 그 말을 듣고 하나님의 사람으로 지목된 사람을 존중할 것입니다. 그러나 귀신 들린 여종이 누군가를 향해 "이 사람들은 정말 좋은 사람이에요"라고 말하면 그 말을 듣는 사람들이 어떤 생각을 하게 될까요? 이처럼 동일한 말의 내용도 누가 하느냐에 따라 그 말의 무게가 달라집니다. 메신저가 최고의 메시지인 것입니다. 빌리 그레이엄 목사의 자서전에 이런 이야기가 있습니다. 부흥회를 인도하기 위해서 비행기를 타고 이동하는 중에 기내에서 승객이 술을 먹고 난동을 부렸습니다. 당시 기내에서 난동을 부리던 그 사람은 친구와 함께 이동 중이었습니다. 친구는 빌리 그레이엄 목사님이 뒤쪽에 타고 있다는 것을 알고 난동을 부리는 친구를 혼내면서 이렇게 말했습니다. "제발 그만 좀 해. 저기 뒤쪽에 빌리 그레이엄 목사님이 타고 계신데 지금 뭐하는 거야?" 술에 취해서 난동을 부리던 친구가 빌리 그레이엄 목사님이 뒤쪽에 타고 있다는 이야기를 듣고 비틀비틀 거리면서 빌리 그레이엄 앞으로 와서 이렇게 말했다고 합니다. "목사님, 제가 목사님을 얼마나 존경하는 줄 알아요. 제가 목사님의 설교를 듣고 인생이 바뀌었어요." 여러분이 만약 빌리 그레이엄 목사님이라면 이런 이야기를 듣게 된다면 어떤 기분이 드시겠습니까? 지금 술에 취해서 기내에서 난동을 부리는 사람이 어떤 의미로 이런 이야기를 하고 있는 것입니까? 말의 내용만 보면 빌리 그레이엄 목사님에 대한 찬사입니다. 그런데 이 말을 듣고 빌리 그레이엄 목사님의 반응이 어떠셨을까요? 자신의 설교를 듣고 인생이 바뀌었다고 하는데 변화된 삶의 결과 지금 무엇을 하고 있습니까? 술에 취해서 기내에서 난동을 부리고 있습니다. 이 이야기를 들었을 때 빌리 그레이엄 목사님이 얼마나 부끄러웠겠습니까?

우리가 하나님께 예배드리면 하나님이 그 예배를 무조건 기뻐하시고 열납하실까요? 그렇지 않습니다. 예배의 열납 여부는 누구의 예배이냐가 중요합니다. 오래 전에 상영된 투캅스라는 영화가 있는데 배우 안성기 씨가 나쁜 형사로 나옵니다. 그는 노점상을 하는 힘없는 사람들의 돈을 갈취하고 다니면서도 예배 시간에는 열심히 참석합니다. 그러면서 하나님께 "하나님, 감사합니다. 내가 당신의 은혜로 삽니다"라고 기도합니다. 이 기도를 들으시는 하나님은 어떤 마음이실까요? 남의 것을 갈취하는 나쁜 사람이 와서 하나님께 당신의 은혜로 내가 산다고 하면 하나님은 한순간에 조폭 두목이 되는 것입니다. 그런 기도를 들으실 때마다 하나님의 얼굴이 얼마나 화끈거리시겠습니까? 우리의 모든 예배가 하나님께 기쁨이 되는 것은 아닙니다. 진실한 자들의 예배, 정직한 자들의 예배, 거룩한 자들의 예배만이 하나님께 기쁨이 됩니다. 그런 예배만이 하나님께 열납이 되는 것입니다. 누구의 말이냐에 따라 말의 무게가 달라집니다. 귀신들린 여종이 주님의 사역자에 대해 찬사를 늘어놓게 되면 그것은 도리어 복음 전도의 걸림돌이 될 수도 있습니다. 그래서 바울과 실라는 그 여종으로부터 귀신을 내쫓았습니다. 그러자 이 귀신들린 여종을 통해 많은 이익을 챙겼던 주인들이 바울과 실라를 고소하여 감옥에 집어넣었습니다. 사도행전 16장 25절을 보시면 한밤중에 바울과 실라는 자세를 가다듬고 감옥 안에서 하나님께 기도와 찬미를 올려드립니다. 고난 가운데서도 하나님에 대해서 상처 입지 않는 참 믿음을 드러낸 것입니다. 그리고 잠시 후에 감옥 문이 열리는 천지개벽과 같은 일이 벌어집니다. 당시 로마법에 따르면 죄수를 지키던 간수가 죄수를 제대로 지키지 못하게 되면 간수가 대신 처벌을 받았습니다. 다시 말해 감옥 문이 열렸을 때 바울과 실라가 도망치게 되면 죄수는 죽임을 당하게 되는 것입니다. 그래서 간수는 죄수들이 도망갔다고 생각하고 자결을 하고자 했습니다. 그때 바울과 실라가 자신들이 도망가지 않았다고 하면서 자결하려는 간수를 막아섰습니다. 바울과 실라가 보여 준 그 마음에 간수가 얼마나 감동을 받았겠습니까? 결국 간수는 바울과 실라를 통해서 예수에 대한 이야기를 듣게 되고 예수를 믿기로 결정하게 됩니다. 가장인 그 간수가 예수를 믿기로 결정했기 때문에 그 집안에 모든 사람들이 예수를 믿는 자가 되었습니다. 당시에는 가장이 선택하는 종교가 모든 가족의 종교가 되던 시대였습니다. 그래서 바울과 실라는 "주 예수를 믿으라 그러면 너와 네 집이 구원을 얻으리라"고 말하게 된 것입니다.

빌립보 재판정에서는 바울과 실라를 풀어주라고 지시를 내립니다. 37절을 보시면 바울은 "로마 사람인 우리를"이라고 말합니다. '우리를'이라는 표현이 사용된 것을 보면 바울과 함께 동역했던 실라도 로마 시민권자였을 가능성이 높습니다. 1차 선교 여행의 동역자였던 바나바도 로마 시민권을 가지고 있었을 가능성이 높습니다. 당시에 선교 여행을 위해 다양한 지역을 방문한다고 할 때 로마 시민권은 어느 지역이나 자유롭게 출입할 수 있는 통행 비자와 같은 효력이 있었습니다. 또한 로마 시민권자는 어느 지역에서 사법적 처벌을 받을 경우에 로마 황제에게 직접 재판을 받겠다고 상소하게 되면 그 나라의 공권력에 의해 처벌받지 않을 수도 있었습니다. 왜 하나님께서 바울과 바나바, 바울과 실라를 선교 여행의 도구로 사용하셨을까 생각할 때 그들이 가지고 있었던 로마 시민권을 활용하신 것은 아닐까요? 37절에 "로마 사람인 우리"라는 표현이 사용된 것을 보면 바울뿐만 아니라 실라도 로마 시민권자였을 가능성이 높음을 알 수 있습니다.

7강

사도행전 7강

말씀과함께 | 사도행전강의

17장 | 아테네 전도

　바울에 대해 이야기할 때 이방인의 사도라는 이야기를 많이 합니다. 그런데 엄밀한 의미에서 바울이 순수 이방인을 대상으로 전도한 예는 거의 없습니다. 사도행전 17장에 보시면 아테네 전도가 나오는데 그것이 거의 유일하게 순수 이방인을 대상으로 한 전도라고 볼 수 있습니다. 그런데 재미있는 것은 원래 아테네는 바울이 선교하려고 했던 지역이 아니었습니다. 아테네는 유대인들의 시기와 박해를 피해서 도망한 지역인데 그곳에서 돌발적으로 전도 사역을 하게 된 것입니다. 흔히 바울을 이방인의 사도라고 말하지만 정확하게 말하면 바울은 이방 지역 순회 전도자입니다. 이방 지역 순회 전도자로 바울은 어느 지역에 가든 제일 먼저 그곳에 있는 회당을 방문했습니다. 회당에 가면 누구를 만나게 됩니까? 디아스포라 유대인들과 유대교 신앙에 관심이 있는 경건한 이방인들을 만나게 됩니다. 우리가 흔히 바울을 순수 이방인들의 사도인 것처럼 생각하지만 사실은 전혀 그렇지 않음을 기억하셔야 합니다. 바울은 이방 지역 순회 전도자였고 주로 만났던 사람들은 디아스포라 유대인들과 유대교 신앙에 관심이 있는 경건한 이방인들이었습니다.

바울이 자신을 이방인의 사도라고 주장하는 이유는 당시 상대적으로 중요성이 덜한 이방인들에게 복음을 증거하는 자로 자신을 낮추어 표현하는 것으로 보아야 합니다. 열두 사도가 가나안 땅을 중심으로 유대인들을 대상으로 복음을 전하는 상황에서 바울도 가나안 땅을 중심으로 유대인을 대상으로 복음을 전하게 되면 어떤 일이 벌어지게 될까요? 복음을 전하는 대상이 겹치는 일로 인해 열두 사도와 바울 사이에 서로를 견제했을 가능성이 매우 높습니다. 사도들의 입장에서는 바울을 뭐라고 견제하겠습니까? 바울을 향해 "당신이 사도가 맞아, 예수 공생애에 함께 했어, 예수로부터 보냄 받은 것이 맞아"라고 견제했을 가능성이 아주 높습니다. 이런 갈등을 피하고자 바울이 이방 선교에 몰두하게 된 측면이 있습니다. 가나안 땅에 있는 유대인들을 대상으로는 열두 사도들이 복음 전도를 전담하고 자신은 중요성이 덜한 이방 지역을 순회하면서 복음을 전하겠다고 한 것입니다. 열두 사도들의 입장에서 볼 때 이방 지역은 자기들이 가서 전도할 수 있는 영역이 아니었기에 바울의 역할 분담론을 사도들도 수용하게 되었습니다. 마치 여러 목사님들이 있다고 할 때 빈민 사역을 하는 목사님은 그 누구도 경계하지 않고 후원해 주려고 합니다. 이주 노동자 사역을 하시는 목사님도 경계하지 않고 후원해 주려고 합니다. 정말 좋은 일을 하신다고 하면서 격려도 해줍니다. 그런데 같은 동네에서 목회하는 목사님들을 만나면 얼굴은 웃으면서도 악수할 때 서로 손에 힘을 줍니다. 왜 그럴까요? 서로가 잠재적 경쟁자이기 때문입니다. 우리는 흔히 베드로는 유대인의 사도이고, 바울은 이방인의 사도라고 이야기합니다. 이것을 베드로는 유대인을 대상으로 바울은 이방인을 대상으로 복음을 전하도록 역할 분담을 한 것으로 생각하기 쉽습니다. 그러나 엄밀하게 말하면 베드로는 가나안 땅을 중심으로 유대인들을 대상으로 복음을 전한 것이고 바울은 가나안 땅 바깥 이방 지역에 있는 디아스포라 유대인들과 경건한 이방인들을 대상으로 복음을 전한 것입니다. 우리가 바울을 이방인의 사도라고 규정하지만 사실 순수 이방인을 대상으로 복음을 증거 한 것은 아테네 전도 밖에 없습니다. 또한 아테네는 바울이 선교 여행을 하고자 계획했던 지역은 아니었습니다. 정확하게 말하면 바울은 이방 지역 순회 전도자이고 이방 지역을 갈 때마다 유대인들의 회당을 찾아갔습니다. 그곳에서 디아스포라 유대인들과 경건한 이방인을 만나서 복음을 전한 것입니다.

재미있는 것은 바울이 회당에서 복음을 전하게 되면 청중의 반응이 둘로 완전히 나누어진다는 것입니다. 한쪽은 바울에 대해 적대하며 바울을 죽이고자 합니다. 다른 한쪽은 바울의 메시지에 열광적인 환호를 보냅니다. 청중의 반응은 그가 어디에 소속된 사람인가에 따라 결정됩니다. 예를 들면 디아스포라 유대인들 같은 경우에는 바울에 대해 적대적인 감정을 드러냅니다. 왜 그들은 바울에 대해 적대적인 태도를 드러냈을까요? 바울은 유대인들이 그토록 기다리던 메시아가 이 땅에 오셨지만 유대인들이 메시아를 알아보지도 못하고 환영하지도 않았으며 심지어 죽였다고 문제를 제기합니다. 이것을 유대인들은 받아들일 수 없었습니다. 그렇다면 바울의 메시지에 열광적인 환호를 보낸 사람들은 누구였을까요? 경건한 이방인들입니다. 이들은 혈통으로는 이방인이지만 유대교에 관심이 있는 사람들입니다. 이방인이지만 야웨 하나님을 믿고 싶어 하는 사람들입니다. 이들을 우리는 경건한 이방인들이라고 부릅니다. 당시 경건한 이방인들이 유대교인이 되고자 할 때 세 가지 통과 의례가 있었습니다. 첫째는 할례를 받아야 되고, 둘째는 예루살렘 성전에 와서 제사를 드려야되고, 마지막으로 물세례를 받아야 합니다. 그런데 성전에 와서 제사를 지내는 것은 시간을 내고 정성을 더하면 할 수 있는 일이었습니다. 물세례를 받는 것은 마음만 먹으면 할 수 있는 일이었습니다. 그런데 경건한 이방인들이 유대교로 개종하고자 할 때 그들을 머뭇머뭇하게 만든 큰 걸림돌이 있었는데 바로 할례였습니다. 당시는 의학이나 위생이 발전한 시대가 아니다 보니 할례를 받다가 죽는 경우도 있었고 성불구자가 되는 경우들도 있었습니다. 더욱이 이방인들은 할례라는 문화를 미개하게 생각했습니다. 따라서 경건한 이방인들은 야웨 하나님은 너무 좋고 유대교 신앙도 참 좋은데 유대교인이 되는 것에 대해서는 머뭇머뭇하게 된 것입니다.

그런데 어느 날 회당에 갔는데 바울이라는 랍비의 설교를 듣게 되었습니다. 당시에는 회당장이 설교를 할 수도 있었지만 어떤 랍비가 회당을 찾아오게 되면 회당장이 랍비들에게 설교를 요청하기도 했습니다. 당시에 설교라는 것은 주로 성경을 읽는 것이었습니다. 바울이 지역 회당을 방문했을 때 그 지역의 회당장이 가말리엘 문하에서 공부한 바울에게 설교를 부탁했을 것입니다. 그때 바울은 성경을 읽고 나서 몇 마디 말을 덧붙입니다. 그때 바울이 선포한 메시지의 핵심은 예수 그리스도에 대한 믿음을 통해서만 하나님의 참 백성이 될 수 있다는 것입니다. 할례를 받지 않았다 하더라도 예수 그리스도를 온전히 믿는다면 그 사람은 하나님의 백성이 될 수 있음을 선포한 것입니다. 이것이 경건한 이방인들에게는 너무나 기쁜 소식으로 다가왔습니다. 그동안 할례 때문에 계속해서 유대교로 개종하는 것을 머뭇머뭇하고 있었는데 바울이 할례를 받지 않아도 하나님의 백성이 될 수 있는 길이 있음을 제시했으니 얼마나 기뻤겠습니까?

경건한 이방인들의 입장에서는 바울의 메시지가 너무나 기쁜 소식이었습니다. 그래서 바울의 메시지에 열광적인 환호를 보내며 바울을 추종하게 됩니다. 이런 모습을 보면서 디아스포라 유대인들은 어떤 마음이 들었을까요? 그동안 자신들이 힘겹게 전도하여 이방인들을 회당 예배에 데리고 와서 유대교 신앙을 가르쳤고 이제 곧 할례를 받아서 유대교로 완전한 개종을 시킬 날을 기다리고 있었는데 바울이 와서 자기들이 열심히 전도하고 설득시켜 놓은 사람을 데려가는 꼴이 되어버렸으니 얼마나 기분이 좋지 않았겠습니까? 이런 상황을 유대인들이 가만히 보고 있을 수는 없지 않았겠습니까? 그래서 디아스포라 유대인들은 바울이 가는 곳마다 따라다니면서 박해하고 죽이고자 한 것입니다. 사도행전 17장을 보시면 데살로니가에서 전도하다가 유대인들이 죽이려고 하자 바울은 베뢰아로 피신합니다. 그런데 유대인들이 베뢰아까지 쫓아 와서 바울을 죽이려고 하자 다시 아테네로 피신하게 된 것입니다. 그래서 전도 여행지에는 없었던 아테네에서 순수 이방인들을 대상으로 한 복음 전도가 이루어지게 된 것입니다.

　　17장 1절을 보시면 바울이 데살로니가 지역에 가서 복음을 전한 결과 데살로니가 교회가 탄생하게 됩니다. 재미있는 것은 바울과 데살로니가 교회는 정말 짧은 기간만 교제를 나누었습니다. 2절에 '세 안식일'이라는 표현이 나옵니다. 데살로니가 교인들과 바울은 세 번 만남을 가졌습니다. 그런데 유대인들의 박해로 인해 바울은 갑작스럽게 데살로니가 교회를 떠나게 됩니다. 바울과 세 번 밖에 만남을 갖지 못한 데살로니가 교회는 이후에 계속하여 바울의 선교 사역을 후원하게 됩니다. 바울이 개척한 교회가 8개 교회 정도 됩니다. 그런데 끝까지 바울을 사도로 인정하고 물질적으로 후원해 준 교회는 2개 교회밖에 없습니다. 하나가 빌립보 교회이고, 다른 하나가 데살로니가 교회입니다. 빌립보 교회와 데살로니가 교회는 공통점이 있는데 바울과 정말 짧은 기간 만남을 가졌다는 것입니다. 바울은 이방 지역 순회 전도자였습니다. 어느 지역에 들어가서 복음을 전하고 복음을 수용하는 사람들이 있으면 그들을 중심으로 교회를 세우고 믿을 만한 동역자에게 그 교회에 대한 목회를 맡기고 다른 지역으로 떠났습니다. 그런데 특이하게도 바울이 오랜 기간 머물면서 목회를 한 교회가 두 교회가 있는데, 하나가 사도행전 18장에 나오는 고린도 교회이고, 다른 하나가 19장에 나오는 에베소 교회입니다. 고린도 교회에서는 1년 6개월을, 에베소 교회에서는 3년을 목회했습니다. 에베소에서 3년 목회할 때 두란노서원을 만들어서 2년 동안 말씀을 가르쳤습니다. 이방 지역 순회 전도자였던 바울이 특이하게도 장기간 목회를 했던 것입니다. 그런데 이렇게 바울과 오래 만났던 고린도 교회와 에베소 교회는 바울을 후원하지 않았습니다. 바울의 사도성도 인정하지 않는 사람들이 많았습니다. 여기서 놀라운 사실을 발견하게 됩니다. 바울과 짧게 만남을 가진 교회는 바울의 사도성을 인정하고 그의 선교 사역을 물질적으로 후원했는데 바울과 오랜 기간 만남을 가진 교회는 바울의 사도성도 인정하지 않고 그의 선교 사역도 후원하지 않았다는 것입니다. 어떻게 이런 일이 일어나게 된 것일까요?

여기서 중요한 교훈은 바울과는 짧게 만나는 것이 좋다는 것입니다. 바울과 짧게 만났던 교회는 모두 바울을 좋아했고 그의 사역을 후원해 주었습니다. 그런데 바울과 오랜 기간 만났던 교회는 바울의 사도성도 인정하지 않았고 그의 사역을 후원하지도 않았습니다. 그 이유가 무엇인지 궁금하지 않으십니까? 바울을 짧게 만났던 교회는 전도자로서의 바울을 만났습니다. 그런데 바울과 길게 만났던 교회는 전도자로서의 바울과 함께 목회자로서의 바울을 만난 것입니다. 전도자로서의 바울은 복음의 엑기스만을 선포했습니다. 그런데 갑작스러운 이별로 인해 교인들을 말씀으로 목회하지는 못했습니다. 그러나 고린도 교회나 에베소 교회는 전도자로서의 바울과 함께 목회자로서의 바울을 만난 것입니다. 이때 바울은 매우 엄격하게 목회했습니다. 일반적으로 전도자들은 엄격하지 않습니다. 전도자들은 부드러운 모습과 말투로 전도합니다. 그러나 목회는 그렇게 할 수 없습니다. 목회는 교회 공동체의 거룩함을 지켜내기 위한 분투입니다. 교회의 공동체성을 깨뜨리는 사람들에 대해서는 엄격해야 합니다. 말씀대로 살아가지 않고 세속의 가치를 주장하는 사람들에 대해서는 때로는 책망이 필요하고 훈계가 필요합니다. 그러한 책망과 훈계를 듣지 않을 경우에는 말씀에 근거한 징계도 시행해야 합니다.

바울은 당시에 일반적인 사도들과 마찬가지로 임박한 종말론을 믿었습니다. 예수님이 곧 재림하실 것을 확신했습니다. 그렇다면 바울은 예수님의 재림을 준비하는 교회의 가장 중요한 자세를 무엇으로 이해했을까요? 여기에서 우리가 주목해야 할 것은 바울이 가진 독특한 교회론입니다. 구약의 호세아서에는 하나님은 이스라엘의 남편이고 이스라엘은 하나님의 아내임을 강조합니다. 바울은 호세아서가 말하는 이 비유를 끌어들여서 예수 그리스도는 신랑이고 교회는 그의 신부임을 강조합니다. 신랑 되신 예수님은 이제 곧 이 땅에 그의 신부를 만나기 위해 오실 것입니다. 이때 신부된 교회는 언제든지 자기를 찾아오는 신랑을 맞이하기 위한 준비를 해야만 합니다. 그렇다면 신랑을 기다리는 신부의 가장 중요한 자세와 태도가 무엇일까요? 순결함을 지켜내는 것입니다. 신앙의 표현으로 하면 거룩함을 지켜내는 것입니다. 그래서 바울은 목회를 하면서 교회의 순결함과 거룩함을 지켜내기 위해 최선을 다합니다. 신부된 그리스도의 몸 된 교회의 순결함과 거룩함을 훼손하는 것과 관련해서는 매우 엄격한 목회를 했습니다. 바울 서신을 보면 교회의 순결함과 거룩함을 훼손하는 사람들과는 인사도 하지 말고 그들을 교회 바깥으로 내쫓으라고 명합니다. 얼마나 엄격한 목회를 행했는지 모릅니다. 이런 바울의 목회자로서의 엄격함을 고린도 교회와 에베소 교회는 경험한 것입니다. 이런 상황에서 바울에 대해 비판적이었던 사람들이 어떤 대응을 했을까요?

바울은 그리스도의 몸 된 교회의 거룩함과 순결함을 훼손하는 교인들을 단호하게 징계했습니다. 시간이 지날수록 엄격한 목회자였던 바울에 의해서 징계받은 교인들이 많아졌을 것입니다. 이때 징계받은 사람들이 자기들이 무엇을 잘못했는지를 인정하고 참된 회개를 하였다면 얼마나 좋았을까요? 그러나 대부분은 그렇게 하지 않고 도리어 인간적으로 바울에 대한 원한을 쌓아가게 됩니다. 그리고 징계를 받은 사람들끼리 그룹을 형성하여 바울에 대한 비판적인 여론들을 조성하기 시작합니다. 이때 그들이 공격했던 주된 내용이 바울의 사도성에 대한 문제입니다. 바울이 예수의 공생애에 함께한 사도가 맞는지, 바울이 예수 부활의 증인이 맞는지, 진짜 다메섹 도상에서 예수를 만난 것이 맞는지 등에 대해 문제를 제기하며 교인들을 선동했습니다. 그래서 바울이 장기간 목회했던 고린도 교회나 에베소 교회에서는 바울의 사도성을 인정하지 않는 교인들이 많아졌습니다. 바울에 대한 원한을 가진 사람들의 선동에 많은 교인들이 미혹을 당한 결과입니다. 그래서 역설적이게도 바울을 오래 만났던 교회들은 바울을 후원하지 않았습니다. 후원만 하지 않은 것이 아니라 사도성에 대해서도 끊임없이 공격을 가했습니다.

우리는 흔히 바울이 자비량 사역을 했다는 이야기를 많이 합니다. 그것은 분명한 사실입니다. 그러나 처음부터 바울이 자비량 사역을 하려고 했던 것은 아닙니다. 바울은 선교 후원을 통하여 그가 활용할 수 있는 모든 시간에 선교 사역에 올인하고 싶었습니다. 그러나 그렇게 하지 못했습니다. 낮에는 천막을 만드는 일을 하고 그 외의 시간에 선교 사역을 행했습니다. 결과적으로는 자비량 사역을 하게 된 것입니다. 그럴 수밖에 없었던 이유는 후원금이 많이 들어오지 않았기 때문입니다. 후원금이 들어오지 않았기에 자신의 사역과 생계를 위해서 일할 수밖에 없었던 것입니다. 우리가 자비량 사역을 바울의 선교 원칙처럼 생각하는 경향이 있는데 절대 그렇지 않습니다. 바울은 후원을 받으면서 24시간 모두를 선교 사역에 집중하고 싶었지만 결과적으로는 후원이 여유 있게 들어오지 않았기에 자비량 사역을 하게 된 것입니다. 복음 전도자로서의 바울을 만난 교회는 바울의 선교 사역을 후원하였고 목회자로서의 바울을 만난 교회는 바울에 대해 부정적인 여론이 높았다고 이해하시면 되겠습니다.

한국 교인들은 예수님보다 바울을 더 좋아한다는 말이 있습니다. 예수님이 복음서에서 말씀하셨던 내용보다 바울이 바울 서신에서 강조하고 있는 내용들을 한국 교인들은 더 좋아합니다. 예를 들면 복음서를 보면 예수님은 "부자는 하나님 나라에 들어가는 것이 어렵다"고 말씀하십니다. 사람들은 이런 말씀을 별로 좋아하지 않습니다. 그런데 로마서나 갈라디아서를 보면 '믿음으로 구원 받는다'는 말씀이 나옵니다. 이런 말씀에 대해서는 저절로 아멘이 나옵니다. 그 이유가 무엇일까요? 자기 삶의 부족함을 상쇄시켜주는 말씀이기 때문입니다. 물론 바울이 말했던 믿음은 자기 존재를 하나님께 전적으로 의탁하는 것을 의미합니다. 하나님이 명하시는 것에 대해 존재를 다해 순종하는 것이 바울이 말하는 믿음입니다. 그런데 대부분의 한국 교회 교인들은 믿음을 헬레니즘적으로 이해합니다. 헬레니즘이 말하는 믿음이 무엇입니까? 어떤 주장에 대해 인지적으로 동의하는 것입니다. "하나님이 천지의 창조자이시다"라고 하는 것을 믿는다고 할 때 이 주장을 인지적으로 동의하고 받아들이는 것을 믿음이라고 생각하는 것입니다. 그러나 성경이 말하는 믿음은 그 이상입니다. 하나님이 천지의 창조자이시고 이 세상의 모든 것은 하나님이 창조하신 아름다운 것이라고 하는 믿음은 어떤 존재에 대해서도 함부로 하지 않는 행위로 증거되어야 합니다. 왜 그렇습니까? 그 모든 존재가 하나님께서 창조하신 아름답고 존귀한 존재이기 때문입니다. 이 땅 가운데 살아가고 있는 어떤 존재에 대해서도 그의 인종, 민족, 경제력, 학력, 성, 신체적 건강 여부 등으로 인해 차별하지 않고 그들 모두를 하나님의 형상대로 지음 받은 존귀한 존재로 대하는 것이 진짜 하나님의 창조를 믿는 자의 모습이라고 할 수 있습니다. 하나님의 창조를 믿는다는 것은 모든 사람들에게 하나님의 형상이 있다는 것을 받아들이는 것입니다. 하나님의 형상대로 지음 받은 모든 사람들이 존귀한 존재라는 것을 받아들이는 것입니다. 따라서 우리가 진정 하나님의 창조를 믿는다면 이 땅에 있는 그 누구에 대해서도 함부로 할 수 없습니다. 심지어 이 땅에 있는 들꽃 하나도 함부로 꺾지 않아야 합니다. 왜 그렇습니까? 그 모든 것은 하나님이 창조하신 하나님의 것이기 때문입니다. 그것이 진짜 창조를 믿는 자의 모습입니다. 그런데 머리와 입으로는 창조를 믿는다고 하면서 자기보다 못하다고 생각되는 사람들을 하대하고 약육강식의 질서를 수용한다면 그는 엄밀한 의미에서는 진화론자인 것입니다.

진화론이 무엇입니까? 철저한 약육강식의 질서를 수용하는 것입니다. 무한경쟁 속에서 승자가 모든 것을 독식할 수 있다는 것을 당연하게 받아들이는 것이 진화론입니다. 경쟁에서 패배한 자는 자연 도태될 수밖에 없다는 것을 당연하게 받아들이는 것이 진화론입니다. 찰스 다윈이 1859년에 「종의 기원」이라는 책을 썼을 때 그날 바로 이 책이 매진된 이유가 있습니다. 「종의 기원」은 진화론적 주장을 하고 있는데 이것이 당시 서구의 제국주의 침략을 과학적으로 지지해 주었기 때문입니다. 기독교 국가임을 천명한 유럽은 아시아나 아프리카의 무수한 나라를 정복하고 지배했습니다. 그때 제국의 침략을 과학적으로 옹호하는 이론이 등장하였는데 그것이 바로 진화론입니다. 강자가 약자를 지배하고 억압하고 착취하는 것을 당연시하는 이론이 진화론입니다. 약육강식과 승자독식, 경쟁에서 패배한 약자들의 자연 도태 등의 이론은 제국주의적인 침략을 과학적으로 지지해 주었습니다. 진화를 믿는다는 것은 결국 이러한 질서를 받아들이는 것입니다. 반면에 창조를 믿는다는 것은 이 땅에 있는 모든 생명이 하나님이 창조하신 하나님의 것임을 인정하는 것입니다. 그 인정 속에서 모든 생명을 존귀하게 대하는 것이고 함부로 하지 않는 모습으로 드러나는 것입니다. 머리와 입으로는 창조를 믿는다고 하면서 손과 발과 삶으로는 진화론자처럼 살아가는 신앙인들이 너무 많습니다. 진짜 창조를 고백하고 창조를 믿고 살아가는 자들로의 삶의 변화가 필요합니다.

성경이 말하는 믿음은 어떤 주장에 대한 인지적 동의가 아닙니다. 자신의 삶 전체를 하나님께 맡기는 것이고 하나님이 원하시는 바를 살아내는 것입니다. 창세기 12장 1절에서 말하는 것이 바로 그것입니다. "너는 너의 고향과 친척과 아버지의 집을 떠나 내가 네게 보여 줄 땅으로 가라"고 하나님께서 명령하셨을 때 아브라함은 어떻게 했습니까? 기꺼이 하나님의 말씀에 순종함을 통하여 그는 믿음의 조상이 된 것입니다. 입으로만 가겠다고 한 것이 아닙니다. 행함으로 자신의 고백을 증명하는 것이 진짜 믿음입니다. 그런데 헬레니즘은 어떤 주장에 대한 인지적 동의를 믿음으로 이해합니다. 그래서 헬레니즘의 세계관이 지배하던 이방 지역에 살던 신앙인들은 바울의 말을 오해하기도 했습니다. "예수가 우리의 구원자이심을 믿느냐"라고 했을 때 그들은 머리로 믿고 입으로 고백했습니다. 이것을 자신의 믿음을 드러낸 행위로 이해한 것입니다. 그러나 예수를 진정 믿는다는 것은 그분만을 자기 인생에 유일한 주인으로 모시는 것입니다. 예수께서 A라고 말씀하시면 그 말씀을 받아들이는 것이고 B라고 말씀하시면 B를 존재를 다해 수용하는 것입니다. 예수로 인해서 자신의 인생을 전환시켜 내는 것이 진짜 믿음입니다. 그러나 자신들이 가진 세계관의 틀 안에서 바울의 말을 받아들이다 보니 바울의 말을 많은 사람들이 오해했습니다. 그래서 바울 서신에 대한 잘못된 오해를 교정하기 위해서 기술된 책이 마태복음과 야고보서입니다. 우리들이 생각하는 믿음은 죽은 믿음임을 지적하고 입으로 '주여! 주여!' 한다고 구원받는 것이 아님을 강조하고 있습니다. 마태복음과 야고보서는 바울 서신에 대한 오해를 수정하기 위해서 기술되어진 것입니다. 그러나 여전히 대다수 한국 교회의 신앙인들은 바울이 말하는 믿음을 인지적 동의로서의 믿음으로 이해합니다. 한국 교회는 바울 서신을 정말 사랑합니다. 안타까운 것은 바울 서신도 전체적으로 주목하지 않고 특정한 구절만을 편식한다는 것입니다. 말씀드린 것처럼 바울은 목회자로서 매우 엄격했습니다. 바울 서신을 전체적으로 보았다면 한국 교회 안에 일어나는 교회 공동체의 거룩함과 순결함을 훼손시키는 일과 관련하여 한국 교회는 용납하지 않았을 것입니다. 그러나 실제로는 너무나 많은 것들이 용납되어지고 있습니다. 바울 서신을 전체적으로 주목하지 않았기 때문에 벌어지는 현상입니다. 한국 교인들이 바울 서신에서 좋아하는 말씀들은 대부분 믿음으로 구원받는다는 이신칭의와 관련된 말씀들입니다. 그러나 원래 바울이 말했던 믿음은 우리가 생각하는 인지적 믿음이 아니라는 것을 기억하셔야 합니다.

지금까지의 내용을 다시 한 번 정리해 보겠습니다. 바울은 이방인의 사도가 아닙니다. 엄밀한 의미에서 말하면 이방 지역 순회 전도자였습니다. 바울은 이방 지역을 갈 때마다 항상 회당을 중심으로 사역했습니다. 회당에서 누구를 만났습니까? 디아스포라 유대인들과 경건한 이방인들을 만났습니다. 바울이 회당에서 복음의 메시지를 선포하게 되면 두 가지 반응이 나타났습니다. 디아스포라 유대인들은 바울을 죽이려고 달려들었고 경건한 이방인들은 바울의 메시지를 너무나 좋아했습니다. 왜 이렇게 경건한 이방인들이 바울의 메시지에 열광적인 환호로 답했을까요? 바울이 할례를 받지 않고도 하나님의 백성이 될 수 있는 새로운 길을 제시했기 때문입니다. 이것이 너무나 중요한 이야기입니다. 바울이 개척한 교회들 중에 데살로니가 교회와 빌립보 교회는 끝까지 바울의 사역을 후원하고 지지했던 교회입니다. 그런데 두 교회 모두 바울과 아주 짧은 시간 만남을 가진 교회입니다. 그리고 순회 전도자였던 바울이 길게 목회했던 교회가 두 곳 있었습니다. 하나가 고린도 교회이고, 다른 하나가 에베소 교회입니다. 고린도 교회는 1년 6개월을, 에베소 교회는 3년을 목회했습니다. 그런데 오랜 세월 바울과 만났던 두 교회는 많은 교인들이 바울의 사도성을 인정하지 않았고 바울의 선교 사역에 대해서도 물질적인 후원을 하지 않았습니다. 하지만 바울과 짧게 만난 교회는 바울의 사도성을 인정하고 바울의 사역도 후원했는데 바울과 오랜 기간 만난 교회는 왜 바울의 사도성도 인정하지 않고 후원도 하지 않았던 것일까요? 바울을 짧게 만났던 교회는 전도자로서의 바울만 만난 것이고 바울과 길게 만났던 교회는 전도자로서의 바울과 함께 목회자로서의 바울을 만난 것입니다. 바울은 매우 독특한 교회론을 가지고 있었습니다. 바울이 가지고 있는 교회론은 구약의 호세아서를 참고한 것이라고 할 수 있습니다. 호세아서를 보시면 하나님은 이스라엘의 남편이고 그의 언약 백성인 이스라엘은 하나님의 아내로 설명됩니다. 하나님의 언약 백성이자 아내인 이스라엘은 하나님만을 사랑해야 하는데 이방 우상들에게 마음을 빼앗겨 버립니다. 바람을 피운 것입니다. 이것을 바울은 그대로 차용합니다. 바울이 가진 교회론의 핵심은 교회는 신랑 되신 예수 그리스도의 신부라는 것입니다. 예수님은 신랑이고 이 땅의 교회는 예수님의 신부입니다. 신랑 되신 예수님은 신부를 찾아서 이제 곧 이 땅으로 오실 것입니다. 그렇다면 신랑을 맞이하기 위해 신부가 갖추어야 할 가장 중요한 자세가 무엇일까요? 항상 깨어 신랑을 기다려야 합니다. 또한 순결함과 거룩함을 지켜내는 것입니다. 그래서 바울은 목회를 할 때 교회 공동체의 순결함을 훼손하는 일과 관련하여 매우 엄격한 목회를 했습니다. 그로 인해 인간적으로 바울을 싫어하는 사람들이 생기게 된 것입니다. 이 사람들이 결국 교인들을 선동하여 바울에 대해 반기를 들게 만들었습니다. 그리고 많은 사람들이 이런 사람들의 선동에 미혹되어 바울의 사도성을 부인하고 심지어 바울을 대적하는 일까지 벌어지게 된 것입니다. 바울과 오래 기간 만남을 가졌던 교회들이 바울에 대해 부정적인 이해를 가진 가장 중요한 이유는 바울의 엄격한 목회 때문임을 기억하시면 좋겠습니다.

17장 6절을 보시면 유대인들이 바울을 관가에 고발할 때 이런 이야기를 합니다. "천하를 어지럽게 하던 이 사람들이 이곳에 왔다"고 말합니다. 기독교 신앙이 온전히 전파되고 실천되어지면 기존 체제의 기득권자들은 복음 전도자들이 천하를 어지럽게 하고 있다고 공격을 가합니다. 한국 교회의 역사도 마찬가지입니다. 이 땅에 개신교가 들어오기 100년 전에 가톨릭의 역사가 시작되었습니다. 가톨릭의 기원은 이승훈이 영세를 받은 1784년으로 봅니다. 1784년부터 1884년까지 가톨릭 신앙을 가지고 있다는 이유만으로 최소 8천명 최대 2만 3천명이 죽임을 당했습니다. 왜 이렇게 많은 사람들이 죽임을 당했을까요? 당시 조선 사회는 왕정 사회였습니다. 왕의 말이 곧 법이었습니다. 그런데 천주교 신앙이 들어오면서 천주교인들은 왕의 명령이라고 하더라도 이 명령이 천주의 뜻과 일치하면 순종하고 왕의 명령과 천주의 뜻이 일치하지 않는 경우에는 천주에게 순종하기 위해서 왕의 뜻을 거역하겠다고 했습니다. 천주교인들이 많아지면 많아질수록 왕정은 위협을 받을 수밖에 없었습니다. 이것을 조선의 기득권 체제가 용납할 수 있었겠습니까? 조선 사회는 가부장 사회였고 남성 중심의 사회였습니다. 그런데 기독교 복음이 이 땅에 들어와서 여성도 남성과 동등한 존귀한 존재임을 강조했습니다. 자연스럽게 기독교 복음을 받아들이는 사람들이 많아지게 되면 가부장제의 권위는 흔들릴 수밖에 없었습니다. 따라서 기존 체제의 수호자들은 기독교 복음을 조선 사회를 어지럽히는 사교라고 공격했습니다. 기독교 신앙이 세상을 소란스럽게 만든다고 비판했습니다. 어느 사회나 기존 체제의 수호자들은 지금의 체제가 계속 유지되기를 원합니다. 기존 체제를 문제시하고 새로운 질서를 창조하고자 하는 움직임에 대해 적대적일 수밖에 없습니다. 그들이 볼 때 기독교 신앙은 기존의 체제를 뒤흔드는 세상을 어지럽게 만드는 사교로 인식되었던 것입니다. 오늘날 한국 교회는 세상을 어지럽게 만드는 이 능력을 상실했습니다. 대한민국 사회의 물질 중심적인 사고나 이기심과 욕망이 왕노릇하는 문화에 대해서 기독교는 그 어떠한 대안도 만들어내지 못하고 있습니다. 절제나 자족과 같은 새로운 질서나 문화를 창조해내지 못하고 있습니다. 오늘날 교회는 세상의 가치와 문화를 그대로 수용하는 경우들이 많습니다. 세상을 어지럽게 만들었던 기독교 신앙의 그 체제전복성을 오늘날 잘 살아낼 수 있도록 신앙인들이 대안적 대조적 대항적인 문화를 창조하는 일에 열과 성을 다해야 하겠습니다.

17장 11절을 보시면 베뢰아 사람들에 대한 칭찬의 내용이 나옵니다. 베뢰아 사람들은 데살로니가에 있는 사람들보다 더 너그럽다고 말합니다. 예전에 개역 성경에는 신사적이라고 표현했습니다. 베뢰아 사람들은 한마디로 성경공부의 모델이라고 할 수 있습니다. 이들은 간절한 마음으로 말씀을 배우고 그 말씀을 철저하게 복습했습니다. "이것이 그러한가 하여 날마다 성경을 상고"했습니다. 상고했다는 말은 배운 것을 복습했다는 말입니다. 당시에는 집집마다 성경이 없었던 시절입니다. 따라서 성경을 보면서 배운바 내용의 진위 여부를 확인할 수 있는 시대는 아니었습니다. 여기 상고했다는 말은 복습했다는 말입니다. 베뢰아 사람들은 성경공부의 아름다운 모델이라고 할 수 있습니다. 안타까운 것은 한국 교회 안에서 이 탁월한 베뢰아 사람들의 모습을 성락교회가 독점했다는 것입니다. 성락교회는 자신들의 성경공부 과정도 베뢰아 아카데미라고 부르고 신학원도 베뢰아라고 부릅니다. 이단인 성락교회가 자신들을 베뢰아라고 주장하는 것으로 인해 한국 교회에서는 베뢰아라는 말을 잘 사용하지 않습니다. 베뢰아라는 단어를 사용하게 되면 성락교회 교인이라는 오해를 받습니다. 이런 면에서 이단들은 참 똑똑하다는 생각이 듭니다. 성경에 나오는 좋은 것들은 다 차지하고 있습니다. 사도행전 17장 11절에서 베뢰아 사람들은 성경공부의 모범으로 제시되고 있습니다.

부끄러운 현실은 소위 정통 교회 교인들이 이단들보다 말씀 공부에 대한 열정이 많이 부족하다는 것입니다. 매년 신천지에서는 수만 명의 사람들이 1년 동안의 성경공부 과정을 마치고 수료식을 합니다. 신천지 교인들의 숫자가 20만 명이 넘었습니다. 신천지에서 성경공부 수료를 하려면 1년 동안 매주 3일씩 저녁 3시간 동안 공부를 합니다. 그렇게 1년을 공부해야 수료를 할 수 있습니다. 수료를 해야 신천지 멤버가 될 수 있습니다. 이들의 열정이 정말 대단하지 않습니까? 소위 정통 교회는 예배 한두 번만 참석해도 등록 교인으로 받아줍니다. 등록 교인이 된 이후에 체계적인 성경공부를 하는 경우는 많지 않습니다. 그런데 이단들은 말씀을 배우고자 하는 그 열정과 헌신의 정도가 대단합니다. 제가 몇 년간 성락교회 김기동 목사를 반대하는 개혁 교인들을 대상으로 성경공부를 인도한 적이 있습니다. 제가 깜짝 놀란 것이 하나 있습니다. 김기동 목사가 쓴 책이 약 250권 정도 된다고 합니다. 그런데 대부분의 성락교회 멤버들은 그 책을 다 읽었다고 합니다. 그리고 성경의 중요한 내용에 대해서는 대다수 기본적인 이해를 가지고 있었습니다. 그만큼 성경을 열심히 읽은 것입니다. 문제는 김기동이 가르친 신학 교육만 받다 보니까 김기동의 해석만을 정답이라고 배워왔다는 것입니다.

예를 들면 이런 것입니다. 창세기 6장을 보시면 사람이 육체가 된 것에 대해서 하나님이 한탄하시면서 이제 그들의 날은 120년이 될 것이라는 말씀이 나옵니다. 이것을 베뢰아에서는 홍수 이후에 인간의 수명이 120세로 제한되는 것이라고 가르쳤습니다. 그래서 제가 이런 반문을 했습니다. 창세기 9장을 보시면 노아는 홍수 후에 350년을 더 살았다는 말이 나옵니다. 그리고 창세기 11장 후반부를 보시면 아브라함의 조상들의 족보가 나오는데 인간의 수명이 120세 이상입니다. 아브라함은 175세까지 살았고, 이삭은 180세까지 살았습니다. 베뢰아에서는 김기동 목사의 해석을 따라 창세기 6장에 나와 있는 "이제 그들의 날은 120년이 될 것이다"라는 말씀을 대홍수 이후에 줄어든 인간의 수명으로 해석했습니다. 그런데 창세기 9장과 11장만 읽어봐도 대홍수 사건 이후에 120년 이상 산 사람들이 여러 명이지 않습니까? 제가 그분들에게 이 성경 구절을 찾아서 설명하니 "어 진짜로 그러네요"라고 말씀하셨습니다. 이 얼마나 황당한 일입니까? 그분들 대부분이 성경을 수십 독 한 사람들입니다. 그런데 김기동의 해석만을 듣고 성경을 보게 되니 자기가 생각하는 대로만 성경이 보인 것입니다. 그렇게 오랜 시간 성경을 읽었음에도 불구하고 홍수 이후에 120세 이상 산 사람들이 있다는 것을 제대로 주목하지 못한 것입니다. 이런 것이 참 무서운 일입니다. 성경은 무작정 읽어야 되는 책이 아닙니다. 만약 성경이 무조건 읽기만 하면 어느 순간 그 뜻을 깨달을 수 있는 책이라면 왜 랍비들이 성경을 가르쳤겠습니까? 유대인들은 남자아이가 6살이 되면 그때부터 성경을 가르친다고 합니다.

성경은 교육을 해야 할 책이지 무작정 읽어서 될 책이 아닙니다. 무작정 읽기만 하면 내가 알고 있는 것만 보이게 됩니다. 아는 만큼 보이는 것입니다. 창세기 6장에서 말하는 "이제 그들의 날은 120년이될 것이다"라는 것은 대홍수 사건이 있기 전까지의 기간을 말하는것입니다. 다시 말해 노아가 방주를 제작하는 기간으로 사람들이 마지막으로 돌이킬 수 있는 기간을 말하는 것입니다. 절대로 대홍수 이후에 인간의 수명을 말하는 것이 아닙니다. 결론적으로 사도행전 17장 11절에 나오는 베뢰아 사람들처럼 성경을 공부해야 합니다. 가르치는 내용을 열심히 경청하고 가르친 내용이 정말 그러한가에 대해진중한 검토를 하셔야 합니다.

바울이 전도한 아테네는 그리스 철학의 발상지입니다. 우리는 그리스 사상을 헬레니즘이라고 합니다. 헬레니즘의 핵심은 영육 이원론, 성속 이원론입니다. 한국 교회가 가지고 있는 전형적인 사고의틀이 영육 이원론입니다. 여러분이 신앙생활을 하실 때 '영'이라는표현을 많이 쓰는 사람들을 조심하셔야 됩니다. 왜냐하면 '영'이라는 표현을 많이 쓰는 사람들은 기본적으로 헬레니즘적 사고를 가지고 있기 때문입니다. 이들은 영적인 일과 육적인 일, 거룩하고 성스러운 것과 속된 것이 구별되어 있다고 생각합니다. 그분들이 생각할때 어디가 거룩한 곳입니까? 성전이 거룩한 곳입니다. 무엇이 거룩한 일입니까? 성전 안에서 이루어지는 예배와 찬양과 기도가 거룩한일입니다. 누가 거룩한 하나님의 사람입니까? 거룩한 성전에서 거룩한 일을 전담하는 목사가 거룩한 하나님의 사람입니다. 이러한 사고에는 중요한 문제가 있습니다. 어느 한 공간이나 특정한 일과 특정한 사람을 거룩하다고 규정하는 순간 그 외의 것들은 거룩하지 못한 것이 되어버린다는 것입니다. 그곳은 속된 곳이 되는 것입니다. 예를 들면 대부분의 신앙인들이 일상에서 행하는 대부분의 일들은 사회 한복판에서 이루어집니다. 영육 이원론에서는 생계를 위해 수고하는 모든 노동은 세상일이 되어버립니다. 이런 식으로 모든 것을 철저하게 성과 속, 영과 육으로 구분하는 것이 바로 헬레니즘입니다. 이런 헬레니즘적 사고가 반영된 표현 가운데 하나가 성지라는 단어입니다. 성지는 '거룩한 땅'이라는 의미입니다.

한국 교회는 이스라엘 여행을 성지순례라고 말합니다. 이스라엘 땅을 거룩한 땅으로 이해하는 것입니다. 만약 이스라엘 땅이 진짜 거룩한 땅이라면 우리 모두 그곳으로 이민을 가야하는 것 아닙니까? 성지도 아닌 이 속된 한반도에 사는 것이 무슨 의미가 있겠습니까? 그래서 이런 표현의 문제의식을 느낀 분들이 요즘은 성지를 '성경의 땅'이라는 의미로 해석합니다. 시편 3장 4절을 보시면 '성산'이라는 표현이 나옵니다. 성산은 '거룩한 산'이라는 의미입니다. 그곳이 진짜 거룩한 산이라면 우리 모두 그곳으로 가야 하는 것 아닙니까? 우리는 성산이라는 단어를 떠올리면 거룩함을 뜻하는 '성'이 산을 수식하고 있다고 생각합니다. 그래서 성산을 '거룩한 산'이라고 이해하는 것입니다. 그러나 '성산'의 영어 표현은 mountain of my holiness입니다. 성산은 '나의 거룩함이 드러나는 산'입니다. 우리의 거룩함이 드러나는 산이 성산입니다. 산 자체가 거룩한 것이 아닙니다. 왜 그 산이 거룩한 산이 되는 것입니까? 거룩한 백성이 그곳에 있기 때문입니다. 왜 그 땅이 거룩한 땅이 되는 것입니까? 하나님의 거룩한 백성들이 그곳에 살고 있기 때문입니다. 그 땅 자체가 거룩한 것이 아니라 거룩한 백성이 그곳에 살고 있기 때문에 그 땅이 거룩한 땅이 되는 것입니다. 반대로 죄악으로 충만한 사람들이 그 땅에 살게 되면 그 땅은 죄악의 본부가 되는 것입니다. 땅 자체가 어떤 거룩함을 담보하고 있는 것이 아닙니다. 이 땅을 거룩한 땅으로 만들 수 있는 것도 우리이고 이 땅을 죄악의 본부로 만들 수 있는 것도 우리입니다. 성전도 그렇습니다. 성전은 하나님의 거룩한 집이 될 수도 있고 강도의 소굴이 될 수도 있습니다. 이것은 결국 누가 만드는 것입니까? 누가 이곳을 거룩한 하나님의 집으로 만들 수 있습니까? 우리입니다. 누가 이곳을 강도의 소굴로 만들 수 있습니까? 우리입니다. 성전은 거룩한 하나님의 집이 될 수도 있고 강도의 소굴로 추락할 수도 있습니다. 성전은 그 경계 가운데 있는 것입니다. 따라서 우리에게는 막중한 책임감이 요청되는 것입니다. 성전을 하나님이 기대하시는 거룩한 하나님의 집으로 만들어야 하는 무한 책임감을 가져야 합니다. 이것이 성경이 말하는 헤브라이즘과 그리스 철학을 기반으로 하는 헬레니즘의 차이입니다.

우리가 예배를 드리고 찬양을 부르면 하나님께서 무조건 기뻐하실 것이라고 생각해서는 안 됩니다. 이것은 전형적인 헬레니즘적 사고입니다. 찬양에 있어서는 누구의 찬양이냐가 중요합니다. 어떤 사람들이 그 찬양을 부르고 있느냐에 따라서 그 찬양은 하나님을 기쁘시게 하는 찬양이 될 수도 있고 반대로 하나님을 짜증나게 만드는 시끄러운 소음이 될 수도 있습니다. 한국 교회는 여전히 헬레니즘의 이원론적인 사고가 만연되어 있습니다. 이것을 이제는 뛰어넘어야 합니다. 시편에 보면 "새 노래로 여호와를 찬양하라"는 표현이 여러 번 나옵니다. 여기서 말하는 새 노래는 무엇일까요? 새 노래는 하나님에 의해서 날마다 새로워진 자들이 부르는 노래입니다. 역대상 25장 1절에 보시면 '신령한 노래'라는 표현이 나옵니다. 무엇이 신령한 노래입니까? 신령한 자들이 부르는 노래가 신령한 노래입니다. 우리가 부르는 노래가 신령한 노래가 되게 하기 위해서라도 우리는 신령한 자가 되어야 합니다. 그러한 무한 책임감이 우리에게 필요한 것입니다. 이처럼 헤브라이즘은 하나님의 백성 된 우리들의 깨어 있음을 요청합니다. 그러나 여전히 한국 교회 안에 영육 이원론적인 이해를 가진 분들이 너무나 많습니다. 모든 것은 경계 가운데 있습니다. 그 자체로 거룩한 것은 없습니다. 누가 어떤 마음으로 하느냐에 따라 그것은 거룩한 일이 될 수도 있고 속된 일이 될 수도 있습니다.

아테네 사람들은 영혼 불멸을 믿었습니다. 그들이 생각할 때 육은 죽지만 영은 죽지 않습니다. 영은 매 시대마다 새로운 육을 입습니다. 이것을 윤회라고 합니다. 아리아인들이 내려가서 세운 나라가 인도입니다. 인도에서 나온 종교가 힌두교이고 그 힌두교를 개혁하겠다고 나온 종교가 불교입니다. 힌두교와 불교 모두 영혼 불멸에 기반한 윤회를 믿습니다. 그러나 기독교 신앙은 영혼 불멸을 믿지 않습니다. 기독교는 몸의 부활을 믿습니다. 일반적으로 교인들이 돌아가시게 되면 목회자들이 장례예배 때 이런 말씀을 많이 하십니다. 고인의 육은 죽으셨지만 고인의 영은 하나님의 품에 안겨 안식을 누리신다고 합니다. 그러나 이런 식의 주장 자체가 헬레니즘적 사고임을 기억하셔야 합니다. 이렇게 영과 육을 나누는 것 자체가 헬레니즘적 사고입니다. 오늘날 교회에서 자주 사용되는 언어나 표현들을 보시면 헬레니즘적 사고가 신앙인들의 의식을 지배하고 있음을 자주 목격하게 됩니다. 대부분의 신앙인들은 무의식 가운데 영혼 불멸을 믿고 있습니다. 육은 죽지만 영은 죽지 않고 그 영이 언젠가는 또 새로운 육을 입을 것이라고 생각합니다. 그것을 부활이라고 이해하는 분들도 계십니다. 그렇다면 이것은 윤회를 주장하는 사람들과 같은 사고를 하는 것 아닙니까? 기독교는 영원불멸을 믿는 종교가 아니라 몸의 부활을 믿습니다. 이것이 헬레니즘의 사상과 구별되는 기독교 신앙의 독특성입니다.

바울은 아테네 사람들과의 만남에서 영혼 불멸이 아닌 몸의 부활을 말했습니다. 아테네 사람들은 이러한 주장이 신선했는지 바울에게 좀 더 자세하게 설명해 줄 것을 요청합니다. 당시의 에피쿠로스나 스토아 철학자들이 아레오바고로 바울을 데려가서 바울과 긴 시간 대화를 하기도 했습니다. 아테네에서의 전도가 바울 선교 사역에서 유일하게 순수 이방인을 대상으로 복음을 전한 경우입니다. 바울에게서 우리가 주목해야 할 중요한 전도자의 모습이 있습니다. 바울은 전도하는 대상이 누구냐에 따라서 전도의 방식을 다르게 구사합니다. 한마디로 맞춤형 전도라고 할 수 있습니다. 디아스포라 유대인들을 대상으로 회당에서 설교할 때는 성경을 많이 인용합니다. 그러나 순수 이방인들은 성경을 전혀 모르는 사람들이고 하나님을 전혀 모르는 사람들입니다. 이들에게는 성경을 인용하여 설명하는 것이 큰 효과를 발휘하기 어렵습니다. 이때는 그들의 눈높이에 맞추어 그들이 이해할 수 있는 내용을 가지고 전도를 합니다. 이처럼 전도나 선교는 상대방의 눈높이에 맞추어서 전달될 때 효과를 가지게 됩니다. 무엇보다 전도하는 사람과 전도를 듣는 사람 사이에 세계관적 공유와 단어와 개념에 대한 공동의 이해가 있어야만 전도는 가능합니다. 조선 땅에 선교사들이 오셨을 때 조선의 백성들이 하나님을 금방 이해하고 믿게 된 이유가 있습니다. 선교사들이 입국하기 전부터 우리 조상들은 하늘 위에 있는 절대자에 대한 신앙이 있었습니다. 하늘 위의 절대자를 누구는 천지신명이라고 부르고 누구는 옥황상제라고 불렀지만 중요한 것은 이 땅에 있는 사람들 대부분은 하늘 위에 있는 절대자가 우리의 삶을 내려 보고 있으며 사람이 죽은 이후에 그가 살아왔던 삶에 대한 최종적인 판단을 할 것이라고 생각했다는 것입니다. 그래서 사극을 보면 누군가에게 억울한 누명을 쓰고 죽임당하는 사람이 뭐라고 소리를 지릅니까? 자기를 괴롭힌 가해자를 향해서 '하늘 무서운 줄 알라'고, '천벌을 받을 것이라'고 소리를 지릅니다. 우리 조상들이 이런 이해를 가지고 있었기 때문에 하나님에 대한 전도가 쉽게 이루어질 수 있었습니다. 선교사들은 조선 사람들에게 당신들이 생각했던 하늘 위의 절대자가 바로 하나님이라고 말했고 그것을 조선 사람들이 수용하게 된 것입니다.

어느 민족이 있는데 그 민족은 신이라는 개념도 없고 절대자라는 개념도 없다고 생각해 보십시오. 그들에게 어떻게 하나님을 소개할 수 있겠습니까? 이런 상황에서는 하나님에 대한 전도를 하는 것이 정말 쉽지 않습니다. 말하는 자와 듣는 자가 상호 소통할 수 있는 공동의 근거, 공동의 세계관이 있을 때만 전도는 가능할 수 있는 것입니다. 그래서 바울은 하나님도 모르고 성경도 모르는 순수 이방인인 아테네 사람들에게는 그리스 시인들의 말을 인용하면서 전도합니다.

하나님이 인간에게 주신 일반 은총의 선물인 이성과 양심과 역사를 가지고 전도를 한 것입니다. 그 핵심이 사도행전 17장 30절입니다.

알지 못하던 시대에는 하나님이 간과하셨거니와 이제는 어디든지 사람에게 다 명하사 회개하라 하셨으니.

바울은 인류가 살아왔던 시대를 크게 두 시대로 구분합니다. 하나는 무지의 시대이고, 다른 하나는 그리스도 계시의 시대입니다. 무지의 시대는 예수가 누구인지, 메시아가 누구인지에 대해 알지 못했던 시대를 말합니다. 그리스도 계시의 시대는 무엇입니까? 예수님이 이 땅에 오심으로 말미암아 예수가 메시아라고 하는 것이 밝히 드러난 시대를 말하는 것입니다. 무지의 시대에는 예수가 누구인가를 모르는 시대이고, 그리스도 계시의 시대에는 예수가 메시아라고 하는 것이 알려진 시대입니다. 쉽게 말해서 선교사들이 이 땅에 오기 전에 우리의 조상들은 무지의 시대를 살았습니다. 그러나 지금은 그리스도 계시의 시대를 살고 있는 것입니다. 여기서 중요한 것은 하나님께서 이후에 우리 인간들을 심판하실 때 무지의 시대를 살았던 사람들과 그리스도 계시의 시대를 살았던 사람들에 대한 심판의 잣대가 동일하지 않다는 것입니다. 대부분의 한국 교회 신앙인들은 이후에 하나님의 최종 심판을 받을 때 가장 중요한 심판의 잣대로 그 사람이 예수를 믿었느냐, 믿지 않았느냐를 주목합니다. 제가 중학생 때 친구가 중등부 목사님께 세종대왕도 구원을 받을 수 있는지를 물었습니다. 그때 목사님께서 세종대왕이 예수를 믿었는지 믿지 않았는지를 물어보셨고 친구는 '안 믿었는데요'라고 대답했습니다. 그러자 목사님은 예수도 믿지 않았는데 어떻게 구원받을 수 있느냐고 반문하셨습니다. 이것이 대화의 주요 내용이었습니다. 이처럼 한국 교인들은 그 사람이 어떤 삶을 살았는가 보다는 그 사람이 예수를 믿었는가, 믿지 않았는가를 가장 중요한 심판의 잣대로 이해합니다. 세종대왕과 이순신 같이 훌륭한 삶을 살아오신 분들도 그 삶은 너무나 고귀하고 아름답지만 예수를 믿지 않았기 때문에 구원을 받을 수 없다고 생각합니다. 그러면서 많이 안타까워합니다. 우리가 기억해야 할 것은 지금 우리가 세종대왕이나 이순신의 구원 여부를 걱정할 때가 아니라는 것입니다. 우리가 지금 같은 믿음을 가지고 진정 구원받을 수 있을지를 고민해야 합니다.

저는 하나님의 최후 심판의 중요한 특징을 두 가지로 봅니다. 하나는 공의로움이고, 다른 하나는 자비로움입니다. 하나님의 심판은 매우 공의로울 것입니다. 하나님이 어떤 판결을 내리실 때 그 판결을 받는 모든 사람들이 수긍할 수밖에 없는 공의로움이 있을 것이라고 봅니다. 하나님의 공의로운 판결로 인해 그 누구도 억울해하는 사람이 없을 것입니다. 그런데 생각해 보십시오. 예수 그리스도라는 이름을 한 번도 들어보지 못한 사람들에게 당신은 예수를 그리스도로 믿지 않았기 때문에 지옥에 가야 한다고 한다면 그 판결을 받는 사람이 이 심판을 과연 공의롭다고 받아들일 수 있겠습니까? 그런 맥락에서 우리가 구약 예언서에서 주목해야 할 내용이 있습니다. 하나님께서 하나님에 대해 모르던 이스라엘 주변에 있는 에돔, 모압, 암몬, 두로, 시돈, 블레셋 같은 나라들을 심판하실 때 단 한 번도 그 나라 사람들에게 하나님을 믿지 않았다는 이유로 심판하지 않으셨다는 것입니다. 이것이 우리의 생각과 다른 지점입니다. 우리가 생각할 때 구약시대 이방 나라의 가장 큰 죄가 하나님을 믿지 않은 것이라고 생각하기 쉽습니다. 그러나 성경을 보면 하나님께서 이방 나라들을 심판하실 때 단 한 번도 하나님을 믿지 않았다는 죄를 언급하지 않으셨다는 것입니다. 만약 하나님을 믿지 않았다는 것으로 심판을 하고자 하시고 그것이 공의로운 판결이 되려면 이방 사람들이 최소한 하나님을 믿을 수 있는 기회가 있어야만 하는 것 아닙니까? 이스라엘 사람 가운데 누군가가 이방에 가서 하나님이라는 존재를 그들에게 알려주어야 하는 것 아닙니까? 전도를 받아본 적이 없는데 어떻게 하나님을 믿지 않았다고 심판할 수 있겠습니까? 믿을 수 있는 기회도 없었는데 하나님을 믿지 않았다고 심판한다면 이방 백성들 입장에서 하나님의 심판이 공의로운 심판이라고 받아들일 수 있겠습니까? 결코 그럴 수 없습니다.

이방 나라들은 너무나 잔인하게 사람들을 학살하고 노예로 팔아먹은 행위로 인해 하나님의 심판을 받았습니다. 심판받을 분명한 근거를 제시하시면서 하나님께서 그들을 심판하셨습니다. 단 한 번도 하나님을 믿지 않았다는 이유로 심판받지 않으셨습니다. 로마서에도 그런 말씀이 나옵니다. 율법이 있는 사람은 율법으로 심판을 받고 율법이 없는 사람은 양심으로 심판을 받습니다(롬 2장). 이렇게 심판의 기준이 달라야만 공의로운 심판이 될 수 있는 것입니다. 선교사님이 이 땅에 들어오기 전까지 우리 선조들도 무지의 시대를 살았다고 봐야 합니다. 그 시대를 살았던 조상들에 대해서는 하나님께서 일반 은총의 맥락에서 심판하실 것입니다. 그러나 지금 우리는 다릅니다. 우리는 이미 하나님과 예수 그리스도가 계시된 시대를 살고 있습니다. 하나님의 심판의 첫 번째 특징은 공의로움입니다. 심판받는 모든 사람들이 자기에게 내려질 판결을 수용할 수밖에 없는 공의로움이 있을 것입니다. 그런데 하나님께서 공의로움의 잣대로만 우리를 심판하신다면 우리 가운데 누가 하나님의 심판에서 합격할 수 있겠습니까? 그래서 저는 하나님의 심판의 두 번째 특징이 자비로움일 것이라고 봅니다. 우리의 작은 순종은 크게 보시고 우리의 큰 불순종은 작게 보시는 하나님의 자비로운 판단으로 인해 우리에 대한 심판이 내려질 것이라고 봅니다. 하나님의 심판의 특징은 공의로움 플러스 자비로움일 것입니다.

바울은 아테네 사람들에게 전도할 때 인간의 역사를 두 개로 나누었습니다. 하나는 무지의 시대로 하나님이 누구인지, 예수가 누구인지 인류가 모르던 시대입니다. 다른 하나는 하나님과 예수 그리스도가 누구인가가 밝히 드러난 계시의 시대입니다. 그러면서 무지의 시대에 살았던 사람들에 대해서는 하나님께서 용서해 주시고 이해해 주신다고 말합니다. 그러나 지금은 그렇지 않음을 강조하면서 아테네 사람들의 결단을 촉구합니다. 전도자를 만난 사람은 이제는 결단해야 합니다. 전도자를 만나기 이전까지는 무지의 시대에 살고 있었지만 이제는 전도자를 만났기에 그 어떤 핑계도 댈 수 없습니다. 이제는 계시의 시대에 걸맞은 선택을 해야 하는 것입니다.

17장 34절에 보시면 바울의 아테네 전도를 통해 소수의 사람들이 예수를 믿게 되었습니다. 힘 있게 복음을 전했는데 소수의 개종자들만을 얻게 되었습니다. 이것은 성공한 사역인가요, 실패한 사역인가요? 성공과 실패의 잣대는 개종한 사람들의 숫자로 결정되는 것이 아닙니다. 하나님의 사람에게 성공과 실패는 내가 하나님의 말씀에 온전히 순종했는가 또는 하나님의 말씀을 온전히 선포했는가에 달려 있습니다. 얼마나 많은 개종자를 얻었는가는 그다지 중요하지 않습니다. 구약 예언서를 보면 어떤 사람이 성공한 예언자입니까? 이스라엘 백성을 회개시킨 예언자가 성공한 예언자인가요? 그렇지 않습니다. 하나님께서 예언자에게 말씀을 맡기실 때 예언자에게 무엇을 기대하셨습니까? 이스라엘 백성들을 회개시킬 것을 기대하시는 것이 아닙니다. 예언자의 몫은 하나님이 맡기신 말씀을 있는 그대로 선포하는 것까지입니다. 그것이 예언자의 몫이고 회개할 것인가 말 것인가는 말씀을 들은 사람들의 몫입니다. 우리는 복음 전도자의 성공과 실패를 개종자의 숫자로 판단하려는 경향이 있는데 결코 그래서는 안 됩니다. 어떤 사람이 성공한 목사입니까? 하나님의 말씀을 가감 없이 선포한 목사가 성공한 목사입니다. 한두 명이라고 하더라도 교인들을 하나님이 교회를 사랑하시는 것처럼 존재를 다해 사랑하는 목회자가 진정으로 성공한 목회자입니다. 얼마나 큰 교회를 일구어 냈는가는 중요하지 않습니다. 숫자에 매몰되게 되면 결국은 마케팅 수단이 하나님의 말씀보다 더 우위에 올라갈 수도 있습니다. 절대로 교회가 그래서는 안 됩니다. 예언자에게 맡겨진 몫은 하나님의 말씀을 가감 없이 선포하는 것입니다. 그것을 온전히 수행했다면 그는 하나님께 칭찬받는 예언자가 될 것입니다.

18장 | 고린도 전도
19장 | 에베소 전도
20장 | 죽음과 이별
21장 | 동역자들의 환상

고린도 전도(18장)

사도행전 18장은 고린도 전도에 대한 내용입니다. 바울은 고린도에 가서 브리스길라와 아굴라 부부를 만납니다. 18장 2절에 보시면 주후 49년에 글라우디오 황제가 로마시에서 모든 유대인들을 추방하는 칙령을 발표합니다. 당시 로마시에서는 디아스포라 유대인들 사이에 소동이 지속되었는데 이에 격분한 글라우디오 황제가 로마시로부터 모든 유대인들을 추방시켜 버린 것입니다. 이때 브리스길라와 아굴라 부부도 로마를 떠나서 고린도에 오게 됩니다. 그리고 고린도에서 바울을 만나게 된 것입니다. 18장 3절에 보시면 바울은 장막업에 종사했는데 아굴라와 브리스길라도 장막업에 종사했습니다. 같은 직업을 가졌다는 공통분모로 인해 바울과 아굴라와 브리스길라 부부는 매우 가까워지게 됩니다. 이후에 아굴라와 브리스길라 부부는 고린도 교회의 기둥 같은 인물이 됩니다. 바울이 천막을 만드는 일을 한 것을 보면 조상들도 대대로 그 일을 해왔을 가능성이 높습니다. 당시 유대인들은 자녀 교육과 함께 특정 직업을 훈련시키는 것을 아버지의 의무라고 생각했습니다. 당시에는 이스라엘뿐 아니라 고대 근동의 모든 나라들이 집집마다 내려오는 가업이 있었다고 생각하시면 됩니다. 당시에 아버지와 자녀의 직업이 다른 경우는 매우 드문 일이라고 할 수 있습니다. 그래서 목회 세습을 옹호하는 분들이 구약 시대 이야기를 많이 하십니다. 아버지가 제사장이면 아들도 제사장이라고 하면서 자신들이 행하는 목회 세습이 마치 성경적인 것처럼 말하는 경우가 있습니다. 그런데 구약 시대에는 제사장만 그런 것이 아니라 대부분의 집안에서 가업이라고 하는 것이 대대로 계승되던 시대였음을 기억하셔야 합니다.

바울이 고린도에서 전도 사역을 했을 때 유대인들의 저항 운동이 일어나게 됩니다. 유대인들은 바울을 관가에 고발합니다. 이때 고린도 총독이 갈리오입니다. 그런데 갈리오는 바울을 심문한 결과 죄가 없다고 선고하면서 바울을 풀어줍니다(18:17). 갈리오의 선고를 통해서 우리는 기독교가 초기에는 유대교의 그늘 아래서 어느 정도 자유롭게 선교 활동을 할 수 있었음을 알 수 있습니다. 처음에는 유대교와 로마 정부 모두 유대교와 기독교를 명확하게 구분하지 않았습니다. 유대교와 기독교가 완전히 갈라서게 된 것은 유대 전쟁 이후입니다. 주후 66년부터 70년 사이에 있었던 유대 전쟁 때 모든 유대인들이 힘을 모아서 로마와 항전했습니다. 이때 유대인이면서 이 전쟁에 유일하게 참전하지 않았던 사람들이 바로 유대 기독교인입니다. 그래서 유대 전쟁 이후에 유대교에서는 유대 회당 예배에 유대 기독교인들에 대한 출입 금지령을 내렸습니다. 그리고 유대인들이 매일 드리는 기도문인 18 기도문의 12번째에 "나사렛 도당들을 속히 멸하여 주옵소서"라는 기도를 추가하게 됩니다. 18 기도문이라고 하는 것은 18개의 큰 기도 묶음으로 구성되어 있기에 그렇게 불리는 것입니다. 유대 전쟁 이후 유대교와 초대 교회는 완전히 분리가 일어나게 된 것이고 이때부터 로마도 유대교와 초대 교회가 서로 다른 이질적인 집단임을 인지하게 됩니다. 따라서 바울이 전도했던 이 시기만 하더라도 로마 입장에서는 초대 교회는 유대교 안에 하나의 분파 정도로 인식되었습니다. 같은 유대교 안에서 약간의 입장이 다른 분파로 본 것입니다. 그러다 유대 전쟁 이후부터는 유대교와 초대 교회가 다르다는 것을 인식하게 된 것이고 이때부터는 유대교는 보호했지만 초대 교회는 박해하기 시작합니다. 왜 유대교는 보호하고 초대 교회는 박해하게 된 것일까요? 가장 중요한 이유는 유대교는 유신론자이고 초대 교회는 무신론자로 보았기 때문입니다. 당시 로마가 인정하는 신을 믿으면 유신론자이고 로마가 인정하지 않는 신을 믿으면 무신론자로 규정되었습니다. 로마는 무신론자들을 박해했습니다. 유대인들은 누구를 믿습니까? 야웨를 믿습니다. 로마는 유대인들이 믿는 야웨는 신으로 인정해 주었습니다. 그래서 유대인들이 야웨를 믿는다고 해서 핍박을 받지는 않았습니다. 그러나 초대 교회는 예수를 그리스도로 믿었습니다. 그런데 로마는 예수를 신으로 인정해 주지 않았습니다. 따라서 예수를 신으로 믿는 초대 교인들을 로마는 무신론자로 규정하여 핍박하기 시작합니다. 그렇다면 로마는 언제부터 예수를 신으로 인정하게 되었을까요? 주후 313년 밀라노 칙령 때입니다. 많은 분들이 오해하는 것이 있습니다. 주후 313년에 콘스탄틴 황제가 밀라노 칙령을 발표한 것을 기독교를 로마의 국교로 인정한 것으로 생각하는 분들이 계신데 그것은 오해입니다. 밀라노 칙령은 기독교가 믿는 예수를 로마가 인정하는 하나의 신으로 승인해준 것입니다. 따라서 이때부터는 기독교 신앙인들은 무신론자라는 이유로는 핍박받지 않게 된 것입니다.

사도행전 18장 25~26절을 보시면 아볼로라는 사람이 나옵니다. 아볼로는 당시 요한의 세례만을 알고 있었습니다. 기독교 신앙은 가지고 있었지만 제한적인 이해를 가지고 있었다고 보시면 됩니다. 그때 브리스길라와 아굴라 부부가 아볼로를 데려다가 아볼로의 부족한 면들을 채워줍니다. 사실 이것은 매우 충격적인 사건입니다. 아볼로는 오늘날로 말하면 목회자입니다. 브리스길라와 아굴라는 평신도 지도자입니다. 그런데 목회자가 무엇을 가르쳤는데 평신도 지도자가 들었을 때 무엇인가 부족했던 것입니다. 그 상황에서 브리스길라와 아굴라 부부가 사람들이 모여 있는 장소에서 아볼로에게 질문하고 훈계한 것이 아니라 아볼로를 따로 조용한 곳으로 데려다가 이런저런 이야기로 아볼로의 부족한 면들을 채워주었습니다. 얼마나 지혜롭습니까? 만약 회중들이 모여 있는 곳에서 공개적으로 아볼로에게 면박을 주었다면 이들의 관계는 평생 원수가 되었을지도 모릅니다. 그런데 브리스길라와 아굴라 부부는 너무나 현명하게 행동했습니다. 아볼로의 부족한 면을 채워주면서도 지체를 배려하는 성숙한 모습을 보여주었습니다.

에베소 전도(19장)

19장 3~5절을 보시면 에베소 교인들도 세례 요한의 세례만을 알고 있었습니다. 그러나 복음 전도자의 가르침에 따라 에베소 교인들은 자신들의 한계를 인정하고 그것을 뛰어넘고자 했습니다. 이런 자세가 참으로 중요합니다. 기독교 신앙의 풍성한 내용이 100이라고 하면 당시 에베소 교인들은 30, 40 정도만 알고 있었습니다. 문제는 자신들이 알고 있는 그것이 기독교 신앙의 전부인 줄 확신하는 사람들이 많다는 것입니다. 그들이 가진 부분적인 이해가 틀린 것은 아닙니다. 그러나 제한적인 이해만을 가지고 있었던 것입니다. 문제는 제한적인 이해를 가지게 되면 자기가 알고 있는 신앙의 내용보다 더 풍성한 이야기를 하는 사람들을 이상한 눈으로 바라볼 가능성이 높아진다는 것입니다. 자신이 부족하다는 것을 인정하지 못하는 것입니다. 그런 맥락에서 에베소 교인들의 이러한 모습은 정말 본받을 만한 자세입니다. 누군가 와서 자신들의 부족한 부분들을 채워주고자 할 때 이것을 성숙하게 채워주는 사람도 너무 잘한 것이고 또한 자신들의 부족한 부분을 인정하고 감사한 마음으로 가르침을 받는 사람들도 너무나 성숙한 신앙인의 모습을 보여준 것입니다. 대부분의 사람들은 자기의 부족함을 인정하지 않으려고 합니다. 자신은 기독교 신앙의 핵심을 다 알고 있다고 자만하는 경우들이 많습니다. 그래서 누군가 도와주고자 할 때도 그것을 감사하기보다는 자기가 알고 있는 제한적인 신앙을 사수하는 일에만 집중합니다. 자신이 알고 있는 것 이상을 말하게 되면 심한 경우에 상대방을 이단으로 쉽게 정죄하기도 합니다. 이것이 보통 신앙인들의 모습입니다. 그런 차원에서 아볼로나 에베소 교인들의 모습은 정말 귀감이 됩니다. 이것은 절대 쉬운 일이 아닙니다. 브리스길라와 아굴라 부부처럼 성숙하게 따로 데려다가 가르쳐주려고 했던 모습도 대단하고 이것을 수용한 아볼로는 더 대단합니다. 보통 사람들은 이런 마음과 자세를 갖는 것이 정말 쉽지 않습니다.

대부분의 신앙인들은 자신이 속한 교회나 선교 단체가 복음주의 정체성을 가지고 있다고 생각합니다. 캠퍼스 선교 단체인 CCC, IVF, JOY, JDM은 모두 자신들의 정체성을 복음주의 선교 단체라고 주장합니다. 우리나라에서 '나는 복음주의자입니다'라는 말은 '나는 정통입니다'라는 의미가 있습니다. 그런데 과연 한국에 있는 교회나 선교 단체가 복음주의 정체성을 제대로 가지고 있는 것이 맞을까요? 1974년 전 세계 복음주의자들이 스위스 로잔에 모여 복음주의자 대회를 열었습니다. 전 세계 150개국에서 3천 명의 복음주의자들이 모였습니다. 이 대회를 주최한 핵심적인 인물이 부흥사로 유명한 빌리 그레이엄입니다. 왜 빌리 그레이엄을 중심으로 이 모임을 하게 되었을까요? 주된 목적은 세계교회협의회인 WCC에 대항하기 위함이었습니다. 복음주의가 무엇을 믿고 실천하는 신앙인지를 드러내고자 이 모임을 개최하게 된 것입니다. 스위스 로잔에서 며칠 동안 대회를 가진 이후에 마지막에 복음주의자들이 신앙 고백문을 채택하게 되었습니다. 이것을 로잔 언약이라고 합니다. 이 로잔 언약의 초안을 작성한 분이 존 스토트입니다. 로잔 언약은 총 15개 항으로 구성되어 있습니다. 핵심을 말씀드리면 이렇습니다. 하나님께서 그의 백성 된 우리들에게 두 가지 중요한 사명을 맡기셨다고 봅니다. 하나는 복음 전도이고, 다른 하나는 정치 사회적 참여입니다. 그런데 그동안 교회는 교회를 성장시키는 복음 전도에는 열과 성을 다했지만 말씀으로 정치 사회적 참여를 하는 일에서는 직무유기를 행했음을 진술하게 고백했습니다. 그리고 이 부분을 하나님 앞에서 회개하며 이제는 하나님께서 맡기신 두 가지 사역에 최선을 다하겠다는 다짐을 합니다. 그런데 말씀을 가지고 정치 사회적 참여를 하게 되면 불의한 독재자나 권력자들에 의해 감옥에 갇힐 수도 있고 심한 경우에 죽임을 당할 수도 있습니다. 교회는 의로운 일을 하다가 핍박을 당하는 이들의 친구가 될 것이고 끝까지 그들과 함께할 것을 천명합니다. 이것이 로잔 언약의 핵심적인 내용입니다.

존 스토트가 신앙의 양심을 가지고 불의한 권력에 맞서 핍박을 받는 자를 기술할 그 당시 유신 체제에 저항하다가 감옥에 들어간 한국의 신학자들과 목회자들을 염두에 두었다는 말이 있습니다. 당시 로잔 대회에 우리나라에서도 소수의 인원이 참석했습니다. 그런데 로잔 언약의 내용에 충격을 받게 됩니다. 왜냐하면 당시에 유신 체제에 저항하다가 감옥에 간 신학자와 목회자들을 우리 한국 교회에서는 빨갱이라고 비판했습니다. 그런데 전 세계 복음주의자들은 이들을 구약성경에 나오는 예언자 사역의 계승자라고 말하고 하나님의 백성된 우리가 마땅히 감당해야 할 일이라고 하니 얼마나 큰 충격을 받았겠습니까? 그래서 이들은 로잔 대회가 끝나고 돌아와서 로잔 언약의 내용에 대해 전혀 말하지 못했습니다. 그렇게 10년이 지나서 1980년대 중반에 이승장 목사님이 영국에서 들어오시면서 로잔 언약의 내용을 대중적으로 알리기 시작했습니다. 이후에도 로잔 대회가 1989년에는 마닐라에서, 2010년에는 남아공의 케이프타운에서 열렸습니다. 마닐라에서는 마닐라 선언이 발표되었고, 케이프타운에서도 케이프타운 선언이 발표되었습니다. 그런데 전 세계 복음주의자들이 1974년에 합의한 내용을 아직 한국 교회에서는 제대로 소개하기가 어렵습니다. 마닐라 선언이나 케이프타운 선언을 말하는 것은 상상도 할 수 없는 일입니다. 지난 가을 인천 송도에서 로잔 대회가 열렸는데 저는 이런 대회를 통해서 우리나라에서 말하는 복음주의와 전 세계의 복음주의가 얼마나 다른 생각, 다른 주장을 하고 있는지를 한국 교인들이 인식할 수 있었으면 좋겠습니다. 한국 교인들이 가진 신앙은 틀린 것이 아닙니다. 잘못된 것이 아닙니다. 그러나 제한적인 이해를 가지고 있음을 인정해야 합니다. 전 세계 복음주의자들이 고백하는 신앙이 100이라고 할 때 한국 교회는 40~50 정도입니다. 그 이상을 말하게 되면 이상한 눈으로 바라보는 것이 일반적인 모습입니다. 우리가 복음의 총체성을 온전히 담아내지 못하고 있음을 인정해야 합니다. 그 인정 속에서만 부족한 면을 채우고자 하는 노력이 나올 수 있습니다. 아볼로나 에베소 교인들처럼 누군가 와서 자기들의 부족한 것을 채워주고자 할 때 겸손한 마음으로 응답해야 합니다. 그것이 성숙한 신앙인의 모습입니다.

19장 1절을 보시면 바울이 에베소에 와서 주의 제자들을 만나고 있을 때 아볼로는 고린도에서 사역했습니다. 사도들이 한 곳에 정착하여 사역을 전개하지 않고 때에 따라 서로의 사역지를 순회하면서 사역을 전개했던 것을 여기서 보게 됩니다. 이러한 순회 사역은 다양한 지도자들로부터 신앙을 배우고 교제할 수 있다는 장점과 더불어 특정 인물을 선호하는 당파를 형성하게 되는 부정적인 결과를 낳기도 했습니다. 당시에는 구약성경만 있던 시대입니다. 초대 교인들은 예수를 그리스도로 믿은 사람들입니다. 이방에 있는 신앙인들이 예수에 대해서 알고 싶을 때 어떻게 예수에 대한 배움을 가질 수 있었겠습니까? 오늘날 우리는 복음서를 읽으면서 예수님이 선포하신 말씀과 행하신 사역을 알게 됩니다. 그러나 당시 초대 교인들은 예수님에 대해서 무엇인가를 배우고자 할 때 예수를 실제 만났거나 예수에 대해서 알고 있는 누군가가 가르쳐줄 때만 그것에 대해 배울 수 있었습니다. 그런데 당시에는 한 사람의 지도자가 한 지역에 오랫동안 머물면서 목회를 할 수 있는 상황이 아니었습니다. 복음을 들고 다양한 지역에 가서 전하는 것이 중요한 때였습니다. 예를 들면 고린도 지역에 전도를 하게 되어 복음을 수용하는 사람들이 생기게 되면 그들과 몇 개월간 교제를 나누면서 자신이 알고 있는 복음에 대한 이야기, 예수 사역과 말씀에 대한 이야기들을 다 전달해주어야 합니다. 이 사역을 마무리하게 되면 또 다른 지역으로 이동해서 이 사역을 이어갔습니다. 그리고 한 사람의 지도자가 떠나게 되면 또 다른 지도자가 와서 그가 알고 있는 예수에 대한 이야기를 또 전달해주고 가는 구조였습니다. 이방 지역에 있던 대부분의 초대 교회가 지금과 달리 한 사람의 목회자가 오랜 기간 머물면서 목회를 하는 구조가 아니었음을 기억하셔야 합니다.

이때는 신약성경이 존재하기 이전이므로 예수에 대해서 알 수 있는 유일한 길은 사람들의 증언밖에 없었습니다. 그렇다면 이 시기에 가장 인기 있었던 강사가 누구였겠습니까? 예수의 수제자였던 베드로와 그 외의 사도들, 예수의 어머니인 마리아와 그의 동생인 야고보와 유다였을 것입니다. 이런 사람들을 초청해서 한 달 정도 집중적으로 예수님이 어떤 삶을 사셨는지, 어떤 사역을 행하셨는지를 들었을 것입니다. 이처럼 다양한 교회 지도자들이 와서 말씀을 전한 결과 각 교회마다 자기들이 좋아하는 지도자를 중심으로 당파가 형성되었을 것입니다. 그것을 잘 보여주는 것이 고린도 교회입니다. 고린도 교회에는 바울, 베드로, 아볼로 등 다양한 지도자들이 순회하며 말씀을 전했습니다. 이후에 교회 안에 각자가 좋아하는 목회자마다 팬클럽이 형성되었고 이것이 결국 당파 문제로 이어지게 된 것입니다.

요즘 한국 교회에서 교회 간 합병이 많이 일어나고 있습니다. 수십 년 전부터 유럽 교회에서 일어났던 현상인데 이제는 한국 교회도 현실적으로 합병을 할 수밖에 없는 상황이 되고 있습니다. 예전에 교인들이 많아지는 상황에서 더 많아질 것을 기대하면서 은행에 대출을 받아 교회 건물을 무리하게 건축한 경우들이 많았습니다. 그런데 은행 빚은 계속 늘어나고 있는데 교인들의 숫자는 정체되거나 감소되는 현실에 직격탄을 맞게 된 것입니다. 이런 상황에서 교인들의 숫자도 어느 정도 있고 재정 상황도 튼튼한데 건물이 없는 교회와 건물은 있지만 교인 수가 적고 재정적으로 열악한 교회가 합병하는 것입니다. 다른 경우는 담임목사 은퇴 시기와 맞물려 교회 합병을 하는 경우도 있습니다. 한 교회를 오랜 기간 목회하신 목사님이 은퇴를 해야 하는데 그분에게 퇴직금이나 노후 자금을 제공할 여력이 되지 않을 때 노회에서 다른 교회와의 합병을 권고하는 경우들이 많습니다. 재정적 여유가 있고 목사님도 젊은 교회와 합병해서 은퇴하실 목사님을 원로로 세워주고 젊은 목사님이 담임목사를 하는 것입니다. 또한 연배가 비슷한 목사님들이 공동 목회자가 되어 공동 목회를 하는 경우들도 있습니다. 그런데 생각보다 공동 목회는 쉽지가 않습니다. 목사님들끼리는 서로 양보하고 화합하면서 잘할 수 있습니다. 그런데 공동 목회를 하다 보니 설교도 목사님들이 돌아가면서 하게 됩니다. 그러면 어떤 일이 벌어집니까? 목사님들 사이에 비교가 일어납니다. 어떤 교인은 이 목사님의 설교가 좋다고 하고 다른 교인은 저 목사님의 설교가 좋다고 합니다. 그 결과 교회 안에 선호하는 목사님들을 중심으로 편이 나뉘는 경우들이 있습니다. 고린도 교회 안에 발생했던 당파 문제도 그런 것입니다. 당시에는 대부분의 교회 지도자들이 순회 사역을 하였고 한 교회에 여러 교회 지도자들이 와서 말씀을 가르쳤던 시대입니다. 그 결과 교인들마다 자기의 마음이 가는 지도자들이 생기게 되었습니다. 그것이 하나의 당파가 된 것입니다. 이것은 사실 고린도 교회만의 문제가 아니었습니다. 이 시기에 존재하던 대부분의 이방 교회의 상황이 그러했습니다. 이때는 신약성경이 확정되기 이전이다 보니 교회 지도자들이 여러 지역을 순회하며 말씀을 전하게 되었고 그 결과 자신들이 좋아하는 목회자를 중심으로 그룹이 형성되어진 시대임을 기억하시면 좋겠습니다.

사도행전 19장 20절을 보시면 주의 말씀이 힘이 있어 흥왕하여 세력을 얻었다고 말씀합니다. 오늘날에도 여전히 하나님의 말씀이 제대로 선포되어지고 하나님의 말씀에 존재를 다해 아멘 하는 성도들이 생겨난다면 저는 여전히 말씀이 살아 숨 쉬며 흥왕하는 모습을 우리가 경험하게 될 것이라고 봅니다. 에베소에서 말씀이 흥왕한 결과 어떤 일이 벌어지게 되었습니까? 에베소 사람들이 원래 섬겼던 신이 있는데 아데미라는 여신입니다. 에베소 안에서는 아데미 신상을 만들어서 돈을 벌었던 사람들이 있습니다. 그런데 에베소 사람들이 교회로 오게 되면서 자연스럽게 아데미 여신 숭배를 거부하는 자들이 늘어나게 됩니다. 아데미 여신 숭배를 하는 사람들이 줄어들게 되면서 자연스럽게 아데미 신상을 만들어 돈을 벌었던 사람들은 생계의 위기 가운데 처하게 되었을 것입니다. 이런 상황에서 아데미 신상을 제작하는 사람들의 집단적 저항 운동이 일어나게 됩니다. 에베소에 있는 은 세공인들이 벌인 소동은 하나님 나라의 새 질서에 맞서는 세상 권세의 저항이 얼마나 강력하고 즉각적인지를 잘 보여줍니다. 기존 체제와 질서, 문화 안에서 기득권을 누려왔던 사람들은 기존 질서의 변화를 꾀하는 움직임을 절대로 수수방관하지 않습니다. 세상을 어지럽게 만든다는 미명 하에 핍박을 가합니다. 기독교 복음이 이 땅에 들어와서 신분의 타파와 남녀평등을 외쳤을 때 기존의 양반들이 그것을 가만히 두고 볼 수 있었겠습니까? 그렇지 않습니다. 그래서 이런 일도 있었습니다. 여성도 교육받을 수 있는 권리가 있음을 주장하면서 스크랜튼 부인에 의해 이화학당이 세워졌습니다. 자연스럽게 이화학당의 모든 커리큘럼은 서구식 교육이었습니다. 서양 음악도 배우고 서양 미술도 배우고 서양 체육도 배웠습니다. 당시 조선 사회가 여자들에게 요구했던 중요한 것 중 하나가 조신함이었습니다. 당시 여자들에게 있어서 조신함의 기준이라고 하는 것이 무엇이었을까요? 걸을 때조차도 보폭을 짧게 하는 것입니다. 여성이 성큼성큼 걷는다면 그것은 조신한 것이 아닙니다. 이런 이해를 가지고 있던 조선 사회 한복판에 이화학당이 세워졌고 체육 수업을 하게 되었습니다. 당시 양반들이 이화학당 담 너머로 체육 수업을 어떻게 하는가 보다가 기겁을 하게 됩니다. 체육 수업을 하면 몸을 풀기 위해 다리도 찢고 달리기도 하지 않습니까? 달리기를 하다 보면 전속력으로 뛰어야 하지 않습니까? 이 모든 것들이 양반들의 시선으로는 용납할 수 없는 일들이었습니다. 그래서 양반들은 이화학당의 체육 수업을 없애 달라고 한성부에 고발까지 했습니다. 지금 돌이켜보면 하나의 에피소드 정도의 이야기이지만 당시의 맥락에서는 큰 사건으로 이해해야 합니다. 기존 체제의 수호자들은 조금의 변화도 쉽게 용납하지 않습니다. 그래서 에베소에서 소동 사건이 일어나게 된 것입니다.

죽음과 이별(20장)

20장에는 두 가지 사건이 중요합니다. 하나는 유두고가 죽었다가 다시 살아난 사건이고, 다른 하나는 밀레도에서 바울이 에베소 장로들과 이별을 하는 장면입니다. 특히 에베소 장로들과의 이별에서 우리는 바울이 어떠한 마음으로 에베소에서 목회했는지를 보면서 오늘날 목회자들이 어떤 마음을 가져야 하는지에 대한 중요한 교훈들을 배우게 됩니다. 너무나 아름다운 목회 서신이라고 할 만큼 중요한 말씀들이 많습니다. 혹시 여러분들께서 이후에 어떤 사람들과 아쉬운 이별을 하게 되었을 때 이 본문 안에서 한 구절을 끄집어내시면 될 정도로 이별과 관련한 명언들이 이곳에 다 모여 있습니다. 바울은 순회 전도자였습니다. 내일이면 다른 지역으로 떠나야 하는 상황에서 그 지역에 남아 있는 성도들을 위해 늦은 밤까지 말씀을 전했습니다. 이별을 앞두고 얼마나 하고 싶은 말이 많았겠습니까? 늦은 밤까지 설교가 길어지는 상황에서 유두고라는 사람이 창문 밖으로 떨어져 죽는 사건이 발생했습니다. 유두고는 청년이고 사회적인 신분은 종이었습니다. 당시에는 일요일 오전에 모여서 예배드리던 시대가 아니었습니다. 교회가 일요일 아침에 모여서 예배를 드린 것은 321년부터입니다. 왜 그때부터 일요일 아침에 모여서 예배를 드리게 되었을까요? 로마가 321년부터 일요일을 공휴일로 제정합니다. 그때부터 교회도 일요일 아침에 모여서 예배를 드리게 된 것입니다. 초대 교회 대다수의 구성원들은 사회적으로 신분이 낮은 자들이 많았습니다. 어느 주인에게 예속된 종들은 1년 365일 내내 노동을 해야 했습니다. 주인들은 자기 수하에 있는 종이 일요일 오전에 교회에 가서 예배를 드리는 것을 용납하지 않았습니다. 그래서 초대 교회는 하루의 노동이 끝나는 밤에 모였습니다. 유두고라는 청년도 하루 종일 고된 노동을 하고 교회에 왔으니 얼마나 피곤했겠습니까? 그런데 바울은 내일 떠나야 하는 상황에서 한 마디라도 더 말씀을 전하고자 했기 때문에 설교가 길어졌습니다. 유두고는 졸음을 몰아내고자 창문틀에 앉아 있었는데 그만 졸다가 3층에서 떨어지게 됩니다. 유두고가 졸았을 때 누군가 유두고를 깨웠어야 하는데 그렇지 못해서 결국 불상사가 벌어지게 된 것입니다.

인간의 육체는 참으로 연약합니다. 먹지 못하면 배고프고 자지 못하면 힘을 쓰지 못합니다. 그런데 반대로 인간의 육체는 생각보다 강하기도 합니다. 어떤 다큐멘터리를 보니까 군대에 입대한 병사들을 대상으로 수색대원을 모집하여 훈련을 하는 내용이었습니다. 그때 수색대원으로서의 자격이 있는가의 훈련 과정에서 제일 먼저 하는 것이 무박 4일 간의 훈련을 합니다. 잠을 한숨도 안 자고 4일 동안 깨어 있게 만드는 것입니다. 실제로 전쟁 상황에서는 정해진 시간에 잠을 잔다는 것은 상상할 수 없는 일입니다. 며칠이고 계속해서 싸워야 합니다. 그래서 이런 훈련을 하는 것입니다. 이 훈련을 통과하는 병사만 수색대원이 될 수 있습니다. 그런데 4일간 훈련을 받으면서 잠을 자지 않는 것이니 얼마나 힘들겠습니까? 시간이 지날수록 한두 명씩 탈락자들이 생겨납니다. 결과적으로는 지원자의 반 정도가 최종 합격을 합니다. 군대 가기 전에는 그 누구도 경험해 보지 못한 것인데 절반 정도의 병사들은 엄청난 정신력으로 무박 4일간의 훈련을 완수해냅니다. 이처럼 육체는 우리가 생각하는 것 이상으로 강하기도 하고 약하기도 합니다. 유두고는 너무 피곤했던 것 같습니다. 졸다가 3층에서 떨어져 죽었는데 바울이 죽은 유두고를 다시 살려내면서 결과적으로는 복음이 더욱 힘 있게 확장되는 계기가 되었습니다.

20장 17절 이하는 너무나 애절한 이별 이야기입니다. 17절에 나오는 장로는 오늘날의 목사를 가리킵니다. 목사도 넓은 의미에서 장로입니다. 대부분의 장로교 교단 헌법을 보시면 장로를 두 부류로 나누고 있습니다. 치리를 주로 담당하는 치리 장로와 치리도 할 수 있고 설교도 할 수 있는 장로가 있습니다. 일반적으로 치리도 하고 강도까지 할 수 있는 장로를 우리는 목사라고 부르고 치리만 하는 장로를 장로라고 부릅니다. 한국 교회 초기에는 장로님들이 설교도 했습니다. 17절에 나오는 장로들은 목회를 하는 장로들로서 오늘날의 목사라고 볼 수 있습니다. 바울이 에베소 장로들과의 이별의 상황에서 하는 말의 핵심은 크게 두 가지입니다. 첫째는 자기를 본받으라는 것입니다. 바울은 이별의 상황에서 셀프 청문회를 합니다. 자신이 에베소 교인들에게 목회를 하는 과정에서 누구의 것을 갈취한 적이 있는지, 누구를 속인 적이 있는지, 누구에게 함부로 한 적이 있는지를 물어봅니다. 구약에서 자신이 은퇴할 때 셀프 청문회를 개최했던 사람이 누구입니까? 공식적인 사역에서 은퇴를 하면서 내가 너희의 것을 가로챈 적이 있는지, 빼앗은 적이 있는지를 백성들에게 물었던 사람이 누구입니까? 사무엘입니다. 바울도 사무엘처럼 이별의 상황에서 셀프 청문회를 실시합니다. 저는 한국 교회 목사님들도 은퇴식 때 이렇게 셀프 청문회를 하시면 좋겠다는 생각이 듭니다. 그런데 조금 두렵기도 할 것 같습니다. "내가 당신들한테 함부로 한 적이 있습니까?" 라고 물었는데 여기저기서 손을 들게 된다면 어떻게 될까요? 이별의 상황에서 이런 이야기를 할 수 있을 정도로 바울은 최선을 다하여 정직하고 진실하게 목회했습니다. 그래서 에베소 장로님들과의 이별의 상황에서 이런 이야기를 할 수 있었습니다. 욕심을 부리지 않은 자신을 본받을 것을 촉구합니다. 그 내용이 33절에 나옵니다.

내가 아무의 은이나 금이나 의복을 탐하지 아니하였고.

또 하나 바울이 강조하고자 하는 내용이 27절에 나옵니다.

이는 내가 꺼리지 않고 하나님의 뜻을 다 여러분에게 전하였음이라.

바울은 하나님의 말씀을 가감 없이 선포했습니다. 사실 이것 때문에 바울이 많은 미움을 받았습니다. 안타까운 사실은 오늘날에도 하나님의 말씀을 가감 없이 선포하는 목회자들은 교인들로부터 사랑받기 어렵습니다. 목사가 교인들에게 사랑받을 수 있는 길은 분명합니다. 매일 카톡으로 안부 인사를 건네고 시간 날 때마다 전화하며 힘든 일은 없는지를 물어보고 위하여 기도하겠다고 하면 교인들의 사랑을 듬뿍 받을 수 있습니다. 말씀을 전할 때도 교인들이 부담스러워하는 희년 이야기, 미쉬파트와 체데크에 대한 이야기는 하지 않으면 됩니다. 믿음으로 구원받는다고 하고 세례를 받으면 구원은 이미 확보된 것이라고 하면 교인들은 다 좋아합니다. 그러나 바울은 그렇게 하지 않았습니다. 바울이 미움 받았던 이유는 그가 하나님의 말씀을 가감 없이 선포했기 때문입니다.

　종교 개혁자들은 이 땅에 십자가를 달고 있는 건물을 모두 교회라고 하지 않았습니다. 이 땅에는 하나님이 기뻐하시는 참 교회도 있고 하나님이 인정하지 않으시는 거짓 교회도 있습니다. 그렇다면 참 교회와 거짓 교회를 분별하는 기준이 무엇일까요? 첫째가 하나님의 말씀을 가감 없이 선포하는 교회가 참 교회라고 했습니다. 이것은 정말 개신교 목회자들에게 어려운 일입니다. 저는 그런 의미에서 신부님들이 참 부럽습니다. 신부님들은 교인 눈치를 덜 봅니다. 왜냐하면 자신의 생활비를 교인들로부터 받지 않기 때문입니다. 개신교는 교인들이 낸 헌금으로 목회자의 생활비를 줍니다. 그래서 목회자들은 교인들을 의식하지 않을 수가 없습니다. 개신교도 가톨릭처럼 중앙에서 생활비를 주는 구조로 바뀌면 목사님들 가운데 많은 분들이 투기를 죄라고 설교하실 것입니다. 지금의 상황에서는 대부분의 목사가 그렇게 설교하지 못합니다. 김 장로님은 집이 세 채이고, 이 권사님은 다섯 채인 상황에서 어떤 목사가 투기를 죄라고 설교할 수 있겠습니까? 땀 흘려 노동하지 않는 것을 죄라고 강력하게 설교할 수 있겠습니까? 절대로 설교하지 못합니다. 그런 의미에서는 신부님들이나 스님들이 부러울 때가 있습니다. 중앙에서 생활과 관련된 모든 것들을 다 책임져 주기 때문에 신자들의 눈치를 덜 보게 됩니다. 그래서 스님들이나 신부님들 중에는 신자들을 하대하는 경우들이 많습니다. 그런데 목사님들은 절대로 그렇게 못합니다. 오늘날에는 목회가 이미 서비스업이 되어버렸습니다. 그래서 교인들이 부담스러워하는 것은 절대로 말하지 않습니다. 성경에는 있지만 한국 교회 안에서 설교되지 못하는 내용들이 얼마나 많이 있습니까? 하나님의 말씀을 가감 없이 선포해야 할 목사님들도 직무유기를 하고 있는 것이고 자기가 원하는 것만 듣고자 하면서 듣기 싫은 이야기에는 귀를 막아버리는 성도들도 문제가 있는 것입니다.

우리가 성경공부를 하면서 미쉬파트와 체데크에 대한 이야기도 하고 땅 신학도 이야기하고 희년에 대해서도 이야기했습니다. 성경 안에는 여러 번에 걸쳐서 강조되고 있지만 오랜 세월 동안 한국 교회에서 설교되지 않았던 이야기들을 참으로 많이 했습니다. 그러나 시간이 지날수록 한국 교회는 문화 기독교가 될 것입니다. 목회자들은 교인들이 부담스러워하는 것은 절대 설교하지 않을 것이고 교인들이 원하는 필요에 대해서는 그때그때 응답해 줄 것입니다. 현재 싱가포르에서 두 번째로 성도들이 많이 모이는 교회가 있습니다. 교인들이 2만 명이 넘는 것으로 알려졌는데 그 교회의 담임목사는 마술 예배를 인도합니다. 그 교회의 담임목사인 로렌스 콩이 수 년 전 서울 롯

데호텔에서 목회자들 대상으로 마술 예배를 시연했습니다. 그때 목회자 1,300명이 참석했습니다. 그런데 이런 마술 예배를 드리려면 엄청난 재정을 투입해야 합니다. 지금 미국에서는 레슬링 예배를 드리는 교회가 있습니다. 목사가 팬티 하나 입고 레슬링을 하면서 설교하는 것입니다. 현대 교인들 중에는 옛날같이 예배만 드리면 시간 낭비라고 생각하는 사람들이 있습니다. 예배도 드리고 유흥도 즐기는 이중 효과가 없으면 싫증을 냅니다. 이런 사람들을 교회로 흡수하기 위해 온갖 방식의 예배 문화가 출현하고 있습니다.

요즘 주일 학교도 보면 영어로 예배를 드리는 주일 학교에는 경쟁이 치열합니다. 그런데 한국어로 예배하는 주일 학교에는 부모들이 자녀를 보내지 않으려고 합니다. 한국어로 드리는 예배는 시간 낭비라고 생각하는 것입니다. 예배도 드리면서 영어도 배우고 외국 사람들과 인맥도 쌓아야 나름 의미를 찾는 것입니다. 신앙의 본질은 사라지고 수적 성장만을 추구하는 현실에서 그동안 우리가 상상하지 못한 온갖 다양한 형태의 예배들이 더 많이 출현할 것입니다. 이런 상황에서 하나님의 말씀을 가감 없이 선포하는 교회는 점점 희귀한 문화재가 될 것입니다. 청년들이 많이 모이는 교회의 특징도 청년들이 선호하는 문화를 교회가 수용했다는 공통점이 있습니다. 판교 근처에 있는 어느 교회는 청년부 예배실을 클럽처럼 꾸며 놓았습니다. 영화나 드라마에서 볼 수 있는 것처럼 계단이나 조명 시설도 갖추고 사이키까지 달아놓았습니다. DJ석도 있습니다. 이렇게 청년부실을 꾸며 놓으면 청년들은 금방 모입니다. 수적으로 보면 청년부가 부흥하고 있다는 착시 현상을 느낄 수밖에 없습니다. 실제 청년들이 좋아하는 찬양 문화도 매우 뜨겁습니다. 그런데 하나님의 말씀에 대한 관심은 점점 주변부로 밀려나고 있습니다. 문화적 열정은 뜨거운데 복음에 대한 이해나 성경에 대한 이해는 너무나 하향평준화 되고 있는 것입니다.

동역자들의 환상(21장)

21장에는 두로에서 한 번 그리고 가이사랴에서 한 번 총 두 번에 걸쳐 바울을 사랑했던 동역자들이 환상을 보게 됩니다. 그 환상은 바울이 예루살렘에 올라가게 되면 많은 고난을 겪게 될 것이라는 내용입니다. 이 환상을 보고 난 후에 바울의 동역자들은 바울에게 예루살렘에 올라가지 말라고 권면합니다. 그런데 바울은 올라가겠다고 말합니다. 그렇다면 과연 바울은 왜 동역자들의 진심 어린 권면을 거부했을까요? 여기서 우리가 주목해야 할 것이 있습니다. 성령께서는 환상을 통해 바울이 예루살렘에 올라가게 되면 어떤 일을 겪게 될 것인가를 보여주신 것이지 환상 가운데 바울로 하여금 올라가지 말라고 명하신 것은 아니라는 것입니다. 바울이 지금과 같은 선교 사역을 지속하게 되었을 때 예루살렘에 올라가게 되면 어떤 일을 경험하게 될 것인가를 미리 알려주신 것입니다. 그 환상을 보고 바울의 동역자들은 바울을 아끼는 마음에 예루살렘에 올라가지 말 것을 권면한 것이고 바울은 이 모든 고난을 경험한다 하더라도 예루살렘에 올라가겠다고 말한 것입니다. 어떻게 보면 각자의 자리에서 서로가 최선을 다한 것이라고 할 수 있습니다. 만약 이 환상을 보고 나서 바울의 동역자들과 바울이 다르게 행동했다고 가정해 보십시오. 바울의 동역자들은 고난을 각오하더라도 예루살렘으로 올라가라고 하고 바울은 올라가지 않겠다고 했다면 얼마나 어색한 상황입니까? 그런데 동역자들은 바울을 걱정하여 올라가지 말 것을 권면하고 바울은 기꺼이 그 고난을 짊어지겠다고 했기 때문에 이 장면이 너무 아름다운 것입니다. 이것은 예수님이 경험하신 겟세마네 기도와도 비슷합니다. 바울도 그것이 하나님의 뜻이라면 기꺼이 짊어지겠다고 말했습니다. 13~14절은 사역자들이 본받아야 할 너무나 아름다운 이야기입니다.

교회가 성장하게 되는 과정에서 몇 단계의 변화를 경험한다고 합니다. 첫 번째 단계는 오직 복음에 헌신하여 고난도 기뻐하는 시기입니다. 두 번째 단계는 복음은 붙들지만 고난을 두려워하고 피하려고 하는 시기입니다. 세 번째 단계는 복음보다는 안정적인 삶에 마음을 빼앗겨버리는 시기입니다. 네 번째 단계는 나를 위해서라면 다른 사람의 희생도 쉽게 요구하는 시기입니다. 많은 분들이 오늘 한국 교회가 세 번째 단계를 지나서 이미 네 번째 단계에 접어들었다는 이야기를 많이 합니다. 최근에 보면 보수 교회를 중심으로 대형 집회를 열 때마다 교인들이 모여서 규탄하는 대상들이 있습니다. 예를 들면 동성애자와 이슬람입니다. 보수 교인들의 시각에서 바라볼 때 동성애자와 이슬람을 싫어할 수는 있습니다. 그런데 이들을 공격하면서 한국 사회와 한국 교회가 이 모양 이 꼴이 된 것이 마치 그들의 죄 때문인 것처럼 몰아가는 경향들이 있습니다. 이것은 너무 지나친 비약입니다. 한번 생각해 보십시오. 동성애자들 때문에 한국 사회가 성적으로 문란해진 것입니까? 이슬람 세력으로 인해 한국 교회가 타락하게 된 것인가요? 하나님을 경외하지 않는 목사들과 신앙인들 때문에 한국 교회가 이렇게 된 것 아닙니까? 우리가 범한 잘못과 죄악에 대해 진솔하게 회개하고 돌이켜야 하는데 외부의 희생양을 만들어 모든 죄악의 책임을 떠넘기려고 하는 것은 정말 옳지 못한 행동입니다. 교회 성장의 네 단계 가운데 자기의 어떤 한계와 죄악들을 다른 사람들에게 전가를 시킵니다. 그 전가의 과정에서 희생양을 만들어냅니다. 대부분의 희생양들은 약자들입니다. 그 약자들을 정죄하고 공격하는 모습이 아주 폭력적입니다. 한국 교회 전체적으로는 네 번째 단계에 접어들었다 하더라도 교회들 중에는 여전히 첫 번째 단계의 자세를 가진 교회도 있습니다. 대부분의 개척 교회는 여전히 첫 번째 단계가 강하다고 봐야 합니다. 그런데 교회가 수적으로 성장하게 되면 첫 번째 단계의 마음을 상실하는 경우들이 많습니다. 이것이 사실 모든 교회의 가장 중요한 과제가 아닐까 생각하게 됩니다.

바울이 태어났던 길리기아 다소는 주후 1세기에 아테네, 알렉산드리아와 함께 3대 학문 도시로 명성을 떨친 곳입니다. 길리기아 지방의 수도가 다소입니다. 당시 로마 제국 안에서 다소 시민이라고 하는 것은 엄청난 자부심을 느끼게 하는 정체성이었습니다. 다소 시민이라고 하면 어느 정도의 학식과 경제력이 있다고 인정을 받았습니다. 그래서 바울이 감옥에 수감되었을 때 권력자들은 바울에게 돈을 받을 것을 기대하였습니다. 바울은 로마 시민권자에 다소 출신이었습니다. 당시 로마 시민권을 획득하는 방법에는 세 가지가 있었습니다. 로마 시민권을 가진 가정에 태어나게 되면 자동적으로 로마 시민권을 물려받게 되는 것이고, 로마 제국에 혁혁한 공을 세워 훈장으로 시민권을 하사받거나 돈을 주고 시민권을 사는 방법이 있었습니다. 로마 시민권을 가지고 있고 다소 시민이었던 바울에 대해 권력자들은 바울이 나름 경제력을 갖춘 사람이라고 판단했던 것 같습니다. 더욱이 바울은 이방 지역 교인들의 후원금을 모아서 예루살렘 교회의 가난한 사람들에게 전달하는 일을 많이 했습니다. 자연스럽게 바울과 관련해서 경제적 이권을 기대하는 사람들이 많았을 것입니다. 바울이 감옥에 수감된 죄수였음에도 불구하고 그에게 돈을 기대한 이유는 로마 시민권자이고 다소 출신이며 바울이 했던 독특한 사역 때문이었음을 기억하시면 좋겠습니다. 바울은 중요한 순간마다 자신이 길리기아 다소 출신임을 강조합니다. 이것을 강조하는 이유는 자신이 그렇게 지적으로 허약한 사람이 아님을 변증하는 것입니다. 자신이 예수를 믿고 예수의 복음을 전하는 사역을 하는 것이 학문이 부족하다거나 지적 능력이 부족해서 행하는 것이 아니라 자신은 충분히 지적으로 남들보다 탁월한 사람이고 그런 자신이 이 복음을 받아들였으니 이것은 믿고 신뢰할 만한 것임을 강조하는 맥락에서 그런 이야기를 하는 것입니다. 자신이 가말리엘 문하에서 공부했다는 것을 강조하는 것도 이런 이유 때문입니다. 바울은 자기를 내세우고자 세속적 기준에 근거한 자랑을 발설하는 것이 아닙니다. 바울이 전하고 있고 믿고 있는 복음을 우습게 생각하는 사람들에게 자신이 어떤 사람이라는 것을 강조함을 통하여 그 복음에 귀를 기울여 줄 것을 요청하는 맥락에서 그런 이야기를 언급하고 있는 것입니다.

사실 이것은 이단들도 잘하는 전도 방식입니다. 성락교회 김기동 목사는 서울대학교 학생들을 집중 공략하여 전도했습니다. 1980년대 서울대학교 출신들이 성락교회에 많이 등록했다고 합니다. 한국 교회가 성락교회를 이단으로 정죄할 때 성락교회는 자신들의 교회에 서울대학교 출신들이 많음을 주장하면서 반박했습니다. 대한민국 최고의 엘리트들이 선택한 교회인데 이것이 잘못된 교회일 수 없다는 주장을 한 것입니다. 정통 교회도 이런 전도 방식을 선호합니다. 세상에서 인정하는 좋은 대학을 나온 사람들, 사회적인 유명 인사들, 대중적으로 알려진 연예인들을 전면에 내세워 자기 교회를 홍보하는 경우들이 많습니다. 이 사람들이 선택한 교회이니 얼마나 대단할까라는 환상을 심어주는 것입니다. 바울은 자기 자랑을 하려고 자기 인생의 스펙을 내세운 것이 아닙니다. 자신이 전하는 복음을 우습게 생각하고 하대하는 사람들을 향해 자신이 결코 세상 사람들이 함부로할 만한 그런 존재가 아님을 강조하며 자신이 선택한 그 진리에 대해 한 번만이라도 귀 기울여 경청해 줄 것을 기대하는 마음으로 그런 이야기를 한 것입니다.

사도행전 8강

말 씀 과 함 께 | 사 도 행 전 강 의

22-28장 | 4차 선교 여행

사도행전 22~28장은 죄수의 신분으로 복음을 전하는 바울의 이야기가 나옵니다. 바울의 선교 여행을 1차, 2차, 3차로 설명합니다. 그런데 4차 선교 여행이 있습니다. 그 이야기가 바로 사도행전 22장부터 28장에 나옵니다. 죄수의 신분이긴 하지만 바울은 자신이 머문 모든 곳에서 복음을 전했습니다. 그가 있는 모든 곳이 선교의 현장이었고 만나는 모든 사람들이 전도의 대상이었습니다. 바울은 죄수의 신분이었지만 담대하게 주의 복음을 선포하고 있음을 본문에서 보게됩니다. 22장에 보시면 바울은 동족 유대인들을 대상으로 자신이 어떻게 회심하게 되었는지를 말합니다. 사도행전에 바울의 회심 이야기가 세 번 나오는데, 9장, 22장, 26장에 나옵니다. 그런데 9장은 제 3자의 관점에서 기술한 것이고, 22장과 26장에는 바울이 1인칭 관점에서 자신의 회심 이야기를 말하고 있습니다. 자신의 회심 이야기를 믿는 사람들을 대상으로 하면 간증이 되는 것이고, 믿지 않는 사람들을 대상으로 말하면 자기변호가 됩니다. 바울은 자기변호를 통해서 자신이 왜 유대교를 떠나 초대 교회로 회심하게 되었는지를 설명합니다. 그것은 왜 예수를 박해하던 사람에서 예수를 믿는 사람이 되었는지에 대한 설명입니다. 자기 인생에 일어난 중요한 전환에 대한 변증입니다. 이것이 22장의 주요 내용입니다. 바울처럼 우리도 각자의 회심 이야기가 필요합니다. 우리가 한국 사람으로 태어난 것은 운명이고 누군가의 자녀로 태어난 것도 운명입니다. 왜냐하면 자신의 선택 바깥에서 일어난 일이기 때문입니다. 우리의 인생은 선택의 연속이라고 할 수 있습니다. 한 철학자는 인간의 인생은 B와 D사이의 C라고 했습니다. B는 출생을 의미하고, D는 죽음을 의미합니다. 출생과 죽음 사이의 인생은 끊임없는 선택의 연속(Choice)입니다. 그 선택 중 하나가 종교의 선택입니다. 그리고 자신이 속할 교회 공동체의 선택입니다. 이 땅에 있는 많고 많은 교회 가운데 지금 내가 속한 이 교회를 선택한 이유가 나에게 있어야 합니다. 그래야 자기 이야기가 탄생할 수 있는 것입니다. 내가 ABC 가운데 왜 A를 고르게 되었는지에 대한 자기 이야기가 필요합니다. 바울은 지금 자신의 이야기를 하고 있는 것입니다.

바울의 회심(22장)

22장은 바울의 회심 이야기입니다. 바울은 유대 동족들을 대상으로 자신의 회심 이야기를 말하고 있습니다. 2절에 보시면 바울이 히브리 방언을 했다고 하는데 정확하게 말하면 아람어로 말한 것입니다. 당시 이스라엘 사람들은 일상 언어로 아람어를 사용했습니다. 히브리어는 지식인들의 문자 언어였습니다. 일상에서 히브리어를 구사하는 사람들은 거의 없었다고 보시면 됩니다. 마치 조선 시대 일상 언어는 한글이었지만 지식인들이 사용했던 문자 언어인 한문과 비슷하다고 보시면 됩니다. 지금 우리 성경에는 히브리 방언이라고 되어 있지만 사실은 바울이 예루살렘에서 사용했던 언어는 아람어로 봐야 합니다. 당시 예루살렘 주민들은 바울에 대한 오해가 있었던 것 같습니다. 바울이 길리기아 다소 출신이기도 하고 이방에서 예루살렘으로 왔기 때문에 바울의 부모가 이방인이었다가 유대교로 개종한 사람이 아니었을까 생각한 것 같습니다. 그래서 바울이 예루살렘 주민들을 대상으로 아람어를 말하는 순간 일순간에 조용해진 것입니다. 우리가 외국인이라고 생각했던 사람이 한글로 연설을 하면 얼마나 놀라겠습니까? 그것과 똑같은 일이 벌어진 것입니다. 그들은 깜짝 놀라서 바울의 이야기를 경청했습니다.

3절 이하부터 바울은 자신의 삶의 내력을 설명하고 있습니다. 바울은 길리기아 다소 출신이었습니다. 당시 다소 시민이 되려면 오백 드라크마 이상의 재산을 신고해야 했습니다. 오백 드라크마는 노동자의 2년 연봉에 해당되는 금액입니다. 최소한 기본적인 경제력을 갖춘 사람이 다소 시민이 될 수 있었습니다. 어디에 가서 자신이 다소 시민이라고 하면 기본적으로 어느 정도의 재력을 갖추고 있다고 인정받았습니다. 또한 다소는 로마 제국의 3대 학문 도시 가운데 하나였습니다. 아테네, 알렉산드리아, 다소가 3대 학문 도시였습니다.

이러한 평판으로 인해 다소 시민이라고 하는 것은 어느 정도의 지적 능력을 갖춘 사람이라는 평가를 받았습니다. 거기에 바울은 로마 시민권까지 가지고 있었습니다. 당시 이방인이었던 사람이 로마 시민이 될 수 있는 길은 세 가지입니다. 첫째는 로마 제국에 대한 혁혁한 공을 세워서 훈장처럼 하사받는 경우가 있습니다. 둘째는 많은 돈을 들여 시민권을 사는 방법이 있습니다. 22장 후반부에 보시면 천부장이 바울이 로마 시민권자라는 사실을 알고 나서 이렇게 말합니다. "나는 돈을 주고 샀는데 당신은 어떻게 로마 시민권자가 되었소?" 그때 바울은 "나는 나면서부터 로마 시민이었소"라고 말합니다. 이것이 세 번째 방법입니다. 즉 부모가 로마 시민권자라면 자녀들은 자연스럽게 로마 시민권자가 됩니다. 바울은 나면서부터 로마 시민권자였습니다. 이미 그의 조상 때 로마 시민권을 획득한 것입니다. 당시에 로마 시민이 되려면 나름대로 사회적 신분도 있어야 하고 재력도 있어야 합니다. 바울이 다소 시민에다가 로마 시민권까지 가지고 있었다는 것을 통해 우리는 바울 집안이 어느 정도 유력한 집안이었음을 알 수가 있습니다. 신학자들은 다소에서 태어난 바울이 십대 초반에 예루살렘으로 유학을 왔다고 봅니다. 바울은 정통 바리새인이었던 가말리엘이라는 랍비 밑에서 율법 교육을 받았습니다. 가말리엘은 바리새파의 양대 기둥 중 하나인 힐렐의 손자였습니다.

요세푸스가 남긴 기록에 따르면 1세기에 바리새인들이 약 6,000명 정도였다고 합니다. 바리새인들은 크게 두 개의 그룹으로 나뉘어져 있는데, 하나는 샴마이파이고, 다른 하나는 힐렐파입니다. 샴마이파는 농촌을 중심으로 한 대토지 소유주들이 주를 이루었고, 힐렐파는 도시에 거주하는 개인 사업자가 많았습니다. 바리새인들은 모두가 자신의 직업을 가지고 있었습니다. 바리새파는 비레위인들이었기에 십일조를 받을 수가 없었습니다. 그래서 자기 생계를 스스로 책임져야 했습니다. 제사장들을 중심으로 구성된 사두개파와 에세네파는 비레위인으로 구성된 바리새파를 하대하고 무시했습니다. 그들은 사회적 신분이 제사장이었고 제사장 사역과 백성들이 내는 십일조 등으로 자신의 생계를 유지할 수 있었습니다. 그러나 바리새파는 그렇지 못했습니다. 바리새파의 지도자들은 랍비라고 불렸습니다. 랍비는 '나의 선생님'이라는 뜻입니다. 랍비는 출생에 의해 세습되지 않았고 자신의 의지와 노력으로 획득하는 것입니다. 성경에 대한 해박한 이해를 바탕으로 말씀에 철저하게 순종하는 삶을 살아온 자라면 누구든지 랍비가 될 수 있었습니다. 그러나 제사장은 그렇지 않습니다. 자기가 태어났는데 아버지가 제사장이면 자식도 제사장이 되는 것입니다. 이처럼 제사장은 세습이 되었지만 랍비는 자신의 노력으로 획득하는 것입니다. 처음에는 랍비들이 율법을 가르치면서 돈을 받지 않았습니다. 랍비 자체가 하나의 직업이 아니었던 것입니다. 랍비들은 대부분 평신도들이었습니다. 스스로 열심히 율법을 공부해서 율법을 가르치는 자가 된 것이지만 자기 생계를 위한 자기 직업이 별도로 있었습니다. 사제가 아니었지만 평신도 지도자로서 사제의 역할을 했다고 할 수 있습니다. 그래서 사제 출신인 사두개파나 에세네파가 바리새파를 하대한 것입니다. 바리새파는 처음에는 율법을 가르치면서 돈을 받지 않았습니다. 생계를 유지하기 위해서 자기 직업을 가지고 있었습니다. 생계는 생계대로 꾸려 나가야 하고 또 율법도 열심히 연구하고 가르쳐야 하니 얼마나 힘든 삶을 영위했겠습니까?

그런데 유대 전쟁 이후에 성전이 무너지면서 사두개파가 몰락하고 바리새파가 유대교의 중심 권력을 장악하게 되면서부터 랍비 자체가 하나의 직업이 됩니다. 그러나 처음부터 랍비가 하나의 직업으로 인정받았던 것은 아닙니다. 사제 계급이 아닌 평신도 지도자들이 열심히 율법을 공부해서 스승 대접을 받은 것입니다.

바리새파 안에 존재하던 두 그룹 중 샴마이파는 주로 농촌에 많은 토지를 소유하면서 농사를 지었습니다. 반면 힐렐파는 주로 도시에서 개인 사업을 하는 사람들이었습니다. 농사를 짓는 토지 소유주와 개인 사업을 하는 사람 가운데 누가 더 로마로부터 세금을 많이 부과 받았겠습니까? 요즘처럼 신용 카드가 상용화된 시대가 아니다 보니 사업하는 사람들은 장사가 안 된다고 하면 그만입니다. 그런데 토지는 속일 수가 없습니다. 개인이 어느 정도의 토지를 소유하고 있는지와 한해 어느 정도의 곡식을 거두는지를 금방 확인할 수 있습니다. 따라서 대토지를 소유했던 샴마이파가 로마에 대해서 보다 부정적이었습니다. 샴마이파가 반로마주의 입장이고, 힐렐파는 상대적으로 로마에 대해 우호적인 입장을 견지했다고 이해하시면 되겠습니다. 샴마이파와 힐렐파는 바리새인으로서 큰 부분에 있어서는 합의를 보았지만 세부적으로는 조금 다른 신학적 입장을 견지했습니다. 바리새인들은 내세와 부활과 심판을 믿었습니다. 그렇다면 사람이 죽은 다음에 하나님께 최후 심판을 받게 될 때 어떤 기준으로 하나님의 심판을 받게 된다고 생각했을까요? 핵심은 율법 준수 여부입니다. 문제는 어느 정도까지 율법 준수를 해야 한다고 생각했을까요?

하나님께서 지키라고 명하신 율법이 10개가 있다고 했을 때 그 가운데 어떤 사람이 9개는 지켰는데 1개를 지키지 못했습니다. 그러면 이 사람은 어떻게 되는 것일까요? 여기서 샴마이파는 1개의 율법을 지키지 못한 것은 결국 율법 전체를 지키지 못한 것과 같다고 봅니다. 하나님께서 명하신 10개의 율법 가운데 하나만 제대로 준수하지 못해도 율법 전체를 지키지 못한 것과 같다고 보는 것이 샴마이파의 입장입니다. 매우 엄격한 율법 준수를 요구한 것입니다. 반면에 힐렐은 어떤 사람이 순종한 것이 6개고 불순종한 것이 4개라면 순종이 더 많지 않습니까? 한 사람의 인생 가운데 순종과 불순종을 놓고 평가해서 순종이 하나라도 더 많으면 그 사람의 인생은 순종의 삶인 것이고 불순종이 하나라도 더 많다면 그 사람의 인생은 불순종의 삶이라고 보는 것이 힐렐파의 입장입니다. 여러분은 어느 쪽 해석이 더 마음에 드십니까? 모두가 힐렐 쪽으로 기울어지시는 것 같습니다.

재미있는 것은 1세기 유대 문헌에 이런 이야기가 나옵니다. 가말리엘이 제자들에게 율법을 가르칠 때 사사건건 스승에게 반기를 든 제자가 하나 있었다고 합니다. 학자들은 이 제자가 바울일 것이라고 봅니다. 왜냐하면 가말리엘 문하에서 율법 교육을 받았는데 바울은 샴파이파의 입장에 가까운 율법 이해를 가지고 있었습니다. 가말리엘은 힐렐의 손자로 힐렐의 후계자입니다. 그런데 바울 서신을 보면 바울은 율법 가운데 하나를 범해도 율법 전체를 범했다고 봅니다. 가말리엘에게서 율법 교육을 받았지만 바울이 가지고 있는 율법과 심판관은 샴마이파에 더 가깝다고 볼 수 있습니다. 바울은 율법 준수 여부에 대해 매우 엄격한 입장을 가지고 있었습니다. 샴마이파와 힐렐파의 율법 해석의 차이에 대해 하나 더 보겠습니다. 신명기 24장 1절에 기혼 남성이 자신의 부인과 이혼할 수 있는 조건에 대한 말씀이 나옵니다. 남자가 여자를 아내로 데려왔는데 그 여인에게서 수치 되는 일을 발견하게 되면 이혼 증서를 써주고 이혼을 가능하게 하는 것이 신명기 24장 1절입니다. 문제는 여기 나오는 '수치 되는 일'이 무엇인가에 대해 샴마이파와 힐렐파의 입장이 달랐습니다. 샴마이파는 수치 되는 일을 매우 엄격하게 혼전 순결 상실로 해석했습니다. 결혼한 여인이 처녀가 아닌 경우에는 이혼이 가능하다고 해석한 것이 샴마이파의 주장이었습니다. 반면 힐렐파는 보다 자유로운 해석을 합니다. 힐렐파는 결혼한 남성이 자기 아내에 대해서 수치스럽게 생각하는 모든 내용이 이혼 사유가 된다고 주장했습니다. 아내가 요리를 못해서 수치스러운 것도 이혼 사유가 되고, 옆집 여인보다 못 생겨서 수치스러운 것도 이혼 사유가 됩니다. 남편이 아내에 대해 수치스럽다는 느낌을 갖게 되면 이 모든 것들로 인해 이혼이 가능하다고 본 것이 힐렐파의 해석입니다. 신명기 24장 1절의 해석과 관련하여 샴마이파와 헬렐파 가운데 누구의 해석이 맞다고 생각하십니까? 여성들은 절대적으로 샴마이파의 견해를 선호하시는 것 같습니다.

바울은 자신이 옳다고 믿는 것에 목숨을 내어놓을 만큼 굉장히 역동적이고 능동적인 인물이었습니다. 문제는 그가 하나님이 아닌 유대교를 지나치게 믿었다는 것입니다. 다메섹 회심 이전에 바울의 가장 큰 실수는 그가 하나님과 유대교를 동일시했다는 것입니다. 이런 것이 바로 우상 숭배입니다. 우리가 개념을 정확하게 확립하는 것이 필요한데 불상 앞에 가서 비는 사람들은 우상 숭배자가 아니라 타 종교인입니다. 무당을 불러 굿을 하는 사람들은 우상을 숭배하는 것이 아니라 타 종교 행위를 하는 것입니다. 우상 숭배는 하나님만을 믿겠다고 다짐하고 결단한 사람에게 해당되는 것입니다. 한국 교회는 타 종교인들이 하고 있는 어떤 행동들을 우상 숭배라고 규정을 많이 합니다. 그러나 그렇지 않습니다. 십계명의 1계명이 무엇입니까? "너는 나 외에는 다른 신들을 네게 두지 말라"는 것입니다. 여기서 너희가 누구입니까? 세상 만민인가요? 하나님만을 믿겠다고 언약을 체결한 이스라엘 백성들인가요? 오늘날로 말하면 하나님의 백성이 되겠다고 다짐한 기독교 신앙인들입니다. 하나님께서 부처를 믿겠다고 결심하고 부처를 열심히 믿는 사람 때문에 마음 아파하시는 것보다 하나님을 열심히 믿겠다고 다짐하고 결단하고서 하나님만을 믿지 못하는 사람들 때문에 훨씬 더 마음 아파하십니다. 왜냐하면 하나님만을 믿지 못하는 것이 우상 숭배이기 때문입니다. 신앙인들 중에 착한 마음을 가지고 분별력 없는 사람들이 우상 숭배에 쉽게 빠집니다. 절대로 하나님을 떠나서 다른 신을 섬기겠다는 마음으로 우상 숭배하는 것이 아닙니다. 하나님을 잘 섬기겠다는 마음으로 하나님이 아닌 것을 하나님처럼 섬기는 경우들이 많습니다. 그것이 우상 숭배입니다. 절대자인 하나님의 자리에 그 어떤 것도 올려놓아서는 안 되는데 하나님 아닌 것을 하나님의 자리에 올려놓고 그것을 하나님처럼 생각하는 것이 바로 우상입니다.

구약 시대 하나님께서는 각 시대마다 예언자들을 보내셔서 이스라엘 백성들에게 심판을 경고하셨습니다. 하지만 이스라엘 백성들은 예언자의 경고를 귓등으로 들었습니다. 전혀 심각하게 생각하지 않은 것입니다. 그 이유가 무엇입니까? 아무리 예언자가 예루살렘의 심판을 경고하고 성전이 무너질 것을 경고해도 사람들은 그 모든 이야기가 황당하게 들릴 뿐이었습니다. 그 당시 이스라엘 백성들이 가지고 있던 신학은 성전 신학이었습니다. 그들의 생각 속에 성전은 하나님의 집입니다. 하나님의 집인 성전이 무너진다는 것은 하나님이 무너지는 것과 똑같은 것입니다. 그런데 하나님이 무너질 수 있습니까? 없습니다. 따라서 하나님의 집인 성전도 무너질 수 없다는 것이 성전 신학입니다. 또 시온 신학도 있습니다. 시온은 예루살렘에 대한 별칭입니다. 예루살렘은 하나님의 도성입니다. 하나님의 도성인 예루살렘이 무너지는 것은 하나님이 무너지는 것과 똑같습니다. 하나님이 무너질 수 없기에 하나님의 도성인 예루살렘도 절대로 무너지지 않는다는 것이 시온 신학입니다. 다윗 왕조는 하나님의 지상 대리자입니다. 하나님께서는 당신의 지상 대리자인 다윗 왕조를 통해 세계 역사를 주관하고 계십니다. 하나님의 세계 통치가 끝날 수가 있습니까? 따라서 다윗 왕조도 계속적으로 지속된다는 것이 왕정 신학입니다. 이처럼 이스라엘은 하나님과 성전, 하나님과 예루살렘, 하나님과 다윗 왕조를 동일시했습니다. 하나님이 아닌 것을 하나님의 자리에 올려놓은 것입니다. 이런 것이 바로 우상 숭배입니다.

오늘날 우리에게는 어떤 것이 우상입니까? 하나님과 기독교라는 현실 종교를 동일시하는 것입니다. 누군가 기독교의 타락과 부패에 대해 공격하면 현실 기독교를 지켜내기 위해 전투력을 발휘하는 분들이 있습니다. 기독교가 무너지면 하나님이 무너진다고 이해하는 것입니다. 그러나 현실 종교로서의 기독교는 하나님을 온전히 드러낼 때만 의미를 갖습니다. 그러나 기독교라는 종교는 때로는 하나님을 온전히 드러내지 못하고 하나님의 영광을 가리는 걸림돌이 될 수도 있습니다. 우리가 항상 기독교를 옹호하거나 편들어야 하는 것이 아닙니다. 기독교라는 종교가 하나님이 어떤 분이신가를 온전히 드러낼 때에는 박수를 보내야 하지만 그렇지 못하고 도리어 하나님의 영광을 가리는 때에는 신앙인들이 제일 먼저 앞장서서 타락하고 부패한 기독교를 비판해야 합니다. 그런데 기독교와 하나님을 동일시하는 기독교 우상 숭배자들이 있습니다. 어떤 사람들은 특정한 교회와 하나님을 동일시합니다. 이것은 교회 우상 숭배입니다. 어떤 사람들은 특정한 목회자와 하나님을 동일시합니다. 목회자가 목회자로서의 정체성을 버리고 잘못된 행위를 할 때 그 목회자를 비판하는 목소리에 대해 목회자를 공격하는 것은 하나님을 공격하는 것이라고 맞대응을 합니다. 이것이 바로 목회자 우상 숭배입니다. 이처럼 우상 숭배라고 하는 것은 나쁜 마음으로 하는 것이 아닙니다. 대부분 우상 숭배하는 사람들은 자신들이 우상 숭배를 하고 있다는 것을 전혀 알지 못합니다. 심판받은 이후에서야 깨닫게 됩니다. 이 얼마나 안타까운 일입니까?

바울은 다메섹 도상 이전에 유대교 우상 숭배에 빠졌습니다. 바울은 유대교를 위한 충성과 헌신이 하나님을 위한 충성과 헌신이라고 생각했습니다. 오늘날 우리도 이런 마음을 갖고 있지 않습니까? 우리가 어떤 교회를 위해서 충성하고 헌신할 때 그 교회만을 위해 충성하는 것은 아니지 않습니까? 이것은 이단에 속한 사람들도 마찬가지입니다. 신천지나 하나님의교회, JMS에 빠진 사람들도 자기들이 속한 단체를 위한 헌신이 궁극적으로는 하나님을 위한 것이라고 생각하며 수고하고 헌신하는 것입니다. 그래서 분별력이 중요합니다. 이 교회를 위한 충성과 헌신이 하나님께도 진정 기쁨이 될 것인가 하는 것을 매순간 질문해야 합니다. 그렇지 않으면 자기 나름대로 하나님을 위해서 수고하고 헌신한다고 생각할지 모르지만 그것이 하나님과는 아무런 상관이 없는 일, 도리어 하나님으로부터 '네가 왜 나를 괴롭히느냐'라는 책망을 들을 수도 있는 것입니다. 우리가 만약 그런 판단을 하나님으로부터 듣게 된다면 이 얼마나 두렵고 무서운 일입니까? 바울은 하나님과 유대교를 동일시하면서 정말 최선을 다해 유대교에 헌신했습니다. 그러다 다메섹 사건을 통해서 그동안 자신이 붙잡고 있었던 모든 것들이 무너지는 경험을 하게 됩니다. 하나님을 위한 자신의 충성과 헌신이 하나님의 마음을 아프시게 하는 것이었다는 것을 깨닫게 된 것입니다. 이것이 바울에게 얼마나 괴로운 일이었을까요? 정말 충격적인 사건이 아닐 수 없습니다. 저는 우리의 인생에도 이런 다메섹 도상 사건이 있다고 봅니다. 내가 그동안 옳다고 믿어왔던 일, 최선을 다해서 수고했던 어떤 일이 사실은 하나님의 뜻과는 아무런 상관이 없는 일임을 깨닫게 되는 사건이 있지 않습니까? 그러면서 그동안의 내 삶을 돌아보게 만들고 내 생각을 성찰하도록 만드는 그런 사건들이 우리에게도 있습니다. 그것이 다메섹 도상 사건이라고 할 수 있습니다.

22장 30절에 보시면 로마의 천부장에 의해서 공회가 소집됩니다. 이 공회가 바로 산헤드린입니다. 산헤드린은 사제 계급과 장로들 그리고 바리새인으로 구성된 유대 최고 정치 종교 의결 기구입니다. 오늘날 대한민국의 국회의 기능과 대법원의 기능을 겸하고 있다고 이해하시면 됩니다. 산헤드린은 백성들을 대표하는 자들이 모여서 이스라엘 공동체의 중요 사항들을 의결하고 재판하는 역할을 담당했습니다. 회원은 의장인 대제사장을 포함하여 총 71명으로 구성되었습니다. 산헤드린은 사제 계급인 사두개파와 장로들 그리고 바리새파 이렇게 세 그룹으로 구성되었는데 한 그룹에서 최대 24명까지 회원이 될 수 있었습니다. 예를 들면 사두개파가 24명의 회원이 있고 장로들이 24명의 회원이 있다면 바리새인들은 22명의 회원이 있는 것입니다. 어느 한쪽이 과도한 의석수를 갖지 못하도록 나름 균형을 맞추어 구성되었던 것입니다. 초기에는 바리새파는 산헤드린의 회원이 아니었습니다. 그러나 점점 백성들의 지지를 힘입고 산헤드린의 회원이 되어 3분의 1만큼의 주장을 할 수 있게 되었습니다.

바울의 재판(23~25장)

23~25장에는 바울의 재판 이야기가 나옵니다. 바울의 재판 이야기는 예수님의 재판 이야기와 비슷합니다. 처음에는 유대인들로부터 재판을 받았고 이후에는 로마가 세운 총독으로부터 재판을 받습니다. 예수님 당시에 이스라엘 공동체에는 네 개의 종교 정파가 있었습니다. 열심당, 사두개파, 바리새파, 에세네파입니다. 이 네 그룹은 많은 문제에 있어서 서로 상이한 입장차를 드러냈습니다. 누군가 '어떤 문제와 관련된 유대교의 입장이 무엇인가요'라고 질문한다면 그 질문 자체가 잘못된 것입니다. 왜냐하면 유대교 안의 네 개의 종교 정

파마다 주장이 달랐기 때문입니다. 예를 들면 '내세에 대한 유대교의 입장은 무엇인가'할 때 사두개파와 바리새파의 입장이 다릅니다. 유대교라고 하는 것이 절대 하나의 주장만 있었던 것이 아님을 기억하셔야 합니다. 유대교 안에 매우 다양한 그룹들이 있었고 그룹들마다 입장이 상이했습니다. 그런데 이 네 개의 그룹이 합의를 본 것이 있습니다. '하나님이 어떤 분이신가'라는 하나님의 속성과 관련하여 이들은 하나님의 가장 중요한 속성을 거룩으로 보았다는 점에서는 합의를 보았습니다. 이들은 하나님을 거룩하신 분으로 고백했습니다. 하나님이 거룩하신 분이라면 당연히 그의 백성 된 자들에게도 거룩한 삶이 요청됩니다. 거룩을 강조하던 네 개의 종교 그룹은 구약에서 레위기를 가장 중요한 본문으로 꼽았습니다. 레위기에 반복되어 나오는 말씀은 "내가 거룩하니 너희도 거룩하라"는 것입니다.

이스라엘에서는 아이들이 여섯 살 정도 되면 히브리어를 가르치는데 이때 제일 먼저 읽히는 성경 본문이 레위기라고 합니다. 왜 레위기를 가장 먼저 읽게 할까요? 레위기는 크게 전반부와 후반부로 구성되어 있는데, 전반부는 하나님께 어떻게 제사드릴 것인가 하는 예배에 대한 이야기이고, 후반부는 하나님의 거룩하심을 닮아서 어떻게 거룩한 삶을 살 것인가 하는 것이 주제입니다. 레위기에서 가장 중요한 단어가 예배와 거룩한 삶입니다. 이것을 부모들은 자녀들에게 읽게 함으로써 어린 시절부터 이 내용을 마음속 깊이 되새기기를 기대한 것입니다. 그래서 당시 모든 유대인들은 하나님의 거룩하심을 닮아 거룩하게 살기 위해서 자신의 존재를 다했습니다. 그런데 유대인들이 생각했던 거룩이라는 것은 철저하게 부정한 모든 것들과 단절하고 분리하는 거룩입니다. 즉 건강한 사람은 병든 사람들과 분리되어야 하고 정통 유대인들은 부정한 이방인들과 분리되어야 하는 것입니다. 주인들은 종들과 분리되어야 하고 남자들은 여자들과 분리되어야 합니다. 당시 이스라엘 백성들은 자기들이 생각할 때 거룩하지 못한 존재들과 단절하고 분리하는 것을 거룩한 삶이라고 생각했습니다. 그래서 유대인들은 정결법을 준수하는 일에 목숨을 걸었습니다. 그런데 예수님은 하나님의 가장 중요한 성품을 거룩함이 아닌 자비로움에서 찾았습니다. 누가복음 6장 36절에서 예수님은 이렇게 말씀하십니다. "아버지의 자비로우심 같이 너희도 자비로운 자가 되라." 여기서 자비한다는 것이 무엇입니까? 나보다 연약한 자에게 손을 내미는 것이 자비로움입니다. 내가 주인이라면 종에게, 남자라면 여자에게, 유대인이라면 이방인에게 손을 내미는 것이 자비로움입니다. 이런 행위는 정통 유대인들이 볼 때는 정결법을 파괴하고 기존의 질서를 뒤흔드는 행동으로 보였을 것입니다. 그래서 유대교 안에 존재하던 모든 정파가 힘을 합쳐서 예수님을 죽이고자 했던 것입니다.

23장 2절을 보시면 주후 52년부터 58년 사이에 대제사장을 지낸 사람이 아나니아였습니다. 헤롯 집안이 이스라엘을 다스리던 100년의 기간 동안 대제사장의 평균 임기는 4년입니다. 그만큼 대제사장직의 잦은 교체가 있었습니다. 23장 6~10절을 보시면 바울이 산헤드린에서 재판을 받을 때 산헤드린의 반은 바리새인이고 반은 사두개인이었습니다. 앞에서 산헤드린에는 세 개의 그룹이 있다고 말했습니다. 사두개파, 바리새파, 장로입니다. 그런데 여기 장로는 장로이면서 사두개파도 될 수도 있고 장로이면서 바리새파도 될 수 있습니다. 바울이 산헤드린을 쭉 둘러보니 반은 사두개파이고 반은 바리새파였는데 아마도 복장을 통해서 이런 구분을 했을 것입니다. 바울은 자신이 부활을 믿는 것으로 인해 고초를 겪고 있다고 말합니다. 그러자 바리새인들이 '바울은 죄가 없다'고 바울 편을 들어줍니다. 사두개파는 부활을 믿지 않았지만 바리새파는 부활을 믿었기에 바울 편을 일방적으로 들어주었던 것입니다. 당시 바리새파와 사두개파는 모든 면에서 이질적인 앙숙 관계였습니다. 사두개파는 대부분 중상층 이상이고 바리새파는 중하층이 많았습니다. 사두개파는 예루살렘 성전에서 사역하는 제사장들로 주로 구성되어 있었고 바리새파는 지방 회당을 중심으로 사역하던 비레위인들이었습니다. 사두개파는 모세오경만을 하나님의 말씀으로 받아들였고 바리새파는 타나크 전체인 모세오경, 예언서, 성문서와 함께 구전 율법인 장로들의 유전까지를 하나님의 말씀으로 받아들였습니다. 즉 사두개파는 하나님이 주신 말씀 가운데 일부만을 취한 사람들이고 바리새파는 하나님의 말씀에 다양한 것들을 덧붙인 사람들입니다. 제일 중요한 차이는 교리의 차이입니다. 사두개파는 모세오경만 믿었기 때문에 모세오경에 나오지 않는 것들을 받아들이지 않았습니다. 그래서 내세, 부활, 심판, 영 등을 믿지 않았습니다. 반면 바리새파는 내세와 심판과 부활과 영을 다 믿었습니다. 사두개파는 운명과 예정을 강조했고, 바리새파는 인간의 자유 의지를 강조했습니다. 왜 이런 차이가 발생하게 되었을까요? 사두개파는 제사장들입니다. 아버지가 제사장이면 아들도 제사장이 됩니다. 자신이 제사장이 된 것이 자신의 노력에 의한 것이 아니라 계승된 것입니다. 자기가 제사장 집안에 태어난 것이 자신의 의지 때문은 아니지 않습니까? 이 모든 것은 하나님이 예정해 놓으신 것입니다. 그래서 사두개파는 모든 것을 예정과 운명으로 이해했습니다. 반대로 바리새인이 랍비가 되는 것은 자기 노력에 의해서 획득한 것입니다. 그래서 바리새인들은 사두개인들에 비해서 인간의 자유 의지를 좀 더 강조하게 됩니다.

사두개인들은 자신들이 다윗 시대 때 대제사장이었던 사독의 후손이라고 주장했습니다. 다윗 시대에는 2명의 대제사장이 있었는데 사독과 아비아달입니다. 그런데 왕위 계승 쟁탈전에서 아비아달은 아도니아 편에 섰다가 아나돗으로 유배를 떠나게 됩니다. 그 아비아달의 후손이 예레미야입니다. 이때부터 예루살렘 성전의 대제사장직은 사독의 후손들이 독점하게 됩니다. 사두개인들은 자신들이 사독의 후손이라고 주장함으로써 정통성을 확보하고자 했습니다. 사두개파는 솔로몬 성전이 세워진 순간부터 주후 70년에 예루살렘 성전이 무너질 때까지 약 천년 동안 예루살렘 성전을 중심으로 유대교 종교 권력을 장악했습니다. 그런데 사두개인은 내세를 믿지 않았습니다. 유대교 종교 권력을 장악했던 사두개인들이 내세를 믿지 않았기 때문에 구약 시대 유대교 안에서는 내세 신앙이 발달하지 않았던 것입니다. 구약에는 사람이 죽은 다음에 어떻게 되는가에 대해 구체적인 기술이 나오지 않습니다. 보통은 '조상들에게 돌아간다'는 정도로 기술되어 있습니다. 어디로 가는 것입니까? 스올로 가는 것입니다. 스올은 죽은 조상들이 있는 곳입니다. 이 스올을 한글 성경은 '음부'로 번역했습니다. 음부는 지옥이 아닙니다. 누가복음 16장에 나오는 부자와 나사로가 죽은 다음에 가 있는 곳이 스올입니다. 보통은 부자가 있는 곳은 지옥이고 나사로가 있는 곳은 천국이라고 생각하는데 그곳이 스올입니다. 유대인들은 사람이 죽으면 먼저 죽은 조상들에게 간다고 생각했습니다. 죽은 조상들이 머물고 있는 장소를 스올이라고 보았습니다. 이것이 끝입니다. 왜 구약에는 사람이 죽은 다음에 어떻게 되는지에 대한 이야기가 부재한가에 대한 질문이 나온다면 반드시 이것을 기억하셔야 합니다. 유대교를 천 년 동안 지배했던 사람들이 사두개파입니다. 사두개파는 내세, 부활, 심판을 믿지 않았습니다. 내세를 믿지 않았던 사두개파가 유대교를 천 년 동안 장악했기 때문에 구약성경에는 내세나 심판이나 부활에 대한 언급이 거의 나오지 않는 것입니다.

구약에서 유일하게 부활에 대해 언급하고 있는 본문이 다니엘 12장 2절입니다. 다니엘의 배경은 주전 6세기이지만 다니엘이 쓰여진 시점은 주전 2세기 중반입니다. 일반적으로 안티오쿠스 에피파네스 4세의 박해 기간에 쓰였다고 봅니다. 이때 부활에 대한 기술이 나오는 것을 통해 이스라엘 공동체 안에 부활 신앙이 나온 시점을 보통 주전 2세기로 봅니다. 그리고 부활을 믿는 바리새파가 주전 2세기 말에 등장합니다. 유대교를 천년 동안 지배했던 사람들은 사두개파였고 부활과 내세와 심판을 믿었던 바리새인들이 등장한 것은 주전 2세기 말입니다. 구약 성경에서 부활이 처음 언급된 것이 다니엘 12장 2절이고 다니엘은 주전 2세기 문서입니다. 토라가 정경이 된 시점은 주전 400년경입니다. 예언서가 정경이 된 시점은 주전 200년경입니다. 토라와 예언서가 정경이 될 때 그것을 결정한 사람들은 사두개인입니다. 그러다 예루살렘 성전이 무너지면서 사두개파는 몰락합니다. 그리고 주후 90년에 정경이 된 것이 성문서입니다. 이것을 결정했던 사람은 바리새파입니다. 다니엘은 성문서 중에 하나입니다. 만약 바리새인들이 천 년 동안 유대교를 장악했다면 구약 성경에 내세나 심판이나 부활에 대한 언급이 많이 나왔을 것입니다. 그런데 구약 성경에는 내세와 심판과 부활에 대한 언급이 거의 없습니다. 그 이유는 사두개인들이 오랜 세월 동안 유대교를 장악했기 때문입니다. 주후 70년에 예루살렘 성전이 무너지면서 사두개파에서 바리새파로 유대교의 중심 권력의 이동이 발생합니다. 이때부터 유대교는 부활을 믿는 종교가 된 것입니다. 그전까지는 전혀 그렇지 않았습니다.

23장 12~13절을 보시면 바울을 죽이기 전에는 먹지도 마시지 않겠다고 맹세한 40명의 결사대가 탄생하는 이야기가 나옵니다. 저는 이 사람들 모두가 굶어 죽었을 것이라고 생각합니다. 왜냐하면 그들은 바울을 죽이지 못했기 때문입니다. 이들은 혈서를 썼을 수도 있습니다. 사람들은 중요한 순간마다 과도한 맹세를 남발합니다. 목숨까지도 내어 던질 것 같은 엄청난 맹세를 합니다. 그러다가 시간이 지나면 흐지부지되는 경우들이 많습니다. 그런 모습 가운데 하나를 여기서 볼 수 있습니다. 14절 이하에 유대인들이 바울을 암살하려는 계획을 바울의 조카가 듣게 됩니다. 이것을 조카가 바울에게 와서 알려줍니다. 그리고 바울이 백부장에게 말하고 백부장은 천부장에게 전해 주면서 바울을 안전하게 지켜내기 위해서 가이사랴로 이송하는 장면이 나옵니다. 바울의 조카는 우연하게 들었지만 내부 고발자의 역할을 잘 감당하였습니다. 우리는 내부 고발자들의 용기 있는 증언을 통하여 그동안 알지 못했던 진실을 자주 접하게 됩니다. 김용철 변호사가 쓴 「삼성을 생각한다」는 우리나라 재벌이 사법부를 어떻게 장악하고 있는지를 비교적 자세하게 기술하고 있습니다. 이분이 삼성 법무팀장으로 일하면서 얼마나 많은 사건을 경험했겠습니까? 책을 보면 재미있는 에피소드가 나오는데 재벌 집안에서 행사를 할 때 유명 가수들을 초대해서 노래 2~3곡을 부르게 하고 3천만 원에서 5천만 원을 준다고 합니다. 가수들 입장에서는 이런 집안 행사에 초대받는다는 것이 너무나 큰 영광입니다. 그런데 아무리 많은 돈을 준다고 해도 오지 않았던 가수가 있었다고 합니다. 자기는 대중 가수이기 때문에 자기의 노래가 듣고 싶다면 자기가 공연할 때 와서 들으라고 했다고 합니다. 대단한 결기가 있는 가수 아닙니까? 그분이 가수 나훈아입니다. 이런 내용이 책에 나옵니다.

1992년 이지문 중위 사건을 기억하십니까? 이분이 군대에서 이루어진 부재자 투표의 문제점을 지적했습니다. 저도 그때 증인입니다. 저는 친구들보다 조금 늦게 군대에 갔습니다. 1992년 3월 10일에 입대했는데 그해 3월 24일에 총선이 있었습니다. 제가 신병 교육을 받을 때 총선 투표를 하게 된 것입니다. 군인들이 다 그랬는지 훈련병이어서 그랬는지 모르겠지만 중대장 책상 앞에서 투표를 했습니다. 칸막이도 없이 공개된 장소에서 앞에는 중대장이 마주 앉아 있는 가운데 훈련병들이 한 명씩 책상에 앉아서 투표를 했습니다. 중대장이 무서워서 대부분의 훈련병들은 민자당 후보를 찍었습니다. 저는 용기를 내어 통일민주당 후보를 찍었습니다. 그런데 투표를 하고 나서 얼마나 걱정이 되었는지 며칠 동안 마음이 참 많이 힘들었습니다. 그런 방식으로 투표를 한다면 당시 군대 안에 있는 부재자 투표는 한 정당이 몰표를 가져갈 수밖에 없는 것입니다. 이러한 투표 방식을 이 지문 중위가 폭로한 것입니다. 그 일로 인해 이 중위는 군복을 벗게 됩니다. 그나마 다행스러운 것은 이 폭로로 인해 그다음 선거부터는 군인들이 부대 밖 투표소에서 일반 국민들과 동일한 방식의 비밀 투표를 하게 되었다는 것입니다. 이것이 역사의 큰 변화를 이뤄낸 내부 폭로입니다.

유대인의 바울 암살 계획을 들은 조카의 도움과 천부장의 도움으로 바울은 가이사랴로 이송을 하게 되었고 거기서 재판을 받게 됩니다. 바울이 재판받을 때 로마 황제가 그 유명한 네로였습니다. 주후 54년부터 68년까지 네로가 통치했습니다. 이 기간 이스라엘은 벨릭스와 베스도가 총독으로 봉직했습니다. 벨릭스는 주후 52년부터 59년까지 베스도는 59년부터 61년 또는 62년까지 봉직했습니다. 복음서에는 빌라도 총독, 사도행전에서는 벨릭스 총독, 베스도 총독 등의 이름이 나오는데 정확하게 말하면 당시 이스라엘 땅에는 로마가 파송한 총독은 없었습니다. 그런데 저자들이 이스라엘 땅이 아주 중요한 의미가 있음을 부각시키기 위해서 총독이라는 이름을 붙였습니다. 실제 이스라엘에는 총독이 없었습니다. 시리아에 있는 총독이 이스라엘까지 관리 감독을 했습니다. 빌라도도 정확하게 말하면 지방 행정 장관입니다. 벨릭스와 베스도도 지방 행정 장관입니다. 지방 행정 장관에게 맡겨진 가장 중요한 임무는 그 땅에 있으면서 그 땅 사람들이 로마에 저항하지 못하도록 잘 관리 감독하는 것입니다. 이것이 지방 행정 장관의 가장 중요한 임무입니다. 그다음 중요한 임무는 로마가 식민지 백성들에게 부과하는 세금을 잘 거두는 것입니다. 그래서 지방 행정 장관을 지방 수세관이라고 부르기도 했습니다. 정확하게 말하면 빌라도나 벨릭스나 베스도는 총독이 아닌 지방 행정 장관이고 지방 수세관입니다. 이것을 어떻게 알 수 있습니까? 주후 36년 빌라도가 시리아 총독에 의해 해임됩니다. 만약 빌라도도 총독이고 시리아 총독도 총독이라면 어떻게 시리아 총독이 이스라엘 총독을 해임할 수 있습니까? 당시 시리아 총독은 이스라엘 지방 행정 장관을 관리 감독했습니다. 그런데 빌라도가 유대 땅에 지방 행정 장관으로 있을 때 이스라엘 백성들이 시리아 총독에게 탄원을 계속 넣어서 결국은 시리아 총독이 빌라도를 해임시켜 버린 것입니다. 이것을 통해서 우리는 이스라엘 땅에 있던 사람은 지방 행정관이고 시리아 총독의 관리 감독을 받았음을 알 수 있습니다. 벨릭스는 52년부터 59년까지 통치했는데 베스도는 임기가 아주 짧았습니다. 왜 베스도의 임기는 짧았을까요? 50년대부터 열심당이 세를 규합하기 시작합니다. 그리고 66년에 유대 전쟁이 발발합니다. 유대 전쟁이 일어나기 전에 계속해서 열심당이 세를 규합합니다. 따라서 산발적으로 로마에 대한 저항의 움직임들이 곳곳에서 일어나게 됩니다. 베스도가 한 3년 정도 봉직하고 해임된 이유는 그 당시에 열심당이 곳곳에서 산발적으로 저항 운동을 일으켰기 때문입니다. 이때부터 이스라엘 정세가 매우 불안정해졌고 66년에는 대규모로 로마에 저항 운동이 일어나게 된 것입니다.

사도행전 24장 5~6절을 보시면 더둘로라고 하는 유대 변호사가 바울이 얼마나 위험한 사람인가에 대해 네 가지로 설명합니다. 여기서 제일 중요한 것은 바울이 나사렛 도당의 우두머리라는 것입니다.

당시 이방 지역에 주의 복음이 전파되어 질 때 이방 사람들이 예수를 믿음에 있어서 가장 큰 걸림돌은 예수가 십자가에 달려 죽었다는 사실입니다. 예수님이 유대인과 이방인의 차별의 담과 남자와 여자의 차별의 담을 허무셨다고 하면 너무나 많은 사람들이 예수님을 좋아했습니다. 그런데 예수님이 십자가에 달려 죽었다고 말하는 순간 사람들의 안색이 어두워집니다. 당시 바울이 복음을 전했던 모든 땅은 로마의 식민 지배를 받는 땅이었습니다. 로마의 식민 지배를 받는 가운데서 로마에 저항했던 죄수들을 죽였던 사형 틀이 십자가였습니다. 로마에 저항했던 정치범들을 죽인 사형 틀이 십자가인데 예수가 십자가에 달려 죽었다는 말은 예수가 로마 체제에 대한 저항자라는 의미입니다. 십자가에 달려 죽은 그 예수를 자기 인생의 주인으로 고백하게 되면 그 사람도 로마에 찍히게 되는 것입니다. 이것이 예수를 믿음에 있어 가장 큰 걸림돌이 되었던 것입니다. 그래서 누가복음과 사도행전에는 끊임없이 로마의 권력을 대표하는 빌라도, 벨릭스, 베스도와 같은 사람들의 입을 통해 예수와 바울에게 죄가 없다는 이야기를 선포했음을 기술하고 있습니다. 로마가 볼 때는 전혀 문제가 없었다는 기술입니다. 그렇다면 누가 예수를 죽인 것입니까? 유대인들입니다. 특히 유대 종교 권력자들입니다. 이것을 누가복음과 사도행전은 계속해서 강조하고 있습니다. 1세기 주의 복음이 이방 지역에 전파되어질 때 사람들이 복음을 수용하지 못했던 가장 큰 걸림돌은 예수 십자가 처형 사건입니다. 그래서 누가복음과 사도행전을 쓴 저자 누가는 로마의 권력을 대표하는 총독들의 입을 통해 예수와 그의 사도인 바울에게 죄가 없다는 것을 계속적으로 말하고 있습니다. 이러한 기술이 1세기 이방 전도의 상황에서 가장 중요한 걸림돌을 제거하는 작업임을 주목해야 합니다.

24장 21절을 보시면 이스라엘에서 부활 신앙은 의인의 고난으로 인해서 등장한 교리입니다. 초기 이스라엘 신앙에서는 부활 신앙이 강조되지 않았습니다. 그때 강조되었던 신앙의 핵심은 상선벌악이 핵심인 신명기 신학입니다. 여러분이 생각하시기에 어떤 사람들이 부활에 대한 열망이 더 크다고 생각하십니까? 이 땅에서 자신이 하나님의 통치를 온전히 누렸다고 느끼는 사람이 부활에 대한 열망이 더 클까요 아니면 이 땅에서 자신이 하나님의 통치를 온전히 누리지 못했다고 느끼는 사람이 부활에 대한 열망이 더 클까요? 당연히 후자일 것입니다. 이스라엘 공동체에서 초기에는 내세 신앙 자체가 의미가 없었습니다. 이스라엘은 살아생전에 하나님의 통치를 누리고 있다고 생각했습니다. 그들의 주된 관심은 현세에 있었습니다. 지금 여기에서 자신이 하나님의 통치를 온전히 누리는 것이 그들에게는 주된 관심이었습니다. 지금은 내가 하나님의 통치를 전혀 누리지 못하고 있는데 죽은 다음에 내세에서라도 하나님의 통치를 온전히 누렸으면 좋겠다는 생각을 할 필요가 없었습니다. 초기에 이스라엘 공동체는 이 땅에서 이미 하나님과의 동행, 하나님의 통치를 누리고 있다고 생각했습니다. 그때 이스라엘은 상선벌악의 신명기 신학을 강조한 것입니다. 신명기 신학은 순종하면 복을 받고 불순종하면 벌을 받는다는 것입니다. 이것이 구약 시대 이스라엘 백성들이 붙잡고 있던 신학적 사고였습니다. 실제 이스라엘 백성들끼리만 모여 살아갈 때는 이 상선벌악이 어느 정도 유효했습니다. 우리 모두가 하나님을 잘 믿기로 결심하고 다짐한 사람이라고 생각해 보십시오. 그렇다면 우리 안에서는 하나님을 잘 믿는 사람이 박수 받을 가능성이 높아질 것이고 하나님을 제대로 믿지 않는 사람은 책망을 듣거나 징계를 받을 가능성이 높아질 것입니다. 이스라엘 백성들끼리 있을 때는 하나님께 순종하는 자들이 복을 받고 하나님께 불순종하는 자들이 벌을 받는 일들이 실제 현실이 되었던 것입니다.

그런데 주전 722년부터 이스라엘은 이방 제국의 식민 지배를 받게 됩니다. 앗시리아, 바벨론, 페르시아, 헬라, 로마로 이어지는 5대 제국에 의해 700년 이상 식민 지배를 받게 됩니다. 이 기간에 이방의 왕들은 금 신상을 세워 놓고 이스라엘 백성들에게도 그것에 절할 것을 명령했습니다. 만약 절하지 않으면 죽여 버리겠다고 협박을 합니다. 이때 하나님께만 순종하겠다고 다짐한 사람들은 절하지 않았습니다. 그들은 일편단심의 신앙을 지킨 결과 사자의 밥이 되었습니다. 순교를 당한 것입니다. 하나님께 순종하는 자가 복을 누리는 것이 아니라 죽임을 당하는 사건을 경험하게 된 것입니다. 반대로 이방의 통치자가 이스라엘을 다스리는 순간부터 어떤 사람들이 승승장구합니까? 이방의 통치자가 시키는 대로 잘 순응하는 사람들이 승승장구하게 됩니다. 원래 이스라엘이 전통적으로 붙잡고 있던 신학은 상선벌악의 신명기 신학이었는데 그것이 현실이 되지 못하는 비참한 상황에 처하게 된 것입니다. 하나님께 순종하는 자들은 죽임을 당하고 이방의 불의한 왕들과 야합하는 사람들이 승승장구하는 일을 보게 되면서 이스라엘의 의로운 자들은 탄식하게 됩니다. 그때 등장한 구약 본문이 욥기와 전도서입니다. 욥기와 전도서는 어떤 내용입니까? 전통적인 이스라엘의 신앙을 약간 비꼬는 것입니다. 잠언에 보면 열심히 일하면 부자가 되고 게으르면 가난해진다는 말씀이 나옵니다. 그러면서 게으른 사람들에게 개미에게 가서 배울 것을 권면합니다. 전형적인 신명기 신학에 근거하여 기술하고 있는 것입니다. 그런데 전도서는 이렇게 말합니다. 열심히 일했는데도 쪽박을 차는 사람도 있고 매일 놀고먹는데 잘 사는 사람이 있다고 고발합니다. 이처럼 전도서는 전통적인 신명기 신학의 인과응보 신학을 비판합니다. 하나님께 순종했는데도 복을 받지 못하고 하나님께 불순종했는데도 세상에서 승승장구하는 사람이 있음을 폭로합니다. 이런 상황에서 출현한 것이 바로 부활 신앙입니다. 왜 하나님께서는 거룩하게 살고자 하는 자들의 고난과 핍박과 순교를 허용하시는가 라는 질문 속에서 그들이 깨닫게 된 진리가 바로 내세, 심판, 부활 사상입니다.

기독교나 유대교는 궁극적인 인과응보를 믿습니다. 다만 구약 초기에는 인과응보가 그때마다 즉각적으로 이루어진다고 믿었습니다. 부활을 믿고 내세를 믿고 심판을 믿는다는 것은 무엇입니까? 궁극적인 인과응보를 믿기는 하지만 불의한 현실 속에서는 100% 인과응보를 누리지 못할 수도 있음을 받아들이는 것입니다. 내세에서 이루어질 궁극적인 인과응보를 믿는 것입니다. 정말 하나님께 순종했던 자들을 하나님께서 끝까지 책임져 주실 것을 믿는 것입니다. 이런 신학적 사고가 언제부터 등장하게 되었을까요? 의인이 고난과 핍박을 당하고 죽임을 당하는 상황 속에서 이것이 정말 의인의 삶에 있어 끝인가 라고 그들은 물었습니다. 하나님께서 이들의 삶을 이렇게 내어 버려두시는 것인가 라는 고민 속에서 이스라엘은 그렇지 않음을 분명히 확신하게 됩니다. 하나님께서 의인을 반드시 도우시고 그들의 삶을 책임져 주실 것을 확신하면서 구약을 다시 읽었을 때 그동안 잘 보이지 않던 말씀의 의미를 새롭게 조명하게 된 것입니다. 예를 들면 출애굽기 3장 6절을 보시면 하나님께서 모세를 부르실 때 이렇게 말씀하십니다. "나는 아브라함의 하나님, 이삭의 하나님, 야곱의 하나님이다." 여기 '이었다'가 아닌 '이다'는 현재형이 사용되고 있습니다. 아브라함이 죽은 지가 언제입니까? 이삭이 죽은 지가 언제입니까? 아브라함이 죽은 지가 오래됐음에도 불구하고 하나님과 관계 맺어온 사람은 여전히 하나님의 품 안에 있는 것이고 하나님과 지금도 관계 맺고 있는 것임을 깨닫게 된 것입니다. 이것이 바로 우리가 알지 못했던 부활에 대한 말씀이라는 것을 유대인들은 깨닫게 되었습니다. 그래서 의인의 고난과 죽음을 계기로 유대교는 부활을 믿는 종교로 거듭나게 된 것입니다. 이상을 정리하면 구약 시대 유대교 안에 내세나 심판이나 부활에 대한 신앙이 약했던 이유는 오랜 세월 동안 사두개파가 유대교를 장악한 것과 관련이 있습니다. 그리고 중요한 신학적 전환이 있었음을 주목하셔야 합니다. 처음에는 이스라엘 공동체 안에서 신명기 신학만이 존재했습니다. 그러나 신명기 신학이 현실이 되지 못하는 상황 속에서 많은 사람들이 회의하기 시작합니다. 그 회의를 대표적으로 보여주는 본문이 욥기와 전도서입니다. 그리고 이후에 의인의 고난과 죽음의 문제를 고민하다가 결국 유대인들은 하나님의 궁극적인 돌보심의 맥락에서 내세와 심판과 부활을 강조하는 신앙이 탄생하게 됩니다. 이것이 유대교 후기에 등장한 신앙적 사고입니다. 이스라엘 초기에는 현실 속에서의 인과응보, 현실 세계 속에서의 상선벌악을 강조했다면 이방 제국의 지배를 받게 되는 후기에 가서는 부활과 심판과 내세를 통한 궁극적인 인과응보는 받아들이지만 불의한 현실 속에서는 그 인과응보가 즉각 실현되지 않을 수도 있음을 받아들이게 된 것입니다.

26장 | 바울의 회심
27-28장 | 로마로 이동

바울의 회심(26장)

바울은 가이사랴로 이감된 이후에도 계속 벨릭스와 베스도의 재판을 받게 됩니다. 바울이 아그립바와 베스도 앞에서 자신의 회심 이야기를 하고 있는 것이 26장입니다. 26장 17절에 보시면 하나님의 구원은 선행적인 은총으로 우리에게 주어지는 것임을 알 수 있습니다. 구원받는 것은 하나님으로부터 주어지는 전적인 은혜이고 구원받은 자답게 살아가야 하는 것은 우리의 책임입니다. 하박국 2장 4절을 보시면 "의인은 그 믿음으로 살리라"는 말씀이 있습니다. 여기서 말하는 그가 누구인가에 대해서 크게 두 가지 해석이 있습니다. 하나는 의인 자신을 가리키는 것으로 보는 것이고, 다른 하나는 하나님을 가리키는 것으로 보는 것입니다. 우리는 보통 그를 의인으로 해석을 많이 합니다. 그래서 의인이 자신의 믿음으로 말미암아 산다고 생각합니다. 그런데 믿음이라는 말과 동의어가 신실함입니다. 갈라디아서 5장에 보시면 성령의 아홉 가지 열매가 나오는데 거기에 충성이 나옵니다. 거기 쓰인 충성도 믿음과 같은 단어입니다. 즉 믿음과 신실함과 충성은 동의어입니다. 무엇이 믿음입니까? 우리가 하나님을 믿는다고 하는 것은 상황을 초월하여 하나님에 대한 신실함의 자세를 유지하는 것이고 하나님에 대한 충성을 다하는 것입니다. 따라서 하박국 2장 4절의 말씀은 이렇게도 해석할 수 있습니다. "의인은 그 믿음으로 살리라"는 말은 "의인은 그 신실함으로 살리라"로 바꿀 수 있습니다. 그래서 공동번역은 "의인은 그 신실함으로 살리라"로 번역을 했습니다. 여기서의 신실함은 누구의 신실함입니까? 하나님의 신실하심입니다. 히브리어 성경을 헬라어로 번역한 70인경도 "의인은 하나님의 신실함으로 살리라"고 번역하고 있습니다. 즉 "의인은 하나님의 신실하심으로 살리라"로 번역할 수 있는 것입니다.

이신칭의 교리로 유명한 갈라디아서 2장 16절에 대한 해석도 이와 비슷한 논쟁을 하고 있습니다. 우리가 의롭다 함을 받는데 있어서 어떻게 의롭다 함을 받느냐와 관련하여 '우리가 예수를 믿음으로 의롭다 함을 받는다'고 해석할 수도 있고 '우리가 예수의 신실함으로 인해 의롭다 함을 받는다'라고도 해석이 가능합니다. 우리가 보통 이신칭의를 말 할 때 우리 자신이 예수를 믿음으로 말미암아 의롭다 함을 받는다고 생각을 많이 합니다. 그렇다면 우리가 의롭다 함을 받고 안 받고는 누구에게 달려 있는 것입니까? 그 사람에게 달려 있는 것입니다. 그가 예수를 믿으면 의롭다 함을 받는 것이고 그가 예수를 믿지 않으면 의롭다 함을 받지 못하는 것입니다. 이것이 자칫 잘못하면 공로주의로 흘러갈 가능성이 높습니다. 그런데 헬라어 원어를 보면 이것은 목적격으로도 해석할 수 있지만 소유격으로도 해석할 수 있습니다. 즉 '예수를 믿음으로'라고 하면 목적격으로 해석하는 것입니다. 그런데 '예수의 믿음'이라고 하면 소유격으로 해석하는 것입니다. 믿음은 무엇과 동의어입니까? 신실함과 동의어입니다. 즉 우리는 죽기까지 하나님께 순종하신 예수의 신실하심으로 말미암아 의롭다함을 받는다고도 해석이 가능한 것입니다. 이렇게 해석하게 되면 하나님의 절대적인 은혜를 강조하는 측면이 부각됩니다. 한국 교회에서는 오랜 세월 동안 전자만 강조되어 왔습니다. 그러나 헬라어 원어로는 두 가지 해석 모두가 가능합니다. 최근에는 후자의 해석이 좀 더 강조되고 있습니다. 후자의 해석은 우리가 예수의 신실하심으로 말미암아 의롭다 함을 받는다고 해석하는 것입니다. 이것은 로마서 5장 6절, 8절, 10절과 관련해서도 타당한 해석입니다. 우리는 여전히 죄인이었고 우리는 여전히 악인이었고 우리는 여전히 하나님과 원수 관계였습니다. 그러나 하나님께서 선제적으로 예수 그리스도를 통하여 우리와의 관계를 회복시켜주셨습니다. 로마서가 말하고 있는 맥락과 비교해 보면 갈라디아서에 나와 있는 말씀도 우리가 예수를 믿음으로 말미암아 의롭다 함을 받는 것이 아니라 예수의 신실하심으로 말미암아 우리가 의롭다 함을 받는다고 해석할 수 있는 것입니다. 여기 '의롭다 함을 받는다'는 말은 하나님과의 관계가 회복되었다는 뜻입니다.

바울의 회심 이야기를 듣고 베스도 총독은 24절에 "바울아 네가 미쳤다"라고 말합니다. 베스도의 사고 속에서 바울의 인생길을 이해하는 것이 결코 쉽지 않았을 것입니다. 그 좋은 태생과 학벌과 환경을 다 던져놓고 예수의 길을 따르겠다고 지금 결박당해 재판받고 있는 바울의 모습은 미쳤다고 말하기 딱 좋은 모습입니다. 대부분의 사람들은 낮은 곳에서 높은 곳으로 올라가기 위해서 안달합니다. 그러나 예수님은 그러지 않으셨습니다. 예수님은 자신이 누릴 수 있는 많은 것들을 기꺼이 비우시고 이 땅으로 내려오셨습니다. 그리고 제자들에게도 자기처럼 자기 부인의 삶을 살 것을 요청하셨습니다. 그 예수 제자의 삶을 신실하게 살았던 인물이 바울입니다. 바울은 예수의 길을 신실하게 따르기 위해서 자기가 누릴 수 있는 많은 것들을 기꺼이 포기하고 자기를 낮추셨습니다. 이것이 바울이 볼 때 예수 따름의 핵심입니다. 그래서 바울은 고린도 교인들에게 "내가 그리스도 예수를 본받는 자 된 것처럼 너희는 나를 본받는 자 되라"고 했습니다. 바울이 이해하는 예수 따름의 핵심은 자기 부인과 자기 낮춤입니다.

27절에 보시면 바울은 죄수의 신분임에도 불구하고 전혀 주눅 들지 않았습니다. 아그립바 왕이나 총독 베스도는 여러 번에 걸쳐 바울을 불러내어 만남을 가졌습니다. 바울은 감옥에 수감된 죄수이고 아그립바나 베스도는 죄수에 대한 생사여탈권을 거머쥔 권력자입니다. 보통의 죄수라면 왕이나 총독에게 잘 보여서 도움을 받고자 하지 않겠습니까? 권력자들과의 만남의 자리를 이용하여 그들이 듣기 원하는 말들을 해주고 그들의 환심을 얻은 후에 혜택을 받고자 하는 것이 일반적인 사람들의 심리 아니겠습니까? 그런데 바울은 그렇게 하지 않았습니다. 바울은 죄수의 신분으로 권력자들을 만났을 때에도 그들에게 담대하게 의와 절제와 심판에 대한 메시지를 선포했습니다.

그들에게 잘 보여서 자기 이익을 누리고자 하지 않았습니다. 어떤 상황에서 누구를 만나건 간에 하나님의 말씀을 대언하는 자로서의 품격을 상실하지 않은 것입니다. 정말 대단한 모습이라 말하지 않을 수 없습니다. 바울은 죄수의 신분임에도 불구하고 전혀 주눅 들지 않고 담대하게 하나님의 말씀을 대언했습니다. 이런 모습을 오늘날 목회자들이 배워야 합니다.

저는 기독교 신앙과 관련하여 기복주의 자체를 문제라고 생각하지는 않습니다. 기독교 신앙의 범위가 100이라고 한다면 그 가운데 20~30 정도는 기복주의가 있다고 봅니다. 만약 우리들이 연약하지 않다면 절대자를 왜 의지하고 의존하겠습니까? 그래서 저는 기복주의 자체를 기독교 신앙에서 내어 던져야 하는 것처럼 말하는 것은 옳지 않다고 봅니다. 우리는 너무나 연약하기 때문에 인생의 여정 가운데 절대자를 의지하고 의존해야 될 때가 너무나 많습니다. 무엇보다 기복주의 신앙은 하나님과의 첫 만남을 가지는 출발점으로 아주 중요한 의미가 있습니다. 주위에 신앙을 가진 분들에게 '어떻게 예수를 믿게 되었나요'라고 물어보면 가족 가운데 누군가가 크게 아팠을 때 병의 치료를 위해 기도하다가 예수를 믿게 된 경우들이 얼마나 많이 있습니까? 이런 식의 기도가 기복주의이기에 옳지 않다고 말할 수 있습니까? 그래서 저는 기복주의가 불신자들로 하여금 하나님과의 첫 만남을 가능하게 만드는 출발점으로 아주 중요한 의미가 있다고 봅니다. 그렇다면 왜 기복주의 신앙은 부정적인 것으로 인식되고 있는 것일까요? 앞에서 말씀드린 것처럼 기복주의 신앙은 신앙의 출발로서는 매우 중요한 의미가 있습니다. 그리고 신앙의 여정에서도 신앙의 일부로서의 의미를 가집니다. 그러나 기복주의 자체가 신앙의 궁극적인 목적이 된다거나 신앙의 중심이 된다면 이것은 위험합니다. 왜 기복주의가 신앙의 중심이 되면 위험할까요? 기복주의라고 하는 것은 결국 자신이 신앙의 중심이 되기 때문입니다. 기복주의 신앙에서 중요한 것은 나의 필요이고 그 필요를 채움에 있어 하나님을 도구로 활용하는 것입니다. 기복주의 신앙 안에서 하나님의 뜻을 구하고 하나님의 뜻을 이루어내기 위해 내 존재를 던지는 그런 신앙은 발견하기 어렵습니다. 나는 간구하고 하나님은 그 간구에 응답해 주는 관계만이 존재할 뿐입니다. 내가 필요로 하는 것을 하나님은 채워 주셔야 합니다. 그래야 하나님과의 관계가 유지됩니다. 결국 하나님을 위해 내가 존재하는 것이 아니라 나를 위해 하나님이 존재하시는 것입니다. 이것이 바로 우상 숭배의 핵심입니다. 모든 우상 숭배는 결국 자기 숭배입니다. 자기가 가장 중요하고 자신의 원함이 가장 중요한 것입니다. 그것을 이루어만 준다면 그 존재가 누가 되었건 상관없는 것이 우상 숭배의 핵심입니다.

바울은 이런 신앙인들을 신앙 안에서 어린아이 단계에 있다고 말합니다. 신앙 안에서 어린아이라는 말은 자기중심적이라는 말입니다. 하나님과 관계를 맺기는 하는데 자기 필요로 인해 관계를 맺는 것입니다. 나는 구하고 하나님은 응답해 주는 관계로서만 의미를 갖는 것입니다. 그런데 내가 간절히 구했음에도 불구하고 하나님이 채워주지 않으신다면 금방 하나님께 상처를 입고 하나님에 대해 냉담해지게 됩니다. 이것이 바로 신앙 안에서 어린아이 단계에 있는 사람들의 모습입니다. 육신의 자녀들의 성장 단계를 보십시오. 자녀들도 어렸을 때는 부모에게 매번 무엇을 해달라고 요청합니다. 자기가 원하는 것을 해주는 것을 부모의 당연한 의무라고 생각합니다. 그러나 철이 들면 자녀들이 부모의 마음을 헤아리기 시작합니다. 이제는 자기 원하는 것을 채워주는 관계로만 부모를 대하지 않고 부모가 원하는 것이 무엇인지를 생각하기도 하고 부모의 마음을 기쁘시게 해드리고자 애를 쓰기도 합니다. 그런 모습을 통해 우리는 자녀가 철이 들고 인격이 성장했다는 것을 느끼게 되는 것입니다. 신앙도 마찬가지입니다. 우리의 신앙이 성장하게 되면 나를 위한 하나님이 아니라 내가 하나님을 위해서 어떻게 살 것인지를 고민하게 됩니다. 하나님의 뜻이 무엇인지를 묻고 어떻게 하면 하나님을 기쁘시게 해드릴 수 있을지를 생각합니다. 그리고 그것을 행하고자 노력합니다. 이것이 신앙 성장의 당연한 모습입니다. 그러나 여전히 많은 경우에 한국 교회 신앙인들은 어린아이 신앙 단계에 머물러 있습니다. 우리가 조심해야 할 것이 있습니다. 신앙적으로 뜨거워 보이는 사람들이 대다수 신앙 안에서 어린아이 단계에 있다는 것입니다. 기도할 때도 하나님의 나라와 의를 구하는 사람들은 고래고래 소리 지르지 않습니다. 무엇인가를 해달라고 간청하는 사람들의 기도 내용을 보십시오. 하나님 나라와 의를 구하는 간청입니까? 그렇지 않습니다. 대부분 자기, 자기 가족, 자기 교회를 위한 기도입니다. 그런데 대부분의 신앙인들이 뜨거움 자체를 성령 충만이라고 착각합니다. 그것은 감정 충만이지 성령 충만과는 아무런 상관이 없습니다. 정말 조심하셔야 합니다. 정리하면 기복주의 신앙은 신앙의 출발과 일부로서는 의미가 있지만 이것이 신앙의 중심이 되는 것은 매우 위험합니다. 여전히 하나님과의 관계에서 자기가 중심이 되고 하나님은 나를 위한 존재로 주변부에 밀려나 있기 때문입니다. 우리의 신앙이 성장하게 되면 하나님을 위해 내가 어떻게 살아갈 것인가를 고민하게 됩니다. 이것이 바로 성경이 말하는 어른 단계의 신앙입니다.

로마로 이동(27~28장)

바울은 황제의 재판을 받기 위해서 가이사랴에서 로마로 이동합니다. 사도행전 27장은 로마로 이동하는 과정에서 경험하게 된 사건들을 기록하고 있습니다. 바울은 배가 출발하기 전에 지금은 항해하기에 좋은 상황이 아니라고 말합니다. 그런데 이 말을 했을 당시 바울은 죄수였기 때문에 오해받기 딱 좋은 말이었습니다. 재판을 받는 시간을 지연시키기 위한 변명처럼 들리기 쉬웠을 것입니다. 결국 바울의 말에도 불구하고 배는 출항을 합니다. 이때는 대속죄일이 지난 시기였습니다. 대속죄일은 이스라엘 종교력으로 7월 10일입니다. 이스라엘은 음력을 사용합니다. 따라서 7월 10일은 서양력으로 9월 말 또는 10월 초 정도가 됩니다. 이때부터 우기가 시작되면서 비가 내리기 시작합니다. 이스라엘은 지중해성 기후이기 때문에 건기에서 우기로 기후가 바뀌는 과정에서 폭풍이 불기에 이 시기의 항해는 아주 위험할 수 있습니다. 본격적인 우기인 11월부터 3월까지는 더 위험합니다. 그런데 항해하기에 위험한 우기에 곡식을 실어 오게 되면 로마가 더 후한 값을 쳐주었습니다. 왜 로마가 그렇게 했겠습니까? 통치하는 사람들이 제일 신경 쓰는 것이 백성들의 먹거리에 대한 문제입니다.

최근 중동에서 민주화 시위가 많이 일어나고 있습니다. 그런데 오랫동안 국제정치 학자들에게 가장 이해가 안 된 문제가 있었습니다. 왜 중동 사람들은 시위를 하지 않는가 하는 것이었습니다. 우리는 중동을 떠올리면 오일 머니를 생각하면서 부유한 나라라는 생각을 하지만 실제 석유 수출을 통해 부유한 삶을 구가하는 나라는 얼마 되지 않습니다. 대부분의 중동 국가들이 경제적으로 가난합니다. 설령 석유 수출로 인해 국가 전체의 부의 규모가 크다고 하더라도 몇몇 가문이 부를 독점하고 있기 때문에 실제로 대다수의 백성들은 가난한 삶을 영위하고 있습니다. 이런 현실에서 민주화 시위가 일어날 법도 한데 오랜 세월 중동에서는 시위가 일어나지 않았습니다. 그래서 국제정치 학자들이 왜 중동 사람들은 시위를 하지 않는가 라는 질문을 많이 하게 된 것입니다. 이 문제와 관련해서 이슬람이라는 종교의 힘을 주목했습니다. 그러나 최근에는 다른 분석이 나왔는데 많은 사람들이 이 견해를 지지하고 있습니다. 중동 사람들이 대부분 가난하지만 그럼에도 불구하고 하루 두 세끼를 먹는 것은 문제가 없다는 것입니다. 사람들이 언제 들고 일어납니까? 먹을 것이 없을 때입니다. 중동 사람들 대부분이 가난하기는 하지만 그럼에도 기본적인 일용할 양식은 먹고 사는 것입니다. 중동에 가면 엄청나게 큰 빵이 있습니다. 이것이 우리 돈으로 1,000원이나 1,500원 정도 합니다. 이 빵 한두 개만 있으면 가족이 하루는 먹습니다. 부유한 삶은 누리지 못한다고 하더라도 일용할 양식의 문제는 해결되기에 사람들이 들고 일어나지 않는다는 것입니다. 이것을 통치자들은 가장 신경을 씁니다. 자기가 통치하는 사람들의 일용할 양식을 채워주지 못할 때 유순한 사람들도 들고 일어납니다. 로마 황제의 통치를 받는 로마의 시민들도 그러지 않겠습니까? 양식이 지속적으로 공급되지 않으면 들고 일어나는 것입니다. 그런데 로마는 농사를 짓기에 좋은 땅이 아닙니다. 그래서 곡물을 이집트나 이스라엘에서 전적으로 수입하여 공급했습니다. 항해하기에 어려운 우기라고 해서 식량을 공급하지 않으면 어떤 일이 벌어지겠습니까? 그래서 항해하기에 위험한 우기에 곡물을 실어 나르는 배는 갑절의 보상을 해준 것입니다. 배가 파선하면 그 배에 있던 모든 곡물에 대해서도 보상을 해주었습니다. 그러니까 식량 유통업자나 선주 입장에서는 우기에 곡물을 운반하는 것이 그리 나쁘지 않았습니다. 그래서 바울의 말을 뿌리치고 출항을 한 것입니다. 그러다 어떻게 되었습니까? 유라굴로라는 태풍을 만나게 되었습니다.

27장 22절에 태풍 유라굴로를 만나 죽을 고생을 했습니다. 배에 타고 있던 바울도 고생을 많이 했습니다. 여기서 보게 되는 것은 하나님의 사람이라고 해서 인생의 여정에서 거센 풍랑에서 면제되는 것은 아니라는 것입니다. 도리어 죄악 된 세상에서 우리가 신앙인답게 살고자 하면 온갖 고난과 공격을 각오해야 될 때가 많습니다. 죄악으로 가득한 세상에서 신앙생활은 절대로 꽃길이 아닙니다. 도리어 좁은 문을 통과하여 협착한 길을 걸어가야 하는 고난의 길입니다. 이것을 당연하게 받아들여야 합니다. 그래야 흔들릴지언정 꺾이지 않고 신앙의 길을 걸어갈 수 있습니다. 그런데 너무나 많은 신앙인들이 신앙생활이 꽃길인 줄 착각을 합니다. 신앙을 가지게 되면 모든 근심 걱정으로부터 면제되는 것으로 오해를 합니다. 그런 착각과 오해 속에서 조금만 힘들고 어려운 일이 닥치게 되면 하나님에 대해서 너무 쉽게 상처를 받습니다. 이러한 왜곡된 이해에서 이제는 해방되어야 합니다. 고난과 역경의 순간에 하나님의 백성다운 모습이 잘 드러나야 합니다. 바울은 그러한 모습을 우리에게 보여주고 있습니다. 바울이 탔던 배가 결국은 파선됩니다. 배에 타고 있던 사람들은 살아남기위해 헤엄쳐서 멜리데라는 섬에 도착합니다. 28장 2절에 보시면 멜리데 섬 원주민들은 자신의 섬을 불시에 방문한 낯선 이방인들에게 극도의 환대를 베풉니다. 우리가 생각할 때 원주민들이라고 하면 왠지 미개한 사람들이라는 인식이 있지 않습니까? 그런데 미개한 사람 취급받는 이들이 많은 것을 알고 있고 배운 사람들에 비해 도리어 때 묻지 않은 선한 양심을 드러내는 경우들이 많습니다. 배움이 성품과 비례할 수 있다면 얼마나 좋겠습니까? 그런데 그렇지 못한 모습을 많이 보게 됩니다. 배움이 독이 되는 경우를 우리는 얼마나 많이 목격하며 살고 있습니까? 쓸데없이 많은 지식을 가진 사람들은 자기를 그릇되게 항변하는 경우들이 많습니다. 배우면 배울수록 생각도 신사답고 삶도 보다 정직해야 하는데 그렇지 못한 경우들이 너무나 많습니다. 그 이유는 제대로 배우지 못했기 때문입니다. 지식만 축적시켜 놓았지 지혜가 무엇인지를 알지 못하기 때문입니다.

3절에 보시면 바울은 추위에 떨고 있는 자들을 열심히 돕습니다. 배에서도 리더십을 발휘하며 고생했는데 멜리데 섬에 도착한 이후에도 자기 몸을 돌보기보다는 다른 사람을 돕는 일에 열심을 다합니다. 이런 모습을 통해 우리는 바울의 몸이 참 가볍다는 것을 알 수 있습니다. 몸이 가벼울 수 있는 것은 마음이 가난하기 때문입니다. 마음이 가난한 사람들이 모여 있을 때 건강한 신앙 공동체가 탄생합니다. 마음이 가난하다는 것이 무엇입니까? '나는 대접받아야 할 사람이야'라고 하며 손가락 하나 까딱하지 않는 사람들이 모여 있는 공동체는 건강할 수 없습니다. 기꺼이 자기의 몸을 움직이면서 다른 사람을 대접하려고 하는 것은 마음이 가난하기 때문에 가능한 일입니다. 마음이 가난하다는 것은 겸손하다는 것입니다. 자기는 나이가 있다고 뒤로 물러나고 사회적 지위가 있다고 뒤로 물러난 사람들이 모인 공동체는 절대로 잘 돌아갈 수 없습니다. 오랜 세월 제가 목격한 것은 똑똑한 사람이 모인 공동체가 건강하게 유지되는 것은 보지 못했습니다. 건강하게 돌아가는 공동체의 가장 중요한 특징은 자기를 낮추는 겸손한 사람들이 많다는 것입니다. 마음이 가난한 사람들은 몸이 가볍습니다. 다른 이를 섬기고자 기꺼이 자기 몸을 움직일 줄 압니다. 이런 사람들이 모여 있는 공동체가 건강한 공동체입니다.

우리가 바울을 이야기할 때 자주 언급하는 사람이 오네시모입니다. 골로새서 4장 9절에도 나오고 빌레몬서에도 오네시모가 나옵니다. 우리는 이렇게 생각합니다. 오네시모는 빌레몬의 종이었는데 주인의 것을 훔쳐 로마로 도망쳤다가 잡혀서 감옥에 가게 되었고 그곳에서 바울을 만나 회심했다고 이해합니다. 바울과 오네시모가 어떻게 만나게 되었을까 라고 했을 때 두 사람을 감방 동기로 이해하는 것입니다. 감방 동기로 만나 이야기를 나누던 중 오네시모의 주인이 바울의 동역자였던 빌레몬이라는 사실을 알게 되었고 바울은 빌레몬에게 편지를 보내어 이제는 오네시모가 하나님의 사람이 되었으니 그를 종이 아닌 형제로 대해줄 것을 요청했다고 보는 것입니다. 이것이 보통 한국 교인들이 가지고 있는 생각입니다. 그런데 이 이야기가 가능하려면 몇 가지 풀어야 할 난제가 있습니다. 첫째는 로마 시민권을 가진 바울이 어떻게 오네시모와 같은 노예와 같은 감방에 수감될 수 있었는가 하는 것입니다. 즉 바울과 오네시모가 어떻게 감방 동기가 될 수 있었는가에 대해 설명이 가능해야 합니다. 둘째는 바울은 로마에서 감옥에 갇히지 않았다는 것입니다. 바울은 가택연금 상태에 있었지 감옥에 갇히지 않았습니다. 로마에서 바울과 오네시모가 감방 동기가 될 수 없는 것입니다. 셋째는 빌레몬서 1장 12절의 표현입니다. 바울은 빌레몬에게 "네게 그를 돌려 보내겠다"고 말합니다. 여기서 '네게'는 빌레몬이고 '그는' 오네시모입니다. 만약 오네시모가 감옥에 갇혀 있는 죄인이라면 어떻게 바울이 자기 임의로 오네시모를 빌레몬에게 돌려보낼 수 있습니까? 바울이 재판관인가요? 이처럼 우리가 흔히 생각하는 것에는 풀어야 할 난제들이 많이 있습니다.

바울의 수감생활과 관련하여 꼭 기억해야 할 것은 로마 시민권을 가진 사람은 다른 죄수들과 함께 수감되지 않는다는 것입니다. 이렇게 말하면 곧바로 질문이 나올 수 있습니다. 사도행전 16장에서 바울은 다른 수감자들과 함께 빌립보 감옥에 갇혀 있지 않았습니까? 맞습니다. 갇혀 있었습니다. 그런데 그것이 언제입니까? 그때는 바울이 로마 시민인 것을 말하기 이전입니다. 바울이 일반 잡범들과 함께 수감되었을 때는 그가 로마 시민인 것을 드러내지 않았을 때입니다. 그러나 로마 시민권을 가지고 있음이 드러나게 되면 그 사람은 일반 잡범들과 함께 수감되지 않습니다. 또 하나 기억해야 할 것은 주인이 감옥 생활을 할 때 그 집 안에 있는 종과 노예가 와서 주인의 감옥 생활을 보필하기도 했다는 것입니다. 사도행전 24장 23절을 보십시오. 이때는 총독이 있던 가이사랴로 이송된 다음입니다. 총독이 백부장에게 이렇게 명령합니다. 바울을 지키되 자유를 주고 친구들이 돌봐 주기를 금하지 말라고 합니다. 이것이 바로 로마 시민으로서의 특혜입니다. 우리가 흔히 생각하는 바울과 오네시모의 관계가 맞으려면 적어도 위에 제시한 난제들에 제대로 된 설명이 필요합니다.

바울은 로마 시민권자였습니다. 당시 로마 시민은 일반 잡범들하고 같은 감옥에 수감되지 않았습니다. 그래서 사도행전 28장에서 말하고 있는 것처럼 바울은 로마에 가서 일반 감옥에 수감되지 않고 가택연금 상태로 머물게 됩니다. 그것을 세 번이나 강조하고 있습니다. 한번 보겠습니다. 사도행전 28장 16절입니다.

우리가 로마에 들어가니 바울에게는 자기를 지키는 한 군인과 함께 따로 있게 허락하더라.

바울은 로마에 들어간 후에 자기를 지키는 한 군사와 따로 있는 것이 허락됩니다. 그다음에 23절입니다.

그들이 날짜를 정하고 그가 유숙하는 집에 많이 오니 바울이 아침부터 저녁까지 강론하여 하나님의 나라를 증언하고 모세의 율법과 선지자의 말을 가지고 예수에 대하여 권하더라.

30~31절입니다.

바울이 온 이태를 자기 셋집에 머물면서 자기에게 오는 사람을 다

영접하고 하나님의 나라를 전파하며 주 예수 그리스도에 관한 모든 것을 담대하게 거침없이 가르치더라.

바울은 로마에 머물렀던 2년의 기간 동안 일반 감옥에 수감된 것이 아니라 가택연금 상태로 있었습니다. 바울 스스로 자유롭게 출입할 수는 없었지만 바울을 만나러 오는 사람들은 모두 만나도록 허락되어졌습니다. 이때 바울이 로마에서의 가택연금 생활이 가능할 수 있도록 바울을 돕는 사람이 바울과 함께 거주할 수 있었습니다. 학자들은 이때 오네시모가 온 것이 아닐까 추측합니다. 바울의 동역자였던 빌레몬이 바울의 가택연금 생활을 돕기 위해 자신의 종이었던 오네시모를 보냈다고 보는 것입니다. 확실한 것은 바울은 로마에 가서 가택연금 상태에 있었고 2년 동안 자기를 만나러 온 사람들에게 하나님 나라를 담대하게 선포했다는 것입니다.

사도행전 28장 30절에 보시면 '머물렀다'는 표현이 나옵니다. 이 표현은 부정 과거 시제로 되어 있습니다. 부정 과거 시제는 특정 기간이 끝났음을 말합니다. 즉 사도행전을 쓰고 있는 누가는 2년 동안 바울이 가택연금 상태로 있다가 이후에 어떻게 됐는지를 알고 있다는 것입니다. 그래서 부정 과거 시제로 쓴 것입니다. 그런데 누가는 그 이후의 이야기를 알고 있음에도 불구하고 더 이상 쓰지 않고 있습니다. 왜 그랬을까요? 사도행전을 쓰는 목적이 있었기 때문입니다. 우리는 바울이 이후에 어떻게 되었는지에 대해서 관심이 많습니다. 일반적으로 학자들은 두 가지 주장을 펼칩니다. 하나는 2년 동안 가택연금 상태로 있다가 로마 황제에게 재판을 받고 나서 순교했다고 보는 것입니다. 이 주장의 단점은 시간적 불일치가 일어난다는 것입니다. 바울이 64년경에 순교했다고 보는데 로마에서 2년 있다가 바로 순교하게 되면 64년과 맞지가 않습니다. 그래서 많은 학자들은 다른 주장을 하고 있습니다. 로마에서 가택연금 2년을 보내고 나서 석방되었다고 봅니다. 석방된 후에 바울은 계속해서 복음 전파 사역을 하다가 네로 황제 때 붙잡혀서 64년에 순교를 당했다고 보는 것입니다. 중요한 것은 누가는 가택연금 상태로 있던 2년이 지난 후에 바울이 어떻게 되었는지를 알고 있음에도 불구하고 그것에 대해서는 기술하지 않고 있다는 것입니다. 그 이유가 무엇일까요? 사도행전은 바울의 평전이나 전기가 아니기 때문입니다. 누가는 바울의 평전이나 전기를 쓰고자 사도행전을 기술한 것이 아닙니다. 사도행전을 쓴 목적이 무엇이었습니까? 예수님이 말씀하셨던 사도행전 1장 8절의 말씀이 어떻게 성취되었는가를 알려주는 것이 사도행전을 기술한 목적입니다.

오직 성령이 너희에게 임하시면 너희가 권능을 받고 예루살렘과 온 유대와 사마리아와 땅 끝까지 이르러 내 증인이 되리라 하시니라.

당시 유대인들에게 땅 끝이 어디입니까? 로마입니다. 사도행전 28장에서 로마의 감옥에서 자기를 찾아온 모든 사람들에게 바울은 하나님 나라의 복음을 담대하게 선포했습니다. 누가는 이러한 기술을 통하여 땅 끝까지 이르러 복음의 증인이 될 것이라고 한 주님의 말씀이 멋지게 성취되었음을 우리에게 알려주고 있는 것입니다.